Hendrik Trescher
Behinderung als Praxis

Kultur und soziale Praxis

Hendrik Trescher (PD Dr. phil., Dipl.-Päd., Dipl.-Soz.) ist Soziologe und Pädagoge und lehrt und forscht an der Goethe-Universität Frankfurt. Seine Forschungsgebiete sind Inklusionsforschung, politische Partizipation von Menschen mit Behinderung, Pädagogik bei kognitiven Beeinträchtigungen, Methoden qualitativer Sozialforschung, Disability Studies sowie Subjekt- und Diskursforschung. 2016 erhielt er den Forschungspreis der Deutschen Interdisziplinären Gesellschaft zur Förderung der Forschung für Menschen mit geistiger Behinderung für das Buch »Inklusion. Zur Dekonstruktion von Diskursteilhabebarrieren im Kontext von Freizeit und Behinderung«.

Hendrik Trescher

Behinderung als Praxis

Biographische Zugänge zu Lebensentwürfen von Menschen mit ›geistiger Behinderung‹

(unter Mitarbeit von Michael Börner)

Die vorliegende Schrift entstand in Kooperation mit der Arbeitsstelle für Diversität und Unterrichtsentwicklung und wurde durch die Praunheimer Werkstätten gGmbH gefördert, denen für die freundliche Unterstützung hier ausdrücklich gedankt sei.

Umschlagkonzept: Kordula Röckenhaus, Bielefeld
Lektorat: Teresa Hauck
Korrektorat: Sarah Kirsch, Sanda Klekovic
Druck: Majuskel Medienproduktion GmbH, Wetzlar
Print-ISBN 978-3-8376-3971-1
PDF-ISBN 978-3-8394-3971-5

Gedruckt auf alterungsbeständigem Papier mit chlorfrei gebleichtem Zellstoff.
Besuchen Sie uns im Internet: *http://www.transcript-verlag.de*
Bitte fordern Sie unser Gesamtverzeichnis und andere Broschüren an unter: *info@transcript-verlag.de*

Inhalt

1. Hinführung

1.1 Einleitendes

Die Lebenssituation vieler Menschen mit geistiger Behinderung ist noch immer durch ein hohes Maß an Ausgrenzung gekennzeichnet. Nicht wenige Menschen mit geistiger Behinderung leben in speziellen Wohneinrichtungen oder noch bis ins hohe Erwachsenenalter in ihrer Herkunftsfamilie und verbringen große Teile ihres Alltags in anderen (exklusiven) Institutionen der Behindertenhilfe. Zu einem zentralen Problem wird dabei, dass Menschen mit geistiger Behinderung wesentliche Anteile ihres Lebens unter der direkten oder indirekten Aufsicht und Kontrolle eines mehr oder weniger umfassenden elterlichen und/ oder pädagogisch-professionellen Protektorats verbringen, das neben Fürsorge- und Entlastungsfunktionen auch immer lebenspraktische Einschränkungen mit sich bringt. Diese Einschränkungen betreffen vor allem die je individuellen Möglichkeiten zur Lebensgestaltung – etwa im Sinne einer oftmals nur eingeschränkt gegebenen persönlichen Handlungsökonomie (vgl. Trescher 2017c; 2015b, S. 303). Auch die Bezüge zu Lebenspraxen der Allgemeingesellschaft sind (je nach Wirkmächtigkeit des Protektorats) mehr oder weniger stark eingeschränkt (vgl. Trescher 2017c; 2015b, S. 303). In diesem Zusammenhang wird nicht nur in Politik und medial-öffentlichem Diskurs weit verbreitet mit der UN-Konvention für mehr (gewisse) Rechte von Menschen mit Behinderung argumentiert. Oftmals erfolgt dies sehr normativ, indem kritisiert wird, ‚Teilhabe' (was auch immer der jeweilige Autor bzw. die jeweilige Autorin darunter versteht) würde nicht gewährt, woraus für entsprechende Personengruppen (teils massives) Unrecht folgen würde. Zwar ist dies in vielen Fällen richtig, nämlich dort, wo Teilhabemöglichkeiten massiv eingeschränkt werden (zum Beispiel durch den Ausschluss bestimmter Personen vom allgemeinen Wahlrecht [vgl. Trescher 2016d]). Dementgegen ist allerdings zu fragen, welche Lebensentwürfe jemand überhaupt verfolgt und ob jemand überhaupt an normativ als ‚allgemein' bezeichneten Lebenspraxen teilhaben möchte (siehe hierzu ausführlicher: Trescher 2013a). Neben einer vermeintlich objektiven Sichtweise auf Lebensentwürfe, oftmals innerhalb des Strukturrahmens der Behindertenhilfe, bleibt die subjektive Sichtweise der Betroffenen in ihrem Hier und Jetzt, mit ihren Persönlichkeiten, Vorstellungen und Ideen, wie sie ihr Leben gestalten möchten, häufig unbeachtet. Beiden Facetten soll in dieser Schrift nachgegangen werden. Im Mittelpunkt stehen die subjektiv erzählten Biographien von insgesamt 16 Menschen mit geistiger Behinderung sowie deren rekonstruktionslogische Analyse.

1.2 Zu diesem Buch

Das vorliegende Buch stellt insgesamt 16 Lebensgeschichten und Lebensentwürfe von Menschen mit geistiger Behinderung vor. Neben der verdichtet erzählten Biographie werden die je individuellen Lebensgeschichten, bzw. deren zugrundeliegendes Material (Interviews), zudem auch kritisch analysiert, wobei die Analysen selbst zusammenfassend und problemzentriert dargestellt werden. Insgesamt wendet sich das Buch an eine Vielzahl von AdressatInnen. So bietet es einerseits Einblicke in Biographien und damit auch in den Facettenreichtum des Lebens von Menschen mit geistiger Behinderung. Damit spricht es einerseits diejenigen an, die sich zum ersten Mal (vielleicht in ihrem Studium oder privat) mit der Thematik beschäftigen. Andererseits aber auch diejenigen, die sich tagtäglich mit Menschen mit geistiger Behinderung beschäftigen, vielleicht mit ihnen arbeiten und mehr über Lebensgeschichten und Lebensverläufe von einigen Menschen mit geistiger Behinderung erfahren möchten. Das Buch transportiert aber nicht nur Biographien. Es baut auf zwei Forschungsprojekten auf, die in hohem Maße deutlich gemacht haben, dass Behinderung etwas ist, was im Lebenslauf als Aushandlungspraxis entsteht und auch in gewisser Art und Weise behinderte Subjektivitäten hervorbringt. So haben die besagten vorangegangenen Studien gezeigt, wie Menschen (beispielsweise durch das Hilfesystem selbst) ‚behindert werden'. Das Buch hat in diesem Sinne auch einen analytischen-empirischen Fokus. Akribisch wurden die geführten biographischen Interviews analysiert und ausgewertet. Zentraler Fokus war es dabei, subjektive Lebenserfahrungen und -perspektiven bzw. deren je einzigartige biographische Hervorbringungen darzulegen. Insofern richtet sich das Buch keineswegs nur an PraktikerInnen, sondern auch an interessierte Sozial- und KulturwissenschaftlerInnen.

Ein solches Buch muss sich auch immer als eine Art Gesellschaftskritik verstehen, soll es doch neben der Darlegung von Lebensgeschichten und Analysen dazu beitragen, eine gesellschaftskritische Perspektive auf verschiedene Praxen im alltäglichen Umgang mit Menschen mit geistiger Behinderung zu entwickeln. Schlussendlich hat das Buch aber auch einen erziehungswissenschaftlich-pädagogischen Fokus, ist es doch gerade im hinteren Diskussionsteil sehr problemzentriert gehalten, indem sich dort mit alltäglichen und besonderen Herausforderungen für die Gesamtgesellschaft, pädagogisch Handelnde aber auch für Menschen mit geistiger Behinderung selbst auseinandergesetzt wird. So sind es am Ende unter anderem auch diejenigen, die in welcher Art auch immer pädagogische Handlungsräume kreieren, die dieses Buch adressiert.

1.3 AUFBAU DES BUCHES

In einem ersten Schritt wird es im Rahmen der vorliegenden Schrift darum gehen, das Erkenntnisinteresse für das hiesige Forschungsvorhaben herzuleiten. Dies erfolgt über eine Darstellung der Ergebnisse zweier vorangegangener Studien („Freizeit als Fenster zur Inklusion“ [Trescher 2015b] einerseits und „Wohnräume als pädagogische Herausforderung“ [Trescher 2017c] andererseits), welche die vorliegende Forschungsarbeit maßgeblich begründeten. Dies ist Gegenstand des zweiten Kapitels *(Kapitel 2: Institution und Behinderung).* Hierauf aufbauend wird sich mit den zentralen theoretischen Grundlagen beschäftigt, wobei der Fokus zunächst, in Anlehnung an die Arbeiten Foucaults, auf die Darlegung eines grundlegenden Verständnisses von geistiger Behinderung, welches eben diese als das Resultat diskursiver Praxen erfasst, gelegt wird *(Kapitel 3: [Geistige] Behinderung als diskursive Praxis).* Ausgehend von diesen theoriegeleiteten Überlegungen wird näher auf die daran geknüpften Implikationen eingegangen, wobei zunächst die Notwendigkeit einer Reformulierung des Behinderungsbegriffs in den Mittelpunkt der Auseinandersetzung gestellt wird *(Kapitel 4: Reformulierung des Behinderungsbegriffs)*, bevor sich im Anschluss daran mit den Begriffen ‚Inklusion‘ und ‚Teilhabe‘ auseinandergesetzt wird *(Kapitel 5: Inklusion als Praxis).* Auch hier wird ein grundlegend diskurstheoretisches Verständnis, in Anlehnung an Foucault, beibehalten. Abgeschlossen wird der hinführende Teil der Schrift mit einer theoretischen Auseinandersetzung mit dem für den hiesigen Kontext zentralen Begriff der Lebensentwürfe, wobei ebenfalls Bezug auf den (nicht so breit vorhandenen) gegenwärtigen Stand der Forschung in Bezug auf das Forschungsfeld ‚Lebensentwürfe und Biographieforschung im Kontext geistiger Behinderung‘ genommen wird *(Kapitel 6: Lebensentwürfe, Biographieforschung und geistige Behinderung).*

Kapitel sieben bildet den Übergang zum empirischen Teil der Studie, wobei zunächst näher auf die zentrale Forschungsfrage sowie das gewählte methodische Vorgehen eingegangen wird *(Kapitel 7: Zur Frage nach den Lebensentwürfen – Zum Erkenntnisinteresse).* Die Darstellung der methodischen Abwägung sowie die Darlegungen zu den gewählten Verfahren der Datenerhebung und -auswertung finden sich im 8. Kapitel *(Kapitel 8: Methodische Überlegungen).* Gegenstand der folgenden vier Kapitel ist die Darstellung der Biographien der interviewten Personen sowie (die Zusammenfassung) der Auswertungen der jeweils geführten Interviews. Letztlich wurden die Fälle nach der Wohnsituation der jeweils im Fokus stehenden Personen geordnet. Dies ergab sich schlicht daraus, dass es sich hierbei (dies wird die Analyse zeigen) um (mit) den bedeutsamsten Faktor im Lebenslauf von Menschen mit geistiger Behinderung handelt. Begonnen wird in Kapitel 9 zunächst mit den Menschen, die im ambulant betreuten Wohnen leben *(Kapitel 9: Lebensentwürfe von Menschen, die ambulant betreut werden).* In Kapitel 10 verschiebt sich der Fokus dann auf die diejenigen Personen, die stationär untergebracht sind *(Kapitel 10: Lebensentwürfe von Menschen, die stationär betreut werden).* Kapitel 11 hat die Biographien von Personen zum Gegenstand, die entlang innerinstitutioneller Statuszuweisungen als Personen mit ‚herausforderndem Verhalten' gelten und in dafür speziellen Wohngruppen betreut werden *(Kapitel 11: Lebensentwürfe von Menschen, die stationär ‚intensiv' betreut werden).* Im 12. Kapitel werden noch drei weitere Fälle dargestellt, die sich keiner speziellen Wohnumgebung zuordnen lassen, vielmehr wurden sie hinsichtlich dieses Merkmals sehr heterogen ausgewählt. Besagte Fälle wurden zusätzlich erhoben, da aus den Analysen der vorangegangenen Fälle klar hervorging, dass die Herkunftsfamilie oftmals auch im Erwachsenenalter eine besonders wichtige Rolle im Leben von Menschen mit geistiger Behinderung spielt. In diesem Kapitel war es wichtig, nicht nur den Fokus auf die einzelnen Personen zu legen, sondern eben auch Mitglieder der Herkunftsfamilien sprechen zu lassen *(Kapitel 12: Lebensentwürfe von Menschen mit geistiger Behinderung und die besondere Rolle Herkunftsfamilie).* Mit den letzten Kapiteln wird ein Fazit gezogen. Gegenstand des 13. Kapitels ist eine Rekapitulation des durchlaufenen Forschungsprozesses *(Kapitel 13: Rekapitulation des Vorgehens und methodisches Fazit)*, bevor Kapitel 14 die Ergebnisse aller Fälle zusammenführt, indem diese schwerpunktübergreifend strukturiert und vertiefend diskutiert werden *(Kapitel 14: Behinderung als Praxis im Lebenslauf).* Kapitel 15 ordnet die Studie in einen größeren Gesamtzusammenhang ein und beschäftigt sich mit offenen Fragen und Forschungslücken, denen es sich angesichts der herausgearbeiteten Ergebnisse in Zukunft anzunehmen gilt *(Kapitel 15: Ausblick, Offenes und weiterführende Fragen).* Kapitel 15 sucht zudem Anschluss an in Bezugswissenschaften relevante Diskurse. Das Buch schließt mit Kapitel 16 *(Kapitel 16: Abschließende Bemerkungen).*

2. Institution und Behinderung

Die Fragen, die für die vorliegende Studie von Bedeutung waren, gründen sich in dem Interesse danach, wie sich Lebensverläufe von Menschen mit geistiger Behinderung gestalten und welche Lebensentwürfe sie (hierauf aufbauend) für ihr weiteres Leben entwickeln. Von Relevanz waren insofern auch Fragen danach, welche Subjektivität durch biographische Verläufe und darin ggf. manifestierte (institutionelle) Abhängigkeiten hervorgebracht wurden bzw. werden und wie Menschen mit geistiger Behinderung dabei unterstützt werden könn(t)en, weitere Lebensperspektiven zu entwickeln und diese (ausgehend von ihrer derzeitigen Lebenssituation) zu verwirklichen (vgl. Niehoff 2016) – dies selbstredend nur dann, falls dies gewünscht oder (aus welcher Warte auch immer betrachtet) geboten ist. Konkret ging es also darum, mittels eines biographisch-orientierten Zugangs Einblicke in die Biographie, Lebenswelt und Lebensentwürfe von Menschen mit geistiger Behinderung zu erhalten. Dabei baute die hiesige Untersuchung auf den Ergebnissen der Studien „Freizeit als Fenster zur Inklusion. Konstruktionen von Teilhabe und Ausschluss für erwachsene, institutionalisiert lebende Menschen mit ‚geistiger Behinderung'" (Trescher 2015b) und „Wohnräume als pädagogische Herausforderung. Institutionelle Alltagsgestaltung in Einrichtungen für Menschen mit ‚geistiger Behinderung'" (Trescher 2017c) auf, welche sich ebenfalls (jedoch unter je unterschiedlichem thematischen Fokus) der Erforschung der Lebenswirklichkeit von Menschen mit geistiger Behinderung befassen. Beide Studien werden im Nachfolgenden kurz vorgestellt, um letztlich auch die Entstehung des hiesigen Forschungsinteresses darzulegen bzw. herzuleiten.

2.1 DAS PROJEKT „FREIZEIT ALS FENSTER ZUR INKLUSION“

In der Studie „Freizeit als Fenster zur Inklusion. Konstruktionen von Teilhabe und Ausschluss für erwachsene, institutionalisiert lebende Menschen mit ‚geistiger Behinderung‘“ bzw. der daraus hervorgegangenen Schrift „Inklusion. Zur Dekonstruktion von Diskursteilhabebarrieren im Kontext von Freizeit und Behinderung“ (Trescher 2015b) wurde sich intensiv mit den Fragen beschäftigt, wie erwachsene Menschen mit geistiger Behinderung ihre Freizeit gestalten, welche Differenzen es zwischen der Ausgestaltung institutionalisierter Freizeitgestaltung von Menschen ohne Behinderung und institutionalisiert lebenden Menschen mit geistiger Behinderung gibt, welche Wünsche und Bedürfnisse vorhanden sind und inwiefern diese gegenwärtig umgesetzt bzw. realisiert werden können. Darüber hinaus sollte herausgefunden werden, welche Möglichkeiten für Menschen mit geistiger Behinderung zur Teilhabe an Freizeitangeboten der Allgemeingesellschaft bestehen. Aufbauend auf einer kritischen Auseinandersetzung mit den Themen ‚geistige Behinderung‘, ‚Freizeit‘ und ‚Teilhabe‘ wurde hierfür ein mehrstufiges, multimethodales Forschungssetting entwickelt, das im Wesentlichen auf drei verschiedenen Ebenen ansetzte: auf der *Ebene der Lebenswelt*, der *Subjektebene* sowie der *Institutionsebene*. Bearbeitet wurden diese wiederum im Rahmen von drei aufeinander aufbauenden empirischen Phasen: *Felderöffnung (empirische Phase I), Subsumtion (empirische Phase II)* und *Rekonstruktion (empirische Phase III)*.

Ebene der Lebenswelt

Auf der Ebene der Lebenswelt wurden Freizeitinstitutionen/ Gruppen aus der Allgemeingesellschaft beforscht, die zuvor im Rahmen einer Voruntersuchung (*empirische Phase I – Felderöffnung*) ausfindig gemacht wurden. Ziel war es, einzelfall- sowie aktivitätsspezifische Aussagen über die Partizipationsmöglichkeiten und -chancen sowie die jeweilige Ausgestaltung der Aktivitäten zu erhalten. Darüber hinaus sollten auch die Fragen beantwortet werden, wie aktiv oder wie stark Menschen mit (geistiger) Behinderung gegenwärtig in Freizeitaktivitäten der routinemäßigen Lebenspraxis eingebunden sind, welche Typen von Institutionen/ Gruppen sich hierbei als besonders aufgeschlossen erweisen und an welchen Stellen welche Formen von Barrieren vorhanden oder zu erwarten sind. Hierfür wurden in einem ersten Schritt (unter anderem) 324 telefongestützte Leitfadeninterviews erhoben, die in der Folge mittels einer inhaltlichen Strukturierung (qualitative Inhaltsanalyse) ausgewertet und über ein Typisierungsverfahren weiterverarbeitet wurden (*empirische Phase II – Subsumtion*). Die Erhebung fand in Kooperation mit einem Träger der Behindertenhilfe statt, dem die erhobenen Daten im Anschluss übermittelt wurden. Die befragten Institutionen/ Gruppen mussten also damit rechnen, dass Menschen mit geistiger Behinderung kommen und teilnehmen möchten, insofern sich die Gruppen/ Institutionen zuvor bei der Befragung offen gegenüber einer Teilnahme zeigten.

Im Zuge der Auswertung der Leitfadeninterviews wurde unter anderem herausgearbeitet, dass 17% der befragten Institutionen/ Gruppen die Teilhabe von Menschen mit geistiger Behinderung kategorisch ablehnt. Die Mehrzahl (49%) wäre zumindest dazu bereit, eine Teilnahme von Menschen mit geistiger Behinderung zu ermöglichen, wenn zuvor gewisse Anforderungen erfüllt werden würden (zum Beispiel das Mitbringen einer Begleitperson). 35% der Befragten sind klar bereit, Menschen mit geistiger Behinderung die Teilnahme an den jeweiligen Aktivitäten zu ermöglichen, auch wenn dies strukturelle Veränderungen (zum Beispiel andere Uhrzeiten der Treffen) bedeuten würde. Entgegen dieser insgesamt recht hohen Offenheit gegenüber einer Teilhabe von Menschen mit geistiger Behinderung hatten bis zum Zeitpunkt der Erhebung jedoch nur 19% der befragten Institutionen/ Gruppen Kontakt zu Menschen mit geistiger Behinderung. Dies waren in der Regel Einzelfälle. Zentrales (Teil-)Fazit dieser ersten Erhebungsphase war also, dass ein nicht genutztes Inklusionspotential identifiziert werden kann (vgl. auch Markowetz 2016; 2014) – bestehende Teilhabemöglichkeiten an Freizeitaktivitäten der routinemäßigen Lebenspraxis bleiben jedoch ungenutzt. Möglichen Ursachen hierfür wurde in den darauffolgenden Phasen nachgegangen.

Subjektebene

Auf einer Subjektebene ging es um die Beforschung der Interessen und Wünsche von Menschen mit geistiger Behinderung sowie um ihre gegenwärtige Freizeitgestaltung als solche. Hier wurde sich für die Durchführung gesprächsförmiger Interviews entschieden, die mittels der rekonstruktiven Verfahren der Objektiven Hermeneutik (vgl. Oevermann et al. 1979; Oevermann 2002a) ausgewertet wurden. Insgesamt wurden sechs Interviews mit Menschen mit geistiger Behinderung aus je verschiedenen Wohnkontexten geführt – zwei Personen aus dem Bereich des ambulant betreuten Wohnens sowie vier Personen aus verschiedenen Wohnheimen eines Trägers.

Die Beforschung der Subjektseite ergab, dass der Alltag von Menschen mit geistiger Behinderung stark durch die jeweiligen Versorgungsinstitutionen (Heime/ Betreuungsdienste) bestimmt ist. Die interviewten Personen haben nur bedingt Raum zur freien Gestaltung von Freizeit und zur Entwicklung eigener Interessen. Ihr Alltag ist durch „Warten“ (Trescher 2015b, S. 197) und ein begrenztes Repertoire an fremdorganisierten Aktivitäten geprägt. Essenszeiten und pflegerische Tätigkeiten bestimmen den Tagesablauf. Dies wiederum steht dem klar geäußerten Wunsch der interviewten Personen nach Vergemeinschaftung und Aktivität gegenüber. Eine Nutzung des oben genannten Inklusionspotentials scheitert somit – dies ist ein zentrales Ergebnis der Studie – verschiedenfach an der Institutionsgrenze (etwa: fehlende Interessensentwicklung, Abhängigkeit von fremdbestimmten Angeboten, lebensweltliche Begrenzung auf den Institutionsrahmen).

Institutionsebene

Auf der Institutionsebene wurden insgesamt vier längere gesprächsförmige Interviews mit Institutionsmitarbeitern aus den Wohnheimen durchgeführt, in denen zuvor auch die BewohnerInnen interviewt wurden. Zentrales Auswahlkriterium war hier, dass die interviewten MitarbeiterInnen unter anderem auch für die Freizeitgestaltung in den jeweiligen Wohneinrichtungen verantwortlich sein mussten. Die Ergebnisse aus den Interviews mit den MitarbeiterInnen untermauern die Ergebnisse, die aus den BewohnerInnen-Interviews gewonnen werden konnten. Auch hier wurde deutlich, dass der Alltag der betroffenen Personen primär durch pflegerische Tätigkeiten und Essenszeiten bestimmt ist und neben diesen Tätigkeiten nur wenig Raum für die Freizeit- und Alltagsgestaltung der BewohnerInnen zur Verfügung steht. Insofern beziehen sich die Angebote der jeweiligen Institutionen nur in Ausnahmefällen auf geäußerte Interessen und belaufen sich zumeist auf ‚leicht' zu organisierende Aktivitäten, wie zum Beispiel Basteln oder Spazierengehen. Bemängelt wurde von Seiten der MitarbeiterInnen (neben fehlenden zeitlichen und finanziellen Ressourcen), dass die betreuten Menschen mit geistiger Behinderung nur selten aus eigenem Antrieb heraus Interessen äußern oder gänzlich selbst aktiv werden würden. Dies wurde oft mit einem fehlenden Interesse gleichgesetzt, was letztlich eine zentrale Problematik darstellt, da hier eine enge Wechselwirkung zu mangelnden Möglichkeiten der Interessensentwicklung ausgemacht werden kann (vgl. Trescher 2015b, S. 251f). Dies wiederum ist eine Aufgabe der betreuenden MitarbeiterInnen, welcher innerhalb der untersuchten Institutionen im Prinzip nicht nachgekommen wurde.

Zusammenführung der Ergebnisse

Insgesamt betrachtet konnte auf Grundlage der erarbeiteten Ergebnisse festgehalten werden, dass auf Seiten der Mehrheitsgesellschaft zwar durchaus Ängste und Vorbehalte gegenüber der Teilnahme von Menschen mit geistiger Behinderung an den eigenen Freizeitaktivitäten ausgemacht werden können, dementgegen jedoch auch eine bereite Bereitschaft identifiziert wurde, sich auf die Teilnahme von Menschen mit geistiger Behinderung einzulassen. Das wiederum heißt, dass auf Grundlage der herausgearbeiteten Ergebnisse keineswegs pauschal gesagt werden kann, dass die Mehrheitsgesellschaft Menschen mit geistiger Behinderung per se ausschließt. Es stellt sich vielmehr so dar, dass dieser Ausschluss primär über institutionalisierte Strukturen erfolgt. Die beherbergenden Institutionen (das betrifft nicht nur Wohnheime, sondern auch Hilfesysteme wie zum Beispiel das ambulant betreute Wohnen) werden als „Inklusionsschranken“ (Trescher 2015b, S. 333) wirkmächtig und behindern eine Teilhabe von Menschen mit geistiger Behinderung an routinemäßigen Freizeitpraxen auf mehreren Ebenen (vgl. Trescher 2015b, S. 249ff). Ein sehr einfaches Beispiel hierfür ist, dass Freizeitaktivitäten in der routinemäßigen Lebenspraxis oftmals abends und/ oder am Wochenende stattfinden. Wenn Wohnheimstrukturen allerdings vorsehen, dass die BewohnerInnen um 17.30 Uhr zum Abendessen anwesend sein sollen und auch im relativ direkten Anschluss ‚bettfertig‘ gemacht werden bzw. sich ‚bettfertig‘ machen sollen, ist eine Teilnahme an Freizeitaktivitäten, die nach 18 Uhr stattfinden, kaum möglich – noch dazu, wenn hierfür ggf. eine Begleitperson benötigt wird. Institutionen und Träger spannen durch ihre spezifische Expertise bzw. Zuständigkeit ein enges Netz, was gerade für Menschen mit höherem Unterstützungsbedarf sehr problematisch ist, ist hier doch eine vergleichsweise höhere Abhängigkeit von den MitarbeiterInnen gegeben.

In der weiteren Diskussion der Ergebnisse konnten drei praxisrelevante Ebenen offengelegt werden, auf denen Diskursteilhabebarrieren für Menschen mit geistiger Behinderung angesiedelt sind: die Ebene des *intrainstitutionellen Selbstbestimmungsdiskurses*, die Ebene des *gesellschaftlich-öffentlichen Diskurses* sowie die Ebene des *Zuständigkeitsdiskurses*. Die Ebene des *intrainstitutionellen Selbstbestimmungsdiskurses* adressiert konkret das Spannungsverhältnis zwischen Selbstermächtigungs- und Fremdbestimmungspraxen innerhalb von Wohneinrichtungen und Unterstützungsmaßnahmen der Behindertenhilfe. Das heißt, hier geht es gerade um die Auseinandersetzung des Subjekts mit den es umgebenden protektiven Versorgungs- und Betreuungsstrukturen, welche potentielle Selbstermächtigungspraxen be- bzw. verhindern. Praktische Handlungsansätze richten sich auf dieser Ebene auf eine Stärkung der Selbstermächtigungskräfte des einzelnen Subjekts, um dessen sukzessive Loslösung von paternalistischen Strukturen zu ermöglichen (zum Beispiel durch die Schaffung von alternativen Handlungsräumen oder eine forcierte Interessensentwicklung). Primärer Ansatzpunkt sind hier folglich innerinstitutionelle Wandlungsprozesse.

Die zweite identifizierte Diskursebene betrifft die Ebene des *gesellschaftlich-öffentlichen Diskurses*. Hier geht es konkret um die Problematik des nur beschränkten Zugangs von Menschen mit geistiger Behinderung zu Diskursen der

Mehrheitsgesellschaft. Adressiert wird somit das Spannungsverhältnis zwischen der Teilhabe an routinemäßigen Lebenspraxen und der ,Verwahrung' in (totalen) Strukturen, die ebendies verhindern. Der Fokus handlungspraktischer Ansätze liegt hier auf einem ,Sehen und Gesehen werden', wobei es primär darum geht, Menschen mit geistiger Behinderung eine Präsenz im allgemeingesellschaftlichen Raum und Teilhabemöglichkeiten (unter anderem) am Diskurs um die eigene Person zu eröffnen. Diese Teilhabemöglichkeiten an Diskursen der allgemeinen Lebenswelt betreffen unter anderem auch eine mediale Präsenz – insbesondere auch in Form einer Selbstrepräsentanz (siehe hierzu zum Beispiel Trescher 2014b; 2015c; 2016c).

Die dritte und letzte Diskursebene bezieht sich auf die Ebene des *Zuständigkeitsdiskurses*, womit das Spannungsverhältnis zwischen der (scheinbaren) Zugehörigkeit von Menschen mit geistiger Behinderung zu (exklusiven) Strukturen der Behindertenhilfe einerseits und der im Zeichen von Inklusion angestrebten Zugehörigkeit zur Allgemeingesellschaft andererseits aufgegriffen wird. In diesem Sinne konnte herausgearbeitet werden, „dass bereits die Verbreitung von Institutionen der Behindertenhilfe im öffentlichen Diskurs dazu führen kann, dass diesen die Zuständigkeit und Verantwortung für Menschen mit geistiger Behinderung zugeschrieben bzw. übertragen werden, was letztlich die Reproduktion und gleichzeitige diskursive Legitimation der Institution(en) bedeutet" (Trescher 2015b, S. 314). Auch solchen Prozessen gilt es zu entgegenzutreten. Von besonderer Relevanz ist hierbei ein Blick auf Inklusion, der diese als allgemeingesellschaftliche Aufgabe begreift und nicht der Zuständigkeit behinderungsspezifischer Institutionen überlässt.

Abschließend kann festgehalten werden, dass die Ergebnisse der Studie „Freizeit als Fenster zur Inklusion", trotz teils intensiver Beschäftigung mit verschiedenen Versorgungsstrukturen der Behindertenhilfe, unter anderem auf den dringlichen Bedarf aufmerksam machen, institutionelle Strukturen (insbesondere Wohnheimstrukturen) genauer zu untersuchen. Diesem Bedarf wurde in der Folge, in der explizit hierauf ausgerichteten Studie „Wohnräume als pädagogische Herausforderung", nachgegangen.

2.2 Das Projekt „Wohnräume als pädagogische Herausforderung"

In der Studie „Wohnräume als pädagogische Herausforderung. Institutionelle Alltagsgestaltung in Einrichtungen für Menschen mit ,geistiger Behinderung'" (Trescher 2017c) wurden die Ergebnisse der oben nachgezeichneten Forschungsarbeit zum Ausgangspunkt genommen, um sich näher mit der Lebenssituation innerhalb von Wohneinrichtungen der Behindertenhilfe zu befassen. Auch dies erfolgte über ein mehrstufiges, multimethodales Forschungssetting, wobei zwei strukturell kontrastive Wohnheime ausgewählt und beforscht wurden. Bei einem handelte es sich um ein eher klassisches Wohnheim, welches eine campusähnliche Struktur hat und ca. 50 Menschen mit geistiger Behinderung beherbergt, die wiederum auf fünf Wohngruppen aufgeteilt sind. In diesem Wohnheim wurden zwei Wohngruppen für Menschen mit einem sogenannten ‚erhöhten Unterstützungsbedarf' untersucht. Demgegenüber war die zweite untersuchte Einrichtung mit ca. 25 BewohnerInnen mit geistiger Behinderung, die in kleineren Appartements mit zwei bis fünf Personen leben, vergleichsweise klein strukturiert. Ziel der Studie war es, die Lebenssituation der einzelnen BewohnerInnen in den jeweiligen Institutionen möglichst umfassend zu beleuchten. In diesem Sinne „sollte herausgefunden werden, wie Menschen mit geistiger Behinderung leben, wie ihre Lebenspraxis in Wohnheimen ist und auch welche Rolle die beherbergende Institution im Leben der Betroffenen spielt" (Trescher 2017c, S. 11). Dabei sollte die Untersuchung gerade auch die Erfassung der Lebenssituation von Menschen mit erhöhtem Unterstützungsbedarf bzw. Menschen mit (erheblichen) verbalsprachlichen Einschränkungen ermöglichen, was bereits seinerseits als Desiderat sozialwissenschaftlicher Forschung ausgewiesen werden kann (vgl. Trescher 2017c, S. 41). Im Endeffekt wurde sich dazu entschieden, auf zwei verschiedenen Ebenen zu arbeiten, um die ausgewählten Wohneinrichtungen sowie den je spezifischen Alltag darin zu beleuchten. Gearbeitet wurde hierfür auf einer strukturanalytischen Ebene (die den Strukturrahmen der Institution erfassen sollte) sowie einer affektbezogenen Ebene (die das Erleben der ProtagonistInnen erfassen sollte). Beide Ebenen sollen im Folgenden näher beschrieben werden, bevor eine zusammenfassende Ergebnisdarstellung vorgenommen wird.

Strukturanalytische Ebene

Im Fokus der strukturanalytischen Ebene stand in einem ersten Schritt die rekonstruktive Analyse der räumlichen, personellen und organisatorischen Strukturen der Wohneinrichtungen, wobei die Bearbeitung der folgenden Forschungsfrage vordergründig war: „Wie wirken sich Heime und deren Strukturrahmen auf die Menschen, die dort stationär betreut werden, aus?". Hinsichtlich des gewählten Vorgehens lässt sich sagen, dass sich bei der Durchführung jener Arbeitsphase maßgeblich an der Studie „Kontexte des Lebens. Lebenssituation demenziell erkrankter Menschen im Heim“ (Trescher 2013b) orientiert wurde.[1] Es wurde über die Erhebung von Beobachtungen, Interviews sowie die Sichtung von im Feld vorhandenen objektivierten Daten (zum Beispiel Grundrisse, Dienst- oder Ablaufpläne) ein Materialpool generiert, aus dem eine Strukturbeschreibung der Institution generiert wurde. Eine solche Strukturbeschreibung ist folglich nicht als natürliches Protokoll gegeben, sondern muss durch den ausführenden Forscher bzw. die ausführende Forscherin als solches erst erstellt werden. Anders war es im Rahmen der ergänzend zur Strukturanalyse durchgeführten rekonstruktiven Auswertung von MitarbeiterInnen- und BewohnerInneninterviews, die ebenfalls mittels der Verfahren der Objektiven Hermeneutik analysiert wurden und welche die Ergebnisse der Strukturanalyse erweiterten.

Affektive Analyseebene

Ergänzt wurden die strukturanalytischen Arbeitsschritte durch eine affektbezogene Analyse. Ziel war es, hierdurch einen Zugang zum individuellen Erleben der BewohnerInnen herzustellen. Handlungsleitend war dabei die Fragestellung: „Wie wird die Lebenspraxis von Menschen mit geistiger Behinderung innerhalb der beherbergenden Institution erfahren?“. Zur Bearbeitung dieser Frage wurde ein Verfahren entwickelt, welches sich an psychoanalytischen bzw. tiefenhermeneutischen Methoden (wie etwa der Infant Observation bzw. ‚Tiefenhermeneutik‘ nach König [2012]) orientiert.[2] Das dabei entwickelte Verfahren ‚Affective Revisiting‘ (Trescher 2017c, S. 61ff), welches auf Beobachtungen beruht, die neben der deskriptiven Erfassung des Geschehens auch subjektive Affekte und Wahrnehmungen der BeobachterInnen enthalten, eröffnete eine Einsicht in das subjektiv-affektive Empfinden der BewohnerInnen und ermöglichte es so, Einblicke darüber zu gewinnen, wie Menschen mit geistiger Behinderung den Alltag in der Institution erleben. Gegenständlich wurden hierfür 13 Beobachtungsprotokolle aus dem Institutionsalltag erhoben und ausgewertet. Zudem wurden auch die BewohnerInneninterviews als Gegenstand der affektiven Analyse herangezogen.

Zusammenführung der Ergebnisse

Im Zuge beider Auswertungsschritte konnten vielseitige Einblicke in die Lebenswelt der BewohnerInnen gewonnen werden, wobei die Ergebnisse gerade

---

1 Das dort gewählte Vorgehen wurde zudem bereits an anderer Stelle in Bezug auf Kindertagesstätten erfolgreich adaptiert (vgl. Hauck 2014; Trescher und Hauck 2015a).

2 Für nähere Ausführungen zur Methode und dem gewählten Vorgehen siehe: Trescher 2017c, S. 61ff.

auch von der Verschränkung beider Ebenen profitierten. Die Ergebnisse der Studie machen auf Probleme aufmerksam, welche sich einerseits im Strukturrahmen der Wohneinrichtungen und andererseits im darin verorteten Handeln der InstitutionsmitarbeiterInnen manifestieren. In diesem Zusammenhang konnte als zentrales Ergebnis der strukturanalytischen Ebene festgehalten werden, dass die beiden untersuchten Wohneinrichtungen zum Zeitpunkt der Erhebung Strukturmerkmale aufwiesen, die sie als ‚totale Institutionen' (Goffman 1973) identifizieren. Eine zentrale Rolle spielen hierbei vor allem die Geschlossenheit der jeweiligen Wohneinrichtungen sowie die sich innerhalb der Institutionen vollziehenden Praxen der Überwachung, Regulierung und Objektivierung der BewohnerInnen (vgl. Trescher 2017c). Der strukturelle Rahmen der Institutionen, so wurde deutlich, dringt umfassend in alle Lebensbereiche der BewohnerInnen ein und wird so überwachend und (potentiell) regulierend wirksam (siehe diesbezüglich auch Kapitel 3.2.1). Die BewohnerInnen haben nur (mehr oder weniger) stark eingeschränkt die Möglichkeit, sich den Raum, der sie umgibt, aktiv anzueignen und zu gestalten. Gerade in dieser aktiven Aneignung von Raum liegt allerdings ein zentrales Moment des Wohnens. In diesem Kontext konstatiert auch Hasse: „Der Raum der Wohnenden ist ein Raum des Menschen, der seine Welt aus der Situation seines Lebens erlebt, entfaltet und gestaltet" (Hasse 2009, S. 21). Auch auf Ebene des Handelns der MitarbeiterInnen wurden Strukturprobleme identifiziert. So konstruieren die in der Institution tätigen MitarbeiterInnen die BewohnerInnen primär als Versorgungsobjekte, an denen sich (pflegerische, versorgungstechnische) Arbeit vollzieht. Eine professionelle pädagogische Praxis ist der technischen Organisation und Versorgung der BewohnerInnen nachgeordnet. Die Auswirkungen dessen wurden wiederum auf der affektiven Analyseebene deutlich, indem unter anderem die Einsamkeit der BewohnerInnen im institutionellen Alltag sowie die Sehnsucht dieser nach Zuneigung und Aufmerksamkeit immer wieder zutage treten. Beides steht dabei auch in unmittelbarem Zusammenhang mit mangelnden Möglichkeiten zur Vergemeinschaftung. Nur relativ selten treten (dies ist ein weiteres Ergebnis der affektiven Analyse) vereinzelte Momente auf, in denen die BewohnerInnen froh und glücklich wirken. Diese Momente wurden in der Studie unter der Bezeichnung „Momente des Glücks" (vgl. Trescher 2017c, S. 161f) zusammengefasst.

Insgesamt lässt sich sagen, dass zentrale Ergebnisse der Studie sehr treffend unter dem Begriff der ‚Entfremdung' zusammengefasst werden können (vgl. Trescher 2017c, S. 158f; weiterführend: Zima 2014). Diese macht deutlich, dass das Wohnen von Menschen mit geistiger Behinderung in institutionellen Kontexten mitunter große Differenzen zum Wohnen, wie es sich in der routinemäßigen Lebenspraxis vollzieht, aufweist. Zum Vorschein kommt diese Differenz letztlich auf drei verschiedenen Ebenen: auf räumlicher, sozialer und emotionaler Ebene. Es sei allerdings an dieser Stelle bereits hervorgehoben, dass die drei Formen der Entfremdung nicht trennscharf voneinander unterschieden werden können und oftmals unmittelbar miteinander einhergehen.

Die *räumliche Entfremdung* bezieht sich vor allem „auf die Entfremdung der Wohn- und Lebenswelt der institutionalisiert lebenden Menschen mit geistiger Behinderung von einem lebenspraktisch normalen Wohnraum, einem ‚Zuhause'" (Trescher 2017c, S. 158). Diese Form der Entfremdung trat im Zuge der Studie bereits dadurch hervor, dass die untersuchten Räumlichkeiten mitunter als heruntergekommen/ verwahrlost oder aber klinisch/ unpersönlich zu beschreiben sind. Praxen räumlicher Entfremdung setzen sich unter anderem jedoch auch darin fort, dass im Institutionsalltag immer wieder „mit der Unverletzlichkeit des Wohnraums als privaten Rückzugsort gebrochen" (Trescher 2017c, S. 158) wird. Exemplarisch veranschaulichen lässt sich dies an dem dokumentierten Fall, in dem ein Büroarbeitsplatz für die MitarbeiterInnen im Gemeinschaftsraum bzw. Wohnzimmer der BewohnerInnen eingerichtet worden ist, wodurch das pädagogische Protektorat mit seinen überwachenden und potentiell regulierenden Strukturen in den unmittelbaren Wohn- und Lebensraum der BewohnerInnen hineingetragen wird. Dieses Beispiel verweist ebenfalls auf Praxen der *sozialen Entfremdung*. Hiermit sind vor allem intrainstitutionelle Praxen gemeint, die „zu einem Großteil emotionale Verwahrlosung und soziale Kälte befördern" (Trescher 2017c, S. 158). Gerade die Ergebnisse der affektiven Auswertungsebene der Studie kamen hier zum Tragen. So wurde deutlich, dass „die Räumlichkeiten der Wohngruppen […] häufig heruntergekommen und verwahrlost" (Trescher 2017c, S. 129) wirken und nicht wie Orte, die zu Entspannung und Gemeinschaft einladen. Die Wohneinrichtungen wirken eher steril, kalt und wenig wohnlich. Dies trifft zum Teil auch auf die Interaktion zwischen MitarbeiterInnen und BewohnerInnen zu (vgl. Trescher 2017c, S. 156). Eine zentrale Rolle spielt hierbei insbesondere „auch eine soziale Nicht-Aneignung des Wohnraums, etwa dadurch, dass der Ort nicht Ort von Vergemeinschaftungspraxen ist bzw. wird" (Trescher 2017c, S. 158). Dieses Beispiel verweist wiederum auf Prozesse der *emotionalen Entfremdung*. Gefasst wird hierunter unter anderem, dass die MitarbeiterInnen den BewohnerInnen im Institutionsalltag beinahe ausschließlich spezifisch begegnen, von den BewohnerInnen jedoch qua Status Diffusität verlangt wird.[3] Dies resultiert in der Problematik, dass die Möglichkeit der BewohnerIn-

3 Rekurriert wird hierbei auf die oevermannsche Unterscheidung zwischen ‚spezifischen' und ‚diffusen' Sozialbeziehungen: „Diffus sind solche Beziehungen, in denen derjenige, der ein Thema vermeiden oder nicht behandeln will, jeweils die Beweislast

nen statusgleiche bzw. diffuse Sozialbeziehungen zu führen, nur bedingt gegeben ist. Verschärft wurde dies weiterhin dadurch, dass die Zusammensetzung der Wohngruppen nicht an den individuellen Präferenzen der BewohnerInnen ansetzt, sondern über die Institution bzw. die dortigen MitarbeiterInnen vorgegeben wird. Dies hat zur Folge, dass die BewohnerInnen auf engstem Raum mit Personen zusammenleben, die sie nicht als MitbewohnerInnen auserwählt haben (wie im Kontext von Wohngemeinschaften üblich) und unter Umständen auch nicht mögen. „Eine Entfremdung auf emotionaler Ebene meint also eine emotionale Nicht-Aneignung des Wohnraums im Sinne eines Ortes des Rückzugs und der emotionalen Geborgenheit. Emotionale Entfremdung geht oftmals mit Einsamkeit einher“ (Trescher 2017c, S. 159).

Es wurde deutlich, dass institutionell lebende Menschen mit geistiger Behinderung durch Strukturen der Behindertenhilfe bzw. der staatlichen Steuerung im Alltag bürokratisch überformt werden (Trescher 2017c, S. 173ff). Diese Praxis stellt eine Einschränkung bzw. Verletzung der Privatheit der BewohnerInnen dar und avanciert im Institutionsalltag oftmals zum primären Bezugspunkt der Arbeit der MitarbeiterInnen. „[I]n vielerlei Hinsicht [werden die BewohnerInnen] auf technisch zu bearbeitende Datensätze reduziert“ (Trescher 2017c, S. 162). Es kommt so für die BewohnerInnen zu einer „doppelten Wirkmächtigkeit der Bürokratie“ (Trescher 2017c, S. 162). Diese doppelte Wirkmächtigkeit bürokratischer Vorgänge tritt insofern zutage, als sie einerseits dazu führt, dass das Leben der einzelnen BewohnerInnen stark reguliert wird, und andererseits die MitarbeiterInnen zeitlich derart beansprucht, dass diese die BewohnerInnen nicht bei Selbstermächtigungspraxen unterstützen können.

Auf Grundlage der herausgearbeiteten Ergebnisse konnten verschiedene Desiderate aufgedeckt werden. Zentrale Fragen waren dabei, wie Menschen mit geistiger Behinderung leben, welche Biographie sie haben und welchen möglichen Behinderungspraxen sie in ihrem Leben ausgesetzt sind bzw. waren (vgl. Trescher 2017c, S. 162). Daraus entwickelte sich die Idee, sich im Rahmen eines

---

trägt, was voraussetzt, dass im Normalfall kein mögliches Thema ausgespart bleibt. Das entspricht genau einer Beziehung zwischen ganzen Menschen. In spezifischen Sozialbeziehungen hingegen trägt derjenige die Beweislast, der ein neues, in der Spezifikation den Rollendefinitionen nichtenthaltenes Thema hinzufügen möchte. Das setzt voraus, dass zuvor ein Bereich beziehungsrelevanter Themen konventionell spezifiziert wurde. Dem entspricht genau die Logik von rollenförmigen Sozialbeziehungen, in denen durch institutionalisierte Normen, per Vertrag letztlich, in Rollendefinitionen festgelegt worden ist, was in diesen Beziehungen thematisch ist“ (Oevermann 2002b, S. 40).

Folgeprojekts mit den je individuellen Lebensentwürfen von Menschen mit geistiger Behinderung auseinanderzusetzen, wobei gerade auch eine partizipative Rückkopplung an das Feld angestrebt werden sollte, sodass die zuständigen Institutionen dabei unterstützt werden könn(t)en, die betreuten Personen als Subjekte (wieder) in den Mittelpunkt ihrer Arbeit zu rücken. Die Umsetzung jener Idee steht im Fokus der hiesigen Untersuchung.

2.3 ZUM HIESIGEN VORHABEN

Im hiesigen Projekt sollte auf den oben genannten Vorgängerprojekten aufgebaut werden. Statt jedoch explizit die Freizeitsituation von Menschen mit geistiger Behinderung oder die Wohnstrukturen von Wohneinrichtungen der Behindertenhilfe in den Blick zu nehmen, sollten es die Perspektiven bzw. die Lebensentwürfe von Menschen mit geistiger Behinderung aus unterschiedlichen Lebenskontexten sein, die in den Mittelpunkt gerückt werden. Zentral waren hier etwa Fragen danach, wie Menschen mit geistiger Behinderung ihre derzeitige Lebenssituation beschreiben, welche Persönlichkeiten sie sind, welche ‚Stationen' sie in ihrem Leben durchlaufen haben, welche Beziehungserfahrungen sie gemacht haben und was sie zu dem werden ließ, wer sie heute sind. Darauf aufbauend war interessant, welche Pläne und Perspektiven sie für ihre eigene Zukunft haben, welche Beziehungen sie möglicherweise intensivieren möchten (und welche nicht), wie und eventuell mit wem sie leben möchten, womit sie sich beschäftigen möchten, was sie einmal gerne unternehmen oder erleben würden, welche Erwartungen und Wünsche sie an einen zukünftigen Wohn-, Arbeits- und Freizeitalltag haben. Es war folglich das in institutionelle[4] Zusammenhänge eingebettete Subjekt, welches zum Gegenstand erhoben wurde. Um im Rahmen der Auswertung einen möglichst umfassenden Einblick in das Leben von Menschen mit geistiger Behinderung zu erhalten, wurde sich dafür entschieden, Personen aus kontrastiven Lebenskontexten (Personen unterschiedlichen Alters, Geschlechts, Wohnkontextes etc.) auszuwählen und mithilfe von Topic-Interviews mit ihnen ins Gespräch zu kommen und mehr über ihr Leben zu erfahren (siehe

4 Institutionell ist hier im esserschen Sinne gedacht (vgl. Esser 2000, S. 4ff). Im Laufe der Darlegungen wird der Institutionsbegriff mitunter auch als Synonym für (Wohn-) Einrichtungen verwendet und damit für etwas, das Esser selbst als ‚Organisationen' versteht (vgl. Esser 2000, S. 5f). Diese sind jedoch wiederum selbst Teil eines institutionellen Geflechts im esserschen Verständnis, weshalb die synonyme Verwendung durchaus beabsichtigt ist.

vor allem die Kapitel 7 und 8). Indem die Untersuchung einem biographisch-orientierten Ansatz folgt, sieht sich die Studie in der Tradition der erziehungswissenschaftlichen Biographieforschung (vgl. von Felden 2008; Schulze 2006; Nittel 1991). Mit dem Forschungsschwerpunkt ‚geistige Behinderung' wurde dabei jedoch ein Rahmen gewählt, zu dem bislang nur wenige biographisch orientierte Forschungsarbeiten vorliegen (vgl. Reisel 2015, S. 67f; 72; Buchner und Koenig 2008, S. 31).[5] Dies erscheint verwunderlich und kritisch zugleich, kann doch gerade ein biographischer Zugang umfängliches Wissen über eine Personengruppe und deren Lebenswirklichkeit generieren (vgl. Hedderich 2015, S. 25; Stinkes 2016; Fornefeld 2013, S. 193f). Bevor jedoch näher auf die empirischen Teile der Studie eingegangen wird, soll sich zunächst mit einigen zentralen theoretischen Inhalten beschäftigt werden, die im Fokus der folgenden vier Kapitel stehen.

5 Eine ausführliche Darstellung des entsprechenden Diskurses zur Biographieforschung im Kontext von Menschen mit geistiger Behinderung findet sich in Kapitel 6.

3. (Geistige) Behinderung als diskursive Praxis

Behinderung, so auch geistige Behinderung, wird in Forschung und Praxis, je nach AutorIn, irgendwo zwischen ‚Behindert-Sein' und ‚Behindert-Werden' verortet. Grundsätzlich lässt sich sagen, dass es sich bei der Frage nach der Differenz zwischen ‚Behindert-Sein' und ‚Behindert-Werden' nicht gerade um eine neue Frage handelt. Ungeachtet dessen präsentiert sie sich (insbesondere im Kontext aktueller erziehungswissenschaftlicher und sozialpolitischer Debatten, welche sich mit dem Thema Inklusion befassen) als eine hoch aktuelle Frage. Im Rahmen des nun folgenden Kapitels soll ein Verständnis von (geistiger) Behinderung entfaltet werden, das diese als eine diskursive Praxis versteht und greifbar werden lässt. Hierfür erscheint es jedoch in einem ersten Schritt notwendig, darauf einzugehen, was es mit dem Begriff ‚Diskurs' auf sich hat (Kapitel 3.1). Es muss also zunächst darum gehen, das hier zugrundeliegende Diskursverständnis zu erörtern, um darauf aufbauend exemplarisch darzulegen, dass behinderte Identitäten diskursiv hervorgebracht werden (Kapitel 3.2). Aufbauend auf diesen Darstellungen wird es darum gehen, die scheinbar eheliche Verbindung zwischen Behinderung und Subjekt in Frage zu stellen, indem (geistige) Behinderung als Praxis reformuliert wird, die theoretisch jedem widerfahren kann und die je situativ ist – somit aber auch theoretisch auflösbar ist. Dies erfolgt anhand der Darstellung verschiedener Behinderungspraxen, die bereits im Zuge früherer Arbeiten offengelegt werden konnten (Kapitel 3.2.1, 3.2.2 sowie 3.2.3).

3.1 Der foucaultsche Diskursbegriff

In der Breite der Geistes- und Sozialwissenschaft ist der Diskursbegriff ein häufig verwendeter Begriff, der (da er bereits Teil des allgemeinen Sprachgebrauchs zu sein scheint) oftmals nicht näher definiert wird. Dem steht allerdings gegenüber, dass der Diskursbegriff „[w]ahrscheinlich […] der Begriff mit dem größten Umfang an möglichen Bedeutungen" (Mills 2007, S. 1) ist. In diesem Sinne ist er sowohl Teil der Alltagssprache als auch Bestandteil (fach)wissenschaftlicher Debatten, sodass insgesamt betrachtet durchaus von einem Bedeutungspluralismus des Diskursbegriffs gesprochen werden kann.

Unter dem Begriff ‚Diskurs' wird in sozialwissenschaftlichen Zusammenhängen gemeinhin „die Produktion sozialen Sinns [gefasst], verstanden als die symbolisch-sprachliche Darstellung, Vermittlung und Konstitution sozialer Gegenstände in kommunikativen Prozessen" (Nonhoff und Angermüller 2014, S. 82). Der Diskursbegriff kann dabei in zweifacher Weise ausgelegt werden: einerseits als Dimension alles Symbolischen, andererseits als Rahmen einer je historischen Spezifik, im Sinne eines thematischen Kommunikationszusammenhangs (vgl. Lemke 1995, S. 6). Für den Kontext der vorliegenden Studie soll der zentrale Fokus der Darstellungen auf ein Verständnis des Begriffs ‚Diskurs' gelegt werden, welches sich an den Ausführungen Foucaults orientiert und von diesem über mehrere Werke hinweg entwickelt wurde.[1] Hervorzuheben ist dabei, dass sich die foucaultsche Idee von Diskurs stetig fortentwickelte, sodass es (strenggenommen) nicht ‚den' foucaultschen Diskursbegriff gibt, „wenngleich der besagte Wandel des Begriffes doch auch als Ausdifferenzierung, insbesondere hinsichtlich der zugrundeliegenden Argumentationsketten, zumindest teilweise aufeinander aufbauend gelesen werden kann" (Trescher 2017b). Die Orientierung am foucaultschen Diskursverständnis scheint für den hiesigen Zusammenhang in zweifacher Hinsicht interessant zu sein. Einerseits deshalb, da Foucault seine Abhandlungen zur Entstehung, Reproduktion, Wirkmächtigkeit und Veränderbarkeit von Diskursen am Beispiel des gesellschaftlichen Umgangs mit Personen beschreibt, die als ‚wahnsinnig' galten. Andererseits auch „intrinsisch, ob der Theoriebildung im Sinne der Wandelbarkeit von Diskursen und damit auch von in diesen vorhandenen Behinderungsdefinitionen sowie, damit einhergehend, dem Umgang mit Behinderung" (Trescher 2017b).[2]

1 Der Diskurs(begriff) wird von Foucault in zumindest fünf seiner (Haupt-)Werke nachgezeichnet und entwickelt: „Wahnsinn und Gesellschaft" (1969) (ersterschienen 1961), „Die Geburt der Klinik" (2011) (ersterschienen 1963), „Die Ordnung der Dinge" (2012a) (ersterschienen 1966), „Die Archäologie des Wissens" (1981) (ersterschienen 1969) sowie „Die Ordnung des Diskurses" (2012b) (ersterschienen 1972). Für eine ausführliche Auseinandersetzung mit den einzelnen Werken Foucaults im Kontext ‚geistige Behinderung' siehe: Trescher 2015b, S. 261ff.

2 Im Folgenden wird nicht auf jedes einzelne der erwähnten foucaultschen Werke eingegangen. Eine entsprechende Auseinandersetzung und damit verbundene Eröffnung

Grundsätzlich lässt sich sagen, dass Foucault Diskurse als „eine Menge von Aussagen, die einem gleichen Formationssystem angehören" (Foucault 1981, S. 156), versteht, wobei diese nicht „als Gesamtheit von Zeichen (von bedeutungstragenden Elementen, die auf Inhalte oder Repräsentationen verweisen), sondern als Praktiken zu behandeln [sind], die systematisch die Gegenstände bilden, von denen sie sprechen. Zwar bestehen diese Diskurse aus Zeichen; aber sie benutzen diese Zeichen für mehr als nur zur Bezeichnung der Sachen. Dieses *mehr* macht sie irreduzibel auf das Sprechen und die Sprache. Dieses *mehr* muß man ans Licht bringen und beschreiben" (Foucault 1981, S. 74). Vor diesem Hintergrund ist der Diskurs betreffend des gesellschaftlichen Umgangs mit Menschen mit geistiger Behinderung nicht nur als das zu fassen, was in diesem Kontext gesprochen und geschrieben wird, sondern der Diskurs hat vielmehr eine gewisse Vollzugskraft. Diskurse werden insofern als ‚Praktiken' verstanden. Der Diskurs in Bezug auf den Umgang mit Menschen mit geistiger Behinderung hat eine gewisse Wirkmächtigkeit auf das Subjekt, welches entlang gesellschaftlicher Klassifikationssysteme als ‚geistig behindert' ausgewiesen wird. Der Zusammenhang ist dabei darin zu sehen, dass das im Diskurs Gesprochene ein gewisses Denken und damit auch eine gewisse Sichtweise auf geistige Behinderung bzw. Menschen, die mit dieser Statuszuweisung adressiert werden, hervorbringt. Der Vollzug der Wirkmächtigkeit von Diskursen tritt zum Beispiel auch darin hervor, dass im Kontext des Diskurses betreffend der Versorgung von Menschen mit geistiger Behinderung von einem Paradigma der Zuständigkeit gesprochen werden kann, das spezifische Subjekte und Institutionen als ExpertInnen für die Belange der Versorgung bzw. Betreuung von Menschen mit geistiger Behinderung erhebt (Trescher 2015b, S. 304ff). Durch diese Adressierung entfaltet der Versorgungsdiskurs seine Wirkmächtigkeit auf die (selbst den Diskurs mit erzeugenden) Subjekte und reproduziert diese damit als speziell Zuständige für den Gegenstand bzw. den je konkreten Umgang mit Menschen mit geistiger Behinderung. Konkret heißt das, dass sich (zum Beispiel) Sichtweisen auf den Gegenstand zwar auf der einen Seite an den Diskurs anpassen, auf der anderen Seite aber auch auf diesen einwirken. Der Diskurs ist also nicht statisch, sondern kontingent, was schlussendlich jedoch auch heißt, dass „sowohl der Diskurs um die Lebenssituation von Menschen mit Behinderung als auch die Konstruktion ‚Behinderung' selbst wandelbar sind" (Trescher 2017b).

---

von Verstehenszugängen für die Sonderpädagogik bzw. Disability Studies findet sich in: Trescher 2015b, S. 261ff. Der foucaultsche Diskursbegriff wird hier eher zusammenfassend dargestellt.

Weiterhin bleibt festzuhalten, dass sich in Diskursen „Prozeduren der *Ausschließung*" (Foucault 2012b, S. 11) vollziehen.[3] Im Grunde geht es dabei um eine externe Zulassung zum Diskurs bzw. um Vorgaben dahingehend, was im entsprechenden Diskurs erlaubt ist und was nicht. Es geht folglich auch um Bestimmungen dahingehend, wer an (je konkreten) Diskursen unter Umständen nicht aktiv teilhaben darf und dem somit die Möglichkeit genommen wird, die jeweiligen Diskurse mit zu gestalten. Foucault exemplifiziert seine Ausführungen am Beispiel ‚des Wahnsinnigen', dessen Wort im Diskurs keine Bedeutung zuteilwird (vgl. Foucault 2012b, S. 11f).[4] Diese Praxen „haben die Funktion von Exklusionspraktiken" (Seifert 2013) und fungieren für die Betroffenen, die dadurch ausgeschlossen werden, als Diskursteilhabebarrieren.

Im Folgenden soll nun, aufbauend auf den bisherigen Darstellungen, ein Verständnis von (geistiger) Behinderung entfaltet werden, das diese als Diskurspraxis versteht.

3.2 (RE-)PRODUKTION VON GEISTIGER BEHINDERUNG

Rückblickend lässt sich sagen, dass sich im Laufe der Zeit unterschiedliche Definitionsansätze betreffend des Phänomens ‚geistige Behinderung' herausgebildet haben. Grob zuteilen lassen sich die verschiedenen Positionen dabei medizinisch-biologistisch-naturalistischen Perspektiven einerseits und gesellschaftlich-sozial-konstruktivistischen Ansätzen andererseits. Es ist der zweite Ansatz, dem sich im Kontext der vorliegenden Studie angeschlossen werden soll.

Aus einem medizinisch-biologistisch-naturalistischen Standpunkt heraus wird das Phänomen ‚geistige Behinderung' primär im Lichte einer naturgegebenen „körperlichen Schädigung oder funktionalen Beeinträchtigung" (Waldschmidt 2006, S. 85) gesehen, welches als „schicksalhaftes, persönliches Unglück [...] individuell zu bewältigen ist" (Waldschmidt 2006, S. 85). Diese Bewältigung vollzieht sich dabei in erster Linie über „medizinisch-therapeutische Behandlung" (Waldschmidt 2006, S. 85). Im Gegensatz hierzu wird geistige Behinderung aus einem sozialkonstruktivistischen Verständnis heraus nicht als naturgegebenes Faktum betrachtet, sondern als „gesellschaftlich hervorgebrachte

3 Foucault beschäftigt sich mit diesen insbesondere in seinem Werk „Die Ordnung des Diskurses" (Foucault 2012b).

4 Dieses Beispiel kann auch auf einige Menschen mit (geistiger) Behinderung angewandt werden, deren Bedürfnisse innerhalb des Versorgungsapparats mitunter kaum gehört werden (vgl. Trescher 2015b, S. 143ff; Trescher 2017c, S. 180ff).

(und damit variable) Kategorie“ (Trescher 2015b, S. 18f), unter der Personen mit ähnlichen körperlichen Merkmalen subsumiert werden. Die Kategorie ‚geistige Behinderung‘ beschreibt „ein Label, welches unter (un)bestimmten Umständen auf einzelne Menschen übertragen wird und diese in ein spezielles System einleitet, welches gemäß des gesellschaftlich vorherrschenden Bildes von geistiger Behinderung arbeitet“ (Trescher 2015b, S. 18). Mit Blick auf das gegenwärtig bestehende Versorgungssystem bedeutet dies für die von der Kategorisierung Betroffenen oftmals einen Eintritt in ein mehr oder weniger umfassendes System aus mehr oder weniger geschlossenen Institutionen. Zwar wurden im Laufe der vergangen Jahrzehnte zunehmend Anstrengungen hinsichtlich einer Auflösung bestehender exkludierender Lebensstrukturen unternommen, jedoch ist die Lebenssituation vieler Menschen mit geistiger Behinderung auch bis zum heutigen Tag noch sehr stark von „Institutionalisierung, Überwachung und Regulierung, Fremdbestimmung und Exklusion gekennzeichnet“ (Trescher 2017c, S. 15). Hiervon betroffen sind letztlich alle Lebensbereiche – sei es der Bereich des Wohnens (vgl. Trescher 2015b; 2017c), des Arbeitens oder der der Freizeit (vgl. Trescher 2015b). Angesichts dessen lässt sich sagen, dass die Subsumtion unter dem Label ‚geistige Behinderung‘ für die jeweils betroffenen Personen, nicht zuletzt aufgrund des nur (stark) eingeschränkten Zugangs zu lebenspraktisch üblichen Lebensbereichen und -entwürfen, weitreichende Konsequenzen nach sich zieht. Diese manifestieren sich unter anderem darin, dass die Kategorisierung „eine Beeinträchtigung der lebenspraktisch üblichen Persönlichkeitsentwicklung zur Folge haben und damit maßgeblich zur Behinderung der Identitätsbildung beitragen“ (Trescher und Börner 2016; vgl. auch Rösner 2014, S. 85) kann, „da sich das persönliche Entwicklungspotential nur innerhalb der diskursiv determinierten, ‚behinderten‘ Grenzen entfalten kann“ (Trescher und Börner 2014). Das unter dem Label ‚geistige Behinderung‘ subsumierte Subjekt wird, indem es innerhalb bestimmter Institutionen bestimmten Strukturen, Abläufen und Handlungspraxen ausgesetzt wird, auf einen bestimmten (gesellschaftlich vordefinierten) „Horizont möglicher Identitäten“ (Rösner 2014, S. 141) festgelegt; die Kategorie gerinnt, aufgrund der hieran geknüpften (häufig umfassenden) Lebensstrukturen, „zum Fixpunkt der Identitätsentwicklung“ (Trescher und Börner 2014). Geistige Behinderung wird an dieser Stelle zu einer Ordnungskategorie, welche diskursiv hervorgebracht wird und „Normalitäten [erzeugt], die zu gesellschaftlichen Praktiken der Ein- und Ausschließung führen“ (Rösner 2014, S. 9). Eine zentrale Funktion spielen dabei die von Foucault beschriebenen Mechanismen der Klassifikation, Anordnung und Verteilung (vgl. Foucault 2012b, S. 17). Auf Grundlage dessen ist das als ‚geistig behindert‘ klassifizierte Subjekt als „performativer Effekt diskursiver und institutioneller Praktiken [zu betrachten], die als dichtes Netz von Zuschreibungen die Selbst- und Fremdwahrnehmung einer Gruppe von Individuen hervorbringen“ (Rösner 2014, S. 140). Für den hiesigen Kontext bedeutet das, dass ‚geistige Behinderung‘ nicht im Sinne eines naturgegebenen, manifesten ‚Behindert-Seins‘ zu begreifen ist. ‚Geistige Behinderung‘ ist vielmehr als ein fortlaufender Prozess des ‚Behindert-Werdens‘ zu denken, wobei mannigfaltige Wirkmechanismen und Faktoren zum Tragen kommen, die hier als Behinderungspraxen benannt werden. Im Nachfolgenden sollen einige dieser Behinderungspraxen auf unterschiedlichen Ebenen nachgezeichnet und näher behandelt werden, wobei unmittelbarer Bezug auf verschiedene Studien genommen wird, in denen entsprechende Praxen identifiziert und empirisch belegt werden konnten.

3.2.1 Subjektivierungspraxen in (totalen) Institutionen der Behindertenhilfe

Grundsätzlich kann mit Blick auf die Gesamtergebnisse beider in Kapitel 2 vorgestellter vorangegangener Studien gesagt werden, dass trotz der strukturellen Unterschiedlichkeit der untersuchten Wohneinrichtungen der Behindertenhilfe deutliche Gemeinsamkeiten herausgearbeitet werden konnten. Diese bestehen in erster Linie darin, dass alle Institutionen (sowohl ‚klassische‘ Wohnheime als auch Heime mit moderneren Wohngruppenkonzepten) durch überwachende und regulierende Strukturrahmen gekennzeichnet sind und insgesamt viele Merkmale aufweisen, die sie entlang der Ausführungen Goffmans (1973) als totale Institutionen erscheinen lassen.[5] Ihre Totalität gewinnen die Wohneinrichtungen über ihre umfassende Wirkmächtigkeit, welche sich aus der umfassenden Umschließung und Organisation des Lebens der dort lebenden Menschen ergibt. Es sind gerade diese totalen Strukturmerkmale, welche im Kontext des stationären Wohnens von Menschen mit geistiger Behinderung ein zentrales Strukturproblem darstellen, wirken die jeweiligen Strukturrahmen doch subjektivierend auf die in ihnen lebenden Menschen. Als besonders problematisch präsentieren sich dabei Praxen der Überwachung und Regulierung sowie auch Objektivierungs- und Infantilisierungspraxen, denen in der Folge einzeln nachgegangen werden soll.

Den primären Ausgangspunkt von *innerinstitutionellen Überwachungs- und Regulierungspraxen* bildet der übergeordnete Funktionsplan der Institutionen (vgl. Goffman 1973, S. 7), in welchem sämtliche Abläufe und Routinen festgeschrieben sind und der den reibungslosen Ablauf der Einrichtung sicherstellen

5 Gleiches konnte in einer anderen Studie (Trescher 2013b) auch für Altenheime im Kontext der Lebenssituation von Menschen mit Demenz herausgearbeitet werden.

soll. Es ist ebendieser Plan, der das Leben der BewohnerInnen organisiert und damit in letzter Konsequenz auch reguliert (vgl. Rohrmann 2006, S. 187; Mair und Roters-Möller 2007, S. 221ff). Beispielhaft herangezogen werden können etwa detailliert ausgearbeitete Pläne bezüglich der Pflege oder der nahrungstechnischen Versorgung der BewohnerInnen (vgl. Trescher 2013b, S. 85; 2017c, S. 78). Solche Organisations- und Ablaufpläne führen in letzter Konsequenz zu einer gewissen Gleichschaltung des Lebens der BewohnerInnen. Sie reduzieren Individualität und führen die Lebensverläufe und -umstände der BewohnerInnen zusammen (vgl. Trescher 2017c, S. 82; 2017d; Dederich 2011, S. 148). Dabei unterstehen die BewohnerInnen einer beinahe umfassenden Überwachung. So konnten beispielsweise viele Fälle dokumentiert werden, in denen ein selbstbestimmtes Verlassen der jeweiligen Wohneinrichtungen nicht möglich war, sondern zunächst eine Form der Abmeldung bei den MitarbeiterInnen erfolgen musste. Als Konsequenz bleibt, dass die Lebenswelt der BewohnerInnen zu weiten Teilen auf den ihnen bereitgestellten Lebensraum beschränkt bleibt (vgl. Trescher und Börner 2016). Das Protektorat der Institution wird nur in Ausnahmefällen verlassen. Erschwerend kommt hinzu, dass die BewohnerInnen innerhalb des ihnen bereitgestellten Lebensraums des Wohnheims nur über eine stark eingeschränkte Handlungsökonomie verfügen, was vor allem durch die dort vorherrschende Zentralversorgung hervorgerufen wird. In diesem Kontext konnte beispielsweise herausgearbeitet werden, dass die BewohnerInnen häufig nur begrenzten bzw. gar keinen freien Zugang zu Lebensmitteln haben und sich auch daran geknüpfte alltagspraktische Tätigkeiten (etwa das Einkaufen oder das Zubereiten der Mahlzeiten) losgelöst von ihnen vollziehen. Es sind Praxen, die einer Entwicklung zu einem unabhängigen und zu Selbstbestimmung fähigen Selbst entgegenstehen, führen sie in letzter Konsequenz doch zu der Etablierung eines Abhängigkeitsverhältnisses zwischen BewohnerInnen und Institution bzw. den dort tätigen MitarbeiterInnen und können damit eine ‚erlernte Hilflosigkeit' (vgl. Seligman 2004) begünstigen (vgl. Trescher und Börner 2016). Abschließend bleibt festzuhalten, dass die Praxen der Überwachung und Regulierung im innerinstitutionellen Kontext umfassend an Praxen der Dokumentation geknüpft sind, welche im Institutionsalltag eine übergeordnete Rolle einnehmen. Hierunter fällt insbesondere das Anlegen und Pflegen von Akten/ Daten der BewohnerInnen, die ihrerseits den Ausgangspunkt für entsprechende Handlungen/ Interventionen von Seiten der Institution bieten. Dies bringt weiterführende Problemstellungen mit sich, die jedoch erst an späterer Stelle (Kapitel 2.2) explizit aufgegriffen werden sollen.

Objektivierungspraxen gehen unmittelbar mit der strukturellen Überwachung und Regulierung der BewohnerInnen einher. In diesem Sinne offenbaren sich

Objektivierungen der BewohnerInnen bereits in den oben benannten Ablaufplänen, die einen Blick auf die BewohnerInnen mit sich bringen, die diese als Versorgungsobjekte erscheinen lassen. Es wurde in den beiden vorangegangenen Studien herausgearbeitet, dass „sich die befragten MitarbeiterInnen primär als ErbringerInnen von Hilfeleistungen [verstehen], welche im Heimalltag meist physisch definiert sind" (Trescher 2015b, S. 232ff; 2017c, S. 124). Die Orientierung an einem ‚Abarbeiten' der vorgegebenen Pläne in dem gegebenen zeitlichen Rahmen führte in den untersuchten Fällen (zwangsläufig) dazu, dass pädagogische Arbeitsanteile von den interviewten MitarbeiterInnen lediglich als Nebentätigkeit verstanden wurden, welche als eine Art ‚Bonus' im Alltag in Erscheinung tritt und insofern nur am Rande stattfindet (vgl. Trescher 2015b, S. 254). So berichtete eine interviewte Person (die explizit für die Freizeitgestaltung der BewohnerInnen zuständig war) beispielsweise davon, dass innerhalb des Institutionsalltags (neben anfallenden Versorgungsdiensten) etwa eine Stunde an frei gestaltbarer Zeit zur Verfügung steht, welche zur Freizeitgestaltung der BewohnerInnen genutzt werden kann (vgl. Trescher 2015b, S. 229ff). Dies unterstreicht den zentralen Versorgungscharakter der Institution und hebt die Stellung der BewohnerInnen als Versorgungsobjekte hervor. Jene Versorgungspraxen vollziehen sich dabei entlang (intrainstitutioneller) Statuszuweisungen, die an die jeweilige Diagnosestellung der betroffenen Menschen geknüpft sind und bereits per se eine Objektivierung darstellen. Diese Statuszuweisung ist es letztlich, unter dem der einzelne Mensch zusammengefasst und entlang derer er verwaltet wird. Beispielhaft herangezogen werden kann etwa die Statuszuweisung ‚Mensch mit erhöhtem Hilfebedarf' oder ‚Mensch mit herausforderndem Verhalten', welche ihrerseits bestimmte Zuweisungs- bzw. Umgangspraxen nach sich zieht – etwa die Zuordnung zu einer Wohngruppe (zum Beispiel einer sogenannten ‚Intensivwohngruppe') oder die Einbindung in bzw. die Ausschließung von bestimmte(n) innerinstitutionelle(n) Prozesse(n) (zum Beispiel Freizeitfahrten, Ausgänge aus dem Institutionsgelände usw.) (vgl. Trescher 2017c, S. 91). Objektivierungspraxen sind (ebenso wie die oben dargestellten Praxen der Überwachung, Regulierung und Fremdbestimmung) letztlich institutionell angelegte Formen der Demütigung (vgl. Trescher 2015a), die im Hinblick auf die Identitätsentwicklung des bzw. der Einzelnen kritisch zu reflektieren und als Behinderungspraxen zu kritisieren sind. Gleiches gilt auch für *Infantilisierungspraxen* der BewohnerInnen. Sowohl im Zuge der Studie „Freizeit als Fenster zur Inklusion" (Trescher 2015b) als auch der Studie „Wohnräume als pädagogische Herausforderung" (Trescher 2017c) konnte empirisch belegt werden, dass Menschen mit geistiger Behinderung in institutionellen Wohnkontexten immer wieder verschiedenen Formen der Infantilisierung ausgesetzt sind (vgl. Trescher

2017c, S. 128f; 2015b, S. 222).[6] Diese Infantilisierungen sind zum Teil bereits strukturell angelegt, vollziehen sich zum Teil aber auch in der direkten Interaktion zwischen Personal und BewohnerInnen. Als immer wiederkehrendes Beispiel kann unter anderem angeführt werden, dass sich von Seiten der Institution bereitgestellte Freizeitaktivitäten für die BewohnerInnen oftmals nur auf ein gemeinsames Malen oder Basteln beschränken (vgl. Trescher 2017c, S. 128f; 2015b, S. 230).[7] Ein weiteres Beispiel findet sich in der Vergabe von Taschengeld, die häufig im Kontext des Wohnens mit geistiger Behinderung vorgefunden werden kann (vgl. Trescher 2017c, S. 128f; 2015b, S. 232). Diese Praxen, welche in der routinemäßigen Lebenspraxis eher im Umgang mit Kindern anzutreffen sind, setzen sich auf der räumlichen Gestaltungsebene fort. In diesem Zusammenhang sind die Gemeinschaftsräume der BewohnerInnen häufig durch Basteleien der BewohnerInnen geschmückt. „Die räumliche Gestaltung (Aufhängen von Basteleien, Sticker am Fenster etc.) und Einrichtung der Gemeinschaftsräume und BewohnerInnenzimmer sind infantilisierend bzw. wenn ‚frei' und ‚selbst' gewählt, Ausdruck von infantil reproduzierter Subjektivität" (Trescher 2017c, S. 128f). Es offenbart sich hier ein (Re-)Produktionsmechanismus infantiler Subjektivität: Die BewohnerInnen tragen durch das Anfertigen jener Basteleien selbst zu einem gewissen Grad zur Aufrechterhaltung der infantilisierenden Umgebung bei, womit sie selbst „Teil der Reproduktionsschleife infantiler Subjektivität werden" (Trescher 2017d).

3.2.2 ‚Bürokratiebehinderung' und die bürokratische Überformung des Subjekts

Im Vorangegangenen wurde dargelegt, dass Institutionen der Behindertenhilfe in ihren alltäglichen Abläufen auf vielfache Weise behindernde Lebensstrukturen bereitstellen, die ihrerseits auf die BewohnerInnen wirken bzw. dazu führen (können), dass diese in ihrer Identitätsentwicklung und Lebensführung behindert werden. Im Folgenden soll nun ein Aspekt aufgegriffen werden, der bereits in den vorherigen Darstellungen (zumindest am Rande) zum Vorschein kam und

6 Auch hier sei darauf verwiesen, dass im Zuge ähnlicher Studien zum Umgang mit demenziell erkrankten Menschen sehr ähnliche Praxen identifiziert wurden (vgl. Trescher und Hauck 2016; 2015b; Trescher 2014a).

7 Es erscheint klar, dass es sich hierbei um eine Infantilisierungspraxis handelt, die gerade auch dem bereits kritisierten begrenzten zeitlichen Rahmen geschuldet ist, welcher in intrainstitutionellen Kontexten für eine Gestaltung von ‚Freizeit' zur Verfügung steht.

seinerseits als Behinderungspraxis identifiziert werden kann. Dieser Aspekt besteht darin, dass die untersuchten Einrichtungen allesamt bürokratisch wirksam werdende Gebilde darstellen, die die BewohnerInnen auf unterschiedlichen Ebenen auf einen technischen Gegenstand reduzieren, der wiederum im Rahmen des Institutionsalltags bearbeitbar ist. Die BewohnerInnen werden innerhalb des Institutionsalltags „als EmpfängerInnen einer Dienstleistung konstruiert, auf die sie selbst [...] keinen Einfluss haben, der sie also zum Beispiel auch nicht kündigen können, sollten sie mit der Leistung unzufrieden sein. Dies hat in gewisser Weise eine Reduktion der BewohnerInnen zu Verwaltungsobjekten, an denen sich bürokratische Praxis vollzieht, zur Folge“ (Trescher 2017d). Die BewohnerInnen werden auf zu dokumentierende Fakten reduziert, entlang derer die handlungspraktischen Abläufe der Einrichtung (so zum Beispiel die spezifische Betreuungspraxis) ausgerichtet wird (vgl. Niediek 2010, S. 290). Die Arbeit in den Institutionen wird hierdurch primär auf das Abarbeiten eines ‚Pflichtenkatalogs‘ reduziert. Dies wiederum verhindert ein je individuelles Sich-einlassen auf den/ die jeweilige/ n BewohnerIn – die pädagogische Arbeit mit dem einzelnen Menschen tritt in den Hintergrund. Als besonders problematisch erscheint hierbei der allgegenwärtige Dokumentationszwang in Bezug auf den innerinstitutionellen Alltag. Vorkommnisse jeglicher Art sowie Handlungsanweisungen und Vorschriften, welche detailliert den Alltag regeln, müssen dokumentiert werden. Dies wiederum macht große Teile des Arbeitsalltags der MitarbeiterInnen aus (vgl. Trescher 2017c, S. 154). Es ist gerade dieser bürokratische Verwaltungsdiskurs, der die Subjekte als singularisierte Objekte (re-)produziert (vgl. Titchkosky 2007, S. 46; Oliver und Barnes 2012, S. 100ff). Die geistige Behinderung wird zu einem „measurable problem“ (Titchkosky 2007, S. 48), an dem die Handlungspraxis der InstitutionsmitarbeiterInnen ansetzen kann. Dies bringt eine Konstruktion von geistiger Behinderung mit sich, die diese als ‚persönliche Tragödie‘ (u.a. Oliver 1990, S. 14) erscheinen lässt, welche je individuell (entlang der gesetzten ‚objektiven Kriterien‘) bewältigt bzw. kompensiert werden kann bzw. muss. „In medical practice, social service provision, or any other administrative structure, disability is ‘enframed’, carved from this primordial state of being and brought to presence as an orderable and manageable thing” (Abrams 2015, S. 14). Klar ist dabei, dass „diese Strukturprobleme (auch) von außen an die Institution herangetragen und auf einer höheren Ebene, nämlich der Ebene der bürokratischen Verwaltung, (mit)verursacht werden. Vorschriften, wie beispielsweise Dokumentationszwang und vieles mehr, beeinflussen die innerinstitutionelle Lebenspraxis nachhaltig und sind zu einem Großteil für die Konstruktion der BewohnerInnen als Versorgungs- und Verwaltungsobjekte (mit) verantwortlich. Dem bürokratischen Verwaltungsdiskurs zugrundeliegende Gesetzestexte bzw. ihm inhärente Formulare, Handreichungen etc. tragen zu einer (Re-)Produktion dieser massiven Objektivierungen bei und befördern außerdem einen medizinisch-naturwissenschaftlichen Blick auf Behinderung" (Trescher 2017c, S. 173). Die Fokussierung des Institutionsalltags auf die reibungslose Versorgung der BewohnerInnen verdeutlicht, wie das zu betreuende Subjekt bürokratisch zerlegt wird. Das einzelne Subjekt tritt hinter dem Label ‚geistig behindert' zurück und es vollzieht sich eine „bürokratische Überformung des Subjekts" (Trescher 2017d). Das institutionalisiert lebende Subjekt wird ‚bürokratiebehindert', da die MitarbeiterInnen „immer mehr für ‚die Akte' als für das zu betreuende Subjekt" (Trescher 2017c, S. 174) arbeiten. Es zeigt sich hieran jedoch auch, dass diese Problematik nur bedingt auf der Ebene der konkreten Einzelinstitution zu lösen ist, da es vielmehr „äußere Vorgaben einer (Behinderung als bürokratisches Problem erfassenden) Gesellschaft und ihrer mit Versorgung reagierenden Subsysteme [sind], welche [...] Behinderung am Subjekt direkt sowie über Vorgaben für die pädagogische Praxis indirekt hervorbringen" (Trescher 2017c, S. 162).

3.2.3 (Selbst-)Repräsentanz von Menschen mit geistiger Behinderung in der medialen Öffentlichkeit

Im nun folgenden Kapitel soll der Blick von der konkreten Lebenspraxis von Menschen mit geistiger Behinderung auf eine eher allgemein-gesellschaftliche Ebene verlagert werden. Ungeachtet dessen soll auch hier der Frage nach der diskursiven (Re-)Produktion von geistiger Behinderung nachgegangen werden, wobei das Augenmerk auf die Ebene des medial-öffentlichen Diskurses verschoben wird. Gestützt wird sich dabei unter anderem auf die Ergebnisse des Forschungsprojekts „Repräsentanz von geistiger Behinderung" (Trescher 2017b), in dem der Frage nach der Darstellung von Menschen mit geistiger Behinderung in Print- und Onlinemedien nachgegangen wurde. Innerhalb des Forschungsvorhabens wurden 20 Print- und Onlinemedien aus den Bereichen ‚Qualitätspresse' (Tages-/ Wochenzeitungen), ‚Boulevardpresse' (zum Beispiel Brigitte, Super Illu) sowie ‚Magazine' (zum Beispiel NEON, Spiegel) anhand sequenzanalytischer Verfahren untersucht.

Als Quintessenz der Auswertung kann festgehalten werden, dass die Darstellung von Menschen mit geistiger Behinderung innerhalb der untersuchten Formate hoch different ist und keine übergreifende bzw. allgemeingültige Form der Inszenierung identifiziert werden kann. Deutlich wurde jedoch, dass nur wenige der untersuchten Print- und Onlinemedien Menschen mit geistiger Behinderung (unter anderem auch) als handlungsautonome Subjekte und jenseits einer kindlich-infantilen Konstruktion präsentieren. Stattdessen finden sich häufiger Darstellungen, die Menschen mit geistiger Behinderung im Lichte einer ‚besonderen Normalität‘ inszenieren. Deutlich wurde diese Konstruktion gerade in Beiträgen, in denen die (gemessen an der routinemäßigen Lebenspraxis) ‚normale‘ Leistung der dargestellten Menschen als ‚besonders‘ inszeniert wird – das heißt, die jeweiligen Personen ungeachtet ihrer geistigen Behinderung ‚sogar‘ zu jener Leistung im Stande sind. Beispielhaft herangezogen werden kann in diesem Fall etwa der Artikel der Bild-Zeitung „TV-Star trotz Down-Syndrom“ (Brockötter 2012). Die geistige Behinderung des adressierten TV-Stars wird hier als Eigenschaft benannt, welche von diesem zunächst ‚überwunden‘ bzw. ‚kompensiert‘ werden musste, um eine ‚besonders normale‘ Fernsehkarriere zu ermöglichen bzw. zu erreichen. Hervorzuheben sind in diesem Zusammenhang beispielsweise auch jene Beiträge, in denen der sportliche Wettkampf von Menschen mit geistiger Behinderung zentrales Thema ist. Beispielhaft kann hier der Beitrag „Down-Sportlerfest mit Teilnehmerrekord“ (Becker 2015) genannt werden. Im Versuch, Menschen mit geistiger Behinderung als sportlich und leistungsorientiert darzustellen, wird häufig die erbrachte sportliche Leistung als ‚für jemanden mit Behinderung besonders gut‘ hervorgehoben. Menschen mit geistiger Behinderung werden also nach einer imaginären Sondernorm bewertet, wobei die Bewertung scheinbar immer sehr positiv ist. Den überwiegenden Teil der Darstellungen machten jedoch Konstruktionen von geistiger Behinderung aus, die Menschen mit geistiger Behinderung auf die ein oder andere Art und Weise als defizitär und infantil präsentieren. Dabei ist es gerade Letzteres, das sich durch alle untersuchten Beiträge (unabhängig von Ausrichtung und AdressatInnen des Mediums) zieht. Exemplarisch dargestellt werden soll diese Form der infantilen Inszenierung von Menschen mit geistiger Behinderung an einem etwas ausführlicheren Beispiel, welches dem Onlinemedium Bild.de entnommen wurde. Dort heißt es in der Überschrift eines Beitrags: »*Der geistig behinderte Andre F. (21) aus Waltrop kam nie zu Hause an*« (ohne Verfasser 2014). Bereits auf einen ersten Blick wird klar, dass es sich bei dem Artikel um eine Vermisstenanzeige handelt. Auffällig ist bei näherer Betrachtung, dass die ‚geistige Behinderung‘ des Andre F. als zentrales Charakteristikum der Person inszeniert wird – wird diese doch sogar vor dem Namen benannt. Weiterhin auffällig ist, dass der/die LeserIn der Vermisstenanzeige lediglich den Vornamen des Vermissten genannt bekommt, was bei einer Person, die bereits im Erwachsenenalter ist, eher als unüblich einzustufen ist – hat dies doch zur Folge, dass die vermisste Person bei einem potentiellen Aufeinandertreffen lediglich bei ihrem Vornamen angesprochen werden kann, was für einander fremde, erwachsene Personen nicht als gängige Praxis bezeichnet werden kann. Es handelt sich hierbei nicht um eine alters-

bzw. erwachsenengemäße Form der Ansprache und ist als Infantilisierungspraxis des Andre F. einzustufen. Grundsätzlich lässt sich festhalten, dass sich hierin jedoch eine relativ weit verbreitete Problematik manifestiert. Konkret: das unbedachte Duzen von Menschen mit geistiger Behinderung, was sich unter anderem auch in professionellen Kontexten wiederfinden lässt.

Die Vermisstenanzeige wird folgendermaßen fortgeführt: *„Wo ist Andre F. aus Waltrop? Seit der 21-jährige geistig behinderte Andre F. am Montag gegen 16 Uhr seinen Arbeitsplatz in Datteln verließ, wird er vermisst. Der junge Mann wollte vom Neumarkt mit der Buslinie SB 24 nach Waltrop fahren. Zu Hause kam er jedoch nicht an. Andre verhält sich gegenüber fremden Personen sehr zurückhaltend und spricht von sich aus andere Personen nicht an"* (ohne Verfasser 2014). Zur weiterführenden Veranschaulichung soll hier lediglich ein Aspekt aufgegriffen werden: Aus dem Anzeigentext kann entnommen werden, dass Andre F. unter äußerst protektiven Strukturen lebt – kann doch nur so das Erscheinen einer Vermisstenanzeige bereits kurz nach seinem vermeintlichen Verschwinden erklärt werden. Es existieren Personen, die detailliert über den Tagesablauf und die Routinen des Herrn F. informiert sind und auch über deren Einhaltung wachen bzw. (wie im vorliegenden Fall) bei einem Bruch mit diesen umgehend entsprechende Maßnahmen einleiten. Es wird klar, dass für Herrn F. eine Opferrolle konstruiert wird, die ihn als hilflose sowie schutzbedürftige Person erscheinen lässt. Grundsätzlich muss jedoch festgehalten werden, dass es (gerade für Personen jüngeren Alters) nicht ungewöhnlich erscheint, nicht direkt nach Dienstschluss den Heimweg anzutreten, sondern die (Frei-)Zeit nach der Arbeitstätigkeit ggf. auch spontan anderweitig (zum Beispiel mit einem Treffen mit FreundInnen) zu gestalten bzw. andernorts zu verbringen. Diese Option wird im Kontext der vorliegenden Anzeige jedoch ausgeschlossen; das Abweichen des Herrn F. von dem festgelegten Zeitplan wird zur unmittelbaren Krise, deren Ausdruck die geschaltete Vermisstenanzeige ist. Über die gesamte Anzeige hinweg wird für den erwachsenen Herrn F. eine kindlich-infantile Identität konstruiert. Es handelt sich hierbei um eine Konstruktion die (wie bereits angemerkt) in fast allen der ausgewerteten Beiträge zum Vorschein kommt, sodass hier (auch in Anlehnung an die Ergebnisse weiterer Studien (vgl. Trescher und Börner 2016; Börner 2015; Scholz 2010; Bosse 2006; Bartmann 2002) gesagt werden kann, dass die Repräsentanz von Menschen mit geistiger Behinderung in der medialen Öffentlichkeit eine primär infantile ist.

In einer weiteren Arbeit des Autors (vgl. Trescher 2016c; 2015c; 2014b), in der sich unter anderem mit der Analyse von medialen Selbstkonstruktionen von Menschen mit geistiger Behinderung beschäftigt wurde, wurde zudem herausgearbeitet, dass auch dort primär kindlich-infantile Darstellungen vorherrschen, wobei es gerade Inszenierungen waren, die eher der Phase der Adoleszenz zuzurechnen sind. In diesem Sinne drehen sich die von den AutorInnen verfassten Beiträge eines Magazins häufig um das Thema ‚Coolness'. So schreibt einer der AutorInnen beispielsweise: „Ich trage meine Haare wie James Bond. Das ist cool" (Tietjen 2011, S. 9). Weitere Themen lassen sich den Bereichen ‚Verliebtsein', ‚Sexualität' oder ‚Partybesuche' zuordnen. Beispielhaft hierfür sei ein Ausschnitt aus einem Beitrag einer 40jährigen Autorin genannt: „Ich Gundi stelle mir vor, dass ich zu meiner Party 20.000 Besucher einlade, und dann mit denen bis Morgens um 10 Uhr 30 feiere" (Breul 2011, S. 17).

Anhand der bisherigen Darstellungen sollte verdeutlicht werden, dass Menschen mit geistiger Behinderung zwar in unterschiedlichsten Kontexten und zum Großteil auch auf unterschiedliche Art und Weise in den Medien präsentiert werden, vielen Inszenierungen jedoch ein gemeinsamer Kern innewohnt – und dies in der Regel unabhängig davon, ob die Inszenierung selbst- oder fremdbestimmt ist. Dieser gemeinsame Kern besteht in einer kindlich-infantilen Darstellungsform. Die zentrale Problematik, die sich aus dieser Form der Repräsentanz ergibt, ist, dass mediale Inszenierungen bestimmte Praxen des Umgangs mit Menschen mit geistiger Behinderung (re-)produzieren. Besonders deutlich wurde dies an der dargestellten Vermisstenanzeige, in welcher infantilisierende Handlungspraxen gegenüber der adressierten Person gewissermaßen zwangsläufig vorgegeben werden. Die untersuchten medialen Angebote stellen ein spezielles Wissen bereit, sodass sie „quasi als Drehbücher oder Skripts für soziales Handeln dienen und daher selbst wieder zur Interpretationsfolie für Erkenntnisbildungs- und Verstehensprozesse werden" (Dederich 2012, S. 45) können. Besonders wirkmächtig sind diese medial bereitgestellten Deutungsmuster im Kontext von Menschen mit geistiger Behinderung deshalb, da angesichts der spezifischen Lebenssituation von Menschen mit geistiger Behinderung kaum alternative Begegnungsräume gegeben sind und die Medien „im Regelfall den einzigen Zugang zum Mysterium ‚geistige Behinderung' bieten" (Trescher und Börner 2016). Es lässt sich somit sagen, dass mediale Inszenierungen von geistiger Behinderung (insofern sie überhaupt stattfinden[8]) ein infantiles Bild und Verständnis der Betroffenen reproduzieren, welches scheinbar auch (durch Praxen vermittelt) von Menschen mit geistiger Behinderung selbst übernommen wird. Hie-

---

8 Auch das Ergebnis, dass Menschen mit geistiger Behinderung insgesamt nur sehr wenig in der deutschen (Print-)Medienlandschaft auftreten, ist durch diese ‚diskursive Nicht-Präsenz' Teil einer besonderen (im Sinne von nicht gängigen) Hervorbringung von geistiger Behinderung; kurz gesagt: Diskurspräsenz von Menschen mit geistiger Behinderung ist nicht Teil der routinemäßigen Lebenspraxis.

rauf verweisen wiederum die Untersuchungsergebnisse zur Selbstrepräsentanz. „Die infantile Repräsentanz wird so selbst zur Behinderungspraxis und manifestiert eine diskursiv hervorgebrachte Ordnungskategorie“ (Trescher 2017b). Die mediale Inszenierung von Menschen mit geistiger Behinderung ist insofern (ebenso wie die in Kapitel 3.2.1 und 3.2.2 kritisierten Praxen) ebenfalls wirkmächtiger Teil eines in sich geschlossenen Kreislaufs, der das Phänomen ‚geistige Behinderung‘ immer wieder aufs Neue hervorbringt.

4. Reformulierung des Behinderungsbegriffs

Im Zuge der vorangegangenen Kapitel wurde anhand von Auszügen aus verschiedenen Forschungsprojekten illustriert, wie geistige Behinderung als diskursive Praxis bzw. Resultat behindernder Praxen verstanden werden kann und wie diese Praxen in einem sehr komplexen Zusammenspiel ihre Wirkmächtigkeit auf die betreffenden Subjekte entfalten können. Geistige Behinderung ist in diesem Sinne nicht im Lichte eines naturgegebenen, vordiskursiven Tatbestands zu denken, sondern vor allem als Resultat von institutionalisierten Praxen, die sich in Folge der Statuszuweisung einer geistigen Behinderung am Subjekt vollziehen.

Ausgehend von der beschriebenen engen Wechselwirkung zwischen Diskurs und Subjekt lässt sich als Konsequenz die Notwendigkeit einer Reformulierung des Behinderungsbegriffs herleiten. Notwendig erscheint in diesem Zusammenhang die Hinwendung zu einem Behinderungsbegriff, der nicht unmittelbar auf das einzelne Subjekt bezogen ist. In den Vordergrund zu stellen wäre vielmehr ein gesamtgesellschaftlicher Blick, der sich kritisch an behindernde Lebensstrukturen richtet (zu denen beispielsweise die oben dargestellten zu zählen sind), die ihrerseits dazu beitragen, behinderte Identitäten (mit) zu erzeugen. Dieses Verständnis von geistiger Behinderung als Diskurspraxis „ermöglicht es, die stigmatisierende Statuszuweisung, die am Subjekt manifest wird, aufzulösen. […] Somit ist Behinderung als Praxis auf je spezifische Diskurse bezogen und ist nicht per se ein Subjektstatus“ (Trescher 2017c, S. 182). Aus diesem Blickwinkel heraus betrachtet, können „bisher als behindert gekennzeichnete Subjekte in vielen Lebenssituationen nicht (unbedingt) behindert werden. Umgekehrt betrifft [dies] auch Menschen, die bisher nicht als behindert gelten. Zum Beispiel dann, wenn jemandem aufgrund seines Geschlechts oder sexueller Orientierung oder Herkunft Zugang zu allgemeinen Bildungsdiskursen verwehrt wird“ (Trescher und Börner 2016). Bei diesen Überlegungen ist es jedoch unabdingbar zu beachten, dass geistige Behinderung auch als „objektive Wirklichkeit“ (Berger und Luckmann 2007, S. 64) in Erscheinung tritt bzw. als Objektivkriterium tagtäglich erfahrbar wird. Eine umfassende Abkehr vom Behinderungsbegriff erscheint insofern problematisch, „da so nur geringfügig zu einer Veränderung von diskriminierenden Strukturen und Praxen beigetragen werden kann“ (Trescher 2017b). In diesem Sinne konstatiert auch Dederich: „Solange gewaltförmige Verhältnisse existieren, die Behinderung konstituieren, ist der Behinderungsbegriff notwendig“ (Dederich 2001, S. 122). Als Folge bleibt, dass statt einer Abkehr vom Behinderungsbegriff eine Reformulierung anzustreben ist, wobei an dieser Stelle klar hervorgehoben werden soll, dass dies nicht bedeutet, dass das, was bislang als geistige Behinderung adressiert wurde, negiert werden soll. Insofern geht es auch nicht darum, einen eventuell vorhandenen Hilfebedarf von Menschen, die bisher als geistig behindert galten, zu relativeren oder gar unbeachtet zu lassen. Stattdessen geht es darum, das grundlegende Verständnis in Bezug auf das, was unter geistiger Behinderung zu verstehen ist und wie eine Person geistig behindert wird, neu zu bestimmen. Konkret geht es bei dieser Reformulierung des Behinderungsbegriffes darum, zwei zentrale Zielsetzungen zu verfolgen. Einerseits geht es darum, die Kategorie geistige Behinderung im Besonderen, jedoch auch Behinderung im Allgemeinen als ‚gewaltförmiges Verhältnis‘ (vgl. Dederich 2001, S. 122) zu kennzeichnen. Andererseits muss die Kategorie (wie oben bereits festgehalten) vom Subjekt entkoppelt werden. Als Grundlage für eine solche theoriegeleitete Reformulierung des Behinderungsbegriffs kann der foucaultsche Diskursbegriff herangezogen werden, wobei es gerade die den Diskursen inhärenten subjektivierenden Wirkungsmechanismen sind, die von Interesse sind (vgl. Trescher 2017b). Aus einer solchen Perspektive betrachtet, ist Behinderung „*als machtvolle Diskurspraxis* zu verstehen, welche sich immer dann vollzieht, wenn ein Subjekt oder eine Gruppe von Subjekten durch machtvolle Praxen von (bezugsrelevanten) Diskursen ganz oder teilweise ausgeschlossen wird“ (Trescher 2017b). Das, was zum gegenwärtigen Zeitpunkt (geistige) Behinderung genannt wird, ist vor diesem Hintergrund nicht als naturgegebene Eigenschaft von Subjekten zu betrachten, „sondern *Behinderung ist immer Diskursbehinderung, die sich in der Lebenspraxis vollzieht.* Für einzelne Subjekte wird eine Behinderung immer dann spürbar, wenn ihnen der Zugang zu allgemeinen Diskursen verwehrt wird. Die betroffenen Subjekte stoßen hier also an Diskursteilhabebarrieren. Diesem Gedanken folgend *ist also Behinderung*, verstanden als Diskursbehinderung, *theoretisch auflösbar*, indem Subjekten der Zugang zu Diskursen und somit Diskursteilhabe ermöglicht wird“ (Trescher 2017b). Gemeint ist hiermit gerade der Zugang zu allgemeinen Diskursen, das heißt zu jenen, die in der routinemäßigen Lebenspraxis für alle Mitglieder einer Gesellschaft zugänglich sind bzw. sein sollten, zum Beispiel im Sinne einer uneingeschränkten Erreichbarkeit aller allgemeingesellschaftlicher Lebensbereiche

(Stichwort: ‚Barrierefreiheit') oder auch der Möglichkeit zur Wahrnehmung des aktiven und passiven Wahlrechts. Hiervon abzugrenzen sind besondere Diskurse, die wiederum bestimmte Zugangsvoraussetzungen erfordern und eben nicht allgemein zugänglich sind. Hierzu kann beispielsweise der Wissenschaftsdiskurs angeführt werden. Welche Diskurse nun zu allgemeinen Diskursen zu zählen sind und in welchem Rahmen welchen Subjekten die Teilhabe an diesen Diskursen ermöglicht wird, ist schlussendlich eine Frage der Gerechtigkeit und dies ist nicht zuletzt immer auch eine politische (also normative) Frage (vgl. Forst 2005, S. 24ff; 1994, S. 215ff; siehe auch Trescher 2017c, S. 182).

5. Inklusion als Praxis

Aus dem oben dargelegten Verständnis von (geistiger) Behinderung, das diese als Diskursbehinderung fasst, lässt sich ebenfalls ein implizites Verständnis davon herleiten, was im vorliegenden Kontext unter dem viel diskutierten Begriff Inklusion verstanden wird. Auf dieses Inklusionsverständnis soll im Nachfolgenden näher eingegangen werden.

Wenn unter (geistiger) Behinderung eine sich vollziehende Praxis verstanden wird, in welcher ein Subjekt in der Gestaltung seines Lebens auf Diskursteilhabebarrieren stößt bzw. sozialen Ausschluss erfährt, kann Inklusion folglich als der Prozess gefasst werden, der die Dekonstruktion ebendieser Barrieren bzw. ebendieses Ausschlusses zum Ziel hat und damit letztendlich auf ein Mehr an Teilhabemöglichkeiten zielt. Inklusion wird also als ein Prozess gedacht, der sich gegenläufig zu Behinderung vollzieht und Teilhabemöglichkeiten von Subjekten an allgemeinen Diskursen zum Ziel hat. Inklusion wird als Prozess verstanden, an dessen Ende gleichberechtigte und gleicherfüllende Teilhabemöglichkeiten „aller Subjekte an (je spezifischer) Gemeinschaft und Gesellschaft steht. Sowohl Gemeinschaft als auch Gesellschaft werden dabei als diskursiv verstanden, sodass die Subjekte in steter Wechselwirkung mit den jeweiligen Bezugsdiskursen stehen, diese also (mit) hervorbringen und zugleich auch von ihnen (mit) hervorgebracht werden“ (Trescher 2015b, S. 333). Inklusion betrifft damit das einzelne Subjekt ebenso wie die Gesamtgesellschaft, wobei klar scheint, dass dieser Prozess mit besonderen Herausforderungen einhergeht und krisenhaft für Subjekte und Diskurse sein kann, da routinemäßige Denkmuster und Praxen aufgegeben werden müssen. Da sich Inklusion als Prozess nur in der Lebenspraxis vollziehen kann, gilt es, bestehende Vorbehalte und Ängste abzubauen und tradierte Betrachtungsweisen zu reflektieren. Daraus macht klar, dass Inklusion immer auch Diskursverschiebung bedeutet. Es wird deutlich, dass „Inklusion eine Herausforderung für alle Diskursbeteiligten dar[stellt], zumal Inklusion als Prozess auch die jeweiligen Diskurse neu mit hervorbringt – diese sich also strukturell verändern“ (Trescher 2015b, S. 333). Mit Blick auf die Lebenssituation von Menschen mit geistiger Behinderung scheinen dabei unter anderem drei Ebenen von Bedeutung, welche unmittelbar an einem diskurstheoretischen Verständnis von (geistiger) Behinderung ansetzen: *a) Die Dekonstruktion gouvernementaler*[1] *Regierungspraxen, b) die Dekonstruktion der Sprachlosigkeit* und *c) die Dekonstruktion von Ausschließungssystemen.*

a) Die Forderung nach einer *Dekonstruktion von gouvernementalen Regierungspraxen* lässt sich auf das herausgearbeitete Ergebnis zurückführen, dass wohlfahrtsstaatliche Regierungstechniken dazu führen können, dass als ‚Leistungsempfänger‘ markierte Subjekte in ihrer persönlichen Handlungsökonomie stark eingeschränkt werden, sodass sie für ihre Selbstentfaltung nur einen sehr begrenzten Raum im Diskurs haben. Im Kontext des stationären Wohnens in Einrichtungen der Behindertenhilfe vollzieht sich diese Begrenzung beispielsweise dann, wenn eine reduzierte Betreuungsleistung am Abend eine Teilhabe an Freizeitaktivitäten der routinemäßigen Lebenspraxis verhindert (vgl. Trescher 2015b, S. 140f). Eine Dekonstruktion von gouvernementalen Regierungstechniken kann nie umfassend gelingen. Sie meint hier aber insbesondere die Entbürokratisierung von Lebensräumen. Für den Staat bedeutet das, dass eben nicht länger nach der Maxime der umfassenden überwachenden Versorgung des Körpers zu agieren ist, sondern ein ‚Risiko

1 Unter Gouvernementalität versteht Foucault „die Gesamtheit, gebildet aus den Institutionen, den Verfahren, Analysen und Reflexionen, den Berechnungen und den Taktiken, die es gestatten, diese recht spezifische und doch komplexe Form der Macht auszuüben“ (Foucault 1978, S. 171). Gouvernementalität ist ein bzw. der wesentliche Typus von Herrschaftsausübung. Gouvernementalität meint im ersten Sinne eine Technik der Menschenführung und ist folglich „die Art und Weise, mit der man das Verhalten der Menschen steuert“ (Foucault 2015, S. 261). In einem zweiten, hier entscheidenden Sinn, meint Gouvernementalität die Prozeduren, mit denen Subjekte (Regierende) auf das Verhalten anderer und/ oder auf das eigene Verhalten planvoll einwirken. Für den vorliegenden Zusammenhang kann dies am Beispiel des institutionalisierten Wohnens für Menschen mit geistiger Behinderung exemplarisch dargestellt werden: Der Staat macht gewisse Vorgaben, innerhalb derer sich die Wohneinrichtungen relativ ‚frei‘ bewegen und Strukturen und Praxen ausgestalten können. Ungeachtet dessen führen diese Vorgaben dazu, dass die jeweiligen Institutionen als Versorgungsinstitutionen hervorgebracht werden, welche wiederum, geleitet durch interne und externe Vorgaben, auf die zu betreuenden Subjekte wirken und diese in einer spezifischen Weise (mit) hervorbringen.

des Nichtwissens' einzugehen ist, welches dem einzelnen Subjekt Würde und persönliche Handlungsökonomie gewährt (vgl. Trescher 2015a).

b) Die zweite Ebene, die von Relevanz scheint, betrifft die *Dekonstruktion der Sprachlosigkeit* und richtet sich im Kontext der Lebenssituation von Menschen mit geistiger Behinderung vor allem auf eine Dekonstruktion der Zugangsbeschränkungen zu allgemeinen Diskursen, die sich durch exkludierende Praktiken vollzieht, die determinieren, welche Subjekte innerhalb eines Diskurses ‚sprechen'[2] dürfen und welche nicht. Eine solche Verschiebung ausschließender Diskurspraktiken bedeutet die Ausweitung der Sprecherrolle auf alle Subjekte sowie die Ermächtigung sämtlicher Subjekte zur Sprache und die Dekonstruktion bestimmter Doktrinen, welche ihrerseits bestimmen, wer unter welcher Kategorie subsumiert wird (zum Beispiel Zugehörigkeit zur Kategorie ‚Leistungsempfänger').

c) Die *Dekonstruktion von Ausschließungssystemen* betrifft Praxen, die durch formelle oder informelle Regeln bestimmen, was innerhalb eines Diskurses zum Thema wird. Inklusion meint insofern auch die Dekonstruktion normalisierender Diskurspraktiken, welche determinieren, welche Themen und Praxen innerhalb eines Diskurses zulässig und üblich sind, um auf diese Art eine Ausweitung dergleichen zu ermöglichen. Adressiert werden hiermit zum Beispiel Sittlichkeitsnormen, etwa in Form von normalisierten Praxen in einem Restaurant: Diejenigen, die als Gäste ein Restaurant betreten, werden sich in bestimmter Art und Weise dort verhalten, unter anderem eine gewisse Sittlichkeitsetikette beim Essen einhalten. Würden diese dekonstruiert, wäre es unter anderem auch ‚normalisiert', wenn jemand Unterstützung bei der Nahrungsaufnahme erhält.

Ausgehend von den obigen Überlegungen lassen sich wiederum konkrete Anhaltspunkte formulieren, die sich einerseits an die Theorie und Praxis des pädagogisch-sozialwissenschaftlichen Feldes richten, andererseits jedoch auch an die EntscheidungsträgerInnen auf gesamtgesellschaftlicher, politischer Ebene. Als zentrale Aufgabe sozialwissenschaftlicher Forschung lässt sich gerade die empirische Identifikation von Diskursteilhabebarrieren sowie deren theoretische Diskussion ausmachen, um die identifizierten Teilhabebarrieren in der Folge (idealerweise) theoretisch aufzulösen. Dies setzt eine dezidierte Auseinandersetzung mit der Lebenssituation von Menschen voraus, die diskursbehindert werden. Hiervon betroffen sind nicht nur Menschen mit (geistiger) Behinderung, sondern

2 ‚Sprechen' beschränkt sich hier nicht auf Verbalsprache (siehe hierzu auch: Foucault 2012b, S. 27ff).

letztlich alle Menschen, die in irgendeiner Art und Weise diskriminiert werden oder irgendeine Form von Ausschluss erfahren. Erst diese Auseinandersetzung ermöglicht es, bestehende Strukturen und institutionalisierte Handlungspraxen zu identifizieren und theoretisch-kritisch zu reflektieren, um hierauf aufbauend neue Handlungskonzepte entwerfen bzw. die Lebenspraxis verändern und teilhabeorientiert(er) gestalten zu können. Die Frage nach der Umsetzung von Inklusion ist also immer auch die Frage nach entsprechender Forschung, aus der heraus empirisch fundierte und theoretisch begründete Praxiskonzepte entwickelt werden können – denn schlussendlich kann sich Inklusion nur in der Lebenspraxis vollziehen. Insofern ist es als Aufgabe pädagogischer Praxis zu betrachten, Diskursteilhabebarrieren auf der Ebene der Lebenspraxis entgegenzuwirken und Diskursbehinderung hierdurch abzubauen. Bei all diesen Entwicklungen erscheint die UN-Konvention über die Rechte von Menschen mit Behinderungen, welche die Teilhabe an Lebenspraxen der Allgemeingesellschaft als Menschenrecht postuliert, als bedeutender Wegbereiter, ist sie doch als normatives Ziel und Instrument der Politik, anhand dessen prekäre Praxen überhaupt erst in den Fokus öffentlicher Aufmerksamkeit gerückt wurden, nicht zu unterschätzen. Ungeachtet dessen wird mit Blick auf gegenwärtige Entwicklungen deutlich, dass sich seit Inkrafttreten der UN-Konvention für Menschen mit Behinderung in Deutschland im Jahr 2009 nur wenig an der prekären Situation von (insbesondere) institutionalisiert lebenden Menschen mit geistiger Behinderung geändert hat. Insofern kann die normative Forderung nach größtmöglicher Teilhabe an Lebenspraxen der Allgemeingesellschaft für alle Menschen mit Behinderung noch immer nicht als erfüllt angesehen werden. Vielmehr kommt es (dies wurde im vorangegangenen Kapitel deutlich) insbesondere mit Blick auf den hier zentralen Personenkreis noch immer zu teils massiven Behinderungspraxen (vgl. Trescher 2017c; 2015b). Festzuhalten bleibt, dass Inklusion als ein gesamtgesellschaftlicher Wandlungsprozess betrachtet werden muss „und nicht auf einzelne, ‚behinderte Sphären‘ beschränkt bleiben darf. Das bedeutet in der Folge, dass (auch) die Mehrheitsgesellschaft in den Fokus genommen werden muss, um behindernde Praxen, Konstruktionen von Ausschluss oder auch Konstruktionen von Normalität zu untersuchen und letzten Endes zu dekonstruieren“ (Trescher 2017c, S. 185). Als künftige Aufgabe von (Sonder-)Pädagogik und Disability Studies ergibt sich hieraus die Herausforderung, „sich als Bezugswissenschaften zu etablieren und so schlussendlich auch zu einer Reformation der eigenen Disziplin beizutragen, sprich aus der potenziell Behinderung reproduzierenden Praxis herauszutreten und sich empirisch, theoretisch und pädagogisch-praktisch für die Teilhabe marginalisierter Menschen einzusetzen“ (Trescher 2017c, S. 185f). Problematisch erscheint hierbei, dass sich die (sonder-)pädagogische Inklusionsforschung noch immer primär auf den Strukturbereich Schule bzw. die Lebensalter Kindheit/ Jugend fokussiert, sodass der Lebenssituation von erwachsenen Menschen mit geistiger Behinderung nur wenig Beachtung zuteilwird. Weiterhin problematisch erscheint, dass die pädagogische Disziplin mittels des Instruments ‚Diagnostik' „in eine scheinbar unauflösliche Partnerschaft mit der Medizin eingetreten ist und somit Behinderung zum (oftmals auch medikalisierten) bürokratisch organisierten, auf ein Individuum beschränkten Versorgungsmechanismus reduziert. Der bürokratische Überbau von Behinderung führt dabei zu einer Verbetriebswirtschaftlichung der Subjekte; Behinderung wird zum Arbeitsgegenstand von SachbearbeiterInnen. Dies ist im wahrsten Sinne des Wortes armselig. Versorgung kann in ihrer ihr immanenten bürokratischen Eigenheit nicht die Antwort auf gesellschaftliche Behinderungspraxen bleiben. Die pädagogische Disziplin muss sich dieses Feld (zurück) erobern, um die Dekonstruktion der Ordnungskategorie ‚Behinderung' und damit einhergehend die Dekonstruktion von Diskursteilhabebarrieren von als behindert bezeichneten Subjekten in Theorie und Praxis voranzutreiben" (Trescher 2017c, S. 186).

Grundsätzlich bleibt festzuhalten, dass Inklusion Behinderungspraxen entgegentritt bzw. abbaut. Inklusion ist kritisch, da sie nicht nur die Handlungspraxis, sondern auch (Herrschafts-)Systeme sowie deren Funktionen in Frage stellt. „Inklusion ernst zu nehmen, bedeutet notwendiger Weise ständig Kritik an gesellschaftlichen und institutionellen Rahmenbedingungen zu üben und somit die Politisierung der eigenen Tätigkeit ernst zu nehmen" (Seifert 2013). Dies sollte auch anhand der vorangegangen Darstellungen deutlich werden, indem die beinahe zwangsläufige Verbindung zwischen der Diagnostizierung einer Behinderung und dem Eintritt in das System der Behindertenhilfe und den daraus resultierenden Konsequenzen aufgezeigt wurde. Inklusion identifiziert Praxen von Herrschaft und Ausschluss, stellt diese in Frage und dekonstruiert sie in der Folge in ihrem Vollzug in der Lebenspraxis. Inklusion ist damit immer auch Gesellschaftskritik.

6. Lebensentwürfe, Biographieforschung und geistige Behinderung

Im Folgenden soll grundlegend geklärt werden, was unter dem Begriff ‚Lebensentwurf' bzw. ‚Lebensentwürfe' gefasst wird. Dies ist Gegenstand des ersten Unterkapitels (Kapitel 6.1). Im Anschluss daran wird das Augenmerk auf eine nähere Betrachtung des Forschungsfelds bzw. den Stand der Forschung gerichtet, was hier unter dem Überbegriff ‚Lebensentwürfe und Biographieforschung im Kontext geistiger Behinderung' zusammengefasst wird (Kapitel 6.2).

6.1 Lebensentwürfe – Grundlegendes Verständnis

Die Online-Ausgabe des Dudens definiert den Begriff ‚Lebensentwurf' folgendermaßen: „Planung des eigenen Lebens, Vorstellung vom (typischen) Verlauf des Lebens" (Dudenredaktion 2016). Mit Lebensentwürfen ist folglich die planerische Auseinandersetzung eines Subjekts mit dem eigenen Lebensverlauf gemeint (vgl. Fuchs-Heinritz 2009, S. 41ff; Schweppe 2006, S. 346). „Lebensentwürfe sind das Gesamt der gedanklichen und handelnden Vorwegnahme zukünftiger Entwicklungen. […] Lebensentwürfe fußen auf der Auseinandersetzung mit Gegenwärtigem und sind auf Zukünftiges gerichtet" (Orthmann Bless 2006, S. 10; vgl. auch Fuchs-Heinritz 2009, S. 41ff; Schulze 2006, S. 40). Die Auseinandersetzung mit dem Gegenwärtigen und die hierauf aufbauende Planung der eigenen Zukunft gründen sich dabei zwangsläufig auch auf den Erfahrungen der Vergangenheit bzw. dem bisherigen Lebensweg, den das jeweilige Subjekt bereits zurückgelegt hat. Es geht also auch um diejenigen Diskurse, die das Subjekt hervorgebracht haben (vgl. Butler 2013, S. 7f; 1991, S. 8). Die Formulierung bzw. Entwicklung von Lebensentwürfen verlangt vom jeweiligen Subjekt „eine Inspektion sowohl der eigenen Person als auch der personellen und materiellen

Umwelt. In Bezug auf die eigene Person geht es beispielsweise um eine Auseinandersetzung mit den individuellen Kompetenzen, Fähigkeiten und Bereitschaften, mit persönlichen Intentionen und Motiven, mit Erwartungen, Wünschen und Zielen. Bezüglich der Umwelt spielen etwa Erwartungen sozialer Bezugspersonen, gesellschaftlich vorgehaltene Optionen der Lebensgestaltung einschließlich ihrer Zugangsvoraussetzungen und Teilhabebedingungen, auch Normen und Werte im sozialen Nahraum sowie auf gesamtgesellschaftlicher Ebene eine wichtige Rolle" (Orthmann Bless 2006, S. 9; vgl. auch Sackmann 2013, S. 53f; Fuchs-Heinritz 2009, S. 42ff; Alheit 2009, S. 22; Loch 2006, S. 75). Wird das Subjekt als das Produkt diskursiver Einflüsse verstanden, so ist die Frage danach, welche Lebensentwürfe es ausbildet, folglich in mehrfacher Hinsicht geprägt durch gesellschaftlich-kulturelle Einflüsse. So wäre die durch Orthmann Bless bezeichnete ‚Inspektion der eigenen Person' letztlich auch als Auseinandersetzung des Subjekts mit den Diskursen, die es (mit) hervorbringen und die es selbst (mit) hervorbringt, zu verstehen (vgl. Alheit 2010, S. 226f). „Das Subjekt [...] ist demnach nicht als (potenziell) autonomes, nach freiem Willen handelndes Individuum zu denken, sondern als Teil eines konstitutiven Regulierungsgefüges" (Trescher und Klocke 2014, S. 291). In diesem Sinne wären die von Orthmann Bless benannten ‚Einflüsse der Umwelt' als Auseinandersetzung des Subjekts mit seinen „quasi-natürlichen Begehrensansprüche[n]" (Trescher und Börner 2014) sowie „gesellschaftlich-normativen Diskursansprüchen" (Trescher und Börner 2014) zu verstehen. Das Subjekt befindet sich Zeit seines Lebens in einem stetigen Aushandlungsprozess zwischen eigenen Wünschen und Bedürfnissen (die ihrerseits bereits diskursiv geformt bzw. hervorgebracht sind) und äußeren (ebenfalls diskursiv hervorgebrachten) Diskursansprüchen. Es ist dieses Spannungsverhältnis, in dem es sich selbst (und damit auch seine Lebensentwürfe) herausbildet (vgl. Völter et al. 2009, S. 7ff). Aus diesem Verstehenszugang heraus ist die Ausbildung von Lebensentwürfen bzw. die Art der ausgebildeten Lebensentwürfe folglich in höchstem Maße davon abhängig, welche Einflüsse auf das einzelne Subjekt einwirken. Ein Lebensentwurf betrifft, wie oben gesagt, nicht nur die Zukunft, sondern auch die Frage nach Subjektivität und Identitätskonstruktion sowie die Frage nach der weiteren Lebensplanung aufbauend auf dieser.

6.2 LEBENSENTWÜRFE UND BIOGRAPHIEFORSCHUNG IM KONTEXT GEISTIGER BEHINDERUNG

Angesichts der Darstellungen in Kapitel 3 in Bezug auf das Phänomen ‚geistige Behinderung' lässt sich festhalten, dass der Auseinandersetzung mit Lebensentwürfen von Menschen mit geistiger Behinderung eine besondere Brisanz innewohnt, ist die äußere Einflussnahme auf die Subjektentwicklung im Falle von Menschen mit geistiger Behinderung doch oftmals weitaus stärker ausgeprägt als bei Menschen, die nicht unter diesem Label subsumiert werden (siehe Kapitel 3.2). Das Leben vollzieht sich für Menschen mit geistiger Behinderung oftmals vom Kindesalter bis zum hohen Alter unter der Aufsicht eines elterlichen und/ oder pädagogischen Protektorats, sodass Abhängigkeiten und das alltägliche Überwachtsein oft ein zentrales Kennzeichen von geistig behinderter Subjektivität sind (vgl. Trescher 2017c, S. 160; 2017d). Problematisch ist zudem, dass sich in vielen Fällen beinahe sämtliche Lebens- und damit auch Erfahrungsräume ausschließlich auf einen protektiven, schonenden Lebensraum beschränken, was dazu führt, dass die Kategorie „zum Fixpunkt der Identitätsentwicklung" (Trescher und Börner 2014) wird. Es stellt sich in diesem Zusammenhang die Frage, welche Lebensentwürfe Menschen mit geistiger Behinderung unter ihren je spezifischen Lebensumständen hervorbringen bzw. in welcher Relation die Lebensentwürfe mit der jeweiligen Lebenssituation stehen.

Wird der Blick auf die verfügbare empirische Datenlage gerichtet, wird deutlich, dass die Frage nach den Lebensentwürfen von Menschen mit geistiger Behinderung bisher noch nicht bzw. nur sehr selten zum Gegenstand empirischer Studien erhoben wurde (vgl. Reisel 2015, S. 72; Sorge 2010, S. 10; Buchner und Koenig 2008, S. 31). Noch weniger Studien gibt es, die die direkte Beforschung von Menschen mit geistiger Behinderung vorsehen und nicht etwa auf eine Befragung dritter Personen ausweichen (vgl. Buchner und Koenig 2008, S. 24f). Sehr deutlich macht dies eine Zeitschriftenanalyse, die zwischen den Jahren 2006 und 2007 an der Universität Wien durchgeführt wurde und sich schwerpunktmäßig mit der Frage nach der Präsenz und Anwendungsbreite von partizipativen Forschungsansätzen[1] beschäftigte. Innerhalb der Studie wurden sämtli-

1 Partizipative Forschung stellt einen Forschungsansatz dar, der sich im angloamerikanischen Sprachraum seit den 1990ern etabliert hat (vgl. Walmsley und Johnson 2003). „[E]r stützt sich nicht nur aus der mittlerweile weithin anerkannten Erkenntnis, dass Menschen mit Lernschwierigkeiten als ExpertInnen in eigener Sache als die zentrale Informationsquelle zu betrachten sind, wenn es darum geht, ihre subjektive Selbst- und Weltsicht zu erfassen und zu verstehen, sondern weist ihnen im Forschungspro-

che Beiträge aus elf verschiedenen deutschsprachigen sonder- und heilpädagogischen Journals[2] erfasst und ausgewertet, die im Zeitraum von 1996 bis 2006 erschienen sind, wobei sich die Grundgesamtheit der Artikel auf 3012 analysierte Beiträge belief (vgl. Buchner und Koenig 2008, S. 19). Dabei wurde unter anderem deutlich, dass die „überwiegende Mehrheit (80,6%, N = 2427) der ausgewerteten Artikel [...] als ‚nicht empirische' Forschung" (Buchner und Koenig 2008, S. 20) zu bezeichnen ist. „Lediglich 19% (N = 572) aller Beiträge enthalten empirische Forschung, 0,4% (N = 13) sind autobiographische Darstellungen von Menschen mit einer Behinderung" (Buchner und Koenig 2008, S. 20). Es offenbart sich hieran ein grundlegendes Empirie-Defizit der (damaligen) Heil- und Sonderpädagogik, welches durch die bereits seit Jahrzehnten anhaltende interdisziplinäre Fokussierung auf die Erforschung schulischer Prozesse weiter verschärft wird (vgl. Beck und Schuck 2001; Langfeldt und Wember 1994). Gerade Letzteres führt dabei zu einer zwangsläufigen Vernachlässigung anderer Lebensbereiche und Lebensalter, was sich beispielsweise (mit Blick auf aktuelle demographische Entwicklungen) gerade auch im Kontext des steigenden Altersdurchschnitts in Wohneinrichtungen der sogenannten Behindertenhilfe als problematisch erweist (vgl. Trescher 2015b, S. 318f). Dies spiegelt sich auch in den Ergebnissen der oben genannten Zeitschriftenanalyse wider. Demnach geht aus den dortigen Daten hervor, dass empirische Studien, die den Forschungsschwerpunkt ‚Schule' haben, 42,7% der erfassten Grundgesamtheit empirischer Studien ausmachen (vgl. Buchner und Koenig 2008, S. 21). Dementgegen sind beispielsweise die Bereiche ‚Arbeit' (5,4%), ‚Wohnen' (4,5%) und ‚Freizeit' (1,9%) nur randständig vertreten. Dass sich hieran auch bis zum heutigen Tag nur wenig geändert hat, wurde im Zuge eigener themenbezogener Recherchen zu

---

zess selbst einen aktiven Part zu" (Buchner und Koenig 2008, S. 36). Auch im deutschsprachigen Raum finden partizipative Forschungsansätze in den letzten zehn Jahren zunehmende Aufmerksamkeit, was nicht zuletzt mit einem verstärkten „Akteursfokus" (Bösl 2010, S. 38) zu begründen ist, der auch hier Einzug gehalten hat (vgl. Zahnd et al. 2015; Graf 2015; Kohlmann 2011; Schuppener et al. 2011; Flieger 2013; Flieger und Schönwiese 2011).

2 Ausgewertet wurden die Zeitschriften: ‚Zeitschrift für Heilpädagogik', ‚Sonderpädagogik', ‚Behindertenpädagogik', ‚Vierteljahresschrift für Heilpädagogik und ihre Nachbardisziplinen (VHN)', ‚Geistige Behinderung', ‚Heilpädagogische Forschung', ‚Behinderte in Familie, Schule & Gesellschaft', ‚Schweizerische Zeitung für Heilpädagogik', ‚Heilpädagogik', ‚Sonderpädagogische Förderung' und ‚Gemeinsam Leben'.

den Bereichen ‚Wohnen' und ‚Freizeit' deutlich (vgl. Trescher 2017c, S. 24ff; 2015b, S. 33ff).

Grundsätzlich scheint das Desiderat ‚Lebensentwürfe von Menschen mit geistiger Behinderung' auch dadurch zu erklären zu sein, dass Menschen mit geistiger Behinderung im Regelfall nicht selbst als mögliche direkt zu beforschende in Betracht gezogen werden (vgl. Trescher 2015b, S. 311f; Bernasconi und Keeley 2016; Keeley 2015; Reisel 2015, S. 67f; Young und Ashman 2004; Rohrmann 2003). So existieren zwar einige Studien, die sich mit Biographien von Menschen mit körperlicher Behinderung befassen (vgl. Jeltsch-Schudel 2008; Schultebraucks 2006; Bruner 2005; Freitag 2005; Hedderich und Loer 2003; Ehring 1996), jedoch kaum welche, die ebendies bezogen auf Menschen mit geistiger Behinderung unternehmen und dabei eine methodisch geleitete Auswertung des Materials anstreben. So ist es beispielsweise eine bloße Darstellung von Lebensgeschichten, die im Zentrum des Herausgeberbandes „Biografie – Partizipation – Behinderung" von Zahnd, Egloff und Hedderich (2015) steht. Die Lebensgeschichten wurden von Menschen mit geistiger Behinderung erzählt und gemeinsam mit einem Forscherteam überarbeitet. Ähnliches gilt auch für die von Sorge (2010) veröffentlichen themenspezifischen Gesprächsausschnitte[3], die sie aus Interviews entnommen hat, die sie im Rahmen ihrer Arbeitstätigkeit mit Menschen mit geistiger Behinderung geführt hat (vgl. Sorge 2010, S. 10f). In beiden Fällen wurden Interviews mit Menschen mit geistiger Behinderung geführt, eine methodische Bearbeitung des Interviewmaterials zur Beleuchtung sozialwissenschaftlich relevanter Fragegestellungen fand jedoch in beiden Fällen nicht statt. Dies schmälert schlussendlich den sozialwissenschaftlichen Wert jener Arbeiten, was bedauerlich ist. Die insgesamt geringe Grundgesamtheit empirischer Ergebnisse scheint ganz grundsätzlich darauf zurückzuführen zu sein, dass qualitative Forschungsansätze, die unmittelbar an den Darstellungen von Menschen mit Behinderung ansetzen, nur selten Anwendung finden. So kommen Buchner und Koenig im Rahmen ihrer Zeitschriftenanalyse unter anderem auch zu dem folgenden Ergebnis: „Hochgerechnet auf alle empirischen Studien, die sich mit Menschen mit einer Behinderung befassen (N = 458), werden […] nur in *12%* aller empirischen Studien die Perspektiven von behinderten Menschen abgebildet. Auf den gesamten Untersuchungskorpus hochgerechnet sind es gar nur 1,8%" (Buchner und Koenig 2008, S. 28). Diese Distanz zu subjektiven Selbstdarstellungen kann, aus einer möglichst objektiven strukturlogischen Au-

3 Die exemplarischen Interviewpassagen beziehen sich jeweils auf die Felder: ‚Liebe und Partnerschaft', ‚Selbstwahrnehmung', ‚Lebensglück', ‚zum Tod und zu Gott', ‚Erinnerungen', ‚Antizipation' und ‚Behinderungsbegriff' (vgl. Sorge 2010, S. 10).

ßenperspektive betrachtet, geboten sein. Dementgegen muss allerdings gefragt werden, ob Subjektivität immer nur ‚von außen' beforscht werden kann und sollte, sind es doch gerade biographisch-orientierte Ansätze, die Einblicke in die Lebens- und Erfahrungswelt von Menschen mit (geistiger) Behinderung ermöglichen und diese in ihrer Eingebundenheit in einen je konkreten sozio-kulturell-historischen Kontext greifbar werden lassen. In diesem Zusammenhang konstatiert auch Lindmeier: „Um der Stimme, und somit der Selbst- und Mitbestimmung von Menschen mit geistiger Behinderung eine größerer Bedeutung für die pädagogische Arbeit verleihen zu können, muss sich die Geistigbehindertenpädagogik in viel höherem Maße als bisher den *subjektiven Lebenserfahrungen* dieser Menschen zuwenden; denn nur durch die Beschäftigung mit der Lebenswelt und der Lebensgeschichte (Biographie) eines Menschen kann eine entschiedene Orientierung an seinen subjektiven Interessen und Wünschen erfolgen" (Lindmeier 2004, S. 11).[4] Bedeutsam ist hierbei allerdings, dass es gerade um eine sozialwissenschaftlich fundierte Auseinandersetzung gehen muss, die dem Paradigma des Verstehens unterliegt und methodisch-kontrolliert verläuft.[5] Insofern ist es nicht ausreichend, „einzelnen Betroffenen ‚eine Stimme' zu geben, sondern es muss die Dialektik von Struktur und Handeln im jeweiligen Kontext herausgearbeitet werden" (Pfahl 2011, S. 37). Konkret geht es also darum, „den Einzelfall als Erkenntnisquelle zu nutzen und Verstehen zu ermöglichen" (Griese und Griesehop 2007, S. 24), um darauf aufbauend Erkenntnisse über entsprechende Diskurse und deren Hervorbringungspraxen von und gegenüber (bestimmten) Subjekten analysieren zu können.

4 Mit diesem Zitat will sich der Autor dieser Studie nicht explizit der Geistigbehindertenpädagogik zurechnen. Vielmehr ist auch auf deren problematische Rolle in Bezug auf die Lebenssituation von Menschen mit geistiger Behinderung hinzuweisen (vgl. Trescher und Klocke 2014).

5 Gerade hierin ist letztlich die Differenz zur pädagogisch-praktischen ‚Biographiearbeit' zu sehen (vgl. Griese und Griesehop 2007, S. 17; Lindmeier 2004, S. 15).

7. Zur Frage nach den Lebensentwürfen – Zum Erkenntnisinteresse

Das Ziel der vorliegenden Arbeit war es, die bisher aufgezeigten theoretischen wie empirischen Überlegungen und Ergebnisse zusammenzuführen und entscheidend zu erweitern. Entlang des dargestellten theoretischen Zugangs zum Phänomen (geistige) Behinderung (Kapitel 3), der (geistige) Behinderung als diskursive Praxis fasst, sollten es gerade Biographien von Menschen sein, die gemeinhin als ‚geistig behindert' gelten, die einer kritischen Analyse unterzogen werden. Im Mittelpunkt stand dabei die weiterführende Offenlegung von Behinderungspraxen, von denen einige (in Bezug auf den Lebensraum ‚totale Institution' [Kapitel 3.2.1], bürokratische Wirkmächtigkeit [Kapitel 3.2.2] sowie mediale Darstellungen [Kapitel 3.2.3]) bereits vorgestellt wurden, bzw. die Frage danach, wie Menschen, die gemeinhin als ‚geistig behindert' gelten, behindert werden und wie nicht. Konkret ging es also nicht mehr um die Frage, ob Menschen mit geistiger Behinderung behindert werden, sondern vielmehr um die Frage, wie das geschieht. Es ging um die Erforschung der Ausgestaltung von Behinderungs- und Inklusionspraxen. Das oben dargestellte Desiderat betreffend biographisch-orientierter Forschung im Kontext von geistiger Behinderung wurde hierfür zum Ausgangspunkt genommen. Dabei wurde der Zugang zu den Biographien über biographisch orientierte Interviews hergestellt, die (in erster Linie) unmittelbar mit den betroffenen Personen geführt wurden. Ziel war es, (geistige) Behinderung als Lebenserfahrung zu beleuchten. Entscheidend waren dabei sowohl die Frage nach dem bisherigen Lebensweg, der gegenwärtigen Lebenssituation als auch die Frage nach den weiteren Zukunftsperspektiven der jeweiligen Personen. In diesem Sinne lautete die zentrale Forschungsfrage der vorliegenden Studie: *„Welche Lebensentwürfe haben Menschen mit geistiger Behinderung?"*. Da sich die Lebenserfahrungen, Lebensplanungen und Lebensumstände von Menschen mit geistiger Behinderung allerdings als äußerst heterogen präsentieren, wurden die Lebensentwürfe von Menschen aus möglichst kontrastiven Lebenskontexten untersucht (zum Beispiel Personen unterschiedlichen Alters, Geschlechts sowie Personen aus verschiedenen Wohnkontexten etc.). Hierbei kam es zu unterschiedlichen thematischen Schwerpunktsetzungen, was letztlich der Breite des gewählten Feldes sowie des Erkenntnisinteresses geschuldet war. Oben genannte Forschungsfrage wurde somit auf Menschen aus verschiedenen Lebenskontexten übertragen. Da die beiden vorangegangenen Arbeiten (Trescher 2017c; 2015b) ergaben, dass die Lebenssituation von Menschen mit geistiger Behinderung maßgeblich durch den Grad der Institutionalisierung ihres Lebens (insbesondere der sie umgebenden Wohnsituation) beeinflusst wird, wurde dieser Aspekt zum Ausgangspunkt der Strukturierung der Studie sowie der Auswahl der InterviewpartnerInnen genommen. Beforscht wurden vor diesem Hintergrund sowohl Menschen mit geistiger Behinderung, welche zum Zeitpunkt der Erhebung im ambulant betreuten Wohnen lebten, als auch Menschen, die in verschiedenen stationären Einrichtungen der Behindertenhilfe leben. In beiden Fällen wurden die Interviews direkt mit Menschen mit geistiger Behinderung durchgeführt, das heißt, hier waren es ausschließlich die subjektiven Darstellungen des betreffenden Individuums, die zum Ausgangspunkt der Forschungsarbeit genommen wurden. Weiterhin sollten die Lebensentwürfe von Personen Beachtung finden, die gemeinhin auch als ‚Personen mit herausforderndem Verhalten' bezeichnet und in sogenannten ‚Intensivgruppen' betreut werden. Das damit einhergehende Problem ist, dass es sich dabei oftmals um Menschen handelt, bei denen ein Gespräch oder ein Interview (unter anderem aufgrund von verbalsprachlichen Einschränkungen) gar nicht oder nur sehr bedingt möglich ist. In diesen Fällen musste schwerpunktmäßig auf eine Sekundärbeforschung (also Interviews mit Betreuungspersonen und/ oder Angehörigen) zurückgegriffen werden. Relevant war in diesem Zusammenhang gerade auch die Frage nach dem Fremdverstehen von Lebensentwürfen im institutionalisierten Alltag. Abschließend wurden Lebensentwürfe von Menschen mit geistiger Behinderung im Kontext der Herkunftsfamilie beleuchtet, welche (hierauf verweisen die Ergebnisse eigener Studien sehr eindringlich [vgl. Trescher 2017c, S. 159; 2015b, S. 225]) in der Regel eine ungemein bedeutsame Rolle im Leben von Menschen mit geistiger Behinderung einnimmt. Im Zuge dessen wurden sowohl Interviews mit den betreffenden Menschen mit geistiger Behinderung selbst (sofern möglich) als auch mit verschiedenen Angehörigen (Geschwister oder Eltern[-teile]) geführt und insbesondere hinsichtlich der Familienkonstellation und dem Umgang der Familie mit den Angehörigen mit geistiger Behinderung analysiert. Auch hier wurden die unterschiedlichen Institutionalisierungsgrade der Wohnsituation berücksichtigt (ambulante, stationäre sowie ‚Intensiv'-Betreuung). Bedeutsam war in diesem Zusammenhang auch die Gegenüberstellung beider Perspektiven bzw. die Frage danach, welche Lebensentwürfe Angehörige für ihre Geschwister oder ‚Kinder' (mit geistiger Behinderung) formulieren.

8. Methodische Überlegungen

Da sich das zentrale Erkenntnisinteresse der vorliegenden Arbeit, wie oben bereits dargelegt, unmittelbar auf die Biographien von Menschen mit geistiger Behinderung richtet, erschien es notwendig, auf die Erhebung von Interviews zurückzugreifen, die einen entsprechenden Zugang gewähren. Die Interviews sollten sich dabei nach Möglichkeit unmittelbar an die Personen mit geistiger Behinderung selbst richten, sodass auf Interviews mit Dritten nur dann zurückgegriffen werden sollte, wenn Interviews mit den zu beforschenden Personen nicht möglich waren – etwa im Falle einer Nicht-Verbalsprachlichkeit oder einer stark eingeschränkten Verbalsprachlichkeit. Die Studie sieht sich somit als Teil einer Forschungstradition, die einen expliziten „Akteursfokus" (Bösl 2010, S. 38) verfolgt und Menschen mit geistiger Behinderung dabei als ExpertenInnen in Bezug auf ihre eigene Person anerkennt. Hiermit einher ging ebenfalls eine Distanzierung von anderweiten Zugängen, wie beispielsweise der Analyse von Institutionsakten, die die institutionelle Sicht auf die zu Beforschenden dokumentieren, aber eben nicht deren eigene Sicht auf ihr Leben.

Hinsichtlich der gewählten Interviewform bzw. -gestaltung lässt sich sagen, dass zwischen der Durchführung von leitfadengestützten (also mehr oder weniger stark vorstrukturierten) Interviews (vgl. Lamnek 2010, S. 107; Friebertshäuser und Langer 2010, S. 438ff) und der Erhebung von narrativen Interviews (vgl. Nittel 2008; Rosenthal 1995; Schütze 1987) abgewogen wurde. Während Letzterem oftmals der Status des ‚Standard-Werkzeugs' im Kontext von biographischorientierten Studien zugeschrieben wird (vgl. Marotzki 2006, S. 115), gibt es jedoch immer wieder Mischformen zwischen beiden Varianten, die die Vorteile beider Vorgehensweisen zu kombinieren suchen (vgl. Friebertshäuser und Langer 2010, S. 438ff). Aus dieser Kombination gehen dann häufig Interviewformen hervor, die zwar durch das vorliegende Erkenntnisinteresse vorstrukturiert sind, jedoch dennoch eine größtmögliche Offenheit mitzubringen suchen, um den „Relevanzkriterien" (Fuchs-Heinritz 2009, S. 176f) des Interviewpartners bzw.

der Interviewpartnerin Raum zu eröffnen (vgl. Fuchs-Heinritz 2009, S. 175ff). Eine solche Option wurde auch im vorliegenden Fall gewählt, was vor allem forschungspraktische sowie zeitökonomische Gründe hatte. Gestaltet wurde die Erhebung in Form von Topic-Interviews (siehe Kapitel 8.3), womit ein Vorgehen der Datenerhebung gewählt wurde, das sich bereits in früheren Forschungsprojekten (vgl. Trescher 2017c; 2015b) bewährte – gerade auch im Kontext der Beforschung von Menschen mit geistiger Behinderung. Ergänzt wurden die Interviews durch einen standardisierten Fragebogen (siehe ebenfalls Kapitel 8.3), der im Anschluss an das Interview abgefragt wurde und der Erfassung von objektiven Daten diente.

In Bezug auf die gewählte Auswertungsmethode (siehe Kapitel 8.2) lässt sich anführen, dass sich für die Arbeit mit den sequenzanalytischen Verfahren der Objektiven Hermeneutik (vgl. Oevermann et al. 1979) entschieden wurde. Es handelt sich hierbei um eine sozialwissenschaftlich anerkannte, qualitativ-rekonstruktiv verfahrende Methode, die nicht zuletzt auch im Kontext biographischer Forschungskontexte eine vergleichsweise starke Verbreitung und Anerkennung findet (vgl. Sackmann 2013, S. 72ff; Fuchs-Heinritz 2009, S. 205ff; Griese und Griesehop 2007, S. 31ff; Marotzki 2006, S. 124). „Das Anliegen der Objektiven Hermeneutik besteht in einer *methodischen Kontrolle der wissenschaftlich-empirischen Operation des Verstehens*“ (Wernet 2009, S. 11). Ebendieses Verstehen sollte im Kontext der hiesigen Studie für die Rekonstruktion von und Auseinandersetzung mit Biographien im Kontext geistiger Behinderung genutzt werden. Auch die Arbeit mit den Verfahren der Objektiven Hermeneutik hat sich in der Vergangenheit bereits bewährt (vgl. Trescher 2017c; 2015b).

Im nun folgenden Kapitel soll näher auf das methodische Vorgehen eingegangen werden. Da sich das Forschungsvorhaben durch das dargelegte Erkenntnisinteresse in der Tradition der erziehungswissenschaftlichen Biographieforschung verortet, wird dem in einem ersten Schritt Rechnung getragen (Kapitel 8.1). Im Anschluss daran wird auf die gewählte rekonstruktive Auswertungsmethode eingegangen (Kapitel 8.2). Es folgt, hieran anknüpfend, zunächst eine Darstellung der Erhebungsmethode (Topic-Interview), wobei sowohl ein allgemeiner Überblick gegeben als auch das konkrete forschungspraktische Vorgehen dargestellt wird (Kapitel 8.3). Auch der kurze standardisierte Fragebogen, der zur Erfassung der sogenannten objektiven Daten herangezogen wurde, wird hier ebenfalls kurz vorgestellt. Im weiteren Verlauf wird dann näher auf den Feldzugang (Kapitel 8.4.1) sowie die Fallauswahl (Kapitel 8.4.2) eingegangen. Um dem Kriterium der Transparenz von Forschung bestmöglich Rechnung zu tragen, folgen abschließend Ausführungen zur Materialaufbereitung sowie zur Erstellung der Biographien (Kapitel 8.4.3).

8.1 BIOGRAPHIEFORSCHUNG

In verschiedenen Veröffentlichungen zum Forschungsansatz der Biographieforschung ist immer wieder von einem „Boom biographischer Forschung" (Rosenthal 1995, S. 11) die Rede, der seit den 1970er/ 80er Jahren in den verschiedenen sozialwissenschaftlichen Disziplinen eingesetzt hat und noch immer ungebrochen scheint (vgl. etwa: Sackmann 2013, S. 9; Silkenbeumer und Wernet 2010, S. 172; Griese 2010, S. 7; Völter et al. 2009, S. 7f; Nittel 2008, S. 70; von Felden 2008, S. 9; Krüger und Marotzki 2006, S. 7). Dass dies so ist, scheint nicht zuletzt mit der enormen Breite möglicher Anwendungsfelder zu erklären zu sein, die dieser Forschungsansatz bietet (vgl. Völter et al. 2009, S. 7f; Fuchs-Heinritz 2009, S. 128).

Grundsätzlich lässt sich sagen, dass unter dem Überbegriff ‚Biographieforschung' „Forschungsansätze und -wege in den Sozialwissenschaften verstanden [werden], die als Datengrundlage (oder als Daten neben anderen) Lebensgeschichten haben, also Darstellungen der Lebensführung und der Lebenserfahrung aus dem Blickwinkel desjenigen, der ein Leben lebt" (Fuchs-Heinritz 2009, S. 9). Zugänge zu diesen Lebensgeschichten können dabei auf verschiedene Art und Weise hergestellt werden – sei es über „persönliche Dokumente (z.B. Briefsammlungen, Aufsätze, Tagebücher, Autobiographien), die in der sozialen Realität vom Forscher vorgefunden werden" (Krüger und Marotzki 2006, S. 8), oder mittels biographie-bezogener „Materialien, die durch die Forschungsinstrumente des Wissenschaftlers (z.B. narrative Interviews, Gruppendiskussionen, teilnehmende Beobachtungen) erst produziert werden" (Krüger und Marotzki 2006, S. 8) müssen. Im Mittelpunkt der Bearbeitung der jeweiligen Datenmaterialen kann eine Vielzahl möglicher Fragestellungen stehen. Beispielsweise könnte die Frage danach gestellt werden, „wie Individuen angesichts eines forcierten und immer schwerer überschaubaren sozialen Wandels historische und institutionelle Umbrüche verarbeiten und wie sie historische Prozesse aktiv mitgestalten [...]. Andere Forschungsprojekte interessieren sich stärker dafür, wie und unter welchen Bedingungen es Subjekten gelingt, individuell bedeutsame Erlebnisse und Krisen wie eine Krankheit, ein religiöses Konversionserlebnis oder den Verlust einer nahestehenden Person im Kontext ihrer je besonderen Lebensgeschichte zu bewältigen" (Völter et al. 2009, S. 7). Es wird deutlich, dass Untersuchungen mit biographischer Orientierung ihren analytischen Fokus nicht bloß auf das einzelne Subjekt legen, sondern dieses in seiner Eingebundenheit in einen je konkreten sozio-kulturell-historischen Kontext erfassen. Ins Blickfeld der Analyse geraten somit die Pole ‚Subjekt' und ‚Lebenswelt', deren Beziehung zueinander (je nach theoretischem Zugang) in unterschiedlicher Art und Weise gedacht werden kann (vgl. von Felden 2008, S. 10f).

Je nach Erkenntnisinteresse des Forschers bzw. der Forscherin können anhand des Materials unterschiedliche Schwerpunktsetzungen vorgenommen werden. In diesem Sinne kann es zum Beispiel mal mehr das Subjekt mitsamt seinen subjektiven Sinnauslegungen und Darstellungen sein, das in den Fokus des Forschungsinteresses gerückt wird, oder mal mehr die Offenlegung der Spezifik der sozio-kulturell-historischen Lebenswelt, auf deren Beschaffenheit Rückschlüsse aus den biographischen Daten gewonnen werden können (beispielsweise im Kontext von geschichtswissenschaftlichen Forschungsprojekten). Schlussendlich ist es jedoch auch möglich, gerade die Prägung des einzelnen Subjekts durch die umgebenden Strukturen zu forcieren. Biographisches Material, insbesondere in Form von autobiographischen Erzählungen, welche aufgrund ihres Umfangs eine vergleichsweise hohe Informationsdichte aufweisen, eröffnet so eine Vielzahl möglicher Ansatzpunkte für verschiedene (sozial)wissenschaftliche Disziplinen, was letztlich auch die starke Verbreitung sowie die anhaltende ‚Beliebtheit' der Biographieforschung in der Breite erklärt (vgl. Silkenbeumer und Wernet 2010, S. 172; Nittel 2008, S. 70; Krüger 2006, S. 17). Von dieser anhaltenden Beliebtheit nicht ausgenommen ist auch die erziehungswissenschaftliche Biographieforschung, was sich unter anderem an der Fülle von Studien und entsprechenden Überblickswerken ableiten lässt. So konstatiert beispielsweise Krüger im Jahr 2006, dass „seit Mitte der 1980er Jahre [...] die Zahl der empirischen Projekte gravierend angestiegen" (Krüger 2006, S. 17) sei. Die hierbei entstandenen Untersuchungen teilt er grob drei verschiedenen Richtungen zu: „biographische Untersuchungen aus dem Umfeld der historischen Erziehungs- und Sozialisationsforschung, Arbeiten aus dem Kontext der pädagogisch orientierten Kindheits-, Jugend-, Schul- und Hochschulsozialisationsforschung und Studien, die sich mit biographischen Problemstellungen in verschiedenen erziehungswissenschaftlichen Teildisziplinen beschäftigen" (Krüger 2006, S. 17). Dieser Trend ist mit Blick auf die gegenwärtige Publikationslandschaft bis zum heutigen Tage weitestgehend ungebrochen. Besonders häufig finden sich dabei Untersuchungen, die sich auf die Arbeit mit autobiographischen Erzählungen stützen (vgl. Nittel 2008, S. 71). Nach Schulze sind es gerade diese Quellen, die eine hohe erziehungswissenschaftliche Relevanz bergen, eröffnen sie doch „einen Zugang zu pädagogisch relevanten Sachverhalten auf unterschiedlichen Ebenen der Wirklichkeit sowie in unterschiedlichen Theorie-Horizonten" (Schulze 2006, S. 51). Wie im vorangegangenen Kapitel bereits beschrieben wurde, gilt das sogenannte ‚narrative Interview' (vgl. Schütze 1987) hierbei als ‚klassisches' Werkzeug zur Erhebung von Lebensgeschichten, was insbesondere darauf zurückzuführen ist, dass dem jeweils zu beforschenden Subjekt, dessen Darstellungen als Erkenntnisquelle herangezogen werden, größtmöglicher Freiraum zur Entfaltung der eigenen lebensgeschichtlichen Schilderungen gegeben werden soll. Jedoch finden sich auch stärker strukturierte Interviewformen, die auf die Erhebung von Lebensgeschichten einzelner Personen abzielen (vgl. Fuchs-Heinritz 2009, S. 180; Kade und Hof 2008; Marotzki 2006, S. 115; Helfferich 2005, S. 11). Welche Form der Datenerhebung letztlich Anwendung findet (sowohl bei der grundlegenden Wahl des Datenmaterials als auch bei der nachgeschalteten Wahl der Interviewform), ist schlussendlich abhängig vom Erkenntnisinteresse des ausführenden Forschers bzw. der ausführenden Forscherin. Dies trifft ebenso auf die Frage zu, welche Verfahren verwendet werden, um das biographische Material methodisch geleitet auszuwerten und dieses überhaupt erst als Erkenntnisquelle nutzbar zu machen. Im Mittelpunkt biographischer Ansätze steht dabei vor allem die Operation des Verstehens (vgl. Nittel 2008, S. 71; Griese und Griesehop 2007, S. 17ff; Wernet 2006, S. 26; Marotzki 2006, S. 113). „Ziel ist es, den einzelnen Menschen in seinen sinnhaft-interpretativ vermittelten Bezügen zur alltäglichen Lebenswelt ebenso zu verstehen wie in seinem biographischen Gewordensein. […] In einer Gesellschaft, die sich durch Pluralisierung von Sinnhorizonten und Lebensstilen auszeichnet, kann erziehungswissenschaftliche Biographieforschung ein Wissen über verschiedene individuelle Sinnwelten, Lebens- und Problemlösungsstile, Lern- und Orientierungsmuster bereitstellen und in diesem Sinne an einer modernen Morphologie des Lebens arbeiten" (Marotzki 2006, S. 113). Hierfür stehen unterschiedliche Verfahren der Datenauswertung zur Verfügung, die zum Teil auf unterschiedliche Sinnebenen abzielen und die in den jeweiligen Überblickswerken zum Forschungsansatz ‚Biographieforschung' thematisiert werden (vgl. etwa Sackmann 2013; Fuchs-Heinritz 2009; Griese und Griesehop 2007; Marotzki 2006). Neben dem von Schütze beschriebenen Verfahren der Narrationsanalyse (vgl. Schütze 1983; 1984; 1987) findet dort unter anderem auch ein weiteres Verfahren immer wieder Berücksichtigung: die Objektive Hermeneutik (vgl. Oevermann et al. 1979; Oevermann 2002a). Beide Verfahren begegnen nach Krüger der Problematik, dass im Kontext biographischer Studien häufig Auswertungsverfahren gewählt werden, welche „die Ebene der Einzelfallanalyse oft rasch verlassen und […] das Interviewmaterial vorschnell zu themenbezogenen Synopsen, zentralen Kernaussagen und typischen Deutungsmustern verdichtet" (Krüger 2006, S. 25). Er plädiert vor diesem Hintergrund für eine stärkere Orientierung an den genannten Verfahren: „Beide methodologischen Ansätze zeichnen sich […] dadurch aus, dass sie bei der Biographieanalyse nicht bei der Rekonstruktion des subjektiven Sinns der Interviewten stehenbleiben, sondern orientiert an einer phänomenologischen bzw. strukturalen

Interpretationsperspektive, jene objektiven Bedingungen mit berücksichtigen, in die biographische Handlungsmöglichkeiten eingebunden sind" (Krüger 2006, S. 27). Im Kontext der vorliegenden Arbeit wurde sich für eine Auswertung mittels der Verfahren der Objektiven Hermeneutik entschieden. Im Verlauf des folgenden Kapitels sollen diese Verfahren näher beleuchtet werden.

8.2 OBJEKTIVE HERMENEUTIK

Im Folgenden soll zunächst ein grundlegendes Verständnis der Methode der Objektiven Hermeneutik dargelegt werden, bevor der analytische Gegenstand umrissen und die Prinzipien einer objektiv-hermeneutischen Analyse vorgestellt werden. Abgeschlossen werden die Darstellungen mit einem Bezug auf (unter Umständen, aber eigentlich immer) notwendige forschungspraktische Einschränkungen sowie ein Verständnis der Objektiven Hermeneutik als Kunstlehre.

8.2.1 Methodologischer Hintergrund

Die Objektive Hermeneutik beschreibt ein innerhalb der sozialwissenschaftlichen Disziplinen anerkanntes rekonstruktives Forschungsverfahren, wobei es subsumierenden und hypothesentestenden Forschungsmethoden diametral gegenübersteht. Im Mittelpunkt einer objektiv-hermeneutischen Analyse steht die wissenschaftliche Operation des Verstehens des Einzelfalls (Trescher 2016b, S. 185; siehe auch Wernet 2009). Grundlegender Untersuchungsgegenstand der Objektiven Hermeneutik ist die Lebenspraxis, die als ‚protokollierte Wirklichkeit' vorliegt und insofern einer Analyse zugänglich ist (Trescher 2013b, S. 30). Hierbei geht es darum, die „typischen, charakteristischen Strukturen" (Oevermann 2002a, S. 1) von Gegenständen zu erschließen und „die hinter den Erscheinungen operierenden Gesetzmäßigkeiten ans Licht zu bringen" (Oevermann 2002a, S. 1). Zentraler methodologischer Gegenstand der Objektiven Hermeneutik sind die objektiven Bedeutungs- und latenten Sinnstrukturen von protokollierten Äußerungen und deren Auswirkungen auf den je vorliegenden Fall (Oevermann 2002a, S. 4). Gemeint ist hiermit die Erfassung der Sinnebene, welche hinter dem (intentional) Ausgedrückten liegt und damit über die objektiven Bedeutungsstrukturen hinausgeht (vgl. Trescher 2013b, S. 29; 2016b, S. 46). Latente Sinnstrukturen zeigen sich in jeder Ausdrucksgestalt der Lebenspraxis. ‚Ausdrucksgestalt' meint „alle protokollierten oder sonstwie objektivierten, sinnstrukturierten bzw. sinnvermittelten Lebensäußerungen einer Lebenspraxis"

(Oevermann 2001, S. 34). Latente Sinnstrukturen sind zunächst nicht unmittelbar greifbar, sondern müssen erst durch die Analyse objektiver Bedeutungsstrukturen offengelegt werden (vgl. Trescher 2013b, S. 38). Eine sich in der Analyse ergebende Differenz zwischen subjektivem und objektivem Sinn ist wesentlich, um die hinter dem objektiv Ausgedrückten Strukturen aufzudecken. Im Fall eines verbalsprachlichen Ausdrucks geht es also um die Differenz zwischen dem, was annehmbar von einer sprechenden Person gesagt werden möchte, und der Bedeutung dessen, was die jeweilige Person tatsächlich sagt. Letzteres stellt die latente Sinnstruktur der Aussage dar (vgl. Oevermann et al. 1979, S. 380).

Im Kontext der Objektiven Hermeneutik wird davon ausgegangen, dass soziales Handeln durch Regeln geleitet ist. Gemeint ist damit, dass die Sinnstrukturiertheit sozialen Handelns und somit deren objektiver Sinn auf der Basis bedeutungsgenerierender Regeln erzeugt wird (Oevermann et al. 1979, S. 380).[1] Der Regelbegriff ist ein zentraler methodologischer Referenzpunkt der Objektiven Hermeneutik (vgl. hierzu Trescher 2013b, S. 31ff; siehe hierzu auch grundlegend: Wittgenstein 1967; Popper 1980; 2003; Öhlschläger 1974; Searle 1971). Jede Form der Kommunikation ist regelgeleitet, weshalb die Regel an sich konstitutiv für sämtliche Kommunikationsformen und letztlich auch für soziales Handeln ist: „Der Geltungsanspruch, den die objektiv-hermeneutische Bedeutungsexplikation erhebt, stützt sich auf die Inanspruchnahme geltender Regeln. Soziales Handeln konstituiert sich entlang dieser Regeln und die Interpretation der Protokolle dieses Handelns erfolgt unter Rückgriff auf unser Regelwissen“ (Wernet 2009, S. 13). Die Geltung der Regeln offenbart sich darin, dass die InterpretInnen durch die Sozialisation in ihrer gesellschaftlichen Lebenspraxis mit den Regeln vertraut sind bzw. zumindest implizit danach handeln, sodass sie diese methodologisch in Anspruch nehmen können (vgl. Oevermann 1986, S. 22).

Im nächsten Schritt werden die Grundbegriffe der Objektiven Hermeneutik beschrieben. Die Anordnung der Begriffe erfolgt dabei entlang ihrer Bedeutung für einen (idealtypischen) Forschungsprozess.

8.2.2 Zentrale Begrifflichkeiten, Gegenstände objektiv-hermeneutischer Analysepraxis

Der Text

Die Grundlage einer objektiv-hermeneutischen Interpretation ist ein Verständnis von sozialer Wirklichkeit, das diese als textförmig versteht. Der Text ist demnach „in einer Konstitutionstheorie der sinnhaften Welt“ (Wernet 2009, S. 12)

1 Zur theoretischen Grundlegung siehe: Habermas 1982; 1983; 1995.

angesiedelt. Hieraus folgt, dass alles, was sozial vermittelbar ist bzw. sozial vermittelt wird, als Text zu verstehen ist, das heißt, als Träger von „symbolische[r] Bedeutung" (Leber und Oevermann 1994, S. 385). Jeder Text ist konkret situativ und aufgrund seiner Verortung in sozio-kulturell-historischen Zusammenhängen einzigartig und kann nur in Momentaufnahmen dokumentiert werden. Jene Momentaufnahmen stellen letztlich das Protokoll dar.

Das Protokoll

Das Protokoll bietet den Zugang zum Text und damit zur sozialen Wirklichkeit. „Protokolle bezeichnen die Übermittlungs- bzw. die Verdinglichungsinstanz des Textes" (Trescher 2015b, S. 147). Ziel der Protokollierung sollte folglich eine möglichst genaue Beschreibung des Textes sein, wobei es „unselektiv total" (Oevermann 2000, S. 101) sein sollte. Klar ist, dass bereits das Protokoll interpretativ ist – es ist immer nur eine Beschreibung des Textes. „Ein direkter Zugang zur protokollierten Wirklichkeit selbst ist methodologisch prinzipiell nicht möglich, sondern vielmehr dem Hier und Jetzt der Lebenspraxis vorbehalten" (Oevermann 1993, S. 132).

Der Fall

Das Protokoll an sich, beispielsweise ein Interviewtranskript, ist noch kein Fall, sondern lediglich der Gegenstand der Analyse. Es wird erst unter der Betrachtung des Protokolls, anhand einer leitenden Fragestellung, zum Fall. Das heißt., dass der gleiche Gegenstand aus mehreren Perspektiven bzw. unter mehreren Fragestellungen (mehreren Fällen) analysiert werden kann.

Die Fallbestimmung

Die Fallbestimmung ist die Ausdifferenzierung des Forschungsinteresses im Hinblick auf eine Fragestellung und die Hinzunahme geeigneten Materials, das unter dieser Fragestellung ausgewertet werden soll (vgl. Oevermann 2000, S. 56). „Prinzipiell forscht die Objektive Hermeneutik immer ergebnisoffen. Es wird vorab also keine Hypothese gestellt, die dann im Verlauf oder nach Ablauf der Analyse getestet werden soll" (Trescher 2015b, S. 147; vgl. auch Wernet 2009, S. 53).

Fallstruktur(rekonstruktion)

Im Zuge der Rekonstruktion der je spezifischen Fallstruktur wird die „Charakteristik der gewählten Handlungsoptionen in einer je konkreten Lebenspraxis" (Trescher 2015b, S. 148) offengelegt. Die rekonstruierte Fallstruktur kann sich mit jeder neu zu analysierenden Sequenz verändern, weshalb sie als dynamisch zu betrachten ist. Über dieses Vorgehens wird die Fallstruktur Schritt für Schritt rekonstruiert (vgl. Trescher 2016b).

Fallstrukturhypothesen

Fallstrukturhypothesen stellen eine Form des Zwischenfazits dar und „dienen der Operationalisierung der Offenlegung der Fallstruktur" (Trescher 2015b, S. 148). Sie werden erstellt, um die Charakteristik der bisher offengelegten Fallstruktur festzuhalten.

Fallstrukturgeneralisierung

Mittels der Formulierung von Fallstrukturhypothesen wird das Protokoll im Sinne einer „methodisch gesicherten Fallstrukturgesetzlichkeit" (Wernet 2009, S. 80) erschlossen. Die Fallstrukturgeneralisierung stellt insofern ein empirisches Fazit der Offenlegung der Fallstruktur des einen je konkreten Falls dar. Die auf diese Weise analysierte Lebenspraxis kann als „allgemein und besonders zugleich" (Wernet 2009, S. 19) aufgefasst werden, „[d]enn in jedem Protokoll sozialer Wirklichkeit ist das Allgemeine ebenso mitprotokolliert wie das Besondere im Sinne der Besonderheit des Falls" (Wernet 2009, S. 19). Das Konkrete ist immer besonders, da es die je konkrete bzw. einzigartige Entscheidung der Lebenspraxis darstellt. Allgemein ist der Fall bereits deshalb, da sich dieser unter allgemeinen (bedeutungserzeugenden) Regeln gebildet hat (vgl. Trescher 2013b, S. 39). „Die Operation der Fallstrukturgeneralisierung ist diesem Begriff der Allgemeinheit verpflichtet. Sie trifft keine Aussage über die Häufigkeit einer Merkmalsausprägung im Sinne einer statistischen Generalisierung. Die Fallstrukturgeneralisierung nimmt eine begriffliche Würdigung der Ergebnisse der Fallrekonstruktion vor im Sinne der Formulierung einer materialen, empiriegesättigten Theorie" (Wernet 2009, S. 19f). Die Fallstrukturgeneralisierung in ihrer Funktion als empirisches Fazit ist theoretisch endgültig, was darauf zurückzuführen ist, dass es intersubjektiven Geltungsanspruch erhebt. „Forschungspraktisch liegt genau darin, dass dieses Fazit kein endgültiges ist, sondern jederzeit, ob der intersubjektiven Kontrollierbarkeit, (von anderen) widerrufen werden kann, die Stärke der Methode" (Trescher 2015b, S. 149).

8.2.3 Prinzipien der objektiv-hermeneutischen Analyse

Die objektiv-hermeneutische Analyse des Protokolls vollzieht sich über die Formulierung von Lesarten und deren Konfrontation mit der routinemäßigen Lebenspraxis. Dabei ist im Anschluss an Wernet (2009) entlang der folgenden fünf

Prinzipien vorzugehen: Kontextfreiheit, Wörtlichkeit, Sequenzialität, Extensivität, Sparsamkeit.

Kontextfreiheit

Zunächst muss zwischen Kotext und Kontext differenziert werden. Kontext (auch ‚äußerer Kontext') ist all das, was außerhalb des durch das Protokoll vermittelten Textes besteht, während der Kotext (auch ‚innerer Kontext') aus den bereits analysierten Passagen bzw. der bisher herausgearbeiteten Fallstruktur besteht. Der Kotext ist somit zu Beginn der Analyse noch nicht vorhanden, sondern baut sich erst im Zuge der Analyse auf. Die Kontextfreiheit als Prinzip rekurriert auf den äußeren Kontext. Sie meint nicht, dass dem Kontext keine Bedeutung zukommt. Vielmehr handelt es sich um eine „künstliche Naivität" (Wernet 2009, S. 23), die durch den Forscher bzw. die Forscherin eingenommen wird und sich in der bewussten Nichtberücksichtigung des äußeren Kontextes ausdrückt. Das Augenmerk der Analyse soll folglich zunächst ganz auf dem Protokoll selbst liegen (vgl. Oevermann 1993, S. 142; 2000, S. 104; Garz 1997, S. 539).

Hervorzuheben ist, dass der Rückbezug auf den Kotext im Verlauf der Analyse keineswegs verboten ist. Er ist notwendig, da sonst der sequenzielle Charakter des Analysegegenstands zunichte gemacht werden würde (vgl. Oevermann 1996, S. 101).

Der Kontext wird bei der Analyse zunächst ausgeblendet, um eine analytische Unterscheidung zwischen der Ebene des je konkreten Protokolls (Kotext) und der Ebene des Situationszusammenhangs (äußerer Kontext) zu ermöglichen. Eine Einbettung in den Kontext erfolgt erst, wenn die Protokollanalyse erfolgt ist.

Wörtlichkeit

Das Prinzip der Wörtlichkeit meint, dass das Protokoll in seiner Wirklichkeitsgestalt analysiert werden soll. Es bindet die Analyse an den Text (vgl. Oevermann 2000, S. 103). Nach dem Wörtlichkeitsprinzip muss das Protokoll in seiner protokollierten Eigentlichkeit absolut und präzise ausgewertet werden. Im Falle einer direkten Rede betrifft dies zum Beispiel auch jeden Versprecher, jede Betonung und dergleichen mehr. Für eine Analyse des objektiven Sinns ist das Prinzip der Wörtlichkeit zwingend notwendig.

Sequenzialität

„Eine Sequenz beschreibt die kleinstmögliche Sinneinheit eines Textes. Bei einer Rede könnte dies beispielsweise (nur) ein ‚Ehm' sein, welches der Sprecher vor Beginn der Verlesung eines Textes ausspricht. Es ist wichtig, dass auf eine

Sequenz immer die im Text darauffolgende Sequenz folgt" (Trescher 2013b, S. 42). Die Analyse einer Sequenz vollzieht sich, indem alle potentiell möglichen Lesarten gebildet werden, von denen „gewöhnlich nur ein Teil subjektiv intentional realisiert worden ist" (Oevermann et al. 1979, S. 380). Die Bildung von Lesarten ist elementarer Bestandteil der Fallstrukturrekonstruktion. Die formulierten Lesarten decken die getroffenen Entscheidungen sowie die verschiedenen potentiell denkbaren Handlungsoptionen der Lebenspraxis auf. Im Zuge der Analyse der einzelnen Sequenzen wird dann herausgearbeitet, gegen und für welche Optionen sich die Lebenspraxis entschieden hat. Jede weitere Sequenz eröffnet dabei die Bildung neuer Lesarten, zugleich werden unter Umständen jedoch auch (einige) bisher mögliche Lesarten verworfen (vgl. Ley 2010, S. 11).

Extensivität

Das Extensivitätsprinzip beschreibt, dass die Analyse in Quantität und Qualität erschöpfend zu erfolgen hat. Sie muss sich also einerseits über das gesamte Protokoll erstrecken (Quantität) – es darf nichts ausgelassen werden (vgl. Oevermann 2000, S. 100ff; Pilz 2007, S. 590; Trescher 2013b, S. 43). Andererseits verlangt das Prinzip der Extensivität Vollständigkeit im Zuge der Lesartenbildung. Da „die Interpretation beansprucht sinnlogisch erschöpfend zu sein" (Wernet 2009, S. 33), müssen immer alle möglichen Lesarten gebildet werden, da nur so sämtliche Entscheidungsoptionen der Lebenspraxis berücksichtigt werden können.

Sparsamkeit

Das Prinzip der Sparsamkeit knüpft einschränkend an das Prinzip der Extensivität an. Es gibt vor, dass im Grunde zwar alle Lesarten gebildet werden müssen, dies jedoch nur dann, wenn diese auch anhand des Textes überprüfbar sind bzw. zwingend aus dem Protokoll hervorgehen. Es geht folglich um „Zurückhaltung bezüglich textlich nicht zwingend indizierter Mutmaßungen" (Wernet 2009, S. 38). Vorrang haben dabei also jene Lesarten, welche „mit den wenigsten fallspezifischen Zusatzannahmen" (Ley 2010, S. 21; siehe auch: Leber und Oevermann 1994, S. 383ff) auskommen.

8.2.4 Forschungspraktische Einschränkungen

Es wurde bereits hervorgehoben, dass es sich bei dem beschriebenen Vorgehen um ein idealtypisches handelt. Während der Analyse muss aus forschungspraktischen Gründen oftmals einschränkend eingegriffen werden. „Solche Einschränkungen müssen grundsätzlich, ob der Aufrechterhaltung des Objektivitätskriteriums, vor der Analyseoperation benannt und diskutiert werden. Sie dürfen nicht beliebig angewandt werden und dürfen immer nur den letzten Schritt darstellen, wenn es aufgrund äußerer Faktoren nicht mehr anders möglich ist. Dabei muss klar sein, dass der Charakter der Objektiven Hermeneutik nicht bzw. nur so minimal wie möglich verletzt werden darf" (Trescher 2015b, S. 151). Dabei gilt grundsätzlich, dass die Prinzipien der Wörtlichkeit und der Sparsamkeit stets bestehen bleiben müssen. Ersteres ist zwingend notwendig, da es der Bezug auf den objektiven Sinn des Textes ist. Auch ein uneingeschränktes Festhalten am Sparsamkeitsprinzip ist notwendig, da es während der Analyse vor einer beliebigen Interpretation bewahrt. Aus forschungsökonomischen Gründen können die Prinzipien der Sequenzialität, Kontextfreiheit und Extensivität (Zeitersparnis, Umfang des Materials) angepasst und an das je konkrete Forschungsvorhaben angepasst werden (vgl. Trescher 2015b, S. 151ff).

8.2.5 Objektive Hermeneutik als Kunstlehre

Oben genannte forschungspraktische Einschränkungen zeigen sehr deutlich, dass es sich bei den Verfahren der Objektiven Hermeneutik um eine Kunstlehre handelt. Die Objektive Hermeneutik gibt zwar Prinzipien zum konkreten methodischen Vorgehen vor, diese haben allerdings keinen endgültigen Normativcharakter (vgl. Oevermann et al. 1979, S. 391f; Oevermann 1993, S. 126; Trescher 2013b, S. 44). Sie sind insofern eine Lehre, als dass sie sich auf ein Regelwerk beziehen. Die je spezifische Handhabung bzw. Operationalisierung jener Regeln machen am Ende die ‚Kunst' der objektiv-hermeneutischen Operation aus (vgl. Trescher 2016b).

8.3 TOPIC-INTERVIEW UND KURZFRAGEBOGEN

Bei einem Topic-Interview handelt es sich um eine Mischung aus einem Leitfadeninterview und einem narrativen Interview, welches im Grunde anstrebt, auf Seiten des Interviewpartners bzw. der Interviewpartnerin offene Erzählpassagen zu generieren. Vor dem Hintergrund der zentralen Fragestellungen sucht es sowohl subjektive Theorien als auch Alltagswissen zu erheben, wobei der das Interview durch bestimmte Themenblöcke (Topics) strukturiert wird (vgl. Helfferich 2005, S. 179ff). „Jedes Topic wiederum ist intern strukturiert und besteht aus den drei folgenden Ebenen: semantisches Wissen, strukturell-abstrakte Beschreibungen des Gegenstandes und Erfahrungswissen. Das semantische Wissen manifestiert sich in expliziten Kenntnissen über einzelne Begriffe und ihren Zusammenhang und wird durch gezielte Fragen erhoben, die auf das subjektive Verständnis des Untersuchungsgegenstandes abzielen. Die strukturell-abstrakte Beschreibung eines Gegenstandes sowie auch das semantische Wissen werden stark durch individuelle Erfahrungen mit dem Gegenstand beeinflusst. Diese Erfahrungen werden anhand von erzählten bedeutungsvollen Geschichten konkret beschrieben. Diese individuellen Erfahrungen und Deutungsmuster entziehen sich jedoch zu einem großen Teil dem Frage-Antwort-Schema. Sie werden vielmehr durch narrative Elemente zugänglich, in denen ihre subjektive Relevanz, in der Art und Weise, in der die Erzählung stattfindet, zum Ausdruck kommt. Die Erzählanstöße sollen eben diese Erinnerung an vergangene Situationen und Gegebenheiten motivieren" (Trescher 2015b, S. 164f). Grundsätzlich lässt sich sagen, dass die formulierten Topics den ausführenden InterviewerInnen als Orientierungshilfe dienen sollen, da unter jedem Topic Stichpunkte und Erzählaufforderungen gesammelt werden. Dies soll sicherstellen, dass alle als relevant eingestuften Themenbereiche angesprochen und im Verlauf des Interviews (möglichst umfassend) behandelt werden. Bedeutsam dabei ist, dass die Topics flexibel gehandhabt werden, das heißt, nicht strikt von vorne bis hinten durchstrukturiert sein müssen und auch die Abfolge von grober Leitfrage, Stichworten und Erzählaufforderungen nicht zwingend eingehalten werden muss. Vielmehr soll sich auf die sich entwickelnde Gesprächssituation eingelassen werden, sodass der Gesprächsverlauf in seiner Struktur zu einem gewissen Grad offen bleibt und durch den Interviewpartner bzw. die Interviewpartnerin relativ flexibel mitgestaltet werden kann. Hierdurch sollen die Vorteile von narrativen und Leitfadeninterviews bestmöglich miteinander vereint werden, was jedoch fraglos nicht ohne Abstriche zu erreichen ist (vgl. Flick 2011b, S. 244f).

Abschließend bleibt festzuhalten, dass das Topic-Interview sehr dem von Flick beschriebenen episodischen Interview (vgl. Flick 2011a, S. 273) ähnelt und auf dessen Annahmen zurückgreift, welche darin bestehen, dass subjektive Erfahrungen sowohl als narrativ-episodisches als auch als semantisches Wissen aufgenommen und erinnert werden können (vgl. Flick 2011b, S. 238). Es entstehen mehrere umgrenzte Erzählungen, die den Untersuchungsgegenstand von unterschiedlichen Seiten anhand von konkreten Erzählungen und im Rahmen von routinierten unhinterfragten Alltagssemantiken beleuchten.

Im weiteren Verlauf wird das für das hiesige Forschungsvorhaben gewählte Vorgehen näher dargestellt.

Gewähltes Vorgehen

Für die Durchführung der geplanten Erhebungen wurden (je nach interviewter Personengruppe) unterschiedliche Topics gebildet, wobei das nachfolgend abgedruckte Beispiel, welches für die Interviews mit Menschen mit geistiger Behinderung entworfen wurde, als Ausgangspunkt genommen und für die anderen Personengruppen (MitarbeiterInnen, Angehörige) geringfügig angepasst/ adaptiert wurde. In der linken Spalte finden sich die übergeordneten Themenbereiche/ Topics (Alltag, Biographie), in der rechten die jeweiligen Unterpunkte und Interessensfelder, die im Zuge der Erhebung ausführlich thematisiert werden sollten bzw. wurden. Wie im allgemeinen Methodenteil zum Topic-Interview bereits hervorgehoben wurde, ist in dem unten abgebildeten Schema keine starre Ordnung zu sehen, die dem Interviewpartner bzw. der Interviewpartnerin im Zuge der Interviews vorgegeben wird und durch den Forscher bzw. die Forscherin ‚abgearbeitet' wird. Vielmehr handelt es sich um eine Orientierungshilfe für den ausführenden Forscher bzw. die ausführende Forscherin und ist explizit zur flexiblen Handhabung gedacht.

Tabelle 1: Gestaltung des Topic-Interviews

Topics	**Inhalte**
1. Herkunft und Geschichte/ Vergangenheit	- Herkunft/ Herkunftsfamilie - Kindheit - Wohnen - Arbeit - Freizeit/ Alltag
2. Lebensentwürfe Gegenwart	- Wohnen - Arbeit/ Rente - Freizeit/ Alltag
3. Lebensentwürfe Zukunft	- Wohnen - Arbeit/ Rente - Freizeit/ Alltag
4. Besonderes biographisch-persönlich Relevantes	

Im Anschluss an die Durchführung der Topic-Interviews wurde, um die wesentlichen Eckdaten der einzelnen Personen zu dokumentieren, ein kurzer standardisierter Fragebogen angehängt, der mit den InterviewpartnerInnen durchgegangen und durch die ausführenden InterviewerInnen ausgefüllt wurde. Erfasst wurden dabei die folgenden Angaben:

Tabelle 2: Gestaltung des Fragebogens

1. Angaben zum Interview	- Datum - Uhrzeit - Dauer - Sonstige Bemerkungen

2. Angaben zur Person	- **Metadaten**
	  - *Geburtsdatum*
	  - *Geburtsort*
	- **Herkunftsfamilie**
	  - *wo aufgewachsen*
	  - *Geschwister*
	  - *Eltern*
	  - *Ausbildung und Tätigkeit der Eltern*
	- **Kindheit**
	  - *Kinderkrippe/ Kindergarten*
	  - *Schule(n)*
	  - *(besondere) Sozialkontakte in der Kindheit*
	- **Leben als Erwachsener**
	  - *wo gelebt und wann*
	  - *Übergang Schule-Berufsleben*
	  - *Berufstätigkeit/ Arbeitsstellen*
	  - *Freizeitgestaltung*
	  - *Sozialbeziehungen*

Das geschilderte Vorgehen (Topic-Interview und Kurzfragebogen) wurde bei allen InterviewpartnerInnen angewandt.

8.4 Feldzugang und Fallauswahl

Bevor auf die Darstellung der Auswertung und die Präsentation der dabei herausgearbeiteten Ergebnisse eingegangen wird, sollen zunächst noch der Feldzugang (Kapitel 8.4.1) sowie die konkrete Fallauswahl (Kapitel 8.4.2) der vorliegenden Arbeit behandelt werden. Abgeschlossen wird die Fallauswahl mit einer Übersicht über die bearbeiteten Fälle und einem kurzen Hinweis über die Praxis der Aufbereitung der Interviewprotokolle und die Erstellung der Biographien (Kapitel 8.4.3).

8.4.1 Feldzugang

Bezüglich des Feldzugangs lässt sich sagen, dass die Auswahl der InterviewpartnerInnen von den jeweiligen Trägerinstitutionen abhängig war oder zumindest maßgeblich durch diese (mit)beeinflusst wurde. In diesem Sinne erfolgte die Kontaktvermittlung und -aufnahme zu den späteren InterviewpartnerInnen stets über die jeweiligen Einrichtungen, womit letztlich eine Schwierigkeit einhergeht, die auch unter dem Begriff des ‚Gatekeepings' bzw. unter der Bezeichnung „Gatekeeping-Tactics" (Richard 1986, S. 324) gefasst werden kann. Gemeint sind hiermit institutionelle Schutzmechanismen, die auf die Aufrechterhaltung bestehender Strukturen und damit eine Sicherung der Institution selbst gerichtet sind (vgl. Trescher 2015b, S. 184). Solche Gatekeeping-Prozesse manifestieren sich beispielsweise bereits in der Frage danach, welche BewohnerInnen im Anschluss an die Interviewanfrage von Seiten der Einrichtung ausgewählt werden und welche nicht. Es scheint sich hierbei um eine (gerade auch in sonderpädagogischen Kontexten) relativ stark ausgeprägte Forschungsschwierigkeit zu handeln. Dies ist unter anderem darauf zurückzuführen, dass das Leben von Menschen mit geistiger Behinderung (noch immer) sehr stark durch verschiedene Institutionen bzw. Organisationen verwaltet wird, sodass ein Zugang zu den Personen selbst (ohne Bezug zur Trägerinstitution) nur in Ausnahmefällen möglich ist und auch potentielle Eigeninteressen der Institution stets eine Rolle spielen können. Besonders betroffen davon ist dabei der Forschungszugang der (mit seiner [idealtypischen] Eigenart des institutionsfremden bzw. institutionskritischen Blicks) letztlich auch eine Form der Bedrohung darstellen kann und zu unerwünschten Veränderungen führen und intrainstitutionell routinemäßige Praxen stören kann.

In Rahmen des hiesigen Projekts wurden verschiedene Träger der Behindertenhilfe in Deutschland gebeten, den Kontakt zu bereitwilligen Interviewees herzustellen. So wurden die Interviews geographisch weit gestreut. Inwiefern bzw. in welchem Ausmaß Gatekeeping-Prozesse auf Seiten der Trägerinstitutionen bei der Vermittlung eine Rolle gespielt haben, kann nicht gesagt werden. Kontakte zu den Angehörigen wurden erst nach bzw. durch den Kontakt mit den Interviewees hergestellt. Die schlussendliche Fallauswahl erfolgte gemäß des Paradigmas der annehmbar größtmöglichen Kontrastivität hinsichtlich der je individuellen Lebenssituation der Interviewees zueinander (siehe hierzu Kapitel 7 sowie Kapitel 8.4.2).

Durchgeführt wurde ein Teil der Interviews entweder in der Wohnung der jeweiligen Personen (im Falle der Interviews mit den Herkunftsfamilien) oder in Räumen, die von Seiten der Wohneinrichtungen bereitgestellt wurden (im Falle der MitarbeiterInnen-Interviews). Die Interviews mit Menschen mit geistiger Behinderung wurden am Arbeitsplatz, im öffentlichen Raum oder ebenfalls in Räumlichkeiten der jeweiligen Wohneinrichtungen durchgeführt. Die Dauer der Interviews variierte zwischen dreißig Minuten und etwa zwei Stunden.

Im Großen und Ganzen kann festgehalten werden, dass das Forschungsvorhaben bereits bei der Akquirierung der InterviewpartnerInnen höchst unterschiedliche Reaktionen hervorgerufen hat. Während der Möglichkeit, vom eigenen Leben erzählen zu können, auf Seiten der interviewten Menschen mit geistiger Behinderung im Gros sehr offen und zum Teil auch freudig begegnet wurde, stieß gerade dies bei der Suche nach Mitgliedern der Herkunftsfamilie eher auf Zurückhaltung, woran sich schlussendlich auch die Schambesetztheit und Krisenhaftigkeit des Feldes offenbarte. Im Rahmen der Auswertung bestätigte sich diese Erkenntnis. Ungeachtet dessen muss ebenfalls gesagt werden, dass sich die Interviewsituation auch für die interviewten Menschen mit geistiger Behinderung zum Teil als nicht unproblematisch erwies, wurden doch immer wieder auch belastende Erlebnisse geschildert (etwa verschiedene Formen von Gewalterfahrungen), was wiederum auch die ausführenden InterviewerInnen vor besondere Herausforderungen stellte. Biographische Forschung erwies sich hier mitunter für beide Seiten als potentiell belastend und krisenhaft bzw. herausfordernd (vgl. Fuchs-Heinritz 2009, S. 219).

8.4.2 Fallauswahl und -übersicht

Aus den Ergebnissen der vorangegangenen Arbeiten (siehe hierzu Kapitel 2) ging unter anderem hervor, dass es gerade Wohnkontexte und (unter anderem auch hieran geknüpfte) Institutionalisierungsgrade sind, die als zentrale Behinderungsfaktoren im Leben von Menschen mit geistiger Behinderung wirksam werden. Insofern wurde sich bei der Auswahl der InterviewpartnerInnen für das hiesige Forschungsvorhaben an diesem Ergebnis orientiert. Auf Grundlage dessen wurden a) Menschen ausgewählt, die ambulant (also nicht stationär) betreut werden, b) Menschen, die stationär betreut werden sowie c) Menschen, die aufgrund der Diagnose ‚herausforderndes Verhalten' stationär ‚intensiv' betreut werden. Weiterhin ging aus den Ergebnissen der vorangegangenen Arbeiten hervor, dass nicht nur Wohn- und Institutionalisierungskontexte für Menschen mit (geistiger) Behinderung und deren Lebensentwürfe von Bedeutung sind, sondern auch die Herkunftsfamilie. Insbesondere Menschen mit geistiger Behinderung selbst, dies konnte sehr deutlich herausgearbeitet werden, messen ihrer Herkunftsfamilie auch noch im (hohen) Erwachsenenalter oftmals eine enorme emotionale Bedeutung zu – sogar oft auch dann noch, wenn der Kontakt zu dieser bereits seit Längerem abgebrochen ist. Um diesem Phänomen weiter nachgehen zu können und damit zu würdigen, wurden ebenfalls d) Menschen mit geistiger Behinderung im Kontext ihrer Herkunftsfamilie in den Fokus der Forschung gerückt, wobei drei Fälle untersucht werden konnten. Diese drei Fälle unterschieden sich dann entsprechend der obigen Kriterien, nämlich: a) ambulante, b) stationäre sowie c) stationäre Intensivbetreuungssituation. Bei diesen drei Personen wurde zusätzlich je ein Interview mit Familienangehörigen geführt. Besonderer Analysefokus lag dabei auf der Rolle der Menschen mit geistiger Behinderung in der Herkunftsfamilie und der Beziehung zwischen Mitgliedern der Herkunftsfamilie und den Menschen mit geistiger Behinderung. Insgesamt wurden 16 Einzelfälle bearbeitet, wobei der Versuch unternommen wurde, InterviewpartnerInnen zu gewinnen, die hinsichtlich der Kriterien: Geschlecht, Alter, Herkunft, Wohnort, betreuende Wohn- und/ oder Trägerinstitution kontrastiv zueinander sind. Die Aufteilung gestaltet sich dabei wie folgt:

Tabelle 3: Lebensentwürfe von Menschen, die ambulant betreut werden

Fall	**Geschlecht**	**Alter (in Jahren)**	**Verbalsprache**	**Wohnsituation**	**Arbeitssituation**	**Partnerschaft**
A	m	20	ja	eigene Wohnung	WfbM[2]	nein
B	w	23	ja	Wohnung der Eltern der Lebenspartnerin	WfbM	ja; 1 Kind
C	m	36	ja	eigene Wohnung	WfbM	nein
D	m	33	ja	eigene Wohnung	WfbM	nein
E	w	71	ja	eigene Wohnung	berentet/ keine	nein
F	m	25	ja	eigene Wohnung	WfbM	ja

2 Werkstatt für behinderte Menschen.

Tabelle 4: Lebensentwürfe von Menschen, die stationär betreut werden

Fall	**Geschlecht**	**Alter (in Jahren)**	**Verbalsprache**	**Wohnsituation**	**Größe Wohngruppe**	**Arbeitssituation**	**Partnerschaft**
G	w	84	ja	stationär/ Doppelzimmer	ca. 20	berentet/ keine	nein
H	w	24	Ja	stationär/ Einzelzimmer	25	WfbM	nein
I	m	27	ja	stationär/ Einzelzimmer	ca. 10	TaF[3]	nein
J	m	65	ja	stationär/ Einzelzimmer	17	berentet/ keine	ja

Tabelle 5: Lebensentwürfe von Menschen, die stationär ‚intensiv' betreut werden

Fall	**Geschlecht**	**Alter (in Jahren)**	**Verbalsprache**	**Wohnsituation**	**Größe Wohngruppe**	**Arbeitssituation**	**Partnerschaft**
K	m	36	einge-schränkt	stationär/ Einzelzimmer	7	TaF	nein
L	m	32	nein	stationär/ Einzelzimmer	10	TaF	nein
M	m	27	einge-schränkt	stationär/ Einzelzimmer	6	TaF	nein

3 Tagesförderstätte.

Tabelle 6: Lebensentwürfe von Menschen mit geistiger Behinderung und die besondere Rolle der Herkunftsfamilie

Fall	**Geschlecht**	**Alter (in Jahren)**	**Verbalsprache**	**Wohnsituation**	**Größe Wohngruppe**	**Arbeitssituation**	**Partnerschaft**
N	w	46	ja	Elternhaus/ Mutter	-	keine	nein
O	w	19	ja	stationär/ Doppelzimmer	32	in Ausbildung	ja
P	m	42	eingeschränkt	stationär/ intensiv	9	TaF	nein

Wie bereits in Kapitel 7 dargestellt, sind es diese thematischen Blöcke, die auch die Auswertung strukturierten und nun auch entsprechend die weitere Darstellung der Auswertung gestalten.

8.4.3 Bearbeitung der Interviewprotokolle und Erstellung der Biographien

Im Anschluss an die Interviews wurden die aufgezeichneten Gespräche transkribiert, wobei für den Prozess der Auswertung (gemäß dem gewählten Auswertungsverfahren) auf eine wortgenaue Transkription geachtet wurde. Die Interviews wurden als solche (wie in Kapitel 8.2 dargestellt) gemäß der Verfahren der Objektiven Hermeneutik analysiert. Im Anschluss daran wurden die Biographien der einzelnen Personen erarbeitet, wobei alle Informationen aus den jeweils vorliegenden Interviewprotokollen gewonnen wurden. Die erstellten Biographien als solche wurden selbst nicht noch einmal bearbeitet bzw. ausgewertet, sondern dienten vielmehr der Illustration der jeweiligen Lebensgeschichten, vor deren Hintergrund die Analyseergebnisse später reflektiert wurden. Ergänzt wurde die Darstellung der Lebensgeschichte an passenden Stellen mit Zitaten aus den Interviews. Es sei an dieser Stelle angemerkt, dass alle Auszüge aus Interviewprotokollen (einzelne Aussagen aus den Interviews), die im Folgenden abgedruckt sind, zwecks Leserlichkeit angepasst bzw. überarbeitet wurden. Dies beinhaltet auch (zum Zwecke der bestmöglichen Anonymisierung), dass dialektal eingefärbte Aussagen ins Hochdeutsche überführt wurden.

9. Lebensentwürfe von Menschen, die ambulant betreut werden

Im Mittelpunkt des Kapitels stehen die Biographien von Menschen, die ambulant betreut werden. Weiterhin werden die herausgearbeiteten Analyseergebnisse dargelegt. Das gewählte Vorgehen stellt sich dabei so dar, dass (wie im vorangegangenen Kapitel ausgeführt) zu jeder der interviewten Personen eine Biographie erarbeitet wurde, welche im ersten Schritt vorgestellt wird. Grundlage hierfür waren die erhobenen Interviewprotokolle. Im Anschluss daran werden die Analyseergebnisse der Interviewauswertung zusammenfassend dargestellt. Abgeschlossen wird das Kapitel mit einer zusammenfassenden Ergebnisdarstellung (Kapitel 9.7). Hervorzuheben ist, dass es dabei weniger um eine (erneute) personenbezogene Ergebnisdarstellung gehen soll, sondern vielmehr um eine hiervon abstrahierte, problemzentrierte Fokussierung der Analyseergebnisse. Diese Darstellungspraxis (Biographie; Analyseergebnisse; zusammenfassende Ergebnisdarstellung) wird auch in den Kapiteln 10, 11 und 12 beibehalten.

9.1 Herr A: „Also, ich will auf jeden Fall in meiner Wohnung ja bleiben. Und das ist mein Ziel!“

Herr A ist 20 Jahre alt und geht einer Beschäftigung in einer Werkstatt für Menschen mit Behinderung nach.[1] Das Interview mit Herrn A wurde in seiner Wohnung geführt, die er bereits seit drei Jahren bewohnt.

1 Im Folgenden wird im Regelfall die Bezeichnung ‚Werkstatt‘, gelegentlich auch ‚Werkstatt für Menschen mit Behinderung‘, gewählt.

9.1.1 Biographie

Vergangenheit

Herr A wurde 1995 in einer kleinen Gemeinde im Rheinland geboren und wuchs dort bei seinen Eltern auf, die bis zum heutigen Tag noch immer dort wohnen. Herr A besuchte zunächst einen Kindergarten und im Anschluss hieran eine Förderschule. Im Rahmen des Interviews wollte sich Herr A nur wenig zu seiner Vergangenheit äußern, er berichtete jedoch speziell von einer Episode aus seiner Schulzeit: Damals küsste er eine Schulkameradin und wurde in der Folge des Kusses von dieser derartig beschimpft und bedroht, dass er Angst bekam. Anfang 2013 ging er von der Schule ab. Zu diesem Zeitpunkt war er 17 Jahre alt. Im gleichen Jahr, sieben Wochen später, zog er auf Entscheidung der Kreisverwaltung in eine eigene Wohnung, in der er bis heute lebt. Die Wohnung wird vom Träger der Sozialkassen finanziert.

Gegenwart

Herr A lebt allein und wird von einem Dienst der Behindertenhilfe ambulant betreut. Nachdem seine Partnerin weggezogen ist, ist er alleinstehend. Zur Länge und Ausgestaltung der Beziehung möchte Herr A im Interview keine näheren Aussagen treffen. Jedoch wird deutlich, dass er nicht den Wunsch hegt, eine neue Partnerschaft einzugehen: *„Das hatte ich früher mal gehabt, ist aber leider weggezogen. Jetzt will ich keine mehr, ich bleibe auf meine Art"* (Z. 197-200).

Herr A hat einen geregelten Tagesablauf, der von seiner Arbeit in einer Werkstatt für Menschen mit Behinderung bestimmt wird. Er folgt festen Routinen: Sein Tag beginnt um halb sieben. Nach seiner Morgenroutine, zu welcher auch die Einnahme verschiedener Medikamente gehört, wird er von einem Bus der Werkstatt abgeholt. Dort verbringt er den gesamten Arbeitstag, wobei er wechselnde Tätigkeiten ausübt. Nach dem Ende des Arbeitstages wird er wieder vom werkstatteigenen Bus nach Hause gebracht. Er isst jeden Tag um 18.30 Uhr zu Abend. Ab 19 Uhr verbringt er einige Stunden vor dem Laptop, um DVDs zu schauen oder um auf einem Online-Video-Portal zu ‚surfen'. Hierzu führt er aus: *„Und dann habe ich Laptopzeit, ab 19 Uhr. [...] Dann gibt's noch das da (zeigt eine Sammlung DVDs). Ansonsten mache ich an meinem Laptop YouTube an"* (Z. 57-59).

Die primär bedeutsamen Sozialkontakte unterhält Herr A zu seinen Eltern, einem Nachbarn, den Betreuungspersonen, von denen täglich eine vorbeikommt. Dazu hat er wenige weitere Bekanntschaften, darunter aber ein Freund, der denselben Vornamen trägt wie Herr A und der für diesen eine besondere Bedeutung hat. Herr A und besagter Freund haben sich in der Werkstatt kennengelernt, in der Herr A arbeitet. Mit ihm verbringt Herr A den Großteil seiner Freizeit. Grundsätzlich wünscht er sich allerdings, noch mehr Freizeit mit diesem Freund zu verbringen und kann sich vorstellen, mit ihm gemeinsam in eine Wohnung zu ziehen und eine Wohngemeinschaft zu gründen. Dieses Vorhaben sei bislang jedoch daran gescheitert, dass dieser Freund bereits mit anderen Mitbewohnern zusammenwohnt.

Herr A spielt seit kurzem einmal in der Woche in einer von seinem Arbeitgeber organisierten Fußballmannschaft, die in einem nahegelegenen Ort trainiert und spielt. Herr A ist diesem Ort besonders verbunden. In diesem Sinne will er dort nicht nur Fußball spielen, sondern schon seit längerer Zeit in der dortigen Werkstatt arbeiten. Dies in die Wege zu leiten hatte Herr A bereits in der Vergangenheit erfolglos versucht. Dieser Ort befindet sich näher an der nächstgelegenen Großstadt als sein aktueller Wohnort. Auch dieser Ort gehört zum selben Landkreis, in dem auch sein Elternhaus liegt.

Hin und wieder besucht Herr A seine Eltern. Dort hat er ein eigenes Zimmer, das im oberen Stockwerk des Einfamilienhauses der Eltern liegt. In seinem Zimmer befinden sich ein Fernseher sowie eine Videospielekonsole, die beide Herrn A gehören. Mit seinen Eltern spielt Herr A gerne Karten (Skip-Bo) oder fährt Fahrrad. Er geht zudem hin und wieder mit Bekannten schwimmen.

Herrn A werden durch seine Betreuungspersonen verschiedene Freizeitangebote unterbreitet, die mitunter auch am Wochenende stattfinden. Mit einem bestimmten Betreuer, zu dem Herr A eine vergleichsweise enge Beziehung entwickelt hat, verbringt er samstags und sonntags jeweils zwischen fünfzehn Minuten und zwei Stunden. Sein Wochenende beschreibt er abgesehen von den Treffen mit seinem Betreuer wie folgt: *„Ich gucke Fernsehen. Ich höre Musik (4) Am Nachmittag? Ehm, guck ich weiter mein Fernsehen. Spiele dann wieder das hier (zeigt auf eine Videospielkonsole)"* (Z. 83-85). Er hört besonders gerne die Musikgruppe ‚Die Toten Hosen', seitdem er die Gruppe bei einem Musikfestival (Rock am Ring) über das oben genannte Online-Portal spielen gehört (und gesehen) hat. Weiterhin berichtet Herr A von einem hohen Fernsehkonsum in seiner Freizeit. In seinem nächsten geplanten Urlaub fährt er für eine Woche mit seinem Betreuer auf eine Freizeit eines Trägers der Behindertenhilfe, der auch den Betreuungsdienst bereitstellt. Abgesehen davon verbringt er seinen Urlaub bei seinen Eltern oder bleibt in seiner Wohnung. Herr A beschreibt sich selbst als Fan des Fußballvereins ‚Fortuna Düsseldorf', hat bisher jedoch noch kein Spiel live im Stadion gesehen. Früher hat er Spiele der Fußballmannschaft der nächstgelegenen Großstadt verfolgt, beschreibt es dort aber wie folgt: *„Es ist voll da. Jetzt würde ich gern ein Spiel von Düsseldorf anschauen. Ich würde gerne Fortuna gegen [Name einer nahegelegenen Stadt] gucken. Oder gegen [Name einer* *ebenfalls nahegelegenen Stadt]"* (Z. 235-236). Sein persönlicher Bezug zum Fußballverein ‚Fortuna Düsseldorf' bleibt ungeklärt.

Zukunft

Herr A wünscht sich, in seiner eigenen Wohnung bleiben zu dürfen. Er benennt dies als sein Ziel: *„Also, ich will auf jeden Fall in meiner Wohnung bleiben. Und das ist mein Ziel! Aber für mich ist das harte Arbeit, das sind für mich alles sehr harte Aufgaben"* (Z. 158-161). Die Wohnung behalten zu dürfen, ist mit bestimmten Aufgaben und Regeln verbunden, bezüglich derer er mit seinen Eltern sowie der Trägerinstitution des ambulant betreuten Wohnens Rücksprache halten muss. Er spricht zudem von Regelwerken, die sich an seiner Badezimmertür und im Badezimmer befinden. Dabei geht es zum großen Teil um Hygienegebote wie ‚Händewaschen' oder ‚Bett beziehen'.

Er spricht davon, ggf. mit seinem besten Freund zusammenzuziehen und mit diesem eine Wohngemeinschaft zu gründen. Sollte sich dies nicht umsetzen lassen, so sieht er sich in fünf Jahren noch immer in seiner derzeitigen Wohnung. Er strebt weiterhin den bereits benannten Wechsel in eine andere Werkstatt für Menschen mit Behinderung an. Auch strebt er mit Blick auf seine derzeitige Freizeitsituation an, in Zukunft Spiele seines aktuellen Lieblingsvereins Fortuna Düsseldorf zu besuchen. Dies erscheint allerdings unrealistisch, da er sich eine Reise zu einem Spiel, mitsamt Eintrittskarte, nicht leisten kann und zudem auch keine Betreuungsperson hat, die mit ihm dort hingehen würde.

Nach seiner letzten (gescheiterten) Partnerschaft hat Herr A heute kein Interesse mehr an einer Lebenspartnerschaft.

9.1.2 Verdichtete Analyseergebnisse

Ablösung

Deutlich wurde im Zuge der Auswertung, dass Herr A den Auszug aus dem heimatlichen Elternhaus als von außen auferlegt bzw. ihm aufgezwungen und als Belastung erlebte. Herausgearbeitet werden konnte aber auch, dass es gerade dieser Auszug aus dem Elternhaus sowie die Konfrontation und Bewältigung der hieran geknüpften Krise der selbstbestimmten Lebensführung war, die Herr A eine weitgehende Ablösung von der Herkunftsfamilie ermöglichte und ihm Selbstermächtigungspraxen eröffnete bzw. zu einem gewissen Grad ‚aufzwang'. Der von Herrn A als gezwungen konstruierte Austritt aus dem ‚Schonraum Elternhaus' barg hier ein deutliches Entwicklungspotential. Dennoch kann festgehalten werden, dass Herr A sich teilweise immer noch sehr jugendlich und unsicher konstruiert.

Eingeschränkte Handlungsökonomie, Fremdbestimmung und Überwachung

Im Rahmen der Analyse wurde deutlich, dass Herr A zwar in einer eigenen Wohnung lebt, der Träger des ambulant betreuten Wohnens, dessen Leistungen Herr A in Anspruch nimmt, jedoch (vertreten durch verschiedene Betreuungspersonen) jeden Tag die Wohnung des Herrn A zu variierenden Zeiten betritt. Im Mittelpunkt stehen hierbei vor allem kleinere ‚Hilfeleistungen' und Gespräche, die sich im Wesentlichen auf die Tagesplanung bzw. den Tagesablauf des Herrn A beziehen. Deutlich wurde, dass Herr A zwar einerseits einen engen Bezug zu einer der Betreuungspersonen entwickelt hat, die Besuche jedoch gleichzeitig als Belastung wahrnimmt, was insbesondere aus dem hiermit einhergehenden Überwachungs- bzw. Kontrollcharakter resultiert. Hieran lässt sich ein zentrales Ergebnis der Auswertung darstellen: Der Alltag des Herrn A ist trotz der eigenen Wohnung stark durch die Trägerinstitution, vertreten durch die ausführenden MitarbeiterInnen (und damit auch durch deren Vorstellungen und Werte), bestimmt. Diese Vereinnahmung des Alltags zeigt sich zum Beispiel mittels der verschiedenen Ablaufpläne fort, die Herrn A von Seiten der Trägerinstitution sowie von seinen Eltern vorgegeben werden. Herr A genießt damit nur eingeschränkt persönliche Handlungsökonomie und ist einer ständigen Beweispflicht ausgesetzt. Letztere wird zum zentralen Problem des Herrn A. Die Überwachung seines (privaten) Alltags, die dazu führen kann, dass er sanktioniert wird (und zum Beispiel seine Wohnung verliert), belastet ihn sehr. Die Möglichkeit, eigene Lebensmuster entfalten bzw. das eigene Leben (relativ) frei nach den eigenen Vorstellungen gestalten zu können, ist durch diese Strukturen eingeschränkt. Gegebenes Potential zur Selbstentfaltung bleibt ungenutzt bzw. wird blockiert. Der Alltag wird für Herrn A zur dauerhaften herausfordernden Aufgabe der Bewältigung der an ihn gerichteten Anforderungen, um hierdurch die eigene Wohnung und den gewissen Grad an Handlungsfreiheit, der ihm hierdurch zuteilwird, behalten zu können. Diese ausgeprägte institutionelle Durchdringung der eigentlich außerinstitutionellen Lebenswelt des Herrn A bedeutet bei aller Unterstützung, die sie Herrn A bietet, in letzter Konsequenz zugleich eine Behinderung seiner Lebensentwürfe bzw. deren Auslebungspraxis.

Zukunftsperspektiven

Trotz der oben genannten behindernden Faktoren formuliert Herr A verschiedene Ziele für seine Zukunft und macht einen deutlichen Verbesserungsbedarf bzw. Veränderungswunsch mit Blick auf seine gegenwärtige Lebenssituation aus. Er hat klare Vorstellungen davon, in welche Richtung sich sein Leben in der näheren Zukunft entwickeln respektive verändern soll. Gleichzeitig wurde jedoch deutlich, dass Herr A viel Dankbarkeit dafür empfindet, dass er in einer eigenen Wohnung leben darf, was wiederum seine ,behinderte Identität' verdeutlicht, da das Bewohnen einer eigenen Wohnung eine eigentlich alltägliche, übliche Form des Lebens darstellt, die beispielsweise auch Menschen ermöglicht wird, die das sogenannte Arbeitslosengeld II (Hartz IV) oder die sogenannte ,Grundsicherung' erhalten. Weiteres Entwicklungspotential sieht er unter anderem in der Änderung seiner gegenwärtigen Arbeitssituation. Arbeit als erfüllendes Moment fehlt Herrn A. Darüber hinaus wünscht er sich einen Rückbau der institutionellen Vereinnahmung seines Alltags, in dem Sinne, dass die ihm vorgegebenen Ablauf- und Regelpläne mehr Freiräume gewähren.

Selbstkonstruktion

Grundsätzlich wurde im Rahmen des Interviews deutlich, dass sich Herr A zwar als krank, jedoch gleichzeitig auch als handlungsfähig bzw. fähig konstruiert. So hebt er beispielsweise den eigenen Schulabschluss als besondere Leistung hervor und sieht ein deutliches Entwicklungspotential in der eigenen Person. Herr A konstruiert sich jedoch gleichzeitig als abhängige Person, die ihre Fähigkeiten nicht im gewünschten Maße nutzen bzw. entfalten kann. Hier macht er vor allem die ihn umgebenden Strukturen (insbesondere oben genannte Ablauf- und Regelpläne) als zentrale Schwierigkeiten aus, die ihn im Alltag behindern.

Teilhabe an allgemeinen Lebenspraxen

Es wurde herausgearbeitet, dass Herr A nur wenige intensivere Sozialkontakte pflegt und trotz des ambulant betreuten Wohnverhältnisses insgesamt nur wenige Schnittstellen mit routinemäßigen Lebenspraxen der Allgemeingesellschaft hat. So ist er zwar in einen Fußballverein eingebunden, dieser ist jedoch an die Werkstatt angebunden, in der Herr A arbeitet. Auch gibt er zum Beispiel an, dass er bislang noch nicht selbstständig lebenspraktisch übliche Urlaubsreisen unternommen, sondern bisher lediglich an verschiedenen Freizeiten im Rahmen der Behindertenhilfe teilgenommen hat, in deren Planung er wiederum nicht eingebunden ist bzw. war. Demgegenüber nutzt Herr A zumindest passiv (als Rezipient) das Internet, zur Teilnahme an allgemeinen gesellschaftlichen Praxen. Beispielhaft kann hier etwa seine Vorliebe für eine deutsche Musikgruppe genannt werden, deren Konzerte sich Herr A über eine Internetplattform ansieht. Das Internet insgesamt, bzw. die genannte Internetplattform im Speziellen, fungieren für Herrn A als ,Fenster zur Gesellschaft' und ermöglichen eine gewisse passive Teilnahme, denn Herr A kommuniziert nicht über das Internet, im Sinne von E-Mailkontakten, Chats oder interaktiven Onlineplattformen, sondern er sieht sich vielmehr audiovisuelle Medien an oder liest eine Onlinezeitung. Auch dadurch bleibt eine gewisse Distanz zur Mehrheitsgesellschaft, welche sich so, aber auch in anderer Art und Weise, abbildet. Beispielhaft benannt werden kann hier etwa, dass Herr A aufgrund seiner Lebensführung nur ein eingeschränktes Ortsverständnis entwickelt hat, was insbesondere darauf zurückzuführen ist, dass sich Herr A nicht selbstständig bzw. mithilfe von öffentlichen Verkehrsmitteln durch die umliegende Umgebung bewegt, sondern ausschließlich von anderen Personen (in der Regel durch Busse eines Trägers der Behindertenhilfe) gefahren wird (etwa zur Arbeitsstelle oder den Aktivitäten des Fußballvereins). Hieraus resultiert, dass Herr A zwar die Namen der jeweiligen Örtlichkeiten kennt, es ihm allerdings nicht möglich ist, diese näher zuordnen bzw. in Relation zueinander setzen. Hierdurch kommt es zu einer räumlich-sozialen Entfremdung von der ihn umgebenden Lebenswelt. Herr A lebt satellitär unter dem (pädagogischen) Protektorat der Behindertenhilfe.

Behinderungspraxen

Wie bereits zum Teil im Vorangegangenen deutlich wurde, zeigt Herr A teilweise großes Interesse an der Partizipation an allgemeinen gesellschaftlichen Lebenspraxen. Ebenfalls deutlich wurde, dass die potentielle Teilhabe an lebenspraktisch üblichen Aktivitäten durch verschiedene strukturelle Vorgaben und Praktiken ‚behindert' wird. Neben der Tatsache, dass Herr A Ortswechsel zumeist mithilfe der Busse des Trägers zurücklegt und einer Arbeitstätigkeit in einer Werkstatt nachgeht, mit der er zudem unzufrieden ist, sind hier auch die ihm auferlegten Ablaufpläne und täglichen Besuche der MitarbeiterInnen zu nennen. Es handelt sich um Behinderungspraxen, die die Identitätsentwicklung und den Handlungsspielraum des Herrn A begrenzen und letztlich zu einer Behinderung seiner Lebensentwürfe beitragen. Kritisch erscheint in diesem Zusammenhang etwa, dass Herr A nur wenig Raum zur freien Gestaltung seines Alltags und seiner Freizeit zur Verfügung steht. Das System der Behindertenhilfe sowie die Eltern des Herrn A regieren maßgeblich in seine Lebensführung hinein, was für Herrn A hoch problematisch ist, da ihm so, bei allem Hilfe- und Unterstützungsbedarf, Selbstermächtigungspraxen verwehrt bleiben und sich seine Identität immer weiter unter diesem elterlichen und pädagogischen Protektorat fortschreibt. Herr A wird letztlich durch das satellitäre Netzwerk des Hilfesystems behindert, indem dieses Lebensentwürfe teilweise mit- und vorbestimmt bzw. in ihrer Verwirklichung eingrenzt. Es wird damit selbst zur „Inklusionsschranke" (Trescher 2015b, S. 312).

9.2 HERR B: „ICH MÖCHTE NATÜRLICH SELBER VERSUCHEN, SO VIEL SELBSTBESTIMMT UND SELBER ZU MACHEN, WIE ES GEHT."

Herr B ist 23 Jahre alt und geht einer Arbeitstätigkeit im Rahmen einer Werkstatt für Menschen mit Behinderung nach. Herr B ist nach Deutschland fluchtmigriert und lebt gegenwärtig mit seiner Lebenspartnerin und dem gemeinsamen Sohn im Haushalt der Eltern seiner Lebenspartnerin. Das Interview mit Herrn B wurde in den Räumlichkeiten seiner Arbeitsstätte geführt.

9.2.1 Biographie

Vergangenheit

Herr B wurde 1992 in Afghanistan geboren. Seine Muttersprache ist Farsi. Die Eltern von Herrn B wurden bei einer Explosion getötet. Zum genauen Zeitpunkt kann Herr B keine Angaben machen. Er datiert das Geschehen allerdings vor seine Geburt (daher liegt die Vermutung nahe, dass die Eltern 1992 starben). Sein Onkel, bei dem Herr B in der Folge aufgewachsen ist, ist mit ihm nach Griechenland geflohen. Mit ungefähr zwölf Jahren hat Herr B erfahren, dass es sich bei diesem Onkel nicht um seinen Vater, sondern um den Bruder des Vaters handelt. Herr B beschreibt seinen Onkel als wohlhabend und berichtet von Angestellten, die *„ihm die Schuhe sauber machen"* (Z. 321). Obwohl Herr B im schulfähigen Alter war, hat er die Schule in Griechenland nicht besucht. Seine Sprachkenntnisse des Griechischen hat er *„auf der Straße"* (Z. 221) erworben. Im Jahr 2009 ist Herr B mit ca. 17 Jahren ohne Begleitung von Angehörigen nach Deutschland migriert. Über die näheren Umstände konnte oder wollte Herr B keine näheren Angaben machen. Nach seinem Übersiedeln nach Deutschland wohnte er zunächst in einem Wohnheim der Behindertenhilfe, welches in der deutschen Großstadt gelegen ist, in der er auch bis zum heutigen Tag wohnt. Später zog er in eine ambulant betreute Wohngruppe um. Er lernte ein bisschen Englisch und die deutsche Sprache, mittels derer er sich im Alltag verständigen kann (das Interview wurde auf Deutsch geführt). Parallel nahm er die Arbeit in einer Werkstatt für Menschen mit Behinderung auf, wo er auch seine derzeitige Lebenspartnerin kennenlernte. Diese ist türkischer Herkunft. Durch den Kontakt zu seiner Lebenspartnerin und deren Familie hat sich Herr B Grundkenntnisse der türkischen Sprache angeeignet.

Im Jahr 2014 stand Herr B im Begriff, in eine eigene Wohnung zu ziehen. Da seine Lebenspartnerin jedoch ungewollt von ihm schwanger wurde und sie sich nicht in der Lage sah, das Kind allein großzuziehen, zog er zu einem nicht näher benanntem Zeitpunkt zwischen 2014 und 2015 in die Wohnung der Herkunftsfamilie der Lebenspartnerin, bestehend aus ihren Geschwistern und Eltern. Die Wohnung ist 120 Quadratmeter groß. Die Familie lebt (zumindest teil- bzw. zeitweise) vom sogenannten Arbeitslosengeld II (Hartz IV). Die Eltern der Lebenspartnerin unterstützen die junge Familie auch finanziell. Mittlerweile ist der Sohn des Herrn B geboren.

Gegenwart

Herr B ist zum Zeitpunkt der Erhebung 23 Jahre alt und arbeitet noch immer in der Werkstatt für Menschen mit Behinderung, bei der er damals angefangen hatte. Er beschreibt seinen Arbeitstag wie folgt: *„Ich komme auf die Arbeit, da musst abwarten, was auf dich wartet. Das heißt deine Aufgabe machen, die neu sind oder die liegengebliebenen Aufgaben weiter bearbeiten. Ansonsten, wenn dich deine Gruppenleiter jetzt zum Beispiel in der Waschküche schicken, dann gehst du da hin, die Wäsche machen. Oder sie schicken dich in die Küche, dann gehst du eben dahin"* (Z. 29-35). In seiner Freizeit geht er für einige Stunden in der Woche in ein Fitness-Studio und kümmert sich um den Haushalt. Diesbezüglich führt er aus: *„Wenn ich Feierabende habe? Nach Hause gehen, ich gucke dann ob mein Geschirr auch sauber ist und wasche meine Wäsche, wenn sie gewaschen werden muss oder beziehe das Bett neu, oder es gibt andere Dinge die gemacht werden müssen"* (Z. 127- 132). Seine engeren sozialen Kontakte pflegt er zu einer Arbeitskollegin, die er konkret benennt, und *„Kumpel im Ausland"* (Z. 92). Es ist jedoch unklar, wie sich die Freizeit mit diesen Personen je situativ ausgestaltet, Herr B geht darauf (auch auf Nachfrage) nicht weiter ein. Herr B geht auch nicht näher auf abendliche Aktivitäten ein (er macht und bekommt Besuche, kann oder will das allerdings nicht näher spezifizieren). Er spricht weiterhin von Freunden, mit denen er joggen ging, bis seine Freundin ihm den Umgang mit diesen verbot.

Herr B ist gläubiger Muslim und geht *„gerne in die Moschee"* (Z. 86). Er beschreibt in diesem Zusammenhang Ramadan als muslimische Praxis, die er ausübt. Herr B kennt den Betreuer, der ihm von Seiten des Trägers der Behindertenhilfe zugeteilt wurde, seit längerer Zeit, wenngleich er sich über die Dauer nicht ganz sicher ist. Der Betreuer steht zur Verfügung, wenn es konkrete Probleme gibt. *„Wenn man ein Problem hat, dann muss man mit ihm reden. Dann ruft man ihn an und macht einen Termin, und man trifft sich in der Stadt oder im Büro"* (Z. 106-107). Herr B überträgt seinem Betreuer viel Verantwortung für sein Leben: *„[I]ch kann nicht richtig Verantwortung für mich selber übernehmen, dafür hab ich meine Betreuer"* (Z. 441).

Zukunft

Da sich Herr B selbst noch als Kind sieht, möchte er keine weiteren Kinder. Auf die Frage, ob er sich vorstellen könnte, in Zukunft noch mehr Kinder zu haben, antwortet er: *„Eigentlich nicht. Das ist zwar eigentlich normal [Kinder zu wollen] aber ich wollte eigentlich überhaupt kein Kind, weil ich selber ein Kind bin. Das war auch bloß ein Zufall, dass das mit dem Kind passiert ist. Ganz ehrlich, wenn du selber nur ein Hartz IV-Empfänger bist und dann bekommst du noch ein Kind, was Schlimmeres gibt's nicht"* (Z. 449-463).

Herr B wünscht sich irgendwann eine eigene Wohnung, in der er mit seiner Lebenspartnerin und seinem Sohn wohnen kann. Er ist bemüht, weniger Hilfe in Anspruch zu nehmen: *„Ich möchte natürlich selber versuchen, so viel selbstbestimmt und selber zu machen, wie es geht, damit mir andere Leute nicht immer helfen müssen. Für mich ist das aber natürlich auch ein bisschen schwierig"* (Z. 118-121). Darüber hinaus wünscht er sich eine ‚normale' Arbeit und hat diesbezüglich konkrete Vorstellungen. Er möchte gerne als Pflegehelfer in Zusammenarbeit mit einem ausgebildeten Pfleger in einem Seniorenheim arbeiten. In diese Richtung hat er bereits Versuche unternommen Praktika zu machen, die jedoch an den vielfältigen Einwänden seines Gruppenleiters in der Werkstatt für Menschen mit Behinderung gescheitert sind.

Herr B würde gerne Urlaub in der Türkei machen und einmal Berlin besuchen, aber es mangelt ihm an den nötigen finanziellen Mitteln. Nach der Arbeit würde er sich am Liebsten *„einfach ins Bett legen und eine Stunde schlafen, aber leider geht das so nicht. (lacht). Man muss halt seine Sachen machen"* (Z. 155-157). Als Freizeitbeschäftigung wünscht er sich einen Besuch im Restaurant oder im Kino. So führt er aus: *„man geht schön gemütlich ein richtiges Restaurant oder man macht sich einen schönen Kinoabend. Also das mach ich natürlich auch aber öfter mal richtig Abendessengehen. Und mal in den Urlaub fahren"* (Z. 366-372).

Herr B spricht von Zukunftsängsten. Diese sind politischen und persönlichen Ursprungs. Er befürchtet konkret, dass eine höhere Technisierung der Arbeit, das Bevölkerungswachstum und Sozialleistungen, die der Staat aufbringen müsse (zum Beispiel Unterstützung von Menschen mit Behinderung, Rente, Kindergeld etc.), dazu führen, dass die staatliche Existenzsicherung in Form von Sozialhilfe gestrichen wird. Die Zukunftsängste mit persönlichem Bezug ‚beschränken' sich auf eine unbestimmte Angst gegenüber einer schweren Erkrankung (zum Beispiel Krebs).

9.2.2 Verdichtete Analyseergebnisse

Wohnen und Leben bei und mit den Schwiegereltern

Es konnte herausgearbeitet werden, dass Herr B in seiner gegenwärtigen Lebenssituation nur ein eingeschränktes Maß an persönlicher Handlungsökonomie genießt, was insbesondere darauf zurückzuführen ist, dass er im Hause der Schwiegereltern lebt und sich den dortigen Strukturen ein Stück weit unterordnen muss. Ein privates (Zeugungs-)Familienleben bzw. die Entwicklung eines eigenen familiären Alltags, welcher sich ausschließlich im privaten Rahmen der Zeugungsfamilie vollzieht, ist damit nicht gegeben bzw. möglich. Stattdessen kommt es zu einer Integration des Herrn B in die Herkunftsfamilie seiner Lebenspartnerin, was wiederum zur (Re-)Produktion von Abhängigkeitsverhältnissen führt, welche Herrn B (trotz der eigenen Vaterrolle) teilweise in eine kindsähnliche Position versetzen. Es wurde herausgearbeitet, dass es zu einer gewissen Reinfantilisierung des Herrn B kommt. Er selbst kann (nicht zuletzt aufgrund seiner Beschäftigung in einer Werkstatt für Menschen mit Behinderung und der hieraus resultierenden stark begrenzten finanziellen Möglichkeiten) nicht als Familienoberhaupt in Erscheinung treten und eigenständig für den Unterhalt seiner Familie aufkommen. Dies ist für Herrn B sehr problematisch. Dementgegen ist festzuhalten, dass Herr B in eine familiäre Gemeinschaft integriert ist, die in ihrer Ausgestaltung so strukturiert ist, dass Herr B dort ein Zuhause jenseits einer Institution der Behindertenhilfe hat. Er entkommt also durch die Herkunftsfamilie der Lebenspartnerin ein Stück weit dem organisationalen pädagogischen Protektorat.

(Flucht-)Migration, Bildung, Behinderungspraxen

Im Zuge der Auswertung wurde deutlich, dass Herr B durch seine Lebensumstände behindert wurde und wird. Neben traumatischen Kindheitserfahrungen, die Herr B innerhalb des Interviews nur grob umschreibt, ist hier vor allem der Aspekt ‚mangelnde (Schul-)Bildung' zu nennen. Es bleibt auch unklar, warum Herr B in einer Wohnstätte für Menschen mit geistiger Behinderung untergebracht wurde, zumal er verhältnismäßig selbstständig sein Leben gestaltet, wenngleich ihm bewusst ist, dass er sich um bestimmte Belange nicht bzw. nur eingeschränkt kümmern kann und deshalb Unterstützung benötigt.

Die oben genannten Punkte (Flucht-)Migration, mangelnde (Schul-)Bildung, Arbeitstätigkeit in einer Werkstatt für Menschen mit Behinderung sowie die Unterbringung im Elternhaus der Lebenspartnerin treten als Behinderungspraxen in Erscheinung, die Herrn B im Vollzug seiner alltäglichen Lebenspraxis ‚behindern'. Problematisch erscheint in Anbetracht dessen gerade auch der Eintritt des

Herrn B in das System der Behindertenhilfe, welches sein Leben in Deutschland seit seiner Ankunft prägte. Insbesondere der hieran geknüpfte Übergang in eine Werkstatt für Menschen mit Behinderung erscheint kritisch, da hieraus gleich mehrere der identifizierten Problemlagen resultieren, die zudem (aufgrund der faktisch kaum vorhandenen Übergangsmöglichkeiten zwischen den Werkstätten und dem allgemeinen Arbeitsmarkt) nur schwer auflösbar erscheinen.

Zukunftsperspektiven

Während des Interviews wurde deutlich, dass Herr B die oben genannten Behinderungen seiner Lebenssituation selbst wahrnimmt und kritisiert. Dies verweist wiederum auf eine gewisse intellektuelle Reflektiertheit des Herrn B. Er hat klare Vorstellungen davon, welche Aspekte seines Lebens sich ändern und in welchem Rahmen sich diese Änderungen vollziehen sollten/ müssten. So formuliert er konkrete Veränderungswünsche an seine Wohn- und Arbeitssituation. Er hat bestimmte Vorstellungen davon, welche Vaterfigur er für seinen Sohn einnehmen möchte. Gleichzeitig erkennt und reflektiert er Probleme, die der Verwirklichung seiner Wunschvorstellungen entgegenstehen.

Selbstkonstruktion

Es wurde deutlich, dass die Selbstkonstruktion des Herrn B durchaus als ambivalent zu bezeichnen ist. Er konstruiert sich einerseits als Mensch, der (zum Teil) von äußeren Umständen an der Verwirklichung seiner Lebensentwürfe gehindert wird und ‚zu mehr berufen' ist. Er reflektiert seine Lebenssituation kritisch und konstatiert einen deutlichen Veränderungsbedarf. Andererseits hebt er hervor, dass der von ihm gewünschte Wandel eine große Herausforderung für ihn selbst darstellt, was insbesondere mit einer teilweise kindlichen Selbstkonstruktion einhergeht, die sich auch in der Abhängigkeit von seinem Betreuer manifestiert. In diesem Kontext tritt jedoch auch eine kämpferische Selbstkonstruktion zutage, da Herr B diese Herausforderung nicht meiden, sondern vielmehr bewältigen möchte. Die kritische Haltung des Herrn B sowie die durch ihn hervorgebrachten Zukunftsperspektiven verweisen auf ein ausgeprägtes ‚Normalitätsverständnis', das dieser im Zuge seines Lebens entwickelt hat.

Sozialer Anschluss, Religiosität

Neben dem oben genannten Anschluss an die Herkunftsfamilie seiner Lebenspartnerin und trotz der dargestellten Behinderungsfaktoren wurde ebenfalls deutlich, dass Herr B im Rahmen seiner gegenwärtigen Lebenssituation (wenn auch eingeschränkt) durchaus über gewisse Formen des sozialen Anschlusses bzw. über Formen der sozialen Teilhabe verfügt. Hierzu gehört die Möglichkeit des

Auslebens seiner Religiosität, was er durch seine regelmäßigen Moscheebesuche verwirklicht. Ihm ist es möglich, individuelle Lebensentwürfe zu leben. Auch seine wöchentlichen Besuche eines lokalen Fitnessstudios stellen eine Form des sozialen Anschlusses an Abläufe der routinemäßigen Lebenspraxis dar. Durch beide Praxen, die letztlich im Kern Freizeitaktivitäten darstellen, war es ihm zudem möglich, Sozialkontakte zu knüpfen, die er bis heute pflegt.

9.3 HERR C: „DANK MEINER MUTTER SCHON. DA BEKOMME ICH EIN BISSCHEN GELD, SONST WÄRE ES ZU KNAPP."

Zum Zeitpunkt der Erhebung ist Herr C 36 Jahre alt und geht einer Beschäftigung im Rahmen einer Werkstatt für Menschen mit Behinderung nach. Das Interview mit Herrn C fand in seiner Wohnung statt.

9.3.1 Biographie

Vergangenheit

Herr C wurde 1979 in einer Stadt in Norddeutschland geboren. Aufgewachsen und zur Schule gegangen ist er jedoch in einer Stadt in Süddeutschland, in welche er im Kindesalter gemeinsam mit seinen Eltern gezogen ist. Nach seiner Schulzeit (zu welcher er keine weiteren Angaben machen wollte) wohnte Herr C einige Zeit in einer Wohngemeinschaft für Menschen mit Behinderung, jedoch entsprachen die dortigen Wohngegebenheiten nicht seinen Vorstellungen. Im Zuge des Interviews beschreibt er die dortige Wohnsituation als beengt, kalt und unwohnlich. Herr C fühlte sich dort nicht wohl. Im Jahr 2014 zog er mit seiner Mutter, die sich zuvor von seinem Vater trennte, in eine Wohnung in einem äußeren Stadtteil der Stadt, in der er aufwuchs. Der Vater des Herrn C zog in eine andere Wohnung des gleichen Wohnhauses. Die Mutter des Herrn C ist kürzlich aus der von ihr und ihrem Sohn genutzten Wohnung ausgezogen. Seither lebt Herr C dort allein.

Gegenwart

Gegenwärtig arbeitet Herr C in einer Werkstatt für Menschen mit Behinderung, wo er primär Holzspielzeug für Kinder herstellt. Zudem beteiligt er sich am wöchentlichen Getränkeverkauf innerhalb der Werkstatt, bei dem er gemeinsam mit einem Arbeitskollegen mit einem Getränkewagen durch das Werkstattgebäude läuft und Getränke an die anderen WerkstattmitarbeiterInnen verkauft.

Herr C pflegt Kontakte zu seinen Nachbarn, führt vereinzelt Freundschaften und hat einen Betreuer, der etwa einmal in der Woche zu ihm kommt. Die Häufigkeit dieser Besuche variiert. Der Betreuer schreibt die Termine, an denen er kommt, in der Küche von Herrn C in einen Kalender oder ruft auf der Arbeit des Herrn C an und kündigt ggf. dort seine Besuche an. Vereinzelt kommt es auch zu gemeinsamen Aktivitäten zwischen Betreuer und Herrn C. Manchmal sind handwerkliche Arbeiten in der Wohnung notwendig, die Herr C gemeinsam mit seinem Betreuer erledigt. Ansonsten machen sie Erledigungen oder sie verbringen die Freizeit gemeinsam, zum Beispiel beim Gang in die Innenstadt oder ins Kino. Da Herr C nicht lesen kann, liest sein Betreuer ihm regelmäßig wichtige Dokumente vor. Dazu gehören unter anderem auch die Freizeitangebote des Trägers des ambulanten Dienstes, dessen Angebot Herr C wahrnimmt. Es handelt sich dabei um größere (zum Beispiel Reisen) und kleinere (zum Beispiel Bowling spielen) Aktivitäten, die allesamt im Rahmen der sogenannten Behindertenhilfe angeboten werden. Zum oben genannten Bowling gingen Herr C und sein Betreuer bis vor kurzem regelmäßig. Hierzu trafen sie sich in der Innenstadt und fuhren gemeinsam zur Bowlingbahn. An anderen regelmäßigen Treffen nimmt Herr C ebenfalls nicht (mehr) teil, seitdem er ins Fitnessstudio geht, was zurzeit seine Hauptbeschäftigung in seiner Freizeit ist. Weiterhin berichtet Herr C von Billard-Treffen, die ebenfalls über die Trägerinstitution des ambulanten Betreuungsdienstes ausgerichtet werden und an denen Herr C nicht mehr teilnimmt. Hierfür verantwortlich ist seiner Darstellung nach die räumliche Distanz zum Ort der Treffen, die für ihn eine Hürde darstellt: *„Aber leider sind wir hier [Name des Stadtteils, in dem Herr C lebt] sehr weit draußen. Dafür muss man bis nach [Name eines einige Kilometer entfernten Stadtteils] fahren. Das ist jetzt weiter weg [als früher]"* (Z. 260). Zudem kocht er zusammen mit seinem Betreuer und zwei Freunden an wechselnden Orten, reihum jeweils in einer Wohnung der Teilnehmenden. Einer der Kochpartner wohnt in der unmittelbaren Umgebung (in einer eigenen Wohnung). Der andere wohnt bei seinen Eltern. Beide gelten ebenfalls als geistig behindert bzw. lernbehindert. Weiterhin erzählt Herr C von einem Freund, der in einer ca. 100 km entfernten Stadt lebt, mit dem er telefonisch Treffen vereinbart und gelegentlich gemeinsam zu einem Elektronik-Fachhandel geht. Diesen Fachhandel bezeichnet er als sein zweites Zuhause, in dem er viel Geld ausgibt und bekannt ist.

Herr C hat trotz des Auszugs engen Kontakt zu seiner Mutter, die ihm fast jeden Abend ein von ihr zubereitetes Abendessen vorbeibringt bzw. mit ihm gemeinsam zu Abend isst. Herr C beschreibt zudem gemeinsame Feierlichkeiten und Festivitäten, die er mit seiner Mutter begeht (vor allem Geburtstage und Familienfeiern). Darüber hinaus fährt er ein bis zwei Mal im Jahr gemeinsam mit seiner Mutter in deren Heimatstadt (die zugleich auch seine Geburtsstadt ist) und besucht dort seine Familie, wobei es sich hierbei ausschließlich um Angehörige mütterlicherseits handelt.

Herr C steht jeden Tag um sieben Uhr auf und fährt werktags mit dem Bus (unklar ist hier, ob es sich um ein reguläres öffentliches Verkehrsmittel oder einen Bus der Werkstatt handelt) zu seiner Arbeitsstelle. Seinen Feierabend verbringt er mit Fernsehen oder er fährt direkt von der Arbeit in ein Einkaufszentrum, welches nur ca. zwei Kilometer von seinem Wohnort entfernt liegt. Manchmal reinigt er nach der Arbeit seine Wohnung, was er sehr detailliert beschreibt: *„Manchmal mache ich auch ein bisschen sauber hier, Saugen oder auch mein Bett beziehen"* (Z. 112). *„Am Sonntag hänge ich immer meine ganzen Teppiche nach draußen auf meinen Balkon auf meine Brüstung, und dann sauge ich meine ganze Wohnung durch und dann wische ich die Wohnung, das mache ich aber nur am Sonntag"* (Z. 25-28). Wenn seine Mutter ihn nicht mit dem Abendessen versorgt, erfährt er dies telefonisch am selben Tag. In diesen Fällen kümmert er sich selbst um sein Essen, wobei er dann in der Regel Tiefkühlpizza (das von ihm benannte Lieblingsessen) isst. Nach dem Abendessen sieht er fern und wäscht bei Bedarf seine Wäsche. Ansonsten trainiert er an bzw. mit seinen Fitnessgeräten, die er zuhause hat (sogenannte Home-Trainer).

Zu seinen Hobbies zählt Herr C Sport, Musik und *„Rausgehen"* (Z. 207). Herr C ist, wie oben bereits erwähnt, Mitglied in einem Fitnessstudio und daneben in einem Sportverein eines Trägers der Behindertenhilfe. Das Fitnessstudio besucht er hauptsächlich am Samstag, nachdem er gefrühstückt hat. Es ist im gleichen Einkaufszentrum gelegen wie der oben genannte Elektro-Fachhandel. In diesem Einkaufszentrum bleibt Herr C über die Mittagszeit hinaus und kommt erst nachmittags nach Hause. *„Wenn ich trainiere gucke ich nicht auf die Uhr (lacht). Ich vergesse da die Zeit (lacht). Immer wenn ich dann nach Hause komme vom Fitnessstudio, dann sag' ich zu mir ‚ich will nicht wissen wie lange ich drüben war'"* (Z. 153-157). Abgesehen von der sportlichen Aktivität schildert er seinen Samstag wie folgt: *„entspannen, und bisschen Fernsehen gucken, bisschen sauber machen und das wars"* (Z. 167). Wenn Herr C Urlaub macht und dabei nicht gemeinsam mit seiner Mutter in seine Geburtsstadt reist, nimmt er entsprechende Angebote des oben genannten Trägers wahr. *„Da kommt in ein, zwei Wochen, weiß nicht genau ein Heftchen von [Name eines Trägers der Behindertenhilfe]. Dann liest mir meine Mutter vor, wo die Reisen hingehen. Dann such ich mir eine Freizeit aus oder zwei, je nachdem wo die, wo die meisten Leute hinfahren, dann fahre ich da mit"* (Z. 226-230).

Neben seinem Lohn von der Werkstatt wird Herr C von seiner Familie (Mutter, Vater, Onkel, Großvater) finanziell unterstützt, um sich *„über Wasser hal-*

ten" (Z. 239) zu können. Das Einkommen seiner Werkstatttätigkeit ist für seine Bedürfnisse nicht ausreichend. Erst mithilfe der finanziellen Unterstützung durch die Herkunftsfamilie kann er nach eigenen Angaben seine Freizeit so gestalten, wie er es möchte: *„Dank meiner Mutter schon. Da bekomme ich ein bisschen Geld, sonst wäre es zu knapp. Sonst hätte ich mir das Iphone 6 nicht kaufen können. Mein Vater hat mir das Handy gekauft. Es ist teuer, und in der Werkstatt verdienen wir nicht so viel Geld. Mein Opa gibt auch mal was dazu und mein Onkel auch"* (Z. 232-241).

Herr C gibt an, dass er mit seiner privaten und beruflichen Lebenssituation zufrieden ist und sich auch keine weiteren engeren Sozialkontakte (im Sinne von Freundschaften) wünscht. Herr C wohnt nach eigenen Angaben gerne allein und führt gegenwärtig keine Partnerschaft.

Zukunft

Im Rahmen des Interviews äußert Herr C den Wunsch, in seine Geburtsstadt zu ziehen und dort in einer eigenen Wohnung zu leben. Er hat die Stadt schon mehrfach besucht und ist vertraut mit dieser. Zweimal hat er dort seinen Geburtstag gefeiert. Diese Ausflüge wurden entweder über den Träger der Behindertenhilfe, an dessen (Freizeit-)Angeboten Herr C teilnimmt, oder die Mutter organisiert. Über seine Geburtsstadt führt er aus: *„Da ist es gut, da ist mehr los, da gefällt's mir besser"* (Z. 286).

Herr C kann sich nicht vorstellen, mit jemandem zusammen zu leben. Er sieht sich nicht als Teil einer Partnerschaft und möchte keine Kinder, wenngleich er einen sich möglicherweise noch entwickelnden Kinderwunsch nicht kategorisch ausschließt.

Hinsichtlich seiner Freizeitsituation äußert er den Wunsch, wieder öfter Billard und Bowling spielen zu gehen.

9.3.2 Verdichtete Analyseergebnisse

Rolle der Herkunftsfamilie

Im Zuge der Auswertung wurde deutlich, dass Herr C eine enge Beziehung zu seiner Herkunftsfamilie hat, wobei Herr C gerade von der Mutter noch immer in vielfältiger Art und Weise abhängig ist. Die Ablösung von den Eltern vollzog sich nur teilweise. In diesem Sinne erscheint es beispielsweise kritisch, dass die Mutter noch fast alle Hauptmahlzeiten kocht und seine Hauptbezugsperson außerhalb seiner Werkstatttätigkeit ist. Die Bewältigung von Aufgaben, die zu einem routinemäßigen Alltagsablauf gehören, wird Herrn C damit (wenigstens zu einem gewissen Grad) abgenommen. Ebenfalls erscheint diese Praxis deshalb kritisch, da sie die Rolle der Mutter als zentrale Bezugsperson des Herrn C immer wieder aufs Neue hervorbringt, sodass sich eine Ablösung nicht weiter vollziehen kann. Es muss festgehalten werden, dass der Ablösungsprozess von der Mutter primär von dieser gesteuert wird. So war sie es, die zunächst mit Herrn C in eine Wohnung zog und dann selbst dort wieder ausgezogen ist, um ihren Sohn allein dort wohnen zu lassen. Hervorgehoben werden muss darüber hinaus, dass sich die Beziehung zur Herkunftsfamilie im Falle des Herrn C sehr stark von der unterscheidet, die andere Personen, die im Rahmen der vorliegenden Studie interviewt wurden, zu ihren Familien unterhalten. Es handelt sich hier primär um ein Beziehungsgefüge, welches Herrn C dazu verhilft, ein durch Gemütlichkeit gekennzeichnetes Leben zu führen. Darüber hinaus sind es gerade die Eltern bzw. die Herkunftsfamilie des Herrn C als Ganzes, die Herrn C die Teilhabe an Lebenspraxen jenseits des Sozialisationsbereichs ‚geistige Behinderung' ermöglichen. In diesem Sinne wird unter anderem das geringe Gehalt des Herrn C, welches er als Mitarbeiter einer Werkstatt für Menschen mit Behinderung erhält,[2] durch finanzielle Unterstützungsleistungen der Verwandtschaft ausgeglichen, was ihm etwa den Besuch eines Fitnessstudios oder die Partizipation an gesellschaftlichen Trends (zum Beispiel durch den Besitz der aktuellsten Ausführung eines Smartphones [Neuwert ca. 600€]) ermöglicht. Die Eltern bzw. die Verwandtschaft eröffnen Herrn C ein Stück weit ‚normale' Lebensmuster und fungieren als ‚Entbehinderungsinstanzen', wenngleich dieser Praxis der Co-Finanzierung des Herrn C eine gewisse Ambivalenz innewohnt, da so Abhängigkeit von der Herkunftsfamilie und damit einhergehend ein gewisser infantiler Subjektstatus (re-)produziert werden.

Selbstkonstruktion

Es konnte herausgearbeitet werden, dass es gerade die eigene Person bzw. die bestmögliche Erfüllung der eigenen Interessen ist, die für Herrn C im Vordergrund seines Alltags steht. Hierbei profitiert er (wie oben bereits dargelegt) insbesondere von den finanziellen und zeitlichen Ressourcen der Verwandten, die ihm seinen Lebensstandard ermöglichen.

Ebenfalls wurde deutlich, dass sich Herr C im Rahmen des Interviews das Image einer aktiven sowie selbst- und trendbewussten Person konstruiert. Immer

---

2 Nach Angaben der Bundesarbeitsgemeinschaft Werkstätten für behinderte Menschen e.V. (BAG WfbM 2016) lag das durchschnittliche Gehalt in einer Werkstatt für Menschen mit Behinderung im Jahr 2015 bei 181€ (bei Vollzeitbeschäftigung). Die dort Beschäftigten sind also umfänglich auf andere Sozialleistungen angewiesen (etwa Kostenübernahme der Wohnung durch den Sozialhilfeträger).

wieder hebt er die eigene Aktivität in den Vordergrund, wobei die Auslebung gesellschaftlicher Trends (zum Beispiel regelmäßige Besuche des Fitnessstudios) und eine Konsumorientierung (zum Beispiel im Kontext der Besuche eines speziellen Elektronikfachhandels) für ihn eine zentrale Rolle spielen. Auch der Besitz einer aktuellsten Ausführung eines Smartphones wird zum Statussymbol des Herrn C – dies umso mehr vor dem Hintergrund der nicht gegebenen Schriftsprachlichkeit des Herrn C. Er konstruiert sich selbst nicht als (geistig) behindert und sucht (weniger auf sozialer, als vielmehr auf materieller Ebene) den Anschluss an aktuelle, sich in der Breite der Gesellschaft vollziehende Praxen.

Herr C zeigt sich zufrieden mit seiner gegenwärtigen Lebenssituation – nicht zuletzt mit Blick auf seine Arbeitstätigkeit, deren Inhalt (Herstellen von Spielzeug für Kinder) er als ‚erfüllend' und ‚wertvoll' erlebt. Ungeachtet der oben genannten Selbstinszenierung wurde allerdings deutlich, dass der Alltag des Herrn C vor allem durch Einsamkeit geprägt ist und er große Teile seiner Freizeit entweder allein oder gemeinsam mit seiner Mutter verbringt. Es kommt an dieser Stelle zu einer deutlichen Diskrepanz zwischen subjektiver und objektiver Sinnstruktur.

Allgemeingesellschaft und Lebensbereich ‚geistige Behinderung'

Trotz der eigenen Wohnung und anderer in der routinemäßigen Lebenspraxis üblichen Lebensentwürfen wurde im Zuge der Auswertung erkennbar, dass Herr C (gerade im Kontext seiner Freizeitgestaltung) zum Teil noch immer verhältnismäßig stark in Aktivitäten eingebunden ist, die sich dem Lebensbereich ‚geistige Behinderung' zuordnen lassen. So unternimmt er beispielsweise (ausgenommen der gelegentlichen Städtereisen mit der Mutter) keine selbstorganisierten Urlaubsreisen, sondern nimmt stattdessen ausschließlich an Freizeiten teil, die durch einen Träger der Behindertenhilfe organisiert werden.

Herr C befindet sich in einem Spannungsverhältnis zwischen einer gewissen Handlungsautonomie einerseits und behinderungsspezifischen Abhängigkeitsverhältnissen andererseits. Letztere werden neben der oben genannten stärkeren Abhängigkeit von der Herkunftsfamilie (im Erwachsenenalter), den oben genannten Trägern der Behindertenhilfe und seinem behinderungsspezifischen Arbeitsplatz unter anderem auch durch den Betreuer gewährleistet, mit dem Herr C große Teile seiner Freizeit verbringt. Problematisch erscheint hieran, dass es sich bei der Betreuungsperson nicht um eine statusgleiche Sozialbeziehung handelt und die persönliche Freizeitgestaltung von der eigenen Person gelöst bzw. von Außenstehenden abhängig gemacht wird. Gleichzeitig eröffnen die hier gewählten Freizeitaktivitäten (Kino, Kochabende, Bowling, Billard usw.) zusätzliche Schnittstellen zu Aktivitäten bzw. Abläufen der routinemäßigen Lebenspraxis, welche ihrerseits auch als eine Form der Interessensentwicklung gesehen werden können, die zukunftsgerichtet ggf. zu einer (noch weiter) selbstbestimmten Freizeitgestaltung führen. Dieses Spannungsverhältnis führt letztendlich dazu, dass sich Herr C allerdings nur bedingt selbstermächtigen möchte. Er lebt in gewisser Art und Weise auch ‚verwöhnt' in einem Kokon der protektiven Fürsorge anderer, so muss er sein Abendessen meistens nicht selbst holen bzw. zubereiten, muss seine Reisen nicht organisieren und auch seine Hobbies nicht selbst finanzieren. Dies reproduziert bei Herrn C eine gewisse Passivität in seiner Lebensführung und -planung.

Behinderungspraxen

Es wurde herausgearbeitet, dass Herr C sein Leben genießt. Dazu zählt auch eine gewisse Selbstständigkeit. Er verspürt wenig Leistungsdruck auf der Arbeit, geht einer Tätigkeit nach, die ihn erfüllt, und hat trotz des geringen Einkommens, welches er für seine Werkstatttätigkeit bekommt, keine finanziellen Einschränkungen. Auch dass seine Mutter für ihn kocht und Teile der Hausarbeit übernimmt, gefällt Herrn C. Es gibt es für ihn kaum einen intrinsischen Grund dazu, mehr Eigenverantwortung zu übernehmen. Zugänge zu allgemeinen Diskursen sind für Herrn C erschwert, insbesondere aufgrund der Tatsache, dass er nicht lesen und schreiben kann. Dies stellt eine massive Diskursteilhabebarriere dar, die Herr C nicht überwinden kann, und wodurch er somit behindert wird. In diesem Zusammenhang wird, wie oben ausgeführt, seine Abhängigkeit von anderen Personen (vor allem von seiner Mutter sowie seinem Betreuer) reproduziert.

9.4 Herr D: „Abends bin ich dann auch wieder vorm Fernseher, weil man hat kein Auto, man kann nirgendswo groß hinfahren."

Herr D ist 33 Jahre alt und geht einer Beschäftigung im Rahmen einer Werkstatt für Menschen mit Behinderung nach. Das Interview mit Herrn D wurde in dessen Wohnung geführt, die er seit drei Jahren bewohnt.

9.4.1 Biographie

Vergangenheit

Herr D wurde 1982 in einer Stadt in der ehemaligen DDR geboren, wo er in der elterlichen Wohnung aufgewachsen ist. Als sein Vater eine Anstellung bei einem großen Pharmaunternehmen in Westdeutschland bekam, zog dieser zunächst allein in die Nähe seines neuen Arbeitsplatzes. Herr D und seine Mutter besuchten den Vater in dieser Zeit regelmäßig. 2005 bekam der Vater eine betriebseigene Wohnung vom Arbeitgeber gestellt, in welcher dann die ganze Familie einzog. Aus dieser elterlichen Wohnung zog Herr D im Jahr 2013 aus (er war damals 30 Jahre alt). Nach eigenen Angaben war das Motiv hierfür vor allem der Wunsch nach einer gewissen Selbstständigkeit sowie insgesamt Abstand zu den Eltern, der durch einen Auszug entstehen sollte bzw. würde. Herr D spricht in diesem Zusammenhang von immer wieder aufgetretenen Streitigkeiten zwischen ihm und seinen Eltern. Herr D zog in eine Wohngemeinschaft für Menschen mit Behinderung, die in der gleichen Stadt lag, in der er zuvor (bei den Eltern) wohnte. Ebenfalls 2013 begann Herr D eine Lehre, die er aber nicht beendete. Seit dem Abbruch der Lehre arbeitet Herr D in einer nahegelegenen Werkstatt für Menschen mit Behinderung. Nach einem Jahr zog Herr D aus der oben genannten Wohngemeinschaft aus. Dies begründete er im Rahmen des Interviews mit der Aussage, er sei *„kein WG-Mensch"* (Z. 148).

Gegenwart

Herr D ist mittlerweile 33 Jahre alt und wohnt seit ca. zwei Jahren in einer eigenen Wohnung. Er arbeitet in einer nahegelegenen Werkstatt für Menschen mit Behinderungen. Wohnung und Arbeitsplatz sind im gleichen Landkreis, in welchem auch die Eltern leben. Herr D pflegt regelmäßigen Kontakt zu seinen Nachbarn, wobei er von Unterhaltungen nach der Arbeit spricht, die vor dem Haus mit denjenigen stattfinden, die zu dem Zeitpunkt auch dort sind. *„Man kommt nach Hause und ist ‚platt', setzt sich ein bisschen raus, quatscht mit ein paar Leuten die man draußen trifft"* (Z. 46-47). Zudem kümmert er sich hin und wieder um die Kinder aus der Nachbarschaft: *„Ich spiele auch mit den Kindern hier, oder passe auf die auf. Die Nachbarn, die Kinder haben, sind sehr dankbar, dass ich das Kindermädchen spiele, ich geh dann dahin zu denen oder ich gehe mit denen irgendwo hin oder wir gehen auf den Spielplatz"* (Z. 47-49).

Herr D wird von einem ambulanten Betreuungsdienst betreut. Die Betreuung beschreibt er wie folgt: *„Also, die kommen, dann reden wir. Wenn wir einkaufen müssen, gehen wir einkaufen oder wenn wir wohin müssen, dann machen wir das. Oder wir gehen in den Angelladen, da fahren wir dann hin oder halt was man sonst so noch zu erledigen hat"* (Z. 37-38). Herr D entscheidet nicht selbst, wann jemand von der Betreuung vorbeikommt. *„Die Betreuerin fragt dann, ob ich was brauche und wenn ich sag ‚ne ich brauch nix' dann geht sie wieder. Wenn ich aber Fragen habe, kann ich mich an sie wenden"* (Z. 40-41). Herr D gestaltet seine Freizeit selbst und muss seine Pläne bzw. Aktivitäten nicht absprechen.

Am Wochenende und wenn er Urlaub hat, besucht Herr D oft seine Eltern, die noch immer in der zuvor gemeinsam genutzten Wohnung leben. Sie sind nach wie vor diejenigen Personen, mit denen Herr D den engsten persönlichen Kontakt hat. Gemeinsam mit den unweit entfernt lebenden Eltern unternimmt er Alltägliches, wie zum Beispiel Einkaufen, aber auch nicht ganz alltägliche Dinge, wie gemeinsame Ausflüge (primär) mit dem Vater in Städte im Umkreis von 100 bis 200 Kilometern. Herr D schätzt zudem die Küche seiner Mutter und das *„sich bekochen lassen“* (Z. 94). Da er nur bei seinen Eltern Zugriff auf eine Breitband-Internetverbindung hat, nutzt er dies und verbringt, insofern er bei seinen Eltern ist, nach eigenen Angaben acht bis 24 Stunden auf der Social-Network-Seite ‚Facebook‘. Zentrales Motiv hierfür ist der Anschluss an aktuelle Geschehnisse in seinem direkten sozialen Umfeld und darüber hinaus: *„Man muss ja auch mal gucken, was so abgeht“* (Z. 65). Einen eigenen Internetzugang möchte sich Herr D aufgrund der damit verknüpften Kosten nicht leisten. Er hat zwar auch mit seinem Smartphone Zugang zum Internet, allerdings nur in einem begrenzten Umfang: *„Ich hab auch aufm Handy Internet. Also ich bin per Whatsapp erreichbar. Also da entgeht mir nichts“* (Z. 68-69).

Herr D verreist gerne und viel und ist auch in diesem Zusammenhang kulturell interessiert. Reisen unternimmt er gemeinsam mit seinen Eltern, die diese auch finanzieren. Er war bereits in Kuba, Mexiko, Tunesien, verschiedenen anderen Ländern Südamerikas und in der Türkei. Herr D würde potentiell auch mit seinen Freunden verreisen, dies scheitere aber an deren finanziellen Mitteln. So führt er aus: *„Mit Freunden, naja die sagen immer ‚wir haben keine Kohle‘ und so“* (Z. 115).

Herr D hat einen verhältnismäßig einheitlich geregelten Tagesablauf. Er steht werktags um fünf Uhr morgens auf. Sein Bus fährt um kurz vor sechs. Es handelt sich bei diesem Bus um einen Fahrdienst der Werkstatt. Er nutzt also nicht den öffentlichen Nahverkehr. Herr D erreicht seinen Arbeitsplatz um ca. sieben Uhr. Er arbeitet von sieben bis 15 Uhr und wird dann vom Bus in der Werkstatt wieder dort abgeholt und nach Hause gefahren. Hier beschäftigt er sich bis zum Abendessen, welches er sich selbst zubereitet, vor allem mit Haushaltstätigkeiten (Putzen, Waschen, Einkaufen). Nach dem Abendessen sieht er fern und spielt Videospiele. Er beschreibt die freie Zeit unter der Woche als *„langweilig, weil hier eine Totenstille herrscht. Also hier sagen sich die Grille und der Hase gute Nacht“* (Z. 119-120). Es sei dazu angemerkt, dass Herr D eher ländlich lebt. Am Wochenende hingegen finden gelegentlich Veranstaltungen im eigenen oder in benachbarten Orten statt, wie Wein- oder verschiedene andere Volksfeste, die er gern besucht. Am Wochenende schläft er aus, mindestens bis zwölf Uhr. *„Ich frühstücke oder esse zu Mittag (lacht). Ja, was macht man danach? Geht man*

Kaffeetrinken, dann raucht man eine Zigarette, dann setzt man sich vorn Fernsehen, guckt Fernsehen oder spielt an einer [Videospiel-]Konsole. Oder man geht ins Freibad" (Z. 71-78).

Die schlechte Verkehrsanbindung des Wohnorts schränkt Herrn D in seiner Freizeitgestaltung deutlich ein. *„Abends ist halt dann auch wieder vorm Fernseher, weil, man hat kein Auto, man kann nirgendswo groß hinfahren. Man muss immer, wenn man nach [Name der nächstgelegenen Stadt] will, nach Zügen gucken, wann fahrn se zurück. Soll hier auch demnächst ne Nachtlinie geben in [Name des Wohnorts]. Mit dem Bus bis halb eins. Die halt bis um ein Uhr morgens fährt. Dann kann man auch mal Weggehen"* (Z. 80-84). Am Wochenende geht er zudem regelmäßig zum Angeln. Herr D ist Mitglied in einem Sportangelverein, der ebenfalls in dem Landkreis liegt, in dem Herr D wohnt. Er engagiert sich dort unter anderem bei der Pflege des Geländes: *„Da mach ich halt das Gelände, ich mache da Sachen, wie [Weg-]Platten rausreißen und begradigen, also neu ausrichten. Ansonsten vor allem Hecken schneiden und Rasen mähen"* (Z. 15-16). Der Verein unternimmt auch einmal im Jahr einen Arbeitseinsatz, im Zuge dessen die Straßen und Ufer nahegelegener Flüsse und Bäche gesäubert sowie innerhalb der Ortsgrenzen Büsche geschnitten werden oder Rasen gemäht wird. An dieser Aktivität beteiligen sich alle Vereine im Landkreis und bekommen dafür eine Aufwandsentschädigung nach Gewicht des eingesammelten und später bei den Entsorgungsbetrieben abgelieferten Abfalls. An dieser Aktivität nimmt Herr D gern teil. Zu seinen weiteren Hobbies zählt Herr D Kinobesuche, Kartfahren, Bowling, Billard, Schwimmen, Besuche in der Sauna sowie das Verweilen in Cocktail- und Shisha-Bars. Diese Tätigkeiten führt Herr D primär alleine aus. Er sagt, dass er niemanden kennt, mit dem er mehr Zeit verbringen möchte.

Zukunft

Herr D wünscht sich aufgrund der gegenwärtigen Wirtschaftslage keine Kinder, hätte aber gerne eine Partnerin. Ob er allerdings mit ihr auch zusammenleben würde, kann er noch nicht sagen.

Herr D hat Zukunftsängste. Diese sind allerdings weniger spezifisch als allgemein und vor allem wirtschaftlich begründet. Er fürchtet sich davor, dass er irgendwann möglicherweise mittellos werde und dann *„absacken"* (Z. 155) werde und somit in eine Art Armutsspirale gerate, die ihn möglicherweise in den Alkoholismus treibe. Allerdings: *„Bis jetzt sind die Ängste noch nicht so groß, dass ich mit jemand darüber sprechen müsste"* (Z. 158). Weiterhin führt er aus, dass er Angst vor dem Tod hat: *„Dass ich sterbe. Das ist glaub die Angst, die jeder hat"* (Z. 154).

Herr D schildert seine Wünsche wie folgt: „Es gibt so Vieles, ich glaube, wenn ich das alles sagen würde, dann würden wir noch fünf Stunden hier sitzen. Millionär sein. Kohle haben, nie sterben, den Tod überlisten, Jahrhunderte leben. Aber einen Jagdschein machen, wäre mein Traum, die Prüfung zu machen und dann mit einem Jäger mitzugehen in den Wald. Das ist schon cool, wenn man so die Jäger sieht und was die so schießen“ (Z. 128-134). In fünf Jahren möchte Herr D gerne ausgewandert sein. Er begründet seinen Wunsch politisch bzw. wirtschaftlich: „Ich sag mal mit Deutschland geht's langsam den Bach runter. Wenn man sich so anguckt was [Ort, an dem er lebt] so alles aufnimmt, was Deutschland so aufnimmt an Flüchtlingen. Wenn du überlegst wir haben Griechenland unterstützt mit Geldern und Griechenland geht's immer noch schlecht. Da frag ich mich, was haben sie mit dem Geld gemacht?“ (Z. 175-178). Als Auswanderungsziel stellt er sich die Malediven, Ägypten oder die Seychellen vor. Ihm ist es wichtig, dass das Land, in welches er auswandern wird, keine Schulden hat. „Dort hat man Sonne, Meer, Strand, Palmen“ (Z. 185-186). Die Trennung von Familie und Freunden stellt für ihn dabei kein Hindernis dar: „Die wären ja irgendwann mal tot. Die Familie lebt ja nicht ewig und Freunde findet man überall“ (Z. 188-190). Dort möchte er auch seinen Ruhestand verbringen: „Ich überleg mir schon später, wenn ich mal älter bin, vielleicht ins Ausland zu ziehen. In eine Finca, das wäre schon schön“ (Z. 192-193).

9.4.2 Verdichtete Analyseergebnisse

Selbstkonstruktion, Ich-Ideal und Image

Im Zuge der Auswertung wurde deutlich, dass Herr D über den gesamten Interviewverlauf bestrebt ist, das Image eines Menschen ohne geistige Behinderung zu konstruieren bzw. aufrechtzuerhalten. Die Statuszuweisung ‚Mensch mit geistiger Behinderung' wird zur Krise, der sich Herr D zu entziehen sucht. Herr D konstruiert sich selbst nicht als geistig behindert, sondern stellt seine eigene Aktivität und Teilhabe an Praxen der Allgemeingesellschaft in den Vordergrund – sei es der Besuch diverser Dorf- bzw. Stadtfeste, der Besuch diverser Lokalitäten in seinem Heimatort und darüber hinaus oder das Engagement in einem Verein. Herr D zeichnet ein Bild von sich, das ihn primär als reife, erwachsene Person erscheinen lässt, die ihr Leben genießt, weiß was sie möchte, alles hat, was sie zum Leben braucht, und sehr bewandert ist. Deutlich wurde dabei, dass gerade die Verfügbarkeit von monetären Ressourcen als Statussymbol herangezogen wird. Weiterhin konstruiert er sich aber auch als abhängig von anderen bzw. äußeren Vorgaben. Dazu zählen insbesondere die Eltern. In gewissen Situationen konstruiert er sich auch als hilflos. So lebt er beispielsweise an einem eher ländlichen Ort, an welchem er nicht leben möchte. Viel lieber würde er in eine Großstadt ziehen, was für ihn jedoch nicht ohne Schwierigkeiten möglich ist, da die Sozialleistungen, die er erhält, vom zuständigen Kostenträger bezahlt werden, der ihn an den nicht-urbanen Landkreis bindet. Dieser Situation steht er beinahe ohnmächtig gegenüber.

Darüber hinaus konnte im Falle des Herrn D eine große Diskrepanz zwischen „Ich-Ideal und Ich" (Goffman 1975, S. 16) herausgearbeitet werden. Beispielhaft herangezogen werden kann hier etwa die Selbstkonstruktion als erwachsene, reife Person, die jedoch durch die eher jugendlich-naiven Kommunikations- und Interaktionsformen (zum Beispiel *„Man muss ja auch mal gucken, was so abgeht"* [Z. 65]) gebrochen wird. Auch die Hervorhebung des sozialen Anschlusses der eigenen Person, die in letzter Konsequenz jedoch einem stark eingegrenzten sozialen Umfeld gegenübersteht, kann hier genannt werden. Herr D konstruiert sich selbst als Teil zahlreicher Aktivitäten, wenngleich deutlich wurde, dass er, abgesehen von seinen Eltern, kaum stabile, konstante Sozialbeziehungen führt. Es kommt zu einer Diskrepanz zwischen der subjektiv konstruierten Lebensrealität des Herrn D im Interview und den im objektiven Sinn[3] feststellbaren Lebensbedingungen. Dies offenbart sich beispielsweise auch in der von ihm genannten Zukunftsvorstellung, ins Ausland zu ziehen und auf einer Finca zu leben, die nicht bzw. nur schwer mit den finanziellen Möglichkeiten eines Angestellten einer Werkstatt für Menschen mit Behinderung vereinbar scheint. Herr D lebt in einem von den Eltern geschaffenen Schutzraum, der eine Auseinandersetzung mit der eigenen Lebenssituation erschwert bzw. verhindert. Dies versetzt die Tatsache, dass die Familie des Herrn D unter anderem auch als ‚Entbehinderungsinstanz' aktiv wird (siehe den folgenden Punkt), in ein Ambivalenzverhältnis, da es sich bei der Schaffung dieses Schonraums schlussendlich um eine Behinderungspraxis handelt.

Rolle der Herkunftsfamilie, ‚Entbehinderungspraxen'

Im Zusammenhang mit oben genannter Selbstkonstruktion wurde deutlich, dass die Herkunftsfamilie eine zentrale Rolle im Leben des Herrn D einnimmt – auch wenn diese als solche nicht bzw. nur begrenzt von ihm reflektiert wird. In diesem Sinne stellt die Familie zum Beispiel die notwendigen finanziellen Mittel

---

3 Der objektive Sinn meint das tatsächlich Dargestellte (vgl. Mead 2000, S. 117ff). Darauf aufbauend wird (interpretativ) einer Handlung oder Aussage ein Sinn ‚verliehen' (vgl. Weber 1976, S. 8) – dies ist dann der subjektive Sinn. Interpretationsformen entlang einer herrschenden Meinung oder entlang einer abweichenden Meinung wären Auslegungen im Sinne des subjektiven Sinns.

zur Verfügung, die es Herrn D erlauben, seine Interessen auszuleben und an Lebenspraxen der Allgemeingesellschaft teilzuhaben. Weiterhin ist es die Familie, die ihm ein Leben außerhalb des Heimatorts eröffnet (Ausflüge in umliegende Städte, Besuche von Museen, Ausstellungen etc.), was im Sinne der Interessensentwicklung und letztlich Subjektbildung wiederum maßgeblichen Einfluss auf die Selbstwahrnehmung bzw. Selbstkonstruktion des Herrn D hat. Die Herkunftsfamilie des Herrn D fungiert insofern zu einem gewissen Grad als ‚Entbehinderungsinstanz', die ihrem Sohn zumindest teilweise Lebensbereiche jenseits des Sozialisationsbereichs ‚geistige Behinderung' eröffnet.

Sozialer Anschluss

Herr D ist sozial eingebunden in seine Nachbarschaft und dort bekannt. Darüber hinaus wurde jedoch deutlich, dass Herr D als einsamer Mensch charakterisiert werden kann. Er verbringt viel Zeit allein und wünscht sich (wieder) eine Partnerin. Auch seinen Hobbies (zum Beispiel Kinobesuche) geht er entweder mit den Eltern oder allein nach. All seine Sozialbeziehungen werden (emotional) von der engen Sozialbeziehung zu den Eltern überschattet, wobei gerade der Vater eine bedeutende Rolle spielt. Neben seinen Sozialbeziehungen ist Herr D am Alltagsgeschehen der routinemäßigen Lebenspraxis interessiert und nutzt hierfür verschiedene soziale Medien. Herr D nutzt das Internet primär als Informationsrezipient.

Behinderungspraxen

Es wurde deutlich, dass Herr D in einem stärkeren Maße als die anderen Fälle, die im Rahmen des ambulant betreuten Wohnens interviewt wurden, an Lebenspraxen der routinemäßigen Lebenspraxis teilnimmt und über diese informiert ist. Hervorzuheben ist außerdem die Selbstkonstruktion jenseits des Feldes ‚geistige Behinderung', was allerdings gerade auch im Zusammenhang mit jener Nähe zu alltäglichen Lebenspraxen steht. Gleichzeitig ist er jedoch ebenfalls Behinderungspraxen ausgesetzt. Beispielhaft herangezogen werden kann hier unter anderem die von Herrn D kritisierte Abgeschiedenheit bzw. Immobilität, die mit seinem Wohnort einhergeht, oder auch das begrenzte Einkommen, welches er als Mitarbeiter einer Werkstatt für Menschen mit Behinderung erhält (im Durchschnitt 181€ im Monat bei Vollzeitbeschäftigung (vgl. BAG WfbM 2016). Diesen Behinderungspraxen wird vor allem durch die Eltern entgegengewirkt, was schlussendlich jedoch die bereits benannte Problematik der Konstitution eines Schonraums sowie die Schwierigkeit des Nicht-Vollzugs der Ablösung von den Eltern und somit letztlich Infantilisierungspraxen mit sich bringt.

Politisches Interesse

Herr D ist an tagesaktuellen politischen Themen interessiert und äußert sich auch im Interview zum politischen Weltgeschehen. So lehnt er beispielsweise die weitere Aufnahme von (Kriegs-)Flüchtlingen ab. Ebenso ist er Gegner der europäischen Union. Seine politische Informiertheit ist allerdings begrenzt, so spricht er beispielsweise in seinen Ausführungen von für ihn als beispielhaft geltenden (weil nicht verschuldeten) Staaten. Alle dieser genannten Staaten sind jedoch ver- bzw. überschuldet.

9.5 Frau E: „Naja und dann hat mich meine Mutter 2002 aus der Werkstatt rausgenommen, weil ich überfordert war. Ich musste ja meine Mutter pflegen."

Frau E ist 73 Jahre alt und berentet. Das Interview mit Frau E wurde in ihrer Wohnung geführt, in der sie alleine lebt. Die Wohnung befindet sich in einem Wohnkomplex, in dem mehrere Wohnungen für Menschen mit Behinderung liegen.

9.5.1 Biographie

Vergangenheit

Frau E wurde während des zweiten Weltkrieges im Jahre 1942 in einer deutschen Großstadt geboren. Nach der Scheidung ihrer Eltern, deren Zeitpunkt unklar ist, verblieb sie bei ihrer Mutter, die genau wie Frau E keine weiteren Geschwister hatte. So hält sie fest: *„Ich war ja ewig mit meiner Mutter zusammen"* (Z. 139). Frau E wuchs in einer engen Beziehung zu ihrer Mutter, Groß- und Urgroßmutter (mütterlicherseits) auf. Abgesehen von diesen drei Frauen berichtet sie von keinen weiteren familiären Beziehungen – so möchte sie zum Beispiel auch keine Aussagen über ihren Vater respektive der Beziehung zu diesem treffen. Frau E verfügt nach eigener Aussage schon immer nur über eine eingeschränkte Sehkraft, welche sich im Laufe der Zeit noch weiter verschlechterte. Sie beschreibt, dass sie darunter litt und leidet.

Seit dem Jahre 1959 arbeitete Frau E, mit einer kurzen Unterbrechung, in einem Werkstattkomplex für Menschen mit Behinderung. Sie war zum Zeitpunkt, als sie begann dort zu arbeiten, 17 Jahre alt. Dort hatte sie zu unterschiedlichen Zeiten unterschiedliche Aufgabengebiete. Sie war einige Zeit als Raumpflegerin in der Küche beschäftigt, später hat sie auch in der Küche beim Zubereiten von

Mahlzeiten mitgearbeitet. Ihre Arbeit in der Schreinerei hat ihr nach eigenen Angaben am meisten zugesagt. Aus diesem Bereich wurde sie jedoch aufgrund ihrer zunehmenden Sehschwäche versetzt, weil sie die dortige Arbeit nicht länger zufriedenstellend ausführen konnte. Weiterhin war sie einige Zeit in einer Parfümabfüllerei beschäftigt, hat Schokolade verpackt und hat in der internen Poststelle des Werkstatt-Komplexes gearbeitet. Insgesamt arbeitete Frau E (bis sie im Jahr 2002 ausschied) 43 Jahre in der gleichen Werkstatt, obwohl ursprünglich nur eine zweijährige Beschäftigung geplant war. Sie hatte zwischenzeitlich über ihren Vorgesetzten die Möglichkeit, beruflich weitervermittelt zu werden und die Werkstatt zu verlassen. Ihr wurde das Angebot unterbreitet, auf dem ersten Arbeitsmarkt in der Gastronomie zu arbeiten. Diese Möglichkeit hat sie nicht wahrgenommen, da sie sich eine Tätigkeit in der Gastronomie zu variablen Arbeitszeiten nicht vorstellen konnte. Die einzige Unterbrechung ihrer Tätigkeit in der Werkstatt machte eine kurze Anstellung in einer Teepackerei aus. Dieses Arbeitsverhältnis hat sie jedoch nach kurzer Zeit beendet, da sie dort nur wenige Stunden am Tag arbeitete und ihr dies nicht zusagte.

Ihre Urlaube verbrachte Frau E gemeinsam mit ihrer Mutter und Großmutter (solange diese lebten) unter anderem in Österreich, wo sie ihre Zeit mit Spaziergängen und einem Spiel ähnlich dem Bingo zubrachten. Zu einem nicht genauer bestimmten Zeitpunkt verstarb zuerst die Urgroßmutter und einige Zeit später die Großmutter.

Frau E wohnte zusammen mit ihrer Mutter im mehrstöckigen Elternhaus (Einfamilienhaus) in einem Randbezirk ihrer Geburtsstadt. Im Jahr 1990 wurde die Mutter von Frau E pflegebedürftig und Frau E übernahm zumindest einen Teil der Pflege der Mutter. Diesbezüglich hält sie fest: *„Ich konnte ja nicht, konnte ja nicht liegen lassen oder so"* (Z. 147). Nach und nach wurden diese Aufgaben immer umfangreicher. Exemplarisch nennt sie zusätzliche Aufgaben rund um die Versorgung der Mutter, so zum Beispiel Botengänge zum Krankenhaus, um Medikamente für ihre Mutter abzuholen. Auch für die Instandhaltung der gemeinsamen Wohnung fühlte sich Frau E verantwortlich. Sie wurde im Laufe der Zeit mehr und mehr in die Pflege und Betreuung der Mutter eingebunden. Im Jahr 2002 beendete die Mutter von Frau E dann das Arbeitsverhältnis ihrer Tochter in der Werkstatt, weil die Doppelbelastung von Arbeit und Pflege Frau E nach eigenen Angaben überforderte. Vier Jahre später, im Jahr 2006, verstarb die Mutter der Frau E und Frau E wohnte mit 64 Jahren das erste Mal allein.

Zum Zeitpunkt des Todes ihrer Mutter hatte Frau E eine verletzte Schulter, da sie kurz zuvor unglücklich gestürzt war. Da sich ab diesem Zeitpunkt ihre Verletzungen häuften, trägt Frau E seither am Hals einen Alarmknopf, mit dem sie eigenständig einen Krankenwagen anfordern kann. Als sie sich nach einem weiteren Sturz erst den Schenkelhals und dann einige Zeit später nach einem weiteren Sturz noch mehrere Rippen brach, zog Frau E (nach einem Krankenhausaufenthalt und einer längeren Rekonvaleszenz) im Jahr 2012 in einen Wohnkomplex, in dem mehrere Menschen wohnen, die von einem ambulanten Betreuungsdienst betreut werden, von dem auch Frau E ihre Leistungen bezieht. Im Wohnkomplex selbst findet sich auch ein Büro des Trägers.

Gegenwart

Frau E ist zum Zeitpunkt der Erhebung 73 Jahre alt. Sie verfügt über viele soziale Kontakte, die durch das ambulant betreute Wohnen, ihre langjährige Arbeit in der Werkstatt für Menschen mit Behinderung, verschiedene (meist wöchentlich stattfindende) Aktivitäten (zum Beispiel Frühstückstreffen eines lokalen Trägers der Behindertenhilfe) und eine öffentlich-rechtliche Stiftung, über deren Art und Angebot jedoch keine weiteren Angaben gemacht werden, zustande kommen. Frau E ist nach eigener Aussage öfter unterwegs als zu Hause.

Im Wohnkomplex, in dem Frau E lebt, werden von der oben genannten Betreuungsorganisation verschiedene Aktivitäten an unterschiedlichen Tagen angeboten (wie zum Beispiel Weihnachtsfeiern, Besuche im Kino und in Museen), an denen Frau E regelmäßig teilnimmt. Weiterhin erhält sie über den Betreuungsdienst die Möglichkeit, etwa alle ein bis zwei Jahre an Reisen innerhalb Deutschlands teilzunehmen. Frau E besucht wöchentlich montagnachmittags ein Angebot eines Seniorenhilfeverbandes. Dort werden Vorträge gehalten und Geschichten erzählt. Zusätzlich besucht Frau E einmal monatlich ein Senioren-Frühstück bzw. -Mittagessen, welches ebenfalls von diesem Verband veranstaltet wird. Jeden Mittwoch nimmt Frau E von neun bis zwölf Uhr an einer Frühstücksgruppe teil, die von einem weiteren Träger der Behindertenhilfe organisiert wird. Die TeilnehmerInnen unternehmen auch (ebenfalls organisiert von diesem Träger) gemeinsam Ausflüge und hin und wieder kleinere Reisen. Frau E hat bereits an einer der angebotenen Reisen teilgenommen. Mit einer Gruppe von fünf bis sechs Personen besucht Frau E regelmäßig Museen, unternimmt Ausflüge oder schaut gemeinsam Filme im Kino, die spontan ausgewählt werden. Diese Gruppe wird von einem wieder anderen Träger der Behindertenhilfe begleitet. Weiterhin besucht Frau E regelmäßig eine evangelische Kirchengemeinde, in der sie als aktives Mitglied früher Gemeindebriefe ausgetragen und einmal im Monat bei der Organisation eines Treffens für SeniorInnen mitgeholfen hat. Hin und wieder besucht sie auch die Nachbargemeinde, in der sie vor einigen Jahren an einem Töpferprojekt teilgenommen hat. Auch an Freizeit- und Bildungsangeboten, die ihr von Seiten des Trägers des ambulant betreuten Wohnens in einem jährlich erscheinenden Heft unterbreitet werden, nimmt Frau E regelmäßig teil. Bei den Angeboten handelt es sich um Kurse, aber auch um Reiseangebote (zum Beispiel: eine Woche Urlaub in der Eifel) zum Teil von externen Anbietern (in der Regel verschiedene Träger der Behindertenhilfe), auf die Frau E bereits zweimal eingegangen ist. Insgesamt umfasst das Angebot 18 Aktivitäten pro Jahr und richtet sich theoretisch an mehrere tausend Menschen (mit Behinderung). Besagtes Angebotsheft erhält Frau E von ihrer Betreuungsperson, die beim Träger des betreuten Wohnens angestellt ist. Diese Betreuungsperson besucht Frau E einmal in der Woche. Sie unterstützt sie bei behördlich-administrativen Angelegenheiten, zum Beispiel Gängen zu Ämtern und sichtet auf Wunsch von Frau E deren Bankunterlagen, womit sich Frau E überfordert fühlt.

Frau E berichtet abgesehen von ihren Freizeitaktivitäten nur wenig über Alltagsroutinen. Sie steht zwar immer um 8.30 Uhr auf, hat aber beispielsweise keinen festen Tag zum Einkaufen oder Putzen. Ausflüge ins Stadtzentrum, inklusive Mittagessen, unternimmt sie spontan, meistens jedoch am Wochenende und immer allein. Obwohl ein großer Teil ihrer sozialen Kontakte in Wohnheimen lebt, bevorzugt Frau E das ambulant betreute Wohnen. Sie genießt die Möglichkeit, sich zurückziehen zu können und gerade nach ihren zahlreichen Freizeitaktivitäten ist sie nach eigener Aussage gerne ein bisschen allein. Die Schwierigkeit im Wohnheim sieht sie darin, dass man ununterbrochen mit anderen Menschen zusammen ist, was Frau E für sich nicht möchte. So hält sie fest: *„Im Wohnheim ist man ja nicht alleine. Da ist man ja mit Leuten zusammen. Und manchmal ist es dann auch so, ich kann mich manchmal mit den Leuten nicht so gut verstehen“* (Z. 183-185).

Zukunft

Die Wünsche von Frau E beziehen sich auf die unmittelbare Zukunft. Sie möchte beispielsweise einen Erste-Hilfe-Kurs besuchen, über den sie im Angebotsheft des Trägers informiert worden ist. Diesen Kurs wollte sie schon im vorangegangenen Jahr besuchen, hatte sich aber zu spät angemeldet und konnte nicht mehr teilnehmen, da der Kurs für maximal zwölf TeilnehmerInnen angelegt war bzw. ist. Weiterhin würde sie gerne wieder töpfern, hat sich allerdings noch nicht darum gekümmert, diesen Wunsch auch in die Praxis umzusetzen. Sie stellt jedoch fest, dass Töpferkurse von der Volkshochschule zu teuer sind und sie daher auf potentielle Angebote der Behindertenhilfe angewiesen ist. Darüber hinaus plant sie, in der nächsten Zeit ihre alte DVD-Sammlung mit Märchen (u. a. ‚Aschenputtel‘, ‚Der kleine Muck‘) zu vervollständigen. Da Teile ihrer ursprünglichen Sammlung bei ihrem Umzug in das ambulant betreute Wohnen verloren gingen, hat sie die Filme nachkaufen müssen. Frau E möchte, sobald ihre Wohnung fertig eingerichtet und alles aufgeräumt ist, einige Bekannte für einen gemütlichen Nachmittag einladen, den sie mit Spielen, Fernsehen und dem Hören von Schlager-Kassetten verbringen möchte. Ein genaues Datum hat sie jedoch noch nicht festgelegt. Sie wünscht sich, bis zu ihrem Tod in der jetzigen Wohnung zu leben.

9.5.2 Verdichtete Analyseergebnisse

Institutionalisierung des Alltags

Im Rahmen der Auswertung wurde deutlich, dass Frau E in ein relativ breites Spektrum von Freizeitaktivitäten eingebunden ist. Hierbei nimmt sie sowohl an speziellen Veranstaltungen sowie an regelmäßigen Angeboten teil, die, abgesehen von den besagten Kirchengemeinden, ausschließlich von Trägern exklusiver Institutionen angeboten werden. Insofern ist sie in ein dichtes institutionelles Netzwerk eingebunden. Das heißt, die Institutionen, insbesondere die Trägerinstitution des ambulant betreuten Wohnens, fungieren koordinierend bzw. einflussnehmend – sei es beim Aufbau und der Pflege von Sozialkontakten, der eigenen Freizeitplanung. Sie wird dadurch immer wieder als behinderte Leistungsnehmerin hervorgebracht. Zentrale Probleme hierbei sind, dass sich Frau E Freizeitangebote in der routinemäßigen Lebenspraxis nicht leisten kann und dass sie durch ihre Betreuerin nur über Angebote aus dem lokalen Netzwerk der Alten- und Behindertenhilfe informiert wird. Im Alltag (jenseits institutionalisierter Freizeitangebote) lebt Frau E weitestgehend ohne den Einfluss äußerer Institutionen.

Freizeit, Vergemeinschaftung

Frau E hat ein verhältnismäßig großes soziales Netzwerk, was sich aus den zahlreichen Aktivitäten, die sie wahrnimmt, ergibt. Die Gestaltung ihrer Freizeit erfolgt primär in Angeboten von Institutionen der Behindertenhilfe, was zur Folge hat, dass sie ihre freie Zeit zu einem Großteil im Lebensbereich ‚geistige Behinderung' verbringt. Demgegenüber unternimmt sie auch spontane Aktivitäten, wie beispielsweise Einkaufen oder Essen gehen, bei welchen sie jedoch zumeist alleine ist. Auch ihr Engagement in Kirchengemeinden ist hier hervorzuheben, welches sie unabhängig von institutionellen Unterstützungsstrukturen auslebt. In diesem Zusammenhang wurde allerdings deutlich, dass sie zu den Menschen innerhalb dieser Kirchengemeinden keine weiterführenden zwischenmenschlichen Kontakte unterhält. Ihre Teilnahme an dortigen Praxen bleibt also auf diese beschränkt und es erwachsen daraus keine für sie emotional bedeutsamen Sozialkontakte (wie zum Beispiel Freundschaften). In der Folge vollziehen sich ihre

Sozialbeziehungen größtenteils mit anderen Menschen mit (geistiger) Behinderung. Frau E äußert den starken Wunsch nach Vergemeinschaftung. Im Laufe des Interviews stellt sie zudem immer wieder ihre soziale Handlungsfähigkeit (zum Beispiel Beherrschen von Sittlichkeitsnormen, und ihre räumlich-zeitliche Orientierung) heraus. Sie konstruiert damit ein explizit nichtbehindertes Image.

Behinderungspraxen: Schutzraum, Infantilisierung und Fremdbestimmung

Innerhalb des Lebensbereichs ‚geistige Behinderung' sieht sich Frau E verschiedenen Infantilisierungsprozessen ausgesetzt. Besonders deutlich treten diese im Kontext der Beendigung ihrer Arbeitstätigkeit innerhalb der Werkstatt für Menschen mit Behinderung zutage. Die Formulierung *„hat mich meine Mutter rausgenommen"* (Z. 311) verdeutlicht mit Blick auf die routinemäßige Lebenspraxis Passivität und Infantilität – ist es dort doch nur üblich, ein Kind aus dem Kindergarten bzw. der Schule zu nehmen, nicht jedoch eine 59-jährige Frau aus ihrer Arbeitstätigkeit. Weiterhin ist die Beschränkung bzw. Beeinflussung ihres Erfahrungs- bzw. Aktionsraums zu benennen. Sie ist trotz ihrer vielen Aktivitäten zu großen Teilen in ihrem Alltag indirekt oder direkt fremdbestimmt. Diese Praktiken der Entmündigung führen zur Fortschreibung des Masterstatus ‚Mensch mit (geistiger) Behinderung'. Frau E nimmt diesen Status für sich an, was sich zum Beispiel in Form einer freiwilligen Unterordnung unter die Handlungsmacht anderer zeigt (Übergabe der Zuständigkeit über das eigene Konto, freiwilliger Rückzug in den geschützten Rahmen der Werkstatt für Menschen mit Behinderung). Dies erscheint umso problematischer, da Frau E durchaus in der Lage ist, ihr eigenes Leben zu organisieren und strukturieren, denn sobald Frau E nicht in fremdorganisierte Aktivitäten eingebunden ist, gestaltet sie ihren Alltag selbst, was die Fülle der von ihr besuchten fremdbestimmten Angebote erneut problematisch erscheinen lässt. Insgesamt erfährt sie sich als Nutzerin von Angeboten und nicht als Empfängerin von Hilfeleistungen. Gleichzeitig ist sie sich der Begrenztheit ihres Erfahrungsraums, der aus der institutionellen Fremdbestimmung resultiert (trotz der bedingten Unabhängigkeit durch das ambulant betreute Wohnen), nicht bewusst.

Die (latente) Neigung der Frau E, sich mehr oder weniger stark fremdregulierten Strukturen unterzuordnen, steht dabei im Zusammenhang damit, dass sie beinahe ihr gesamtes Leben in direkter und sehr umfänglicher Abhängigkeit von anderen verbracht hat und sich die Ausbildung einer selbstermächtigten Subjektivität nur bedingt und spät vollziehen konnte. Frau E war ihr gesamtes Leben über in die enge, partnerschaftsähnliche Zweierbeziehung zur Mutter eingebunden, sodass sie es gewohnt ist, dass Dinge für sie organisiert und Aktivitäten mit ihr unternommen werden. Das elterliche Protektorat tritt hier als eine Art Kokon in Erscheinung, in dem sie einerseits Schutz und Halt findet, andererseits auch Zeit ihres Lebens in der Entwicklung gehemmt wurde. So hatte Frau E beispielsweise noch nie in ihrem Leben eine Lebenspartnerschaft gehabt (die Mutter nach der Scheidung vom Vater auch nicht mehr). Auch feste, engere Freundschaften hat Frau E nie geführt.

Das satellitäre Leben unter dem Netz des pädagogischen Protektorats

Es wurde deutlich, dass Frau E nur sehr begrenzt konkrete persönliche Interessen formuliert und bei deren Herausbildung und Wahrnehmung schwerpunktmäßig auf äußere Faktoren bzw. Aktivitäten von anderen Menschen angewiesen ist (etwa durch Bildungserfahrungen im Zusammenhang mit der Krankheit der Mutter, der Tätigkeit in der Werkstatt für Menschen mit Behinderung oder durch das Veranstaltungsheft des Trägers der Behindertenhilfe). Es wurde deutlich, dass die geweckten Interessen (medizinischer Bereich/ ‚helfende Dienste', Töpfern, Reisen) von ihr nur innerhalb eines fremdorganisierten Rahmens gedacht werden und außerhalb dessen nicht ausgelebt werden. Sie selbst wird nur bedingt aktiv, diesen Rahmen des pädagogischen Protektorats zu verlassen. Die institutionellen Strukturen erfassen sie ungeachtet ihrer außerstationären Unterbringung und erschweren nicht nur die Ausbildung von eigenen Interessen, sondern zugleich auch deren Auslebung durch die Schaffung von direkt erfahrbaren sowie auch subtileren Varianten der Abhängigkeit und Fremdbestimmung.

Grundsätzlich zeigt sich jedoch auch, dass Frau E sich in ihren derzeitigen Lebensstrukturen sehr wohl fühlt. Sie hat sich an den ihr zur Verfügung stehenden Freiraum gewöhnt und gelernt, diesen zu einem gewissen Grad für sich zu nutzen (beispielsweise bei ihren selbstorganisierten Ausflügen in das Stadtzentrum). Es handelt sich dabei um eine Form der biographischen Gewöhnung, deren Wirkmächtigkeit sich gerade darin offenbart, dass sich Frau E nicht über die Begrenztheit ihrer Lebenswelt bewusst ist – wenngleich klar gesagt werden muss, dass sie weitaus größere Freiräume genießt, als etwa die hier interviewten Personen aus dem stationären Wohnen (siehe hierfür die Kapitel 10 und 11). Frau E wurde in den Lebenskontext ‚geistige Behinderung' sozialisiert; die hieran geknüpften Lebensbedingungen sind für sie alltäglich und ‚normal'. Ein Leben jenseits dieser Strukturen ist für sie nicht vorstellbar.

Behinderung als Krise

Frau E lebte bis zu ihrem 64. Lebensjahr in einem kindsähnlichen Abhängigkeitsverhältnis zur Mutter. Dies änderte sich jedoch, als Frau E mehr und mehr

Verantwortung zunächst für den gemeinsamen Haushalt, später auch für die Fürsorge der inzwischen pflegebedürftigen Mutter übernahm. Schlussendlich handelt es sich hierbei um Selbstermächtigungspraxen, lebenspraktisch um die Dekonstruktion von Diskursteilhabebarrieren. So tragisch es im subjektiven Sinn sein mag, doch die Pflegebedürftigkeit der Mutter und schlussendlich deren Tod, zwei Krisen, die Frau E bewältigen musste, führten zu ihrer Selbstermächtigung. Diese Selbstermächtigung wird heute durch Trägerinstitutionen der Behindertenhilfe einerseits unterstützt (indem ihr beispielsweise bei ihrer Finanzverwaltung [weiterhin] geholfen wird), andererseits steht dieser Hilfe das oben genannte satellitäre pädagogische Protektorat ambivalent gegenüber, welches sie weiterhin in ihrer Subjektivität als behindert reproduziert.

9.6 Herr F: „Das hat sie natürlich auch ganz schön Überwindung gekostet, ihre Tochter da jetzt vier, fünf Tage mit mir alleine nach Berlin zu lassen."

Herr F ist 24 Jahre alt und arbeitet in einer Werkstatt für Menschen mit Behinderung. Er lebt allein, hat aber eine Lebenspartnerin. Das Interview mit Herrn F wurde in einem städtischen Café geführt.

9.6.1 Biographie

Vergangenheit

Herr F ist 1991 kurz nach der Wiedervereinigung Deutschlands im Gebiet der ehemaligen DDR geboren. Er wuchs bei seiner Mutter in einer Stadt in Ostdeutschland auf. Der Verbleib des Vaters ist Herrn F nicht bekannt – auch hat er keine Geschwister (von denen er weiß). Herr F hatte ein gutes Verhältnis zu seinen Großeltern, einer Tante und seinem Cousin (alle mütterlicherseits), die in seiner Geburtsstadt lebten. Auch zu seiner anderen Großmutter (väterlicherseits), die im Harz lebt, hat er bis heute einen guten Kontakt.

Aus seiner Vergangenheit erzählt Herr F von einer guten und engen Beziehung zu seiner Mutter und seinem Cousin. Beide Personen beschreibt er als die wichtigsten Bezugspersonen in seiner Jugend. Das gute Verhältnis zu seinem (zu diesem Zeitpunkt volljährigen) Cousin kam unter anderem zustande, weil dieser ihn alle 14 Tage zu Heimspielen der lokalen Fußballmannschaft mitgenommen hat, deren Fan Herr F noch immer ist. Herr F berichtet, dass sein Cousin ihn irgendwann immer seltener mitgenommen habe, da diesem die Behinderung des

Herrn F und sein Verhalten peinlich wurden. Der Cousin rechtfertigte sein Verhalten damit, dass er Bedenken bezüglich möglicher Gewaltausbrüche anderer Fußballfans habe und sich deshalb Sorgen um Herrn F mache. Anstelle des Cousins besuchte infolgedessen die Mutter des Herrn F gelegentlich die Heimspiele des lokalen Fußballvereins mit Herrn F, allerdings getrennt von der Gruppe, mit welcher sein Cousin das Stadion besuchte.

Zu einem nicht näher bekannten Zeitpunkt zog Herr F mit seiner Mutter in eine andere Stadt (etwa 200 km entfernt). Bis zu einem Alter von 22 Jahren lebte er dort mit seiner Mutter zusammen. An seinem neuen Wohnort fand er eine Anstellung in einer Werkstatt für Menschen mit Behinderung. Dort arbeitet er bis heute. Sein Arbeitstag beginnt um acht Uhr und endet um 15.45 Uhr bzw. 16.00 Uhr. Innerhalb der Werkstatt arbeitete er zunächst vormittags im sanitären Bereich und ab mittags in der Küche. Zu seinen Aufgaben gehörten die Reinigung der Waschbecken und der sanitären Einrichtungen und die Müllentsorgung. Auf der Arbeit lernte er auch seine Lebenspartnerin sowie seinen gegenwärtigen Freundeskreis kennen. Mit seinen Freunden fährt er jeden Morgen gemeinsam mit öffentlichen Verkehrsmitteln zur Arbeit. Früher verbrachten sie auch nachmittags viel Zeit zusammen, um sich über die Arbeit und persönliche Probleme zu unterhalten.

Die Mutter des Herrn F leidet nach dessen Aussage an Depressionen und Diabetes. Als sie im Jahr 2013 mit einer Zigarette in der Hand ohnmächtig wurde, entfachte ein Brand und die Wohnung, in der beide lebten, brannte aus. Herr F befand sich zu diesem Zeitpunkt auf der Arbeit. Während seine Mutter im Krankenhaus wegen einer leichten Rauchvergiftung behandelt wurde, verbrachte Herr F eine Nacht in einem Wohnheim, eine weitere Nacht bei seiner besten Freundin und wurde dann mit seiner Mutter zusammen in einer Notfallunterkunft untergebracht. Dort blieben die beiden für ein halbes Jahr. In dieser Zeit wurde Herr F bereits von einer Betreuungsperson eines lokalen ambulanten Dienstes betreut. Diese unterstützte ihn unter anderem darin, dass sie ihm nach dem Brand eine eigene Wohnung vermittelte. Diese bezog Herr F Anfang 2014. Der Umzug verlief reibungslos, nachdem Herr F die Wohnung Ende 2013 das erste Mal besichtigt hatte. Im Interview beschreibt er, dass ein menschlich angenehmes Verhältnis zu seinem Vermieter besteht. Die Wohnung umfasst zweieinhalb Zimmer mit insgesamt 54 Quadratmeter. Der Mietvertrag wurde auf seinen Namen ausgestellt. Nach einer Umgewöhnungsphase von vier Tagen, bei der ihn seine Betreuungsperson unterstützte, blieb er dort wohnen. Nach eigener Aussage fühlt er sich dort bis heute sehr wohl. Seine Sorge, zu verschlafen und zu spät zur Arbeit zu kommen, die er anfangs noch hatte (da ihn niemand [mehr] weckte), legte sich nach einiger Zeit (er gewöhnte sich an das Aufstehen mit einem Wecker).

Nach dem Auszug des Herrn F aus der Notunterkunft blieb seine Mutter vier weitere Wochen dort wohnen, zog für ein weiteres halbes Jahr in ihre alte Wohnung zurück und letztendlich Ende 2014 in eine Wohnung in einer anderen Stadt (ca. 150 km entfernt vom Wohnort des Herrn F). Dort wohnt sie noch immer. Ungefähr im selben Zeitraum begann Herr F eine erste Liebesbeziehung zu einer Frau, über deren Dauer nichts bekannt ist. Er beschreibt die Beziehung wie folgt: *„das war aber nichts richtig Festes irgendwie. Sie hat im Rollstuhl gesessen. Und wir haben nur so ein bisschen rumgeknutscht, also ein bisschen gekuschelt. Und sie hatte dann Schluss gemacht und ja, das hatte zwei, drei Tage ein bisschen weh getan, dann war's ok.“* (Z. 368-372). Nach dem Ende der ersten Beziehung lernte Herr F seine aktuelle Lebenspartnerin auf der Arbeit kennen. Bis zu diesem Zeitpunkt besuchte er seine Familie (in seiner Geburtsstadt bzw. der neuen Heimatstadt seiner Mutter) noch regelmäßig an den Wochenenden. Seitdem er mit seiner neuen Lebenspartnerin zusammen ist, kommen diese Besuche nur noch selten vor, was Herr F zu einem gewissen Grad bedauert.

Gegenwart

Mittlerweile hat Herr F zwei Betreuungspersonen. Während die eine Betreuungsperson mit ihm vor allem Besorgungen (beispielsweise für die Wohnung) macht, begleitet ihn die zweite Betreuungsperson manchmal bei Behördengängen oder zu anderen Terminen. Insgesamt trifft er sich mit beiden Betreuungspersonen bis zu zweimal in der Woche. Dann bespricht er mit ihnen anstehende Aufgaben und Alltagsangelegenheiten. Weiterhin arbeitet Herr F, auf Betreiben seiner Vorgesetzten in der Werkstatt, zunächst probeweise ganztägig in der Küche der Institution mit. Sein Aufgabenbereich umfasst dort Geschirr abtrocknen, Unterstützung der KöchInnen (insbesondere bei der Zubereitung von Diät-Mahlzeiten) sowie die Organisation von Essens- und Getränkeausgabe, welche er mit seiner Vorgesetzten gemeinsam erledigt. Die Arbeit fällt ihm nach eigenen Angaben leicht, nicht zuletzt wegen der guten Zusammenarbeit mit seiner Vorgesetzten, die jedoch am Tag des Interviews ihren letzten Arbeitstag hatte. Herr F drückt sein Bedauern über das Ende der Zusammenarbeit aus.

Die Lebenspartnerin des Herrn F wohnt noch bei ihren Eltern, welche beide berufstätig sind. Herr F gibt an, dass seine Lebenspartnerin das sogenannte ‚Down-Syndrom‘ hat. Auf Anweisung ihrer Eltern verbringt sie unter der Woche kaum noch Zeit mit Herrn F, darf aber seit Ende 2015 am Wochenende und in ihrem Urlaub bei Herrn F übernachten bzw. wohnen. Sein typisches Wochenende beschreibt er wie folgt: *„Und wenn wir ausgeschlafen haben, dann kuscheln wir noch ein bisschen im Bett. Dann frühstücken wir zusammen. Nach dem Frühstück kommt‘s drauf an, wenn schönes Wetter ist, gehen wir raus. In die*

Stadt. Und treffen uns mit Kumpels zum Chillen, abhängen. Und wenn kein schönes Wetter ist, gucken wir fern oder gehen mal in den Zoo und mal ins Kino. Das machen wir eigentlich genug. Und am Abend gucken wir dann Fernsehen und essen zusammen Abendbrot" (Z. 190-199).

Er beschreibt seine Lebenspartnerin aktuell als die wichtigste Person in seinem Leben und kann sich auch eine gemeinsame Zukunft mit ihr vorstellen. Sie ist die Person, mit der er gerne noch mehr Zeit verbringen würde und mit der er gerne Urlaub macht. Bislang konnten die beiden einmal fünf Tage gemeinsam in Berlin verbringen. Er berichtet, dass ihre Eltern Bedenken hatten, sie mit ihm alleine verreisen zu lassen. Er beschreibt zudem, dass es für die Eltern der Lebenspartnerin grundsätzlich schwer sei, überhaupt für längere Zeit getrennt von ihrer Tochter zu sein.

Seine Lebenspartnerin reist in der Woche nach dem Interview mit ihren Eltern nach Frankreich. Wie lange sie dort bleibt, ist Herrn F nicht bekannt. Er nahm ihre Abreise zum Anlass für eine Abschiedsfeier, welche mit seinen Freunden am Abend vor dem Interview stattfand und im Zuge dessen er das erste Mal abends ‚länger' unterwegs war und Alkohol konsumierte. *„Gut, ich meine das mit gestern, das war nun auch für mich hier in [Name der Stadt] das allererste Mal, dass ich dann so richtig lange weg war. Ich meine, das war so eine kurzfristige Entscheidung. Und weil sie ja nun jetzt am Montag nach Frankreich fährt und uns alle nicht mehr sieht, hab ich gedacht: ok, komm, egal. Wenn wir zuhause rumhocken und fernsehen und nicht wissen, was wir machen sollen, ist es besser, bei dem schönen Wetter noch raus zu gehen. Ja, und dann waren wir noch ein bisschen am [Name eines Flusses]. Haben ein Bierchen getrunken"* (Z. 201-213).

Weiterhin berichtet Herr F von seiner besten Freundin: *„Wir haben schon so viel zusammen durchgemacht. Und so oft hab ich die schon vorn Kopf gestoßen, wegen meiner Freundin. Und immer haben wir uns wieder vertragen. Wie gesagt, bei der hatte ich ja dann auch geschlafen, als die Wohnung gebrannt hatte"* (Z. 439-445). Er beschreibt sie als die Person, mit der er über alles reden kann. Aufgrund der Eifersucht seiner Lebenspartnerin auf eben jene beste Freundin, war die Beziehung zur besten Freundin in der letzten Zeit hin und wieder konfliktbehaftet. Dennoch ist er sich ihrer Freundschaft sicher, nicht zuletzt, weil sie schon viel miteinander erlebt haben. Herr F benennt seine beste Freundin als die zweite Person neben seiner Lebenspartnerin, mit der er gerne mehr Zeit verbringen würde.

Obwohl er die Eifersucht der Lebenspartnerin auf seine Sozialbeziehung zu seiner besten Freundin reflektiert, ist auch Herr F selbst eifersüchtig auf männliche Sozialkontakte seiner Lebenspartnerin. Diese Eifersucht rührt nach Angaben des Herrn F daher, dass seine Lebenspartnerin ihn bereits mit einem anderen Mann betrogen habe. Hinzu kommt, dass sie sich sehr gut mit seinem besten Freund versteht. Dies führt dazu, dass Herr F nach eigenen Angaben konkret auf diesen eifersüchtig ist. Er hält nun bewusst zu diesem besten Freund eine gewisse Distanz und vermeidet die Erwähnung seiner Lebenspartnerin in Gesprächen mit ihm. Da beide Herren in derselben Werkstatt für Menschen mit Behinderung arbeiten, trifft er ihn trotzdem regelmäßig.

Herr F berichtet, dass es ihm nach dem Vertrauensbruch durch seine Lebenspartnerin nun schwer falle, dieser zu vertrauen. Er ist aber dennoch bemüht und bestrebt, die Beziehung zu seiner Lebenspartnerin zu erhalten, auch wenn das bedeutet, dass er mit seinen anderen FreundInnen und ArbeitskollegInnen weniger Zeit verbringt.

Zukunft

Herr F wünscht sich für seine Zukunft ein Arbeitsverhältnis auf dem ersten Arbeitsmarkt. Er würde gerne Koch werden, weil er aus seinem Hobby einen Beruf machen möchte. Den Wunsch, auf dem ersten Arbeitsmarkt beschäftigt zu sein, hegt er schon länger. Durch den Weggang seiner Vorgesetzten fühlt er sich zusätzlich motiviert, seinen aktuellen Arbeitsplatz zu verlassen. Die Zusammenarbeit mit der Nachfolgerin sieht er skeptisch. Er kennt diese bereits aus einem Praktikum und habe nach eigenen Angaben keinen guten Eindruck von ihr gewinnen können.

Privat wünscht er sich, mit seiner Lebenspartnerin Urlaub im Ausland machen zu können und ein Auswärtsspiel seiner Lieblingsfußballmannschaft in einer nahegelegenen Großstadt zu besuchen. Außerdem würde er gerne in der näheren Zukunft mit seiner Lebenspartnerin zusammenziehen. Er hat auch schon einen Zeitpunkt zu Beginn des darauffolgenden Jahres im Blick, ist sich jedoch sicher, dass ihre Eltern nicht damit einverstanden sein werden und geht davon aus, dass seine Lebenspartnerin sich noch nicht sicher ist, ob sie zunächst lieber alleine wohnen möchte. Er rechnet aber damit, dass sie spätestens in fünf Jahren eine gemeinsame Wohnung bezogen haben werden.

Er möchte außerdem mit ihr eigene Kinder bekommen oder Kinder adoptieren, da er nicht sicher ist, ob sie aufgrund ihrer Behinderung eigene Kinder bekommen kann. Er plant dies aber nicht vor Ablauf von zwei weiteren Jahren.

Herr F hat Angst vor Einsamkeit und befürchtet, dass er irgendwann allein (ohne Lebenspartnerin, Freunde und [Herkunfts-]Familie) sein könnte.

9.6.2 Verdichtete Analyseergebnisse

Rolle der Mutter bzw. Rolle der Herkunftsfamilie

Es wurde deutlich, dass Herr F viele Jahre seines Erwachsenenlebens in einer kindsähnlichen Beziehung zu seiner Mutter lebte und damit einer tendenziell kindlich-infantilen Identität verhaftet blieb. Ein Wandel dieses engen Beziehungsgefüges setzte erst mit dem Wohnungsbrand ein, der die Mutter-Sohn-Gemeinschaft durch eine räumliche Trennung schwächte bzw. einen Ausbruch aus dieser ermöglichte. Die vormalig enge Beziehung zur Mutter brachte Behinderungspraxen (zum Beispiel in Form der mehr oder minder umfassenden Abnahme von alltäglichen Aufgaben) auf Seiten des Herrn F mit sich. So waren ihm beispielsweise bereits die Überwindung grundlegendster lebenspraktischer Krisen fremd – zum Beispiel die des pünktlichen Aufstehens am Morgen. Die Folgen dieser Behinderungspraxen abzubauen, ist gewissermaßen die Aufgabe, die Herr F seither, mit Unterstützung verschiedener Betreuungspersonen, verfolgt bzw. bewältigt. Schlussendlich muss jedoch auch festgehalten werden, dass die Mutter zu einem gewissen Grad dazu beitrug, dass Herr F Kontakte zu Lebenspraxen der Allgemeingesellschaft aufrechterhalten bzw. führen konnte – etwa im Zusammenhang mit ihrer Begleitung zu Fußballspielen des Lieblingsvereins des Herrn F.

Rolle der Betreuungs- bzw. außerfamiliären Bezugspersonen

Weiterhin konnte herausgearbeitet werden, dass gerade außerfamiliäre Bezugspersonen eine entscheidende Rolle im Prozess des Abbaus oben genannter Behinderungspraxen am Körper des Herrn F haben. So fungierte beispielsweise die zuständige Bezugsbetreuung (im Sinne der gemeinsamen Krisenbewältigung [vgl. Oevermann 2002b]) als kontinuierliche Ansprechpartnerin in der Phase des Umzugs. Die (erste) Betreuerin spielt hier insgesamt eine bedeutende Rolle. Sie stellt gewissermaßen den Konterpart zur Mutter dar, zumal sie auch immer eine gewisse Selbstständigkeit von Herrn F einfordert. Hervorzuheben ist dabei auch, dass die Betreuerin selbst über die Maße fürsorglich agiert und es sich um keine gängige Form des Umgangs handelt. Sie bringt sich als ganze Person in das Betreuungsverhältnis ein (zum Beispiel auch mittels der Herausgabe der Handynummer für Anrufe im Notfall). Herr F tritt dabei wiederum in ein tendenziell infantiles Beziehungsgefüge ein, wenngleich es hier gerade sukzessive Ablösungsprozesse sind, die vollzogen werden.

Schlussendlich ist es auch der Freundeskreis des Herrn F, der ihm Handlungsoptionen aufzeigt (zum Beispiel das Feiern einer Abschiedsfeier am lokalen

Flussufer), wie (unter anderem) Freizeit gestaltet werden kann, und welcher somit ebenfalls eine entscheidende Rolle im Prozess der Selbstermächtigung spielt.

Sozialer Anschluss, Sozialbeziehungen

Es wurde deutlich, dass Herr F ein ausdifferenziertes Netzwerk von Sozialbeziehungen geknüpft hat und dieses auch aufrechterhält. Er ist sozial handlungsfähig und das Führen von diffusen Sozialbeziehungen ist für ihn von entscheidender Bedeutung. Erkenntlich wird das nicht nur daran, dass er in einer Paarbeziehung lebt und in einen aktiven Freundeskreis eingebunden ist, sondern auch daran, dass er im Verlauf seines Lebens immer wieder Kontakte zu Personen knüpfen konnte, die ihn dabei unterstützten, sich ausgehend von seiner jeweiligen Lebenssituation weiterzuentwickeln. Herr F unterscheidet sich hier sehr deutlich von den anderen interviewten Personen, die ambulant betreut werden, und letztlich auch aus der Gesamterhebung.

Aneignung des Wohnraums und stellvertretende Krisenbewältigung

Herr F beschreibt seine Wohnung anhand von technischen Parametern, wobei insgesamt eine gewisse Distanz zur eigenen Wohnung deutlich wird, was darauf verweist, dass er sich die Wohnung (bislang) nur bedingt angeeignet hat (vgl. Hasse 2009, S. 21). Die Wohnung wird nur bedingt als die eigene betrachtet, was zu einem gewissen Grad darauf zurückzuführen ist, dass er bereits bei der Wohnungssuche nur eine passive Rolle einnahm. Ungeachtet dessen war er unmittelbar in alle Schritte des Prozesses der Wohnungssuche sowie der hierauf folgenden Abwicklung eingebunden und kennt alle beteiligten Personen. Nichtsdestotrotz tritt Herr F im Zuge der Auswertung immer wieder als passive Person in Erscheinung, die von anderen Personen ‚mitgezogen' bzw. gefördert wird. Gleichwohl kann er diese anderen Personen suchen und adressieren. Er sucht sich also oft Personen, die ihm helfen bzw. Dinge für ihn erledigen. Er versucht stetig sein Leben im subjektiven Sinne zu verbessern, und zwar dahingehend, dass er ein routinemäßig üblicheres Leben führen kann. Gelegentlich ist ihm die stellvertretende Krisenbewältigung durch andere dabei lieber, als die gemeinsame. Ihm geht es, um beim hiesigen Beispiel zu bleiben, also weniger darum, in der Lage zu sein, sich selbst eine Wohnung zu suchen. Es geht ihm eher darum, eine Wohnung gesucht zu bekommen und dass alle umfänglichen Formalitäten, die ein Bezug einer Mietwohnung mit sich bringt, für ihn geklärt werden.

Selbstermächtigung

Am Beispiel der Wohnungssuche lässt sich sehr deutlich die Umsetzung der oben genannten sukzessiven Ablösungsprozesse verdeutlichen, die (unter anderem) von Seiten der Betreuerin forciert werden: Herr F wird Stück für Stück an lebenspraktisch übliche Handlungspraxen und Abläufe herangeführt, wobei er sich zum Teil bereits selbst als handelndes Subjekt erfährt – beispielsweise in Bezug auf ein Treffen mit dem Vermieter. Herr F wird dabei unterstützt, sich zunehmend selbst zu ermächtigen und selbstständig Krisen zu überwinden. Ausdruck dessen ist unter anderem auch eine zunehmend persönlich-individuelle Ausgestaltung des Alltags, wie sie sich zum Beispiel in der Aufstehzeit widerspiegelt, die Herr F nun entlang persönlicher Präferenzen gestaltet. Herr F nutzt in zunehmendem Maße Handlungsspielräume, wobei Gestaltungsmöglichkeiten für ebendiese unter anderem auch durch seine FreundInnen vorgelebt werden. Diese sukzessiv sich vollziehende Horizonterweiterung und Aneignung des eigenen Lebens macht die Langwierigkeit des Prozesses der Selbstermächtigung deutlich. Auch wird klar, dass für die Fortführung dieses Prozesses verschiedene Ressourcen notwendig sind, wobei gerade das Vorhandensein eines unterstützend wirkenden sozialen Umfelds, eine ‚angemessene' pädagogische Betreuung sowie ein gewisses Maß an finanziellen Mitteln bedeutsam scheinen.

Armut

Ein zentrales Problem im Leben des Herrn F ist, dass er lebenspraktisch übliche Praxen des Alltags nur bedingt ausleben kann, da ihm das Geld hierfür fehlt. Herr F hat weniger als 200€ im Monat zur Verfügung. Sein Einkommen, welches er durch seine Tätigkeit in einer Werkstatt für Menschen mit Behinderung erhält, reicht aus, um die existenziellen Grundbedürfnisse zu befriedigen, jedoch nicht dazu, ein gewisses Maß an routinemäßig gängiger Freizeitgestaltung auszuleben (etwa Urlaubsfahrten mit der Lebenspartnerin oder Besuche eines Cafés). Er ist oft darauf angewiesen, dass er öffentliche Veranstaltungen aufgrund seines ‚Behindertenstatus' verbilligt oder umsonst besuchen kann.

Paarbeziehung und Eltern der Lebenspartnerin

Im Zuge der Auswertung wurde deutlich, dass Herr F in einer aktiven Paarbeziehung lebt, wobei er sich dabei reifer konstruiert als seine Lebenspartnerin. Neben der gemeinsamen Arbeit verbringt das Paar beinahe jedes Wochenende miteinander. Problematisch erscheint das Ergebnis, dass die Paarbeziehung in nicht geringem Maße durch die Herkunftsfamilie der Partnerin mitgestaltet wird, indem diese etwa Einfluss darauf nimmt, wann es dem Paar erlaubt ist, sich zu treffen, und wann nicht. Die Beziehung des Herrn F zu seiner Lebenspartnerin wird dadurch eingeschränkt. Problematisch ist weiterhin, dass die Eltern der Lebenspartnerin ihre Tochter eher als Kind konstruieren, während Herr F eher als handlungsfähiger Erwachsener bzw. teilweise als Schutzbeauftragter der Tochter adressiert wird. Für die Eltern der Lebenspartnerin scheint ein Leben ihrer Tochter ohne Protektorat nicht denkbar. Hieraus resultieren auch für die Liebesbeziehung des Herrn F nicht unproblematische Praxen, wie zum Beispiel die, dass die Lebenspartnerin des Herrn F von ihren Eltern bei etwaigen Absprachen übergangen wird und sich diese direkt an Herrn F wenden. Zudem binden die Eltern der Lebenspartnerin ihre Tochter an sich und treten damit zu einem gewissen Grad in ein Konkurrenzverhältnis zu Herrn F ein. Dies geschieht etwa in der Form, dass sie ihr vorgegeben, nach dem Arbeitstag direkt nach Hause zu kommen, statt sich mit Herrn F zu treffen. Ihr Eingreifen führt zu einem ‚persönlichen Leid' auf Seiten des Herrn F und erschwert die unabhängige Ausgestaltung der Paarbeziehung. Deutlich wird dies unter anderem auch an der folgenden Passage des Interviews: *„Und die Sache mit Berlin, genau. Ja, ich meine, ich kann jetzt von ihren Eltern noch nicht so viel verlangen. Das hat sie natürlich auch ganz schön Überwindung gekostet, ihre Tochter da jetzt vier, fünf Tage mit mir alleine nach Berlin zu lassen"* (Z. 309-311).

Restinfantilität, Reflexivität und Reife

An unterschiedlichen Stellen der Auswertung kam immer wieder eine gewisse Restinfantilität bei Herrn F zum Ausdruck. So etwa im Kontext der oben genannten Unterwürfigkeit unter die Vorgaben der Eltern der Lebenspartnerin oder im Zusammenhang mit der Abhängigkeit von außerfamiliären Betreuungspersonen. Demgegenüber steht eine gewisse Reflexivität in der Handlungspraxis. So weiß sich Herr F beispielsweise mit den Ansprüchen der Eltern seiner Freundin zu arrangieren und kann deren Ablösungskrise reflektiert nachvollziehen. Diese Reflexivität äußert sich auch in dem Umgang mit der eigenen Eifersucht bzw. der Eifersucht der Freundin. Herr F registriert Krisen im Alltag und sucht sich selbst Strategien, um diesen zu begegnen bzw. diese zu bewältigen – ein typischerweise als ‚reif' konstruiertes Verhalten. Dies unterscheidet ihn von den anderen interviewten Personen in der hiesigen Untersuchung.

Mütter und Ersatzmütter

Kennzeichnend für die Biographie des Herrn F war zunächst die enge Sozialbeziehung zur Mutter. Als diese enge Beziehung schlagartig erschüttert wurde und Herr F von zuhause auszog, orientierte er sich primär an der damaligen Bezugsbetreuerin. Auch zu ihr baute er eine sehr enge und vertrauensvolle Beziehung auf. Auch ihr ist er in gewisser Weise ausgeliefert und überlässt ihr die Planung vieler seiner Alltagsangelegenheiten. Gleiches gilt für seine Vorgesetzte. Auch zu ihr hat er ein enges (von seiner Seite aus auch diffuses) Verhältnis. Auch ihr vertraut er und auch ihr überlässt er Bereiche seiner persönlichen Zukunftsplanung. Herr F konstruiert diese drei Frauen als die drei prägenden Figuren in seinem Leben, die ihn (immer auch proaktiv) hervorgebracht haben. Allen dreien sieht er sich nicht gleichwertig gegenüber, sondern konstruiert sie als handlungsmächtig, fürsorglich, liebevoll und im Gegensatz zu ihm als ‚nicht behindert'.

9.7 PROBLEMZENTRIERTE ZUSAMMENFASSUNG

Wie zu Beginn von Kapitel 9 festgehalten, folgt nun die Darstellung der Gesamtergebnisse zum Schwerpunkt ‚Lebensentwürfe von Menschen im ambulant betreuten Wohnen'. Es sei an dieser Stelle festgehalten, dass die Einzelergebnisse zur besseren Übersicht unter Kurzüberschriften zusammengefasst respektive gebündelt werden.

Institutionelle Vereinnahmung des Alltags

Es wurde deutlich, dass das Leben der interviewten Personen im Kontext des ambulant betreuten Wohnens weit weniger stark von institutionellen Strukturen vorgegeben und strukturiert wird, als es bei jenen Personen der Fall ist, die im stationären Bereich (siehe Kapitel 10) oder im Bereich der stationären Intensivbetreuung (siehe Kapitel 11) leben. Dies gewährt den Menschen zwar eine größere persönliche Handlungsökonomie, allerdings wurde ebenfalls deutlich, dass auch ihr Leben nicht gänzlich unberührt von institutionellen bzw. organisationalen Strukturen und Einflüssen ist, wobei auch der Umfang der Einflussnahme zwischen den hier untersuchten Fällen sehr stark variiert. So konnte herausgearbeitet werden, dass die interviewten Personen in ihrem Alltag zum Teil sehr engmaschig durch (von Seiten der Trägerinstitution bereitgestellte) Betreuungspersonen begleitet werden (beispielsweise im Fall des Herrn A), sodass es in diesen Fällen dazu kommt, dass viele institutionstypische Strukturen, wie Ablaufpläne und Aufstehzeiten, aber auch die Ausgabe von Taschengeld, in das ambulant betreute Wohnen ausgelagert werden. In diesen Fällen wird dann ein Stück ‚Heim' bei den und um die betreuten Menschen herum kreiert. Überwachende und damit letztlich auch potentiell regulierende Strukturen werden in den Wohnraum der interviewten Personen verlagert und führen dazu, dass deren Handlungs- und Entfaltungsspielraum eingeengt wird und der vermeintlich größere Spielraum zur autonomen Lebensführung letztlich ein Stück weit zur Scheinautonomie wird. Sehr deutlich wurde dies beispielsweise am Fall des Herrn A, dessen Lebensalltag in der eigenen Wohnung umfassend durch teilweise sehr engmaschige Ablaufpläne strukturiert wird. Ergänzend hierzu erhält er jeden Tag Besuch durch eine Betreuungsperson. Der Alltag besteht für Herrn A infolge dessen primär in der Erfüllung von Vorgaben und dem Gewähren von Einblick in seine private Lebensführung, was für ihn letztlich zur Belastung wird. Er sieht sich einer kontinuierlichen Beweispflicht ausgesetzt und lebt in der Angst davor, das, von ihm als solches empfundene, Privileg der eigenen Wohnung entzogen zu bekommen, sollte er der Beweispflicht nicht gerecht werden können. Gerade hier kommt es zu der oben genannten Verlagerung institutioneller Überwachungs- bzw. Kontrollpraktiken in den privaten Bereich der Wohnung. Dies geht mit einer Einschränkung von Selbstentwicklungs- und Selbstentfaltungspotentialen einher. Auch im Falle von Frau E tritt diese Vereinnahmung des Lebensalltags durch institutionelle Strukturen zutage – wenngleich auf eine andere Art und Weise. In diesem Sinne konnte zum Beispiel herausgearbeitet werden, dass Frau E in eine Vielzahl von Freizeitaktivitäten eingebunden ist, innerhalb derer sie aber keine aktive Rolle einnimmt. Stattdessen ordnet sie sich dort der Entscheidungs- und Handlungsmächtigkeit der jeweiligen AnbieterInnen unter. Dies hat zur Folge, dass die jeweiligen Institutionen koordinierend bzw. einflussnehmend wirkmächtig werden und Frau E nur bedingt selbst die Möglichkeit dazu hat, ihre Freizeit unabhängig von äußeren Vorgaben zu gestalten, was sie, insofern sie die Zeit hierfür hat, ohnehin bereits tut. Diese Vereinnahmung des Lebensalltags durch Institutionen der Behindertenhilfe erscheint höchst problematisch und ist letztlich als Behinderungspraxis zu benennen. Am Beispiel der Frau E lässt sich darüber hinaus verdeutlichen, dass sich die Einbindung in Hilfesysteme der Behindertenhilfe (und in diesem Fall auch dem System der Altenhilfe) durch den kompletten Lebenslauf zieht. Frau E hat sich bis zum heutigen Tage so sehr daran gewöhnt, immer unter einem wie auch immer gearteten (pädagogischen) Protektorat bzw. unter wie auch immer gearteten institutionalisierten Strukturen zu leben, dass sie ihr eigenes Leben nicht jenseits dieser Strukturen denken kann. Das Hilfesystem erzeugt hier einen biographisch implementierten Gedankenhorizont, der das Subjekt letztlich daran hindert, an der Mehrheitsgesellschaft teilzuhaben. Trotz dieser behindernden Praxen, die das institutionalisierte Hilfesystem im Kontext des ambulant betreuten Wohnens hervorbringt, muss allerdings auch gesagt werden, dass das System Menschen durchaus dabei hilft, sich besser im Leben zurechtzufinden und ihnen Halt und Sicherheit in ihrem Handeln zu geben. So zum Beispiel im Fall des Herrn B, der sich selbst ermächtigen möchte und dabei klar strukturierte Lebensziele verfolgt, aber den Weg dorthin als schwer bezeichnet, weil er im Alltag auf gewisse Unterstützung angewiesen ist.

Ebendiese bekommt er weitgehend auch aus dem System der Behindertenhilfe. Es kann hier gesagt werden, dass das Unterstützungssystem des ambulant betreuten Wohnens für einige Menschen und deren Lebensentwürfe ‚passt' und diese damit gut zurechtkommen (zum Beispiel Herr B und Herr F). Nichtsdestotrotz treten auch in diesen Fällen starke Behinderungspraxen durch das System selbst hervor. Es bleibt also eine Ambivalenz bestehen, denn auch, wenn die Strukturen des ambulant betreuten Wohnens für einige Menschen ‚passend' erscheinen, steht dem dennoch immer die (zumindest potentielle) Regulierung durch die Unterstützungsstrukturen gegenüber.

Rolle der Herkunftsfamilie

Als weiteres zentrales Ergebnis der Auswertung kann die verhältnismäßig hohe Bedeutung, die den jeweiligen Herkunftsfamilien durch die interviewten Personen zugemessen werden, festgehalten werden. Es wurde deutlich, dass die interviewten Personen, obwohl sie fast alle in einer eigenen Wohnung leben, noch immer (mehr oder weniger stark) von ihren Eltern (bzw. im Falle des Herrn B von den Eltern der Lebenspartnerin) abhängig sind bzw. (im Falle von Frau E) lange Zeit ihres Erwachenenlebens waren. Die Abhängigkeit besteht in sozialer, emotionaler wie auch in finanzieller Hinsicht. Die Herkunftsfamilie fungiert in den untersuchten Fällen oftmals als der wichtigste soziale Bezugspunkt, unabhängig vom Alter der interviewten Personen, wenngleich die Bindung und die Bedeutung der Herkunftsfamilien längst nicht so ausgeprägt ist, wie bei den interviewten Personen aus stationären Wohnkontexten (siehe hierfür die Kapitel 10 und 11). Dass dies so ist, ist unter anderem darauf zurückzuführen, dass die Menschen aus dem ambulant betreuten Wohnen im Regelfall über ein ausdifferenzierteres soziales Netzwerk verfügen, welches zu einem gewissen Grad eine Ablösung von der Herkunftsfamilie begünstigt. Hierzu gehört vor allem ein Arbeitsplatz, der eine gewisse Selbständigkeit und ein gewisses Maß an sozialen Kontakten zulässt. Die Bezüge zur Herkunftsfamilie werden bei den hier Interviewten häufig im Rahmen der Wochenendgestaltung ausgelebt.

Deutlich wurde weiterhin, dass der Herkunftsfamilie in den untersuchten Fällen stets eine ambivalente Rolle zukommt bzw. zukam. Diese Ambivalenz zeigte sich darin, dass die Bindung der Interviewten an die Herkunftsfamilie einerseits zu einem (mehr oder weniger stark ausgeprägten) Verharren in einer kindsähnlichen Rolle führt. Angeführt werden kann hier etwa der Fall der Frau E, deren Arbeitstätigkeit damals durch ihre Mutter unterbunden wurde („*hat mich meine Mutter rausgenommen*" [Z. 311]). Die Bindung zur Herkunftsfamilie entfaltet damit gewissermaßen eine behindernde Wirkmächtigkeit. Andererseits konnte jedoch auch herausgearbeitet werden, dass die Herkunftsfamilien oft den Rahmen für verschiedene ‚Entbehinderungspraxen' bereithalten, die das ambulant betreute Wohnen, respektive das Hilfesystem als Ganzes, so nicht vorhält. In diesem Zusammenhang kann beispielsweise der Fall des Herrn F herangeführt werden, dessen Mutter zu einem gewissen Grad dazu beitrug, dass Herr F Kontakte zu Lebenspraxen der Allgemeingesellschaft aufrecht erhalten konnte, indem sie ihren Sohn in regelmäßigen Abständen zu Fußballspielen seiner Lieblingsmannschaft begleitete, die er sonst nicht weiter besucht hätte. Ein weiteres Beispiel für solche ‚Entbehinderungspraxen' findet sich in der Bereitstellung von monetären Ressourcen, die die (stark) begrenzten finanziellen Mittel, die den Personen aus ihrer Tätigkeit innerhalb einer Werkstatt zur Verfügung stehen (siehe auch den folgenden Punkt ‚Armut'), ausgleichen und somit eine Wahrnehmung von normalen Lebensmustern bzw. eine Teilhabe an Lebenspraxen der Allgemeingesellschaft eröffnen. Weiterhin fungierte die Herkunftsfamilie auch als Ausgangspunkt der Interessensentwicklung – so zum Beispiel im Falle des Herrn D, der mit seinem Vater gelegentlich Fernreisen, Städtereisen und Museumsbesuche unternimmt und hierdurch ein gewisses kulturelles Interesse entwickelt hat. Mit den Fällen Frau E und Herrn F wurden ebenso Fälle dokumentiert, in denen die Ablösung von der Herkunftsfamilie unmittelbar mit Prozessen der Selbstermächtigung einherging. In beiden Fällen wurde dies über die krisenhafte aber unumgängliche Übernahme von Eigenverantwortung erreicht. In beiden Fällen ist der Schonraum, den das pädagogische bzw. elterliche Protektorat bereitstellt, zerbrochen.

Armut

Als fallübergreifend problematisch erwiesen sich in den hier untersuchten Fällen Verarmungstendenzen auf Seiten der interviewten Personen, die, insofern sie nicht von ihrer Herkunftsfamilie unterstützt werden, dazu führen, dass lebenspraktisch gängige Lebensmuster (beispielsweise Urlaubsfahrten) nicht oder nur sehr selten wahrgenommen werden können. Das Einkommen, welches aus der Tätigkeit in einer Werkstatt generiert wird (im Durchschnitt 181€ im Monat bei Vollzeitbeschäftigung [vgl. BAG WfbM 2016]), reicht kaum aus, um die existentiellen Grundbedürfnisse zu befriedigen, und schon gar nicht dazu, um zum Beispiel einen gewissen Grundsatz an routinemäßig gängiger Freizeitgestaltung auszuleben. Abhilfe schafft hier, wenn überhaupt, die Herkunftsfamilie (bzw. im Falle des Herrn B die Herkunftsfamilie der Lebenspartnerin), welche die geringen finanziellen Ressourcen durch Zugaben aufstockt, was jedoch die Problematik der Reproduktion des oben genannten Abhängigkeitsverhältnisses und des (zumindest teilweise) kindsähnlichen Subjektstatus zur Folge hat. Somit wird Armut auch zum sozialen Problem und verhindert Selbstermächtigungspraxen ebenso wie sie die persönliche Handlungsökonomie einschränkt. Ganz grundlegend werden so durch mangelnde monetäre Ressourcen Möglichkeiten zur Selbsterfahrung sowie die Chancen zur Realisierung von routinemäßig nicht finanziell utopischen Lebensentwürfen verhindert (wie im Falle des Herrn B etwa der Besuch des Fitnessstudios). Mangelnde finanzielle Ressourcen, in Verbindung mit oben genannten Institutionalisierungspraxen, sorgen dafür, dass viele der interviewten Personen einen Großteil ihrer Freizeit allein zuhause vor dem Fernseher verbringen. Dies ist häufig selbst dann so, wenn sie anderweitige Interessen haben, wie zum Beispiel im Falle des Herrn A, dessen Traum es ist, ein Fußballspiel von Fortuna Düsseldorf zu sehen. Diesem doch eher routinemäßigen Freizeitinteresse kann er allerdings nicht nachgehen, da er nicht selbstermächtigt genug ist, allein zu verreisen bzw. eine solche Reise zu organisieren, aber auch weil er es sich finanziell nicht leisten kann.

Teilhabe an Praxen der Allgemeingesellschaft, Sozialkontakte und Partnerschaften

Grundsätzlich konnte herausgearbeitet werden, dass die Personen aus dem Bereich des ambulant betreuten Wohnens (trotz der oben genannten Einschränkungen) in einem stärkeren Maße an Lebenspraxen der Allgemeingesellschaft partizipieren, als es bei den interviewten Personen aus dem stationären Wohnen der Fall ist (siehe die Kapitel 10 und 11). Zum Tragen kommt hier das vergleichsweise höhere Maß an persönlicher Handlungsökonomie, welches es ermöglicht, den Alltag zu einem gewissen Grad frei entlang der eigenen Interessen zu gestalten bzw. ebendiese Interessen als solche überhaupt erst entdecken und entwickeln zu können. Beispielhaft herangezogen werden kann hier etwa der Fall des Herrn D, der in seiner Freizeit angelt und in diesem Zusammenhang ebenfalls in einen Verein eingebunden ist. Darüber hinaus besucht Herr D am Abend gelegentlich ein lokales Kino oder verschiedene nahegelegene Festivitäten. Gerade das Ausleben der beiden letztgenannten Punkte ist im Kontext von stationären Unterbringungsformen bereits strukturell so gut wie ausgeschlossen, was mitunter darauf zurückzuführen ist, dass abendliche Ausgehzeiten in der Regel mit institutionell geregelten Essens-, Pflege- und Bettzeiten kollidieren (vgl. Trescher 2015b, S. 90). Ein weiteres Beispiel findet sich im Fall der Frau E, die in ihrer Freizeit gerne durch das Zentrum ihrer Heimatstadt schlendert und dort hin und wieder die ansässigen Restaurants besucht.

Es konnte herausgearbeitet werden, dass viele der Interviewten, wenn auch zum Teil fokussiert auf Einzelpersonen (siehe etwa den Fall des Herrn A), mehr oder weniger enge Freundschaften pflegen, sich teilweise gegenwärtig in einer partnerschaftlichen Beziehung befinden oder zumindest in der Vergangenheit befunden haben. Diese Sozialkontakte bergen wiederum das Potential, als Quellen der Interessensentwicklung und persönlichen Selbstentfaltung zu dienen und so zu einer Erweiterung des persönlichen Lebenshorizonts beizutragen. Beispielhaft angeführt werden kann hier etwa der Fall des Herrn F, der durch seinen Freundeskreis Handlungsoptionen und Selbstermächtigungspotentiale dahingehend aufgezeigt bekommt, wie er seine Freizeit gestalten bzw. leben kann (zum Beispiel das Feiern einer Abschiedsfeier für seine Freundin am lokalen Flussufer, welche am Tag vor dem geführten Interview stattfand). Insgesamt ist Herr F der einzige der interviewten Personen, der in einen größeren Freundeskreis eingebunden ist und mit diesem regelmäßige Aktivitäten verschiedener Art unternimmt. Gleichzeitig tragen Sozialkontakte, die nicht der Herkunftsfamilie zuzuordnen sind, wie bereits in den obigen Ausführungen zur Rolle der Herkunftsfamilien festgehalten, das Potential, sich weiter von dieser abzulösen und damit auch Selbstermächtigungsprozesse anzustoßen.

Im Zusammenhang mit den geknüpften Freundschaften wurde deutlich, dass die interviewten Personen ausschließlich freundschaftliche oder partnerschaftliche Sozialbeziehungen zu anderen Menschen mit (geistiger) Behinderung führen. Geknüpft werden diese Kontakte meist auf der Arbeitsstelle, das heißt den Werkstätten, in denen die jeweiligen Personen tätig sind. Kontakte zu Menschen ohne (geistige) Behinderung treten nur vereinzelt auf (etwa im Rahmen der Vereinsaktivität des Herrn D) und beschränkten sich im Regelfall auf Personen, zu denen in irgendeiner Art und Weise in einem Abhängigkeitsverhältnis besteht – zum Beispiel Betreuungspersonen oder die Eltern. Es kann an dieser Stelle eine relativ klare Grenzlinie zwischen Menschen mit und Menschen ohne (geistige) Behinderung in der allgemeinen Lebenswelt ausgemacht werden, die durch beidseitige Unsicherheiten, protektive Strukturen bzw. Institutionalisierungspraxen und Armut an und letztlich in den Subjekten (re-)produziert wird. Grundsätzlich erscheint es zwar nicht unüblich, Sozialkontakte zu Menschen in ähnlichen Lebenssituationen zu führen, jedoch tritt diese Grenze hier als scheinbar unüberwindbare in Erscheinung. Eine Problematik, die an dieser Stelle noch hervorgehoben werden kann und in Relation mit der bestehenden Kluft zwischen den Lebenswelten von Menschen mit und Menschen ohne geistige Behinderung steht, zeigt sich beispielsweise darin, dass lebenspraktische Erfahrungen und Aktivitäten, welche von Menschen in der routinemäßigen Lebenspraxis bereits relativ früh gemacht werden, wie zum Beispiel das Feiern mit alkoholhaltigen Getränken im Freundeskreis, bei Menschen mit geistiger Behinderung (hier konkret im Fall des Herrn F), wenn überhaupt, erst später gemacht werden.

Ausgrenzung und Einsamkeit

Es kann klar gesagt werden, dass das Leben auch von Menschen, die ambulant betreut werden, noch stark von Ausgrenzung geprägt ist. Wie dargelegt, werden von den hier beforschten Menschen kaum Sozialkontakte zu Menschen ohne Behinderung unterhalten, zu denen nicht in irgendeiner Form eine gewisse Abhängigkeit besteht. Nicht selten konstruieren die interviewten Personen sich als einsam, insbesondere diejenigen, die nicht urban leben. Auch hier spielt das Hilfesystem mitunter eine Rolle, wie zum Beispiel im Fall des Herrn D, der ländlich lebt, dies aber gern ändern und in die nächste Großstadt ziehen würde, dies aber nicht kann, da die Sozialleistungen, die er empfängt, vom ‚zuständigen' Kostenträger bezahlt werden, der ihn an den nicht-urbanen Landkreis bindet, in dem er lebt.

Für gelebte Einsamkeit kann neben dem Fall des Herrn D auch weiterhin der Fall des Herrn C beispielhaft herangezogen werden. Beide Personen heben zwar immer wieder ihre Teilhabe an routinemäßigen Lebenspraxen sowie ihre soziale Eingebundenheit insgesamt hervor, etwa in Form von Kino- oder Fitnessstudiobesuchen, jedoch wurde deutlich, dass sie ihre Aktivitäten primär alleine ausführen. Ihre sozialen Netzwerke beschränken sich zumeist auf engere Bindungen zu Einzelpersonen (im Sinne eines ‚besten Freundes'), die darüber hinaus ebenfalls mit der Zuschreibung einer Behinderung leben. Für alle interviewten Personen ist es selbstverständlich, dass sie keine Sozialbeziehungen zu Menschen ohne Behinderung führen, von denen sie nicht in irgendeiner Art und Weise abhängig sind. Die dadurch wie selbstverständlich verinnerlichte Grenze der Lebenswelten zwischen Menschen mit und Menschen ohne Behinderung reproduziert sich dadurch auf der einen Seite. Auf der anderen Seite schränkt sie auch die möglichen Sozialkontakte (je nach Lebenssituation) stark ein und reproduziert wiederum Abhängigkeiten von Institutionen bzw. ‚Diensten' der Behindertenhilfe, die diejenigen sind, die potentielle Sozialkontakte zu (anderen Menschen mit Behinderung) unter ihrem Protektorat ermöglichen (können). Dieses Zusammenwirken verschiedener Praxen führt am Ende dazu, dass die Interviewten sich oft einsam fühlen. Die einzige Ausnahme bildet hier der Fall des Herrn F, der (wie oben dargestellt) gemeinsam mit seiner Lebenspartnerin in einen größeren Freundeskreis eingebunden ist und in dessen Rahmen regelmäßigen Aktivitäten nachgeht. Herr F lebt aber jedoch auch urban und arbeitet in einer großen Werkstatt für Menschen mit Behinderung, was ihm wiederum mehr Sozialkontakte ermöglicht. Gleichzeitig lässt sich jedoch auch hier festhalten, dass der Freundeskreis ausschließlich aus Menschen mit (geistiger) Behinderung besteht. Auch er hat keine freundschaftlichen Kontakte zu Menschen ohne (geistige) Behinderung.

Neben Vereinsamungspraxen gingen aus den Analysen zum Teil auch Ausgrenzungserfahrungen der Interviewten hervor, die im Laufe des Lebens gemacht wurden. Beispielhaft herangezogen werden kann auch hier der Fall des Herrn F. Als Jugendlicher besuchte Herr F gemeinsam mit seinem Cousin alle zwei Wochen die Heimspiele eines Fußballvereins, bis dieser ihn eines Tages nicht mehr mitnehmen wollte. Herr F spricht in diesem Zusammenhang von der Erfahrung, dass er seinem Cousin in der Öffentlichkeit peinlich war, sodass dieser ihn nicht länger dabeihaben wollte. Es handelt sich bei solchen Ausgrenzungserfahrungen letztlich um oft tief verletzende und unter Umständen auch um traumatische Erfahrungen, welche dazu führen können, dass Ängste und/ oder Unsicherheiten, sich erneut Lebenspraxen der Allgemeingesellschaft zu nähern und sich damit erneut der Potentialität von Verletzungserfahrungen und Zurückweisung auszusetzen, reproduzieren. Oben genannte Grenze zwischen Menschen mit (geistiger) Behinderung und Menschen ohne (geistige) Behinderung wird dadurch verfestigt.

Statuszuweisung ‚(geistige) Behinderung' und persönliche Krise

Ein weiteres zentrales Ergebnis der Auswertung war die persönliche Auseinandersetzung mit der Statuszuweisung ‚(geistige) Behinderung', wobei sich gerade die Interviews mit den jüngeren Personen als spannend erwiesen. Hier avanciert der ihnen zugewiesene Status ‚Mensch mit (geistiger) Behinderung' auf die ein oder andere Art und Weise zur individuellen Krise. In den Fällen der Herren A und B führt die an die Kategorisierung geknüpfte Zuschreibung insofern zu einer Krise, als sie sich durch ihre hieran geknüpfte Zuweisung zu etablierten Unterstützungssystemen bzw. ihrer Abhängigkeit von ebendiesen benachteiligt bzw. in ihren Entwicklungschancen eingeschränkt sehen. Beide fühlen sich ‚zu mehr berufen', können ihre Potentiale und Lebensentwürfe aber angesichts ihrer derzeitigen Lebensumstände nicht in dem von ihnen gewünschten Maße (weiter)entwickeln. Beide reflektieren ihre gegenwärtige Lebenssituation kritisch und sehen einen deutlichen Veränderungsbedarf in Bezug auf ihre aktuelle Lebenssituation. So strebt Herr B zum Beispiel eine Arbeitstätigkeit auf dem ersten Arbeitsmarkt. Versuche seinerseits, entsprechende Praktika durchzuführen, scheiterten bisher jedoch an den vielfältigen Einwänden seines Gruppenleiters der Werkstatt. Herr A wiederum sieht sich von ihm vorgegebenen Ablaufplänen sowie den täglichen Besuchen des Betreuungspersonals der Trägerinstitution derart eingeschränkt und überwacht, dass eine eigenständige Lebensführung bzw. die (zu einem gewissen Grad) nach eigenen Vorlieben gestaltete Strukturierung des Alltags stark behindert wird. Im Fall des Herrn F wiederum wird die Konfrontation mit der Statuszuweisung ‚geistige Behinderung' auf einer anderen Ebene zur Krise und äußert sich in der Auseinandersetzung mit den Eltern seiner Lebenspartnerin, in deren Rahmen er versucht, das elterliche Protektorat abzubauen und mehr Freiräume für sich und seine Partnerin zu erstreiten. Herr F scheint selbst im Vergleich zu den anderen interviewten Personen eher handlungsmächtig und selbstständig. Dabei scheint auch der Status ‚geistig behindert' für ihn mehr oder minder unproblematisch, da dieser ihn selbst eher sekundär in seiner Alltagsgestaltung behindert. Frau E scheint sich mit dem Status ‚geistig behindert' in gewisser Art und Weise abgefunden zu haben, wenngleich sie ‚geistig behindert' als ein Label konstruiert, welches andere ihr geben. Sie selbst konstruiert sich (heute nicht mehr) als ‚geistig behindert'. Dennoch sieht sie sich als eine Person, die auf Hilfe anderer angewiesen ist, allerdings auch aufgrund ihres Alters. In den Fällen der Herren C und D geht es weniger um eine Kritik an aktuellen Lebensverhältnissen, sondern vielmehr um eine Distanzierung der eigenen Person von der Kategorisierung ‚(geistig) behindert'. Beide Herren versuchen sehr deutlich ein Image von sich zu kreieren, welches sie als aktive, selbstständige und selbstbewusste Personen erscheinen lässt. In Verbindung mit oben genannter Problematik der verhältnismäßig späten Ablösung vom Elternhaus, die auch nur bedingt gelingt, und der damit verbundenen ‚Verschiebung der Pubertät nach hinten', muss hier auch das entworfene Image der ‚besonderen Coolness' (zum Beispiel durch den Konsum von alkoholischen Getränken im Falle des Herrn D), welches konstruiert wurde, genannt werden. Auch dieses Image wird durch die Eingebundenheit in Alltagspraxen der Mehrheitsgesellschaft, etwa dem regelmäßigen Besuch von Cocktail- und/ oder Shisha-Bars oder dem Besitz von Statussymbolen, wie der aktuellsten Ausführung eines Smartphones oder Benutzung von Jugendsprache, deutlich.

Religiosität

Im Falle des Herrn B wurde deutlich, dass die Auslebung von Religiosität im Kontext des ambulant betreuten Wohnens möglich ist. Auch hier schlägt sich die erweiterte Handlungsökonomie der Interviewten nieder, die eine außerstationäre Form der Unterbringung im Vergleich zu einer stationären eröffnet. So besucht Herr B regelmäßig das lokale Gebetshaus (Moschee) und tritt im Zuge dessen in Kontakt mit anderen Gläubigen der Gemeinde – und damit auch zu Menschen ohne (geistige) Behinderung, wenngleich diese Kontakte nicht weiter vertieft werden und sich auf den Rahmen der Moscheebesuche beschränken. Religiosität wird in diesem Zusammenhang mit ihrem Potential zur Vergemeinschaftung nutzbar gemacht und eröffnet Herrn B sozialen Anschluss, ähnlich wie im Fall der Frau E, die regelmäßig eine christliche Gemeinde besucht.

10. Lebensentwürfe von Menschen, die stationär betreut werden

Im Mittelpunkt des folgenden Kapitels stehen Menschen, die stationär betreut werden. Gleich den vorherigen Darstellungen wird auch im Folgenden zunächst die Biographie der einzelnen Personen dargestellt, bevor auf die jeweils herausgearbeiteten Ergebnisse eingegangen wird. Geschlossen werden die Ausführungen auch hier mit einer zusammenfassenden Ergebnisdarstellung.

10.1 Frau G: „Nachts, wenn die Nachtwache hielten, da haben die mich einfach mit dem Riemen geschlagen! Mit dem Riemen!"

Frau G ist 84 Jahre alt, berentet und lebt in einer stationären Wohneinrichtung. Sie verbringt ihren Alltag üblicherweise in der Einrichtung und nimmt an den tagesstrukturierenden Angeboten innerhalb dieser teil. Alle zwei Wochen besucht sie an einem Wochentag die tagesstrukturierenden Angebote einer anderen Wohneinrichtung des gleichen Trägers, unter dessen Dach auch die Wohneinrichtung, in der sie lebt, geführt wird. Das Interview mit Frau G wurde in den Räumlichkeiten der Wohneinrichtung geführt, in der sie lebt.

10.1.1 Biographie

Vergangenheit

Frau G wurde 1931 in einer deutschen Großstadt geboren. Sie wuchs dort mit ihren Eltern sowie ihren Geschwistern auf. Ihr Vater war Tierpfleger im städtischen Zoo, ihre Mutter arbeitete als Verkäuferin in einem Lebensmittelgeschäft. Frau G hatte insgesamt drei Geschwister, wobei die jüngste Schwester schon als

Kleinkind verstarb, was Frau G, vor ihrer älteren Schwester und ihrem noch älteren Bruder, zum jüngsten (lebenden) Familienmitglied werden ließ. Ihre zweite Schwester verstarb im Erwachsenenalter bei einem Autounfall. Ihr Bruder verstarb in den 1970er Jahren im Alter von 54 Jahren an Lungenkrebs. Frau G war das einzige Kind, das als behindert galt, was sie mit den folgenden Worten beschreibt: *„Meine Geschwister waren alle gesund“* (Z. 389). Im Jahr 1936 wurde Frau G im Alter von fünf Jahren in ihrer Heimatstadt in eine nicht behinderungsspezifische Grundschule eingeschult. Sie berichtet in diesem Zusammenhang von ‚Mobbing-Erfahrungen‘ durch ihre MitschülerInnen. Sie habe die Schule jedoch nur selten besucht, da sie *„ständig zu Hause krank war“* (Z. 434). Im Jahr 1938 zog Frau G auf die Kinderstation einer großen Heilerziehungsanstalt, die am Rande einer Kleinstadt gelegen war, welche wiederum ca. 50 km von ihrer Heimatstadt entfernt liegt. Hierzu führt sie aus: *„weil ich krank war und meine Mutter arbeiten musste, mein Vater war nicht da, der war auch arbeiten“* (Z. 51-52). Sie lebte bis zu ihrem 18. Lebensjahr (1949) in dieser Einrichtung, welche zur Zeit des Nationalsozialismus eine zentrale Rolle in der sogenannten ‚Kindereuthanasie‘ spielte. Welche Erfahrungen Frau G in diesem Zusammenhang gemacht hat, thematisiert sie im Interview nicht. Sie berichtet allerdings von teils massiven Misshandlungen bzw. Gewalterfahrungen durch das Personal. So wurde sie nach eigenen Angaben regelmäßig geschlagen und im Bett fixiert. Während ihres Aufenthaltes in der Einrichtung besuchte Frau G eine der Einrichtung angegliederte Schule. Mit Erreichen der Volljährigkeit im Jahr 1949 verließ Frau G besagtes Heim und zog in eine andere *„Heilanstalt“* (Z. 120), welche in einer ca. 80 km vom bisherigen Wohnort entfernten Stadt gelegen war. Bei der Heilanstalt handelte es sich um eine sogenannte Komplexeinrichtung, das heißt, Wohn-, Arbeits- und Freizeitbereiche waren in einer großen campusähnlichen Struktur vereint. In der Einrichtung lebten über 100 Personen. Hier lebte Frau G bis zu ihrem 65. Lebensjahr (1996) und arbeitete insgesamt 44 Jahre in verschiedenen Arbeitsbereichen der dortigen Werkstatt. Auch hier berichtet Frau G von Gewalterfahrungen und Misshandlungen: *„Nachts, wenn die Nachtwache hielten, da haben die mich einfach mit dem Riemen geschlagen! Mit dem Riemen!“* (Z. 122-124). Zu dieser Zeit erhielt Frau G hin und wieder Besuch von ihren Eltern. Im Laufe der Zeit wurden diese Besuche, insbesondere aufgrund der mit dem Alter eintretenden physischen Einschränkungen der Eltern, jedoch zunehmend seltener. Der Vater von Frau G verstarb zu einem nicht näher bekannten Zeitpunkt, nach einer längeren Unterbringung in einem Altenheim. Ihre Mutter verstarb, nach dem Tod ihres Ehemanns, im Jahr 1988 an den Folgen eines schweren Schlaganfalls. Beide Elternteile lebten, bis zu ihrem Tod, in der Geburtsstadt der Frau G. Nach ihrer Verrentung verließ Frau G im Jahr 1996 oben genannte Einrichtung und zog auf ihr persönliches Bestreben hin in ein anderes Wohnheim der Behindertenhilfe, das in ihrem Geburtsort gelegen ist. Dort lebt sie noch immer.

Gegenwart

Frau G lebt seit etwa 20 Jahren wieder in ihrer Geburtsstadt und ist zum Zeitpunkt des Interviews 84 Jahre alt. Sie wohnt dort in einem Wohnheim der Behindertenhilfe, in welchem sie sich nach eigenen Angaben viel wohler fühlt, als in den bisherigen Wohneinrichtungen (im Wohnheim leben ca. 20 BewohnerInnen). Sie bewohnt dort ein relativ kleines Doppelzimmer (ca. zwölf Quadratmeter), das sie sich mit einer ca. 40 Jahre jüngeren Frau teilt. In der Einrichtung gibt es nur eine Wohngruppe, in der alle BewohnerInnen leben. Sie geht keiner Arbeitstätigkeit mehr nach und verbringt ihren Alltag größtenteils in der Institution.

Innerhalb der Institution unterhält Frau G vereinzelte Freundschaften zu anderen MitbewohnerInnen, wenngleich sie sich häufig zurückzieht. So beklagt sie: *„Ach, manchmal ist es hier zu laut“* (Z. 337). Sie nimmt dabei auch Bezug auf die sehr kleinen Aufenthaltsräume, die in der Einrichtung gegeben sind. Auch über die Institutionsgrenze hinaus führt sie Sozialbeziehungen zu Menschen aus dem Stadtteil. Zwischenzeitlich ist Frau G zeitweise auf einen Rollator angewiesen. Sie nimmt regelmäßig an Freizeitangeboten der Institution teil. Sie benennt hier Sport- und Malangebote sowie einen *„Kaffeeklatsch“* (Z. 289) als Aktivitäten. Da jedoch immer nur einige wenige BewohnerInnen an diesen Angeboten teilnehmen können, wird die Teilnahme der einzelnen BewohnerInnen in einem bestimmten Turnus gewechselt. Frau G selbst kann ca. alle zwei Wochen an den genannten Aktivitäten teilnehmen. Abgesehen hiervon verbringt sie ihren Alltag mit Gesellschaftsspielen oder mit kleineren Einkäufen, die sie zwischenzeitlich allerdings nur noch in Begleitung ausführen kann. Darüber hinaus übernimmt Frau G in bestimmten Abständen den sogenannten Küchendienst innerhalb der Wohngruppe. Hier deckt sie den Tisch, räumt diesen wieder ab und spült das Geschirr. Frau G ist politisch interessiert und macht als einzige BewohnerIn der Einrichtung von ihrem aktiven Wahlrecht Gebrauch. Frau G engagiert sich in dem von den BewohnerInnen gewählten Heimbeirat.

In den Sommermonaten nimmt Frau G an Freizeiten (kleineren Reisen) der Institution teil. In diesem Zusammenhang war sie in der Vergangenheit bereits mehrfach an einem Ort im Rheinland. Nach eigenen Angaben hat sie im Rahmen dieser Urlaubsreisen auch Freundschaften zu dort Einheimischen geknüpft. Des Weiteren führt Frau G eine Brieffreundschaft mit einer nicht näher beschriebenen männlichen Person.

Kürzlich hatte Frau G einen einwöchigen Krankenhausaufenthalt, währenddessen sie aufgrund einer Linsentrübung (‚Grauer Star') an den Augen operiert wurde, dieses Ereignis war im Interview sehr präsent.

Zukunft

Frau G ist mittlerweile 84 Jahre alt und formuliert in Bezug auf ihre Zukunft den Wunsch, dass sich nichts an ihrer derzeitigen Situation ändern sollte. So äußert sie: *„Also bei mir braucht nichts geändert werden. Das bleibt wie immer"* (Z. 469). In Bezug auf ihr alltägliches (Er-)Leben formuliert sie jedoch mehrere Wünsche. So wünscht sie sich beispielsweise, ihr Zimmer frisch zu streichen und einen neuen Besen zu kaufen, mit dem sie ihr Zimmer kehren kann (Z. 401ff). Zudem ist ihre Musikanlage kaputt, weshalb sie gerne eine neue hätte (Z. 419). Im Hinblick auf ihre Wohnsituation drückt sie den Wunsch nach einem größeren Wohnzimmer und einem *„richtigen Garten"* (Z. 435) aus. Außerdem fände sie es schön, wenn eine von ihr benannte Mitarbeiterin, mit der sie gerne Mensch ärgere dich nicht spielt, mehr Zeit hätte, um mit ihr (nicht näher benannte) Aktivitäten zu unternehmen (Z. 201ff). Sie schränkt dies jedoch ein mit den Worten: *„Ja, wenn die Zeit hat. Die hat ja auch was zu tun, oder? […] Die müssen schreiben, Berichte schreiben und so"* (Z. 201ff).

10.1.2 Verdichtete Analyseergebnisse

‚Institutionskarriere' und Objektivierungserfahrungen

Im Zuge der Analyse wurde deutlich, dass das Leben von Frau G als „Institutionskarriere" (Theunissen 2002, S. 167) beschrieben werden kann. Sie zog im Alter von sieben Jahren in ein Kinderheim und wuchs ab diesem Zeitpunkt nicht mehr bei ihren Eltern und Geschwistern auf. Sie erlebte bereits in jungen Jahren (totale) institutionelle Wohn- und Lebensstrukturen und wuchs jenseits lebenspraktisch üblicher Lebensmuster auf. Dies setzte sich über ihren gesamten Lebensverlauf hinweg fort. Für Frau G ist es selbstverständlich, in einem Heim zu leben und von den dortigen Strukturen abhängig zu sein. Sie kann sich ein anderes Leben nicht (mehr) vorstellen.

Innerhalb ihrer Ausführungen konstruiert sich Frau G selbst als Objekt, das von einer Institution zur nächsten und wieder zurück verschoben wurde – immer auch in Abhängigkeit davon, wo *„gerade ein Bett frei"* (Z. 176) war. An dieser Stelle wird der stark begrenzte Rückzugsraum der „Insassen" (Goffman 1973, S. 19) deutlich, der sich lediglich auf ein eigenes Bett beschränkt (vgl. Trescher 2017c, S. 122; Trescher 2013b, S. 94). In diesem Zusammenhang ist es für sie auch ein Auflehnen und ein Aufbäumen gegen die Institution, in der sie bis zu ihrer Verrentung wohnte und arbeitete, dass sie dort den Wunsch äußerte, diesen Ort zu verlassen.

Entwurzelung und soziale Entfremdung

Es konnte herausgearbeitet werden, dass der Auszug aus dem Elternhaus und der Eintritt in institutionelle Lebensstrukturen mit einer sozialen Entwurzelung von Frau G einhergingen. Sie wurde aus dem ihr bekannten sozialen Umfeld herausgelöst und in eine neue (ihr unbekannte) Lebenswelt überführt. Sie hatte nur noch eingeschränkten Kontakt zu ihrer Familie, was letztlich zu einer emotionalen Distanz führte. Deutlich wurde dies beispielsweise in der von ihr vorgenommenen Schilderung des Todes der Schwester, die bei einem Autounfall ums Leben kam. Es zeigte sich hier, dass Frau G sehr stark von der Familie und den dortigen Geschehnissen abgeschottet war und diese nur am Rande mitbekam. Sie war nicht Teil des alltäglichen Lebens der Familie, was letztlich auch heißt, dass sie (im Falle des Versterbens der Geschwister) unter anderem von familiären Praxen der Trauer ausgeschlossen war. Auch im weiteren Verlauf ist ihre Biographie durch eine geographische sowie sozial-emotionale Zerrissenheit gekennzeichnet, wenngleich eine gewisse Sehnsucht nach emotionaler Nähe und Geborgenheit herausgearbeitet werden konnte. Ihre Geburtsstadt, in der sie heute wieder lebt, wurde dabei als idealisierter Ort der Geborgenheit stilisiert. So zog sie letztlich nach ihrer Verrentung wieder dorthin zurück, obwohl sie auch dort in einer (wenngleich offener strukturierten) Institution lebt und sich erst ein neues soziales Umfeld aufbauen musste, war sie doch insgesamt 60 Jahre nicht mehr dort gewesen. Weiterhin kann auch gesagt werden, dass diese Stadt bzw. der Sozialraum, den sie annehmbar bietet, von Frau G nicht genutzt wird. Für sie bedeutsam ist der Status, in dieser Stadt zu leben.

Gewalterfahrungen

Frau G wuchs in einer Zeit heran, in der Menschen mit (geistiger) Behinderung in Deutschland systematisch verfolgt und oftmals getötet wurden. Bedingt dadurch, dass sie in einer Institution heranwuchs, welche eine entscheidende Rolle in der sogenannten Kindereuthanasie spielte, kann gesagt werden, dass sie in einer ihr ‚feindlich gesinnten' Lebenswelt aufgewachsen ist. Aus welchen Gründen Frau G der NS-Euthanasie nicht zum Opfer fiel, ist unklar. Deutlich wurde jedoch, dass die damalige Zeit für Frau G mit traumatischen Erfahrungen (unter anderem in Form von teils massiven Gewalt- bzw. Misshandlungserlebnissen) verbunden war. Insbesondere die Institutionalisierung im Kinderheim, dies wurde innerhalb der Auswertung sehr deutlich, ist für Frau G eine traumatische Erfahrung gewesen. Sie wurde dort unter anderem so stark misshandelt, dass teilweise medizinische Hilfen notwendig waren, um die Folgen der Misshandlungen zu behandeln. Immer wieder wurde im Zuge des Interviews deutlich, wie stark sie den Handlungsmächtigen innerhalb der Institutionen ausgeliefert war. Noch heute, viele Jahre nachdem sie die Institution verlassen hat, sind diese Erlebnisse sehr präsent. Das Aufwachsen in totalitären Strukturen hat Frau G nachhaltig geprägt. Frau G kommt immer wieder auf diese Zeit zurück, auch bei Fragen, die die Gegenwart betreffen. Auch in der Institution, in der sie danach lebte, machte Frau G diverse Gewalt- und Misshandlungserfahrungen.

Rolle der Herkunftsfamilie

Im Rahmen der Auswertung konnte weiterhin herausgearbeitet werden, dass Frau G (anders als in den meisten anderen der hier analysierten Fälle) keine sehr enge Beziehung zur Herkunftsfamilie pflegte und die Konstruktion der Herkunftsfamilie für sie sehr ambivalent ist. Zu ihren Geschwistern und ihrem Vater hatte sie nur wenig Kontakt und konnte insofern auch kaum gemeinsame Erlebnisse schildern. Sie selbst konstruiert sich immer wieder als Last für ihre Mutter, wenngleich herausgearbeitet werden konnte, dass sie diese teilweise mit dafür verantwortlich macht, dass sie damals in das besagte Kinderheim ziehen musste.

Selbstkonstruktion

Oben genannte Gewalterfahrungen und Objektivierungspraxen prägen Frau G bis heute. Sie konstruiert sich als kämpferisch bzw. widerständig. So beschreibt sie ihre Erlebnisse kritisch und verurteilt sie als ein ihr angetanes Unrecht. Sie spricht für sich selbst und vertritt ihre Interessen. Dies spiegelt sich auch darin wider, dass sie die einzige Person im Wohnheim ist, die ihr aktives Wahlrecht ausübt und das politische Tagesgeschehen ein Stück weit verfolgt. Auch ihr Engagement im Heimbeirat ist hier zu nennen. Weiterhin wurde deutlich, dass Frau G sich selbst nicht als behindert, sondern als krank konstruiert. Entsprechend dieser Selbstkonstruktion stellt Frau G ihr Verbleiben in der Wohninstitution, welche sie auch eher als Einrichtung für kranke Menschen konstruiert, nie in Frage. Sie kennt kein anderes Leben. Ihr erkennbares Aufbegehren bleibt auf die engen institutionellen Grenzen beschränkt. Ein Leben außerhalb der Heimstrukturen ist für sie nicht vorstellbar. Sie bleibt in ihrer Selbstkonstruktion ein institutionalisiertes Subjekt.

Wohlbefinden und persönliche Zukunft

An dem oben dargelegten Ergebnis, dass für Frau G ein Leben jenseits institutioneller Strukturen nicht denkbar ist, lässt sich das Ausmaß ihrer Institutionalisierungserfahrungen verdeutlichen, die letztlich eine massive Begrenzung ihrer Lebensentwürfe mit sich brachten. Diese Begrenzung ergibt sich unter anderem auch aus der quasi-natürlichen Zuweisungspraxis. Die (scheinbar) natürliche Zugehörigkeit der eigenen Person zu Einrichtungen der Behindertenhilfe wurde von Frau G internalisiert bzw. angenommen. Dennoch konnte sie innerhalb der Institutionen Lebensentwürfe entwickeln. So verließ sie die vorherige Institution auf ihr eigenes Bestreben hin. Sie zog zurück an ihren Geburtsort zurück und pflegt dort Sozialbeziehungen verschiedener Art. Dass sie ihr Leben so weiterführen möchte, erscheint aufgrund ihrer Biographie und ihres Alters nicht ungewöhnlich. Ungeachtet dessen ist ihr Alltag noch immer stark durch Fremdbestimmung gekennzeichnet und dass ihr Lebenswelten jenseits der Institution zumindest teilweise vorenthalten wurden und werden, erscheint problematisch und kann ‚von außen' kritisch betrachtet werden. Demgegenüber steht aber, dass Frau G dort angekommen zu sein scheint, wo sie leben möchte und dort auch bis zu ihrem Lebensende leben will und wird. Die Unterbringung kann hier folglich als für sie ‚passend' bezeichnet werden.

10.2 Frau H: „Ich schlafe da im Schlafzimmer im Bett. Bei meiner Mama mit im Bett und Papa schläft auf der Couch."

Frau H ist 24 Jahre alt und arbeitet in einer Werkstatt für Menschen mit Behinderung. Sie lebt in einem Wohnheim der Behindertenhilfe. Das Interview wurde in ihrem Zimmer durchgeführt.

10.2.1 Biographie

Vergangenheit

Frau H wurde im Jahr 1992 in einer deutschen Stadt geboren, wo sie bei ihren Eltern (beide ca. 1960 geboren) aufwuchs. Ihr Vater arbeitet bei einem städtischen Abfallentsorgungsdienst, ihre Mutter ist Hausfrau. Die Mutter der Frau H hat die Diagnose ‚leichte geistige Behinderung' und wurde bis zu ihrem 27. Lebensjahr selbst von einem ambulanten Dienst eines Trägers der Behindertenhilfe in ihrem Alltag unterstützt. Seitdem sie mit dem Vater der Frau H zusammenlebt, ist dies nicht mehr der Fall. Frau H hat keine Geschwister. Zwischen 1995 und 1999 besuchte Frau H einen behinderungsspezifischen Kindergarten in ihrer Heimatstadt, bevor sie 1999 auf eine Förderschule mit dem Förderschwerpunkt ‚geistige Entwicklung' ging, die ebenfalls in ihrer Heimatstadt gelegen war. In dieser Zeit nahm sie auch an verschiedenen behinderungsspezifischen Betreuungsangeboten (zum Beispiel Spielgruppen für Kinder mit geistiger Behinderung) eines Trägers der Behindertenhilfe teil. Frau H knüpfte und führte bereits in Kindergarten und Grundschule Freundschaften zu anderen Kindern mit geistiger Behinderung. Bis zum Jahr 2011 lebte Frau H bei ihren Eltern, ehe sie in eine stationäre Wohneinrichtung des Trägers der Behindertenhilfe umzog, der bereits die Betreuungsleistungen der Mutter übernahm. Sie war zu diesem Zeitpunkt 19 Jahre alt. Dort lebt sie bis zum heutigen Tag. Ende 2013 verließ Frau H oben genannte Schule und arbeitete fortan in einer Werkstatt für Menschen mit Behinderung, die von einem anderen Träger der Behindertenhilfe geführt wird. Die Werkstatt ist ebenfalls in ihrer Heimatstadt gelegen. Beim Übergang von Schule zur Werkstatt wurde Frau H von ihrer Mutter begleitet.

Gegenwart

Frau H lebt gegenwärtig in einem Einzelzimmer einer stationären Wohneinrichtung, welches sie bei ihrem Einzug (nach Budgetvorgaben des Trägers) selbst einrichten konnte. Im Rahmen der Schilderung der Interviewsituation beschrieb die Interviewerin bzw. der Interviewer das Zimmer wie folgt: *„Das Zimmer erinnerte etwas an ein Puppenhaus, die Wände und Gegenstände waren zumeist rosa, pink oder lila. An der Wand hing eine Girlande mit der Inschrift ‚Hurra, es ist ein Mädchen‘ und auf einer Kommode stand reichlich Schminkzeug und Nagellack“* (Z. 16-19).

Frau H lebt in der Regel von Montagnachmittag bis Freitagmorgen in der Einrichtung. Freitags fährt sie nach der Werkstatt zu ihren Eltern und bleibt dort bis montagmorgens. Sie nutzt bzw. bewohnt bei ihren Eltern ihr früheres Kinderzimmer. Nach eigenen Angaben schläft sie aber, wenn sie bei ihren Eltern ist, im Bett der Mutter, während der Vater auf der Couch schläft: *„Ich schlafe da im Schlafzimmer im Bett. Bei meiner Mama mit im Bett und Papa schläft auf der Couch“* (Z. 403-406). Unter der Woche arbeitet Frau H in oben genannter Werkstatt, wo sie Dichtungen bzw. Gummis in verschiedenen Haushaltswaren (zum Beispiel Töpfe, Pfannen) verklebt. Sie wird morgens von einem Bus der Institution am Wohnheim abgeholt und nach Abschluss ihres Arbeitstages dorthin zurückgebracht. Frau H erhält, zusätzlich zu ihrem Gehalt aus ihrer Tätigkeit in der Werkstatt, von ihren Eltern ein wöchentliches Taschengeld in Höhe von zwei Euro.

Ihre Freizeit verbringt Frau H mit dem Schauen von Filmen, dem Hören von Musik und dem Lesen von Büchern. Von ihr werden hier ausschließlich Medieninhalte genannt, die sich explizit an Kinder richten (etwa *„Pippi Langstrumpf“* [Z. 45], *„Fünf Freunde“* [Z. 47] oder *„Heidi“* [Z. 57]). Weiterhin gibt Frau H an, dass sie gerne tanzt und bei ihren Eltern Videospiele spielt. Abgesehen hiervon werden Treffen mit Freundinnen und Freunden sowie das Fotografieren und das Sammeln von Fotos als Interessen benannt. Eine eigene Kamera besitzt Frau H nicht. Stattdessen nutzt sie, gemeinsam mit drei anderen BewohnerInnen, eine Kamera, die von Seiten der Institution gestellt und im Büro der MitarbeiterInnen verwahrt wird (zum Zeitpunkt des Interviews allerdings schon länger nicht mehr auffindbar war). Zuhause bei ihren Eltern hat sie keine Kamera.

Frau H führt freundschaftliche Beziehungen zu verschiedenen MitbewohnerInnen, die sich auch in der Intensität unterscheiden. So hat sie beispielsweise, neben ‚regulären‘ FreundInnen, eine *„beste Freundin“* (Z. 177). Zudem führte sie nach eigenen Angaben in der Vergangenheit bereits zwei partnerschaftliche Beziehungen zu jungen Männern. Gegenwärtig hat sie jedoch keinen Lebenspartner.

Mit Blick auf bestehende Freizeitangebote der Institution, in welche Frau H eingebunden ist, lässt sich sagen, dass sie einmal im Monat an Kegelausflügen der Einrichtung teilnimmt. Ist sie bei ihren Eltern, verbringt sie die meiste Zeit mit diesen. Körperliche Nähe, insbesondere zur Mutter, ist ihr sehr wichtig. So benennt sie *„Kuscheln“* (Z. 203) und *„Schmusen“* (Z. 434) als zentrale Ereignisse, die in der Zeit stattfinden, in der sie bei ihren Eltern ist. Weiterhin werden auch Besuche eines nahegelegenen Schwimmbads benannt. Sonntags geht sie mit ihrer Mutter und ihrem Vater in regelmäßigen Abständen in die Kirche. Die Eltern der Frau H haben einen kleinen Hund, mit dem Frau H (insofern sie bei ihren Eltern ist) gelegentlich ‚Gassi‘ geht. Darüber hinaus werden von Frau H Besuche bei Verwandten benannt, die in der Zeit erfolgen, die sie bei ihren Eltern ist. Konkret erwähnt werden hier eine Großmutter, eine Tante sowie Cousins und Cousinen.

Zukunft

Im Rahmen des Interviews benennt Frau H von sich aus keine Wünsche bzw. Perspektiven für die Zukunft. Diese werden erst auf konkrete Nachfrage der Interviewerin bzw. des Interviewers und unter Rückbezug auf direkte Vorschläge bejaht oder verneint. So formuliert sie den an die Zukunft gerichteten Wunsch nach einer eigenen Wohnung bzw. einem eigenen Haus sowie einem eigenen Hund. Ebenfalls könne sie es sich vorstellen, später einmal zu heiraten.

10.2.2 Verdichtete Analyseergebnisse

Eingeschränkte Handlungsökonomie, Fremdbestimmung und Überwachung

Im Zuge der Auswertung wurde deutlich, dass Frau H ihr Leben in zwei verschiedenen Lebensräumen verbringt: einerseits dem Elternhaus und andererseits dem Wohnheim. Hier konnte herausgearbeitet werden, dass Frau H die Wohneinrichtung der Behindertenhilfe nicht als Heimat konstruiert. Diese stellt lediglich einen Ort da, an dem sie zeitweise ist (etwa vergleichbar jemandem, der bzw. die in einer weiter entfernten Stadt arbeitet und dort unter der Woche lebt, sodass dieser bzw. diese unter der Woche von der Familie getrennt ist). Ihre Heimat, an die sie sich gebunden fühlt bzw. wo sie lebt, ist das Elternhaus. In beiden Lebensräumen ist Frau H unter der Aufsicht anderer Personen. Frau H verbringt ihr Leben damit unter der ungebrochenen Aufsicht eines entweder elterlichen oder pädagogisch-professionellen Protektorats. Sie hat keine Lebensbereiche die nicht in irgendeiner Art und Weise unter Aufsicht stehen. Hiermit geht nicht nur eine Begrenzung ihrer Privatsphäre einher, sondern gleichzeitig auch eine Begrenzung ihrer persönlichen Handlungsökonomie. So wird ihre Alltags- bzw. Lebensgestaltung insgesamt durch das jeweilige Protektorat vorgegeben oder zumindest maßgeblich mitgestaltet. Beispielhaft genannt werden kann hier etwa, neben strukturellen Vorgaben wie Essenszeiten o.Ä., die Kamera, die im Büro der MitarbeiterInnen verwahrt wird und den BewohnerInnen nicht unmittelbar zugänglich ist. In dem Wohnheim ist es lediglich das eigene Zimmer, das einen Ort darstellt, an dem eine gewisse Gestaltungsfreiheit erlebbar ist. Aber letztlich ist auch dieser (strukturell bedingt) eng begrenzt (vgl. Trescher 2017c).

Infantilisierungspraxen

Frau H konstruiert sich selbst sehr infantil. Deutlich wurde dies, neben der von ihr gewählten kindlichen Gestaltung des Zimmers, vor allem auch an den kindlich-distanzlosen Kommunikationsmustern, die Frau H im Rahmen des Interviews zeigte (zum Beispiel Umarmung der Interviewerin bzw. des Interviewers vor dem Interview sowie ein infantiler Sprachstil). Auch ihre Fokussierung auf Medieninhalte, die sich explizit an Kinder richten, sowie ihre Beziehung zur bzw. umfassende Fokussierung auf die Mutter sind Ausdruck dessen. So wurde beispielsweise, durch die Begleitung der Mutter, in ihrem Übergang von Schule/ Arbeitsstelle eine Art Eingewöhnungsphase inszeniert, die in der routinemäßigen Lebenspraxis etwa im Kontext des Eintritts eines Kindes in den Kindergarten üblich ist. Es wurde deutlich, dass Frau H nur bedingt eine Ablösung von ihren Eltern (insbesondere der Mutter) vollzogen hat und sich noch immer in der Rolle eines (Klein-)Kindes wiederfindet. Besonders hervorzuheben ist hier die Tatsache, dass sie, wenn sie bei ihren Eltern ist (drei Nächte in der Woche), mit der Mutter im Ehebett schläft, während der Vater in dieser Zeit auf der Couch schläft. Sie tritt damit in gewisser Weise in ein Konkurrenzverhältnis zum Vater ein. Die Tochter dringt in die Intimität der Mutter-Vater-Beziehung ein und wird Teil ebendieser. In der routinemäßigen Lebenspraxis schlafen nur Kleinkinder regelmäßig im Bett der Eltern. Auch die Tatsache, dass sie immer wieder von ‚Schmusen' und ‚Kuscheln' mit ihren Eltern spricht, ist Ausdruck einer infantilen Sexualität.

Wenn Frau H nicht bei den Eltern ist, ist sie Arbeitnehmerin einer Werkstatt bzw. führt ein ebenfalls infantiles, aber nicht im gleichen Maße ausgeprägt infantiles Leben in der Betreuungsinstitution. Hier konstruiert sie sich eher jugendlich bzw. pubertär. Insgesamt ziehen sich infantile Handlungsmuster, aber auch Muster, wie mit ihr umgegangen wird (Infantilisierungspraxen), durch all ihre Lebensbereiche. Beispielhaft dafür sei hier die Schilderung eines Arztbesuches genannt: *„Ich war beim Arzt. Ich habe ein Pflaster am Arm. Die Spritze hat gepiekst und wehgetan, da hab ich geheult. Ich hab geheult in der Nacht. Weil wir zum Arzt mussten, da musste mir eine Spritze gegeben werden. Hab aber auch Gummibärchen bekommen zum Schluss, Gummibärchen!"* (Z. 72-83). Es ist für Frau H nicht nachvollziehbar, warum sie eine Spritze bekommen bzw. Blut abgenommen bekommen hat. Sie ist lediglich das passive Vollzugsobjekt einer ärztlichen Handlung, die (gegen ihren Willen) angeordnet und ohne ihr Zutun durchgeführt wurde. Diese und ähnliche Praktiken stellen in letzter Konsequenz Übergriffe dar und sind als Entmündigungs- und Unterwerfungspraxen zu kritisieren. Sie stellen eine Demütigung der Frau H dar und sind zugleich Statuszuweisungen, die den Subjektstatus der Frau H als kindsähnlich und passiv reproduzieren.

Selbstkonstruktion

Im Rahmen der Auswertung wurde weiterhin deutlich, dass sich Frau H selbst als (geistig) behindert konstruiert. Während des Interviews entwirft sie ein Bild von sich, das sie als schutzbedürftigen, kindlich-unmündigen Menschen erscheinen lässt (*„Mama bleibt bei mir und passt auf mich auf"* [Z. 320-321]). Gleichzeitig konstruiert sie sich als zuneigungs- und nähebedürftig und sieht die eigene Lebensgestaltung nicht in ihrem eigenen Zuständigkeitsbereich. Vielmehr verortet sie diese im Handlungsbereich anderer. Es konnte in diesem Zusammenhang herausgearbeitet werden, dass Frau H (in Abgrenzung zu ihrer kindlich-defizitären Selbstkonstruktion) Menschen ohne (geistige) Behinderung als ihr überlegen und beinahe ‚allwissend' konstruiert. Daraus folgt eine scheinbar vorbehaltlose Unterwerfung unter die Handlungsmacht bzw. den Willen Dritter. Scheinbar selbstverständlich lässt sie andere über sich und den eigenen Körper verfügen und gibt dadurch den Status eines aktiven, handlungsmächtigen Subjekts weitgehend ab bzw. auf.

Sozialbeziehungen

Die persönlich bedeutsamste Sozialbeziehung führt Frau H zu ihren Eltern. Daneben führt sie aber auch Freundschaften, die sie selbst geschlossen hat. Diese Sozialbeziehungen sind allerdings auf die Strukturbereiche ‚Werkstatt' bzw. ‚Wohnheim' beschränkt. Hier wird mehr persönliche Handlungsökonomie von ihr verlangt, als es bei ihren Eltern der Fall ist. Dieses erhöhte Maß an Handlungsfreiheit scheint sie dann auch zu nutzen. Es wurde deutlich, dass Frau H durchaus über Sozialkompetenzen verfügt und auch ein gewisses Maß an Selbstständigkeit – auch wenn sie dieses selbst oft verneint. Ihre Sozialbeziehungen, insbesondere auch die vergangenen Partnerschaften sowie der Wunsch einmal in einer Ehe zu leben, können auch als Idee von Selbstermächtigungspraxen verstanden werden, wenngleich ihre Ausführungen hierzu wiederum eher kindlich sind.

Behinderungspraxen

Frau H ist (dies wurde bereits in den vorangegangenen Ausführungen deutlich) in ihrem Lebensalltag unterschiedlichen Strukturen und Handlungspraktiken ausgesetzt, die sich auch als Behinderungspraxen fassen lassen. Genannt werden können hier etwa die oben beschriebenen Infantilisierungs- und Entmündigungsprozesse, wobei gerade die fehlende Ablösung vom Elternhaus bzw. die massive Abhängigkeit von der Mutter problematisch erscheint – führen diese doch gerade zur (Re-)Produktion ihrer kindlich-unmündigen Subjektivität. Jedoch konnten im Zuge der Auswertung noch weitere Behinderungspraxen identifiziert werden – so zum Beispiel die mangelnden Möglichkeiten und Angebote zur Freizeitgestaltung innerhalb der Institution, die sich im Falle von Frau H auf einen Kegelabend im Monat beschränken. Gleiches gilt auch für ihre Arbeitstätigkeit, die von Frau H nicht als sinnstiftende Tätigkeit wahrgenommen wird, sondern schlicht als etwas, was in einer Einrichtung, der sie nach der Schule ‚übergeben' wurde, getan wird. Ihre teilweisen schrift- und verbalsprachlichen Einschränkungen wirken zudem als manifeste Diskursteilhabebarrieren in Bezug auf Diskurse der Mehrheitsgesellschaft.

Interessen und Zukunftsplanung

Frau H fällt es schwer, sich in anderen Zusammenhängen bzw. Lebensumständen (hypothetisch) zu konstruieren, als denen, in welchen sie lebt. Dies ist sicherlich auch Resultat oben genannter Abhängigkeitsverhältnisse, in denen sie lebt und die sie als stellvertretend handlungsmächtig und auch handlungspflichtig konstruiert.

10.3 Herr I: „Die Mutter übernimmt die Verantwortung mit ihm rauszugehen, weil ihm des so wichtig ist, er kann dann wie ein echter erwachsener Mann einkaufen gehen."

Zum Zeitpunkt des Interviews ist Herr I 27 Jahre alt. Er besucht unter der Woche eine Tagesförderstätte. Das Interview wurde im Zimmer des Herrn I durchgeführt, das in einer stationären Wohneinrichtung der Behindertenhilfe gelegen ist. Es bleibt an dieser Stelle noch hervorzuheben, dass Herr I nicht (wie die anderen hier aufgeführten Personen) im ‚regulären' stationären Bereich lebt, sondern in einer Wohneinheit der stationären Intensivbetreuung. Der Grund, warum der Fall des Herrn I hier (Kapitel 10) und nicht im Schwerpunkt ‚stationäre Intensivbetreuung' (Kapitel 11) aufgeführt wird, liegt in der verbalsprachlichen Mitteilungsfähigkeit des Herrn I, was ihn von den anderen Fällen aus dem genannten Bereich unterscheidet. Außerdem benötigt Herr I im Alltag wesentlich weniger Unterstützung als diejenigen Menschen, deren Biographien hier in Kapitel 11 gegenständlich sind. Weiterhin sei angemerkt, dass ergänzend zum Interview mit Herrn I ebenfalls ein Interview mit dem bzw. der MitarbeiterIn geführt wurde, der bzw. die Herrn I im Institutionsalltag als Bezugsassistenz zugewiesen wurde. Beide Interviews waren letztlich Gegenstand der Auswertung und dienten als Grundlage für die Erarbeitung der nachfolgenden Biographie.

10.3.1 Biographie

Vergangenheit

Herr I wurde 1988 in einer deutschen Großstadt geboren. Er wuchs dort bei seinen Eltern und mit seiner Schwester, welche zwischenzeitlich verstorben ist, auf. Die Familie hatte ein Haus, in dem ebenfalls die Großmutter lebte. Als Herr I ca. zwei Jahre alt war, verstarb sein Vater, der als Bauarbeiter tätig und alkoholabhängig war. Wie die Bezugsassistenz von Herrn I im Rahmen des Interviews ausführte, traten bei Herrn I erst im Alter von drei oder vier Jahren erste Symptome einer sogenannten Epilepsie und geistigen Behinderung auf. Hierauf folgten viele Krankenhausaufenthalte, die sich zum Teil auch über längere Zeiträume erstreckten. Diese Krankenhausaufenthalte kommen in unregelmäßigen Abständen bis heute immer wieder vor. Die Bezugsassistenz berichtet hier etwa von einem einjährigen Krankenhausaufenthalt, bei dem Herr I von seiner Mutter begleitet wurde. Seither bekommt Herr I verschiedene Psychopharmaka, welche, nach Angaben der Bezugsassistenz, in den Augen der Mutter dazu geführt hätten, dass sich *„sein Sprachverhalten stark verlangsamt hat"* (Z. 512-513). Nach dem Tod des Vaters lebte Herr I noch bis zu seinem 15. Lebensjahr bei seiner Mutter, Großmutter und Schwester. Zu dieser Zeit machte Herr I, hiervon berichtet Herr I selbst, viele Ausflüge mit der Mutter unter anderem in das Stadtzentrum seiner Geburtsstadt sowie auch in umliegende Städte und Gemeinden. Hierbei lernte er unter anderem die selbstständige Nutzung von öffentlichen Verkehrsmitteln. Wie die Bezugsassistenz unter Berufung auf Erzählungen der Mutter jedoch erzählt, hatte Herr I in der Vergangenheit oftmals Schwierigkeiten, Gefahren im Straßenverkehr realistisch einzuschätzen, sodass es gelegentlich zu krisenhaften Erfahrungen kam: *„Schon als kleines Kind war er, das hat sie mir erzählt, auf einem Geburtstag eingeladen und ist über irgendwelche Bahngleise gerannt, weil da ein Stock lag und dann die Mutter des Geburtstagskindes [Vorname von Herrn I] Mutter angerufen hat und gesagt hat, dass das mit ihm nicht geht. Sie hatte dann gesagt, holen Sie ihn bitte ab, ich kann das nicht verantworten!'"* (Z. 637-640). Bis zum heutigen Tag gilt Herr I als *„nicht verkehrstauglich"* (Z. 230). Es liegt ein richterlicher Beschluss vor, der es Herrn I untersagt, ohne Aufsicht die Wohn-Institution zu verlassen.

Im Jahr 2003 zog Herr I im Alter von 15 Jahren in ein Kinderheim. Als Grund für den Auszug aus dem Elternhaus führt die Bezugsassistenz eine Überforderung der Mutter an, die aus der zwischenzeitlichen Pflegebedürftigkeit der Großmutter sowie einer Erkrankung der Schwester resultierte (um welche Krankheit es sich handelt, ist nicht bekannt). Diesbezüglich führt die Bezugsassistenz aus: *„Weil sie sich auch jahrelang zerreißen musste zwischen einer kranken Mutter, die pflegebedürftig war, der kranken Schwester und dem behinderten Sohn, was für eine Person alleine, nachdem dann noch der Mann gestorben war, überhaupt nicht leistbar ist und dann ist er [Herr I] halt eben ins Kinderheim gezogen"* (Z. 525-529). Mit Erreichen der Volljährigkeit verließ Herr I im Jahr 2006 das Kinderheim und zog in eine Wohneinrichtung der Behindertenhilfe, in der er bis zum heutigen Tag lebt. Nach Aussage der Bezugsassistenz gestaltete sich der Übergang in das Wohnheim, abgesehen von gelegentlichen aggressiven Verhaltensweisen, unauffällig. Nach etwa fünf Jahren (ca. 2012) kam es immer wieder zu Wutausbrüchen des Herrn I. Diese kommen bis heute regelmäßig vor. Hierzu führt die Bezugsassistenz aus: *„Irgendwann vor zwei Jahren, glaub ich, war das in einer Konfliktsituation, dass er auf einmal anfing [Darstellung von personenbezogenen Beleidigungen des Herrn I gegenüber verschiedenen MitarbeiterInnen] und wenn er damals nicht in den Bus gesetzt worden wäre, wäre er jetzt gar nicht in [herabwertende Darstellung und Benennung der Wohninstitution]. Von dem Tag an steigerte sich das dann innerhalb der nächsten zwei, drei Monate sehr und es kam immer mehr und mehr zum Vorschein wie er das [den Umzug gegen seinen Willen] erlebt hat und dass er eigentlich zu Mutti ziehen wollte"* (Z. 535-556). Im Jahr 2013 wurde Herr I auf initiales Betreiben der Bezugsassistenz und der Einrichtungsleitung neu diagnostiziert. Die neue Diagnose hieß: *„atypischer Autismus"* (Z. 67). Eine hierauf ausgerichtete spezielle Therapie wurde jedoch (laut Bezugsassistenz) vom Kostenträger abgelehnt.

Gegenwart

Herr I lebt noch immer in oben genannter Wohneinrichtung. Er bewohnt dort ein Einzelzimmer in einer Wohngruppe (bestehend aus insgesamt ca. 10 BewohnerInnen) für Personen mit sogenanntem herausforderndem Verhalten. Sein Zimmer beschreibt Herr I folgendermaßen: *„Ich hab meinen eigenen Fernseher, meine eigene Fernantenne, meinen eigenen CD-Player auch und meinen [interne Bezeichnung eines Notfallknopfes], ich hab auch noch meinen eigenen dunkelbraunen Kleinholztisch und auch noch meinen eigenen dunkelbraunen großen Holzbastelschreibtisch und ich habe auch meinen eigenen weißen Metallgroßerschrank und auch meinen eigenen hellweißen großen Holzbücherschrank. Ich habe ein eigenes riesengroßes dunkelbraunes Schlafzimmerholzbett"* (Z. 128-135). In dem benannten *„Holzbücherschrank"* (Z. 133) verwahrt Herr I vor allem verschiedene Kinderbücher auf. Mit seinem Einzug in die Institution wurde ihm eine Bezugsassistenz zugewiesen, die bisher einmal wechselte. Seine derzeitige Assistenz betreut ihn seit vier Jahren.

Herr I ist verbalsprachlich mitteilungsfähig, tendiere jedoch, laut Bezugsassistenz, sehr stark dazu, eigene Begriffsvariationen für Alltagsgegenstände und Personen zu entwickeln und diese anzuwenden. Hierbei handelt es sich meist um detaillierte Beschreibungen der entsprechenden Gegenstände und Personen. Die von ihm kreierten Begrifflichkeiten werden vom Personal ebenfalls aufgriffen und in der Kommunikation mit Herrn I verwendet. Beispielhaft hierfür der Terminus *„Nasenrotzenerkältung"* (Z. 39).

Wie die Bezugsassistenz mitteilt, benötigt Herr I im Alltag, im Vergleich zu den anderen BewohnerInnen, wenig Unterstützung und gilt in der Wohngruppe als relativ selbstständig. So wird er zwar unter der Woche geweckt, macht sich im Anschluss daran jedoch selbstständig für den Besuch der Tagesförderstätte, die er zwischen acht und 16 Uhr besucht, fertig. Er wird hierfür von einem Bus der Institution hin- und zurückgefahren. Im Alltag gilt Herr I, wie oben bereits dargestellt, zeitweise als aggressiv, wobei er insbesondere die Auseinandersetzung mit neuen MitarbeiterInnen suche. Ebenfalls habe er gewisse Tendenzen dazu, das Gelände der Wohneinrichtung zu verlassen, die nach Angaben der Bezugsassistenz jedoch weniger mit dem Wunsch nach einem finalen Verlassen der Institution im Zusammenhang stehen, sondern vor allem darauf abzielen, verschiedene Dinge bzw. Gegenstände zu sammeln, die sich jenseits des Institutionsgeländes befinden und die Herr I gerne zum Basteln verwendet. Um das Verhalten von Herrn I beeinflussen bzw. sanktionieren zu können, wurde für ihn ein sogenannter ‚Verstärkerplan‘ entworfen. Über diesen institutionellen Anpassungsmechanimus hat Herr I die Möglichkeit, durch institutionell gewünschtes Verhalten sogenannte Smileys zu sammeln, die er wiederum für Unterstützungsleistungen (zum Beispiel Bastelaktivitäten) eintauschen kann. Gleichzeitig verliert er bei etwaigen Regelbrüchen oben genannte Smileys. Nach Angaben der Bezugsassistenz gilt Herr I, trotzdem er sich mitunter auch für längere Zeit in sein Zimmer zurückzieht, als sozial anschlussfähig, was sich etwa darin zeigt, dass er Freundschaften zu einigen seiner MitbewohnerInnen führt. Auch gibt es Personen in seiner Wohngruppe, mit denen er den Umgang meidet. Ausdruck verleiht er diesen Sozialbeziehungen beispielsweise darüber, dass er selbst erstandene Konsumgüter, die er sich von dem ihm zugewiesenen Taschengeld kauft, mit diesen teilt bzw. manchen Personen diese Güter vorenthält. Hierzu die Bezugsassistenz: *„Wenn er Taschengeld bekommt, geht er zum [Name einer Supermarktkette] Einkaufen mit uns und kauft in der Regel Cola und Kekse und eine Pizza, die er dann isst, und die Kekse und die Cola, die werden verteilt an alle, bis auf den [Name eines Mitbewohners, der von ihm auch als ‚Feind‘ bezeichnet wird]. Er hat also eine sehr klare, strikte Vorstellung, wie so etwas funktioniert“* (Z. 355-359). Trotz oben genannter sozialer Anschlussfähigkeit kommt es, laut Bezugsassistenz, in der Kommunikation zwischen Herrn I und seinen MitbewohnerInnen immer wieder zu krisenhaften Situationen, da es Herrn I schwer falle, Situationen genauer einzuschätzen und sein Handeln entsprechend anzupassen. Die Bezugsassistenz verdeutlicht dies am Verlauf einer früheren Partnerschaft von Herrn I, die er über einen gewissen Zeitraum zu einer Frau unterhielt, die in der gleichen Tagesförderstätte beschäftigt war: *„Er hatte sogar eine Zeit lang mal eine Freundin, ich glaube er hat sie gar nicht nur ‚Freundin‘ genannt, das war dann irgendwie seine ‚Kuschelschmuseliebhaberin‘ so irgendwie hat er das dann bezeichnet. Das war allerdings nicht so, dass sie* *sich irgendwie getroffen hätten, das hatte sich dann wirklich darauf beschränkt, dass sie sich auf dem Tagesförderstättengelände begegnet sind und er sie dann in den Arm genommen hat. Das ist dann leider auch sehr schnell gekippt, weil er dann zu stürmisch war, die Grenze nicht selber erkennen konnte*" (Z. 325-332). Zum gegenwärtigen Zeitpunkt hat Herr I keine Lebenspartnerin.

Seine Freizeit verbringt Herr I primär mit dem Ansehen von Filmen (DVDs). Bereits im Kindesalter hat er eine besondere Vorliebe für den Film ‚Arielle die Meerjungfrau' entwickelt, den er sich mehrmals die Woche, teilweise auch jeden Tag, ansieht. So Herr I: „*Abends guck´ ich meine Arielle an*" (Z. 138). Die besondere Bedeutung des Films, und insbesondere der dort auftretenden Figur des ‚König Triton', prägt zudem seine weitere Freizeitgestaltung. In diesem Sinne bastelt Herr I die charakterspezifischen Gegenstände der Figur des König Triton (Dreizack und Krone) nach, mit denen er sich z.T. auch selbst einkleidet bzw. mit denen er Szenen aus dem Film nachstellt: „*Hier drüben [zeigt ein von ihm zum Interview mitgebrachtes Bild] so ein hellblau farbigen riesengroßen runden König Triton aus Arielle. Ich habe eine Krone [des König Triton] hier und, guckste her, und zweitens könnte ich auch noch ein solches tolles großes Königreich, wie im Fernsehen fertig basteln und seinen großen Metall-Spielzeugdreisack, der ist auch noch ganz toll*" (Z. 149-152). Für seine diesbezüglichen Bastelaktivitäten sammelt Herr I die oben erwähnten Gegenstände (zum Beispiel Stöcke und Äste). In diesem Zusammenhang äußert die Bezugsassistenz: „*Und das ist auch so wichtig für ihn, dass er barfuß im Winter bei null Grad über einen zwei Meter hohen Zaun klettert*" (Z. 640-642).

Die Mutter des Herrn I, die gleichzeitig seine gesetzliche Betreuerin ist, hat zwischenzeitlich einen neuen Lebenspartner, mit dem sie in dessen Haus gezogen ist. Dort haben sie jedoch getrennte Schlafzimmer. Nach Angaben der Bezugsassistenz hat Herr I ein gutes Verhältnis zu dem neuen Lebenspartner und dessen Familie. Er verwendet hier die Differenzierung „*alter Papi*" (Z. 337), für seinen verstorbenen Vater, und „*Papi*" (Z. 310), für den neuen Lebenspartner der Mutter. Diese Differenzierung überträgt er auch auf die Eltern des Lebensgefährten der Mutter („*meine neue Oma und mein neuer Opa*" [Z. 310-311]).

Herr I bekommt etwa alle zwei bis drei Wochen Besuch von seiner Mutter, die ihn auch hin und wieder (beispielsweise über Weihnachten) mit zu sich nach Hause nimmt. Den Lebensgefährten seiner Mutter sieht Herr I vor allem bei solchen Gelegenheiten, wenngleich dieser hin und wieder (primär zu besonderen Anlässen, wie dem Geburtstag des Herrn I) auch in die Institution kommt.

Die Mutter des Herrn I ermöglicht es ihrem Sohn, entgegen des vorliegenden richterlichen Beschlusses, eigenständig einkaufen zu gehen. Hierfür holt sie ihn am Wohnheim ab und begleitet ihn zur nächstgelegenen Bushaltestelle, die ca.

50 m von der Wohneinrichtung entfernt liegt. Dort steigt Herr I dann ohne Begleitung in einen Bus und fährt (vor allem) zum nächstgelegenen Einkaufszentrum. Die Mutter selbst wartet an der Bushaltestelle, bis der Sohn selbstständig zurückkehrt. Dann begleitet sie ihn zurück zur Wohneinrichtung. Gelegentlich fahren sie auch gemeinsam zum Einkaufszentrum oder an andere Orte. Herr I führt und führte in erwähntem Einkaufszentrum verschiedene Sozialbeziehungen. Diesbezüglich die Bezugsassistenz: *„Also wir dürfen das nicht erlauben, da die Mutter aber seine gesetzliche Betreuung ist, wir haben sie mehrmals auch darauf hingewiesen, haben uns dann vor Jahren schon von ihr schriftlich geben lassen, sie hat gesagt, sie übernimmt die Verantwortung mit ihm rauszugehen, weil ihm des so wichtig ist, wie er kann dann wie ein echter erwachsener Mann einkaufen gehen. Das sind dann so seine Kontakte nach Außen, da hat er dann auch irgendwann so eine ja Bekanntschaft mit einer Verkäuferin in einem Fischrestaurant angefangen, in dem er sich dann immer sein Fischbrötchen geholt hat. Der hat ihr, glaube ich, auch mal zu Weihnachten ein Bild geschenkt. Also er hat dann schon so seinen Rahmen außerhalb, in dem er sich bewegt, aber das beschränkt sich eigentlich auf [Name des Einkaufszentrums]"* (Z. 379-391).

Am Wochenende nimmt Herr I an Ausflügen der Wohngruppe teil. Herr I führt dazu aus: „Sonntag und Samstag geh ich vielmals zum Landschaftsausflug, toll, mit hier, mit unserem vorderen Opel [nähere Beschreibung] oder riesengroßen hellweißfarbigen Ausflugmercedesautodienstbus" (Z. 156-158).

Zukunft

Die Bezugsassistenz formuliert den Wunsch bzw. die Zielsetzung, dass Herr I von der derzeitigen Intensivgruppe in eine ambulant betreute Wohngruppe wechselt. Ebenfalls sei es das Ziel der Institution, Herrn I in naher Zukunft aus der Tagesförderstätte aus- und in die Werkstatt einzugliedern. Hierfür ist eine Übergangsphase geplant. Ebenfalls wünscht sich die Bezugsassistenz, dass Herr I an einer autismusspezischen Therapie teilnimmt, wovon sie sich vor allem eine Verbesserung seiner Sozialkompetenzen erhofft. Die Bezugsassistenz führt hierzu aus: *„Auch einen Therapieplatz zu bekommen, das wäre ein alltagspraktischer, eher zeitnaher Wunsch, was ich mir für ihn wünschen würde, weil ich glaube, er würde wahnsinnig davon profitieren, auch dann im Umgang mit den Anderen und mit uns, wenn er da so ein bisschen lernen könnte, wie das denn überhaupt funktioniert im sozialen Bereich, was ihm halt leider sehr fremd ist"* (Z. 70-80). Ebenfalls ginge es darum, *„ihn auch in seiner Wahrnehmung von sich selbst als Erwachsener zu stärken"* (Z. 613-614).

Herr I selbst möchte gerne einen Führerschein machen. Weiterhin wünscht er sich, in Anlehnung an den Film ‚Arielle die Meerjungfrau', einen echten magischen Dreizack, eine Krone, mit der er Gedanken kontrollieren kann, sowie Flügel auf seinem Rücken, mit denen er fliegen kann. Diese Wünsche formuliert Herr I in Form eines (noch zu verfassenden) Briefs an den Weihnachtsmann: *„Hör zu lieber Weihnachtsmann, ich wünsche mir liebesherznett von dir, dass du mein hellblaugroßes Spielzeugzeug zu einem echten hellblau-magischen Metallblitzdreizack mit einer echten hellblauen magischen Gehorchungszauberkraft machst und mir eine Metall-König-Krone zusendest. Der Dreierzack mit dieser magischen Königkrone! Hör gut zu lieber Weihnachtsmann, dann wünsche ich mir gerne von dir, dass du zwei echte hellweiße Flügel mir an meinen hinteren Rücken machst, damit ich mit diesen Flügeln toll hoch fliegen kann. Das ist das, was du mir höchst nett liebensherzlich dann erfüllen sollst"* (Z. 491-502).

10.3.2 Verdichtete Analyseergebnisse

Lebensraum Institution, Rolle der MitbewohnerInnen

Im Zuge der Auswertung konnte herausgearbeitet werden, dass Herr I seinen gesamten Lebensentwurf innerhalb der ihn umgebenden Institution verortet. Er konstruiert das Wohnheim als Heimat, in der er sich auch in Zukunft sieht. Wenngleich er gern die Institution verlässt, kann er keinen Lebensentwurf jenseits der Institution entwickeln.

Weiterhin wurde deutlich, dass die Bindung des Herrn I an das Wohnheim und seine Strukturen mit einer besonderen emotionalen Verbundenheit zu einigen seiner MitbewohnerInnen einhergeht, die er, im Sinne von Schicksalsgenossen, ebenfalls als Teil seines Lebens und seiner Zukunft konstruiert.

Passivität, Wunsch nach Selbstermächtigung

Herr I bringt im Zuge des Interviews den Wunsch nach mehr persönlicher Handlungsökonomie zum Ausdruck. Besonders deutlich wurde dies in der Passage, in der Herr I seine Wünsche an den Weihnachtsmann beschreibt. Er wünscht sich Handlungsökonomie, symbolisiert durch den Wunsch nach dem magischen Dreizack sowie der magischen Krone des Unterwasserkönigs Triton, um sich selbst, seinen *„vielen Werkstattfreunden"* (Z. 505) sowie seinen anderen *„vielen Freunden liebesherzlich mit schön- glücklichen Herzwünschen"* (Z. 506-507) zu erfüllen. Sich selbst sieht er in diesem Kontext als *„[Name der Institution]-Heimatdreierzackkönig"* (Z. 525), der über die Institution und die dort Lebenden und Arbeitenden regiert. Zugleich versichert er jedoch, seine königliche Handlungsmacht, die ihm der Dreizack und die Krone des Triton verleihen würden, nicht zu missbrauchen und ausschließlich für gute Zwecke zu verwenden (*„dann verspreche ich dir, ehrlich heilige Wahrheit, auch, dass die hellblau magisch* *leuchtenden Blitzmachdreierzackkraft für dieses einzigste Gute sorge und für nichts anderes"* [Z. 508-511]). Wie ebenfalls an diesen kurzen Passagen exemplifiziert werden kann, konstruiert Herr I die ihn umgebende Institution zwar einerseits als Heimat, andererseits jedoch auch als unterdrückende Struktur, die ihn sowie seine MitbewohnerInnen an einer freien und selbstbestimmten Lebensführung und damit auch an der Verwirklichung etwaiger Lebensentwürfe hindert. Um sich dieser Struktur respektive ihrer unterdrückenden Wirkmächtigkeit zu entziehen (was letztlich als zentrales Moment seiner persönlichen Zukunftsvorstellungen zu betrachten ist), benötigt er jedoch magische Mittel, welche letztlich Ausdruck von lebenspraktischer Ausweglosigkeit sind. Es ist nicht absehbar, dass sich Herr I den ihn umgebenden Strukturen in naher Zukunft entziehen können wird. Dies bleibt ein wahrscheinlich unrealistischer Wunsch. Er selbst konstruiert sich nicht nur als Opfer einer unterdrückenden Struktur, sondern ebenfalls als handlungsunfähig gegenüber dieser Struktur. Der Lebensraum und die Lebensentwürfe der BewohnerInnen werden durch die Institution festgelegt bzw. kontrolliert. Der von Herrn I zum Ausdruck gebrachte Wunsch nach Selbstermächtigung bringt letztlich den Wunsch nach einem Wandel bzw. nach Veränderungen innerhalb der Einrichtung mit sich. Diese Veränderungen sind notwendig, um mit Blick auf die Zukunft eine erfüllte Lebensführung zu ermöglichen.

Zwischen Infantilität und Reife

Im Rahmen der Auswertung konnte weiterhin ein infantiler Subjektstatus des Herrn I herausgearbeitet werden. Auch hierfür kann exemplarisch obige Passage herangezogen werden, in welcher er seine Wünsche an den Weihnachtsmann adressiert, jedoch auch durch die Rahmung der Wünsche, welche Herr I in Anlehnung an den Kinderfilm ‚Arielle die Meerjungfrau' formuliert. Auch die Kinderbücher des Herrn I sowie die enge emotionale, soziale, physische und rechtliche Abhängigkeit von seiner Mutter sind Ausdruck einer kindlichen Identität. Ungeachtet dessen wurde ebenfalls deutlich, dass Herr I seine Lebenssituation sowie sich vollziehende Abläufe innerhalb der Institution kritisch wahrnimmt und reflektiert. Er nimmt aktiv am Alltagsgeschehen teil und wertet dieses vor dem Hintergrund seiner persönlichen Vorstellungen und Lebensperspektiven. Seine Wünsche, die letztlich eine Kritik an bestehenden Kontroll- und Überwachungspraxen der Institution darstellen, bergen dabei einen tendenziell ‚erwachsenen' bzw. ‚reifen' Kern, der sich insbesondere in der von ihm verwendeten Unterdrückungs- bzw. der daran anschließenden Befreiungsthematik äußert. Zudem unterhält er selbstständig Sozialkontakte zu Nicht-Institutions- oder Familien-Mitgliedern und geht auch (wenn auch nicht oft) routinemäßig alltagspraktischen Tätigkeiten, wie zum Beispiel dem Einkaufen, nach.

Eingeschränkte Handlungsökonomie, Fremdbestimmung und Überwachung

Es wurde, wie bereits ausgeführt, deutlich, dass Herrn I innerhalb des Heimalltags nur eine stark eingeschränkte persönliche Handlungsökonomie zuteilwird, was sich zu großen Teilen bereits aus der Definition der Wohngruppe als ‚Intensivgruppe' und den daran geknüpften Regulierungspraxen ergibt. Es offenbaren sich hierin schlussendlich auch die Gründe für die Unzufriedenheit des Herrn I mit seiner gegenwärtigen Lebenssituation und seinem Wunsch nach mehr (Handlungs-)Freiheit. In diesem Zusammenhang muss auch hervorgehoben werden, dass Herr I gerne Zeit außerhalb der Institution verbringt (etwa bei Ausflügen). Es obliegt der Institution bzw. den dort tätigen MitarbeiterInnen, zu entscheiden, wann und in welchem Rahmen Herr I seinen Interessen nachgehen kann und wann nicht. In diesem Sinne ist er beispielsweise darauf angewiesen, dass ein bzw. eine MitarbeiterIn den Fernseher in seinem Zimmer anstellt und den von ihm gewünschten Film einlegt, da beides (sowohl der Fernseher als auch der DVD-Spieler) aus ‚Sicherheitsgründen' außerhalb seiner unmittelbaren Reichweite angebracht ist, sodass er diese nicht selbständig nutzen kann. Auch der für ihn eingesetzte Verstärkerplan stellt ein solches restriktives Moment der Überwachung und Kontrolle dar, wird hierüber doch festgelegt, welches Maß an ‚pädagogischer' Zuwendung Herr I erhält – beispielsweise bei den von ihm gewünschten Bastelaktivitäten. Auch darf Herr I das Gelände der Einrichtung nicht zu jeder von ihm gewählten Zeit und ohne Begleitung durch einen bzw. eine MitarbeiterIn verlassen. Bereits das Betreten des Hofes ist ihm nicht ohne Aufsicht und nur zu bestimmten Zeiten gestattet. All dies führt dazu, dass Herr I mit Blick auf seine Lebensgestaltung massiv eingeschränkt bzw. auf die Institution und die in ihr tätigen MitarbeiterInnen angewiesen ist. Ein Ausbruch aus jenen restriktiven Lebensumständen und das Führen eines selbstbestimmten, freien Lebens (innerhalb der Institution) ist es, was sich Herr I für seine Zukunft wünscht.

Rolle der Bezugsassistenz

Die Bezugsassistenz steckt in einer scheinbar unauflösbaren Ambivalenz. Einerseits hat sie die Aufgaben der Institution verinnerlicht und sieht sich verpflichtet, diesen zu folgen. Andererseits hat sie die Aufgabe, als VertreterIn des Herrn I gegenüber der Institution aufzutreten. Herr I als Person tritt dabei ein Stück weit in den Hintergrund. Dies ist schlussendlich ein institutionelles Strukturproblem, das entsteht, da die Aufgaben der Bezugsassistenz primär im technisch-administrativen Bereich liegen. Spezielle Zeitfenster zur pädagogischen Betreuung des Herrn I stehen der Bezugsassistenz nicht zur Verfügung. Gleichzeitig konnte herausgearbeitet werden, dass die Bezugsassistenz eine emotionale Nähe zu Herrn I aufgebaut hat und in diesem Sinne erneut in einer Ambivalenz zwischen einerseits (Behinderung reproduzierender) Fürsorge und einer gewissen Assistenz zur Selbstermächtigung gefangen scheint. Das Verhältnis zwischen Herrn I und der Bezugsassistenz ist hochgradig komplex und beruht insbesondere von Seiten der Bezugsassistenz auf liebevoller Wertschätzung, wenngleich diese an institutionelle Grenzen stößt, etwa dann, wenn sie Herrn I nicht im von ihr für adäquat gehaltenen Maße bei der Erfüllung seiner Lebensentwürfe begleiten und unterstützen kann.

Rolle der Herkunftsfamilie, Sozialbeziehungen

Als weiterer Aspekt konnte herausgearbeitet werden, dass Herr I seine Lebensentwürfe eng an das Führen von Sozialbeziehungen koppelt, wobei gerade die (Herkunfts-)Familie von besonderer Bedeutung ist. Wenngleich der Stiefvater ebenfalls eine zentrale Rolle spielt, so ist es doch die Mutter, zu der er den engsten Bezug hat. Die Mutter verschafft Herrn I, nicht zuletzt durch die Besuche des Einkaufszentrums, Frei- bzw. Handlungsspielräume jenseits des institutionellen Herrschaftskontexts und ermöglicht ihm so eine zumindest teilweise Erfüllung seines Wunsches nach einem selbstbestimmten und freien Leben. Die Mutter unterstützt ihn punktuell bei der Verwirklichung seiner Wünsche und Bedürfnisse. Sie ermöglicht damit etwas, was die Institution, wie bereits hervorgehoben, nicht nur nicht leistet, sondern viel eher zusätzlich erschwert. Diese enge Bindung an die Familie verdeutlicht wiederum das Bedürfnis von Herrn I nach sozialem Anschluss und unterstreicht seine soziale Handlungsfähigkeit. In diesem Zusammenhang hat Herr I auch den neuen Lebenspartner der Mutter sowie dessen Eltern als neuen Bestandteil der Familie angenommen und pflegt (was sich vor allem an den von ihm gewählten Bezeichnungen der jeweiligen Personen erkennen lässt [‚Papi', ‚neue Oma' und ‚neuer Opa']) einen vertrauten Umgang mit diesen, wenngleich er klar zwischen jenen ‚neuen' Familienangehörigen und seiner Herkunftsfamilie differenziert. Das oben genannte Bedürfnis nach Sozialbeziehungen bzw. nach sozialem Anschluss offenbart sich ebenfalls in dem Umgang des Herrn I mit den MitbewohnerInnen sowie auch in dem von ihm zum Ausdruck gebrachten Wunsch nach Geschwistern. Auch hier ist die Rolle der Institution kritisch zu reflektieren, da kaum gemeinschaftsbildende Aktivitäten vollzogen werden und keine Anschlussmöglichkeiten an Lebenspraxen außerhalb des

Institutionsrahmens eröffnet werden. Auch hier wird eine Behinderung der Lebensentwürfe des Herrn I erkennbar.

Gefangenschaft

Wie bereits dargestellt, ist Herr I auf richterlichen Beschluss in der Institution gefangen. Diese Gefangenschaft unter dem pädagogischen Protektorat wird nur dadurch gebrochen, dass die Mutter das Gesetz bricht und ihm hierdurch eine Insel autonomer Lebensführung ermöglicht. Diese Gefangenschaft ist als Behinderungspraxis zu reflektieren, die die Lebensentwürfe des Herrn I maßgeblich einschränkt, führt sie doch zu einer massiven Begrenzung der für Herrn I erfahrbaren Lebenswelt.

10.4 Herr J: „Ich bin früher viel geärgert und mit Steinen beschmissen worden."

Herr J ist 65 Jahre alt. Das Interview mit Herrn J wurde in dessen Zimmer geführt, welches im zweiten Stock einer stationären Wohneinrichtung der Behindertenhilfe gelegen ist. Herrn J ist berentet und hat eine Lebenspartnerin, die in der gleichen Einrichtung lebt.

10.4.1 Biographie

Vergangenheit

Herr J wurde 1951 in einer deutschen Kleinstadt geboren. Er wuchs dort ohne Geschwister bei seinen Eltern auf. 1957 zog die Familie in den Randbezirk einer nahegelegenen Großstadt, in der Herr J seither lebt. Der Vater, der 1918 geboren wurde und im Jahr 2000 verstarb, war zu dieser Zeit als Schuhmacher tätig, die Mutter, die 1927 geboren wurde und 1999 verstarb, arbeitete in einer Süßwarenfabrik. Herr J beschreibt die damalige Familiensituation als äußerst angespannt und berichtet unter anderem von gewaltsamen Auseinandersetzungen der Eltern. In diesem Zusammenhang berichtet er, dass er mehrfach Zeuge wurde, wie der Vater im alkoholisierten Zustand die Mutter misshandelte. Weiterhin berichtet er von einer Szene, in welcher der Vater mit einem Beil eine Zimmertür durchschlug, woraufhin die Mutter die Polizei alarmierte. Der Vater verblieb in der Folge, nach Angaben des Herrn J, einige Zeit in Polizeigewahrsam.

Herr J besuchte einen evangelischen Kindergarten in dem Viertel, in dem er aufwuchs. Da er bereits im Kindesalter als behindert galt, besuchte er im Anschluss daran zwei verschiedene (damals noch sogenannte) Sonderschulen, die in jeweils angrenzenden Stadtteilen gelegen waren. Über diesen Zeitraum hinweg besuchte Herr J darüber hinaus, da beide Elternteile berufstätig waren, auch einen (nicht behinderungsspezifischen) Hort, welcher gegenüber der Arbeitsstelle der Mutter gelegen war. Herr J berichtet aus dieser Zeit von zahlreichen ‚Mobbing-Erfahrungen' und auch von körperlichen Übergriffen durch seine MitschülerInnen und die anderen Kinder im Hort: *„Bin früher viel geärgert und mit Steinen beschmissen worden"* (Z. 363-364). Ungeachtet dessen führte Herr J zu dieser Zeit auch Freundschaften zu Menschen ohne Behinderung: *„Früher, da hatte ich in [Name eines Stadtteils] einen der hieß [Vor- und Nachname des Freundes] der war ein Normaler gewesen. Ein paar Jahre später hatte ich wieder einen Freund gehabt, der hieß [Vorname des Freundes] der war auch normal gewesen. Nicht behindert wie ich"* (Z. 370-374).

Anfang der 1960er Jahre war Herr J in einen Autounfall verwickelt, woraufhin er ein Vierteljahr im Krankenhaus verbrachte. Er erlitt dabei eine Verletzung am Bein, von der er jedoch keine bleibende Beeinträchtigung davontrug. Im Zeitraum von 1966 bis 1985 besuchte Herr J zunächst verschiedene Schulen, zuletzt eine Berufsschule. Ob er dort einen Abschluss erwarb, ist unklar. Er arbeitete anschließend in einer Werkstatt für Menschen mit Behinderung. 1985 kam es zu einem Wechsel des Arbeitsplatzes und Herr J arbeitete fortan in einer anderen Werkstatt des gleichen Trägers, die in einem anderen Stadtteil gelegen war. Ab diesem Zeitpunkt führte Herr J verschiedene Partnerschaften, die jedoch, entweder durch das (in zwei Fällen geschehene) Versterben der Partnerinnen oder durch den eigenen Wohnortwechsel oder den Wohnortwechsel der Lebenspartnerinnen, auseinandergingen. Seine Lebenspartnerinnen lernte Herr J ausnahmslos im Rahmen seiner Arbeitstätigkeit kennen. Alle Partnerinnen galten ebenfalls als ‚geistig behindert'.

Bis 1998 war Herr J an seiner zweiten Arbeitsstätte tätig, bis er erneut seinen Arbeitsplatz wechselte und in einer dritten Werkstatt des gleichen Trägers zu arbeiten begann, die wiederum in einem anderen Stadtteil lag. Hier sortierte Herr J *„Brillenstäbe"* (Z. 191) ein. Herr J wohnte bis 1996 bei seinen Eltern und legte die Strecke zwischen Wohnort und seiner jeweiligen Arbeitsstelle selbstständig mit öffentlichen Verkehrsmitteln zurück. Die Mutter des Herrn J war an der sogenannten ‚Rachitis'[1] bzw. ‚Englischen Krankheit' erkrankt, was zur Folge hatte, dass sie ab 1976 immer wieder längere Zeit im Krankenhaus verbrachte. 1996

1 Medizinisch betrachtet handelt sich hierbei um eine Erkrankung, welche, oftmals aufgrund einer Mangelernährung bzw. eines Vitamin-D- oder Calcium-Mangels, zu einer Wachstumsstörung der Knochen führt und teils massive motorische Einschränkungen nach sich zieht (vgl. Schnabel und Haffner 2005, S. 77ff).

verließ Herr J das Elternhaus und zog in ein Wohnheim der Behindertenhilfe, in dem er noch immer lebt. Im Jahr 2012 ging Herr J mit 62 Jahren in Rente.

Gegenwart

Herr J lebt noch immer in oben genannter Wohneinrichtung der Behindertenhilfe. Er ist berentet und verbringt seinen gesamten Alltag im Wohnheim. Er lebt dort mit 13 anderen Personen mit geistiger Behinderung. Innerhalb der Wohneinrichtung bewohnt Herr J ein Einzelzimmer. Er führt eine Partnerschaft mit einer seiner Mitbewohnerinnen (geb. 1993). Nach Angaben des Herrn J beschränkt sich der Kontakt zu seiner Partnerin auf gelegentliche Treffen, wenngleich er sie jeden Morgen zum Bus, der vor dem Wohnheim abfährt, begleitet, der sie zu ihrem Arbeitsplatz bzw. zur Tagesförderstätte bringt. Abgesehen von seiner Partnerin isoliert sich Herr J von seinen übrigen MitbewohnerInnen und verbringt den Großteil seiner Zeit in seinem Zimmer. Er begründet dies mit einem ausgeprägten Ruhebedürfnis seinerseits. In seinem Zimmer betätigt er sich vor allem mit *„Schreiben und Ausmalen"* (Z. 171). Er verfolgt hierbei das mehrjährige Projekt, die Bibel abzuschreiben: *„Mit der Bibel ich bin bald fertig. Vierzehn Jahre schreibe ich schon daran"* (Z. 173-174). Darüber hinaus nimmt Herr J verschiedene Angebote der Institution wahr – beispielsweise einen Gymnastikkurs, der alle zwei Wochen in den Räumlichkeiten einer nahegelegenen Tagesförderstätte angeboten wird, sowie einen Rechenkurs, welcher alle sechs Wochen in einer anderen Wohninstitution des Trägers stattfindet. Weiteren Freizeitaktivitäten geht er nicht nach. In der Wohneinrichtung übernimmt er verschiedene Dienste (zum Beispiel das Eindecken der Tische oder das Ausräumen der Spülmaschine).

Zukunft

Mit Blick auf die Zukunft formuliert Herr J lediglich den Wunsch nach Ruhe. So teilt er im Rahmen des Interviews mit: *„Meine Ruhe einfach! Mich verkriechen, meine Ruhe haben hier"* (Z. 155-156). Herr J fühlt sich in der Institution wohl und hat sich an die dortigen Gegebenheiten angepasst und möchte diese auch nicht mehr verlassen, wenngleich er lieber in einer weniger hektischen Umgebung leben würde. Dennoch ist für ihn ein Leben jenseits der Einrichtung nicht (länger) vorstellbar.

10.4.2 Verdichtete Analyseergebnisse

Institutionskarriere, eingeschränkte Handlungsökonomie und Fremdbestimmung

Im Zuge der Auswertung wurde deutlich, dass Herr J sein gesamtes Leben unter der Aufsicht eines elterlichen und/ oder pädagogischen Protektorats verbrachte. Die Institutionskarriere des Herrn J begann bereits im Kindesalter, woraus folgt, dass Herr J an fremdbestimmende Lebensbedingungen gewöhnt ist. Auch in seiner gegenwärtigen Lebenssituation verfügt er nur über ein geringes Maß an persönlicher Handlungsökonomie, welche sich wiederum ausschließlich auf jene Aktivitäten bezieht, die er selbstständig und innerhalb des ihm ermöglichten Handlungsrahmens (eigenes Zimmer bzw. Institution) ausführen kann (zum Beispiel das Abschreiben der Bibel in seinem Zimmer). Abgesehen hiervon ist er auf das Engagement der MitarbeiterInnen bzw. Angebote der Institution angewiesen – etwa den stattfindenden Rechen- und Gymnastikkurs. Der institutionelle Strukturrahmen gibt ihm Halt. Er orientiert sich an den gegebenen Abläufen und weiß, die gegebenen Freiräume für sich zu nutzen.

Selbstisolation, Sozialbeziehungen

Herr J ist 64 Jahre alt, konstruiert sich selbst als ‚alt' und zieht sich aufgrund dessen weitgehend aus dem Institutionsalltag zurück. Dies mag auch darin begründet sein, dass er sich mit 13 MitbewohnerInnen einen kleinen Aufenthaltsraum teilen muss (ca. 15 Quadratmeter), der zugleich als Eingangsbereich der Institution fungiert. Es konnte herausgearbeitet werden, dass sich Herr J mit dem nur geringen Spielraum persönlicher Handlungsökonomie arrangiert hat. Er hat sich bestmöglich an den institutionellen Lebensraum angepasst.

Herr J ist im Institutionsalltag (im Vergleich zu den anderen BewohnerInnen) selbstständig, was sich gerade auch auf die Ausübung seiner Interessen bezieht. Herr J ist nicht (wie einige seiner MitbewohnerInnen) auf umfängliche Unterstützung im Alltag angewiesen. Ihm ist es möglich, seinen Interessen, insbesondere *„Schreiben und Ausmalen"* (Z. 171), selbstständig und in weitestgehender Abgeschiedenheit vom Rest des Wohnheims nachzugehen. Die Verfügbarkeit des eigenen Zimmers als Rückzugsmöglichkeit reicht Herrn J zur Ausübung seiner Interessen. Herr J ist zudem sehr bescheiden und wenig einfordernd gegenüber der Wohninstitution.

Die Selbstisolation des Herrn J manifestiert sich auch im Umgang mit den anderen BewohnerInnen der Institution, von denen sich Herr J weitestgehend abschottet. Auch hier reicht ihm der von Seiten der Institution bereitgestellte Handlungsrahmen. Dadurch, dass Herr J sehr zurückgezogen lebt, pflegt er auch nur wenige Sozialbeziehungen zu seinen MitbewohnerInnen. Da er keinen zweiten Lebensraum neben der Wohninstitution hat und sich alle seine Lebensbereiche auf die Einrichtung selbst beschränken, hat er auch keine Sozialkontakte nach außen. Die einzige beständige Sozialbeziehung, die er aufrechterhält, pflegt er zu seinen (bisherigen) Lebenspartnerinnen. Seine gegenwärtige Partnerschaft scheint einerseits gefestigt (beispielsweise durch gemeinsame Rituale, wie das tägliche ‚Zum-Bus-Bringen'), andererseits konnte herausgearbeitet werden, dass Herr J sonst sehr wenig Zeit mit seiner Lebenspartnerin verbringt. Ihm persönlich, das wurde in der Analyse deutlich, ist der Status eine Freundin (Lebenspartnerin) zu haben, sehr wichtig. Er konstruiert sich damit ein Stück weit als ‚normal', aber auch als liebenswert, liebend und verantwortungsbewusst. Das Ausleben der Partnerschaft, wie es beispielsweise im Fall des Herrn F anzutreffen war (siehe Kapitel 9.6), ist für ihn nicht in gleichem Maße bedeutsam. Im Mittelpunkt seines Alltags steht vielmehr er selbst bzw. seine Alltagsroutine.

Selbstkonstruktion

Innerhalb des Interviews beschreibt sich Herr J im Lichte eines Einsiedlers, der in selbstgewählter Isolation zurückgezogen von der Gesellschaft lebt und sein Leben gestaltet. Er verfolgt selbstgewählte Projekte (zum Beispiel Abschreiben der Bibel) und schafft für sich das Image eines gebildeten intellektuellen alten Mannes, der sehr zurückgezogen, beinahe asketisch, lebt. In diesem Zusammenhang konstruiert er für sich eine besondere (nicht behinderte) Rolle im Rahmen des Wohnheims und grenzt sich von den übrigen BewohnerInnen, die er als behindert charakterisiert, ab. Hiervon ist auch seine Partnerin nicht ausgeschlossen. Ungeachtet dessen beschreibt sich Herr J auch als jemand, der sich von *„normal[en]“* (Z. 374) Menschen unterscheidet, wenngleich er diesen Unterschied als einen von außen an ihn herangetragenen Status markiert. Er akzeptiert wie selbstverständlich das Label ‚(geistig) behindert', welches ihm zugeschrieben wird. Dieses konstruiert er aber als einen Lebensumstand, der ihn in seinen Lebensentwürfen nicht behindert. Gleichzeitig konstruiert Herr J für sich eine Opferrolle und inszeniert sich als Mensch, der im Leben bereits viel durchgemacht hat und durch viele traumatische Erlebnisse gezeichnet ist. Sehr deutlich wurde dies etwa im Kontext der Darstellung der Auseinandersetzungen zwischen seinen Eltern oder dem Autounfall, in den er in jüngeren Jahren verwickelt war.

Rolle der Wohninstitution

Ob, und wenn ja, warum Herr J in einer geschlossenen Einrichtung der Behindertenhilfe untergebracht ist, bleibt insofern unklar, dass er seinen Alltag weitestgehend selbst gestaltet und auch kein Interesse an seinen MitbewohnerInnen und entsprechenden Vergemeinschaftungspraxen hat. Er geht zudem regelmäßig selbstständig einkaufen, ist also annehmbar in der Lage (ggf. mit Unterstützung) allein zu leben. Das Leben unter einem pädagogischen Protektorat ist für ihn allerdings so selbstverständlich, dass er es nicht in Frage stellt, lediglich die Tatsache, dass er in einer Wohngemeinschaft lebt wird von ihm kritisiert, den Wunsch in eine eigene Wohnung ziehen zu wollen, formuliert er allerdings nicht.

10.5 PROBLEMZENTRIERTE ZUSAMMENFASSUNG

Institutionskarrieren, Selbst- und Fremdbestimmung des Alltags, erlernte Hilflosigkeit

Es wurde deutlich, dass drei der vier interviewten Personen bereits wesentliche Teile ihres Lebens in einer stationären Wohneinrichtung der Behindertenhilfe verbracht haben. Hier kann durchaus von Institutionskarrieren gesprochen werden. Demnach verbrachte Frau G von ihren nun 85 Lebensjahren bereits 78 Jahre im Rahmen von teilweise geschlossenen Einrichtungen. Herr I lebt mit 28 Jahren bereits 15 Jahre institutionalisiert. In beiden Fällen war es also so, dass sie schon während ihrer Kindheit in eine stationäre Einrichtung umgezogen sind. Damit einher gingen eine frühe Trennung von der Herkunftsfamilie sowie die Erfahrung von (frühen) Beziehungsabbrüchen. Auch Herr J lebt seit 20 Jahren institutionalisiert. Vorher lebte er, bis er 45 Jahre alt war, bei seinen Eltern. Die genannten Personen verbrachten damit ihr gesamtes bisheriges Leben unter der Aufsicht eines elterlichen und/ oder pädagogischen Protektorats. Eine eigenständige Lebensführung, jenseits von Versorgung, Überwachung und Kontrolle durch Menschen ohne (geistige) Behinderung, hat insofern keine der Personen bisher erfahren. Frau H ist mit 24 Jahren die jüngste der hier interviewten Personen aus dem Kontext des stationären Wohnens. Sie trat ‚erst' mit ihrem 19. Lebensjahr in das stationäre Wohnen ein und steht nun möglicherweise am Anfang ihrer Institutionskarriere.[2]

Werden wesentliche Teile des Lebens unter fremdbestimmenden und überwachenden sowie regulierend wirksam werdenden Strukturen verbracht, geht

2 Die Tatsache, dass Lebensläufe von Menschen mit geistiger Behinderung häufig von Institutionalisierungspraxen und -erfahrungen geprägt sind, führt letztlich zu einer gewissen Ähnlichkeit der Lebensläufe, wodurch sich auch die Darstellung der Ergebnisse teilweise redundant liest. Um jedoch dem Einzelfall und der gebotenen wissenschaftlichen Akribie gerecht zu werden, muss dies hier (leider) in Kauf genommen werden.

dies zwangläufig (dies wurde im Rahmen der Auswertung sehr deutlich) mit einer Gewöhnung an ebensolche Lebensbedingungen einher. Die Personen G, I und J sind auf das Leben innerhalb von fremdbestimmenden Institutionen eingestellt und können sich (als Konsequenz hieraus) heute kein Leben mehr jenseits einer solchen Wohneinrichtung vorstellen. Für sie ist es selbstverständlich, in einem Heim zu leben und dort versorgt zu werden. Sie verbleiben in ihrer Selbstkonstruktion (und damit auch in ihren Lebensentwürfen) institutionalisierte Subjekte. Auch an dieser Stelle wird der bereits in Kapitel 9.7 benannte biographisch implementierte Gedankenhorizont deutlich, der das Subjekt letztlich daran hindert, an Lebenspraxen der Allgemeingesellschaft teilzuhaben bzw. diese als eigene erfahrbare Wirklichkeit zu konstruieren. Mit der lebenslangen Institutionalisierungserfahrung geht eine zwangsläufige Gewöhnung an Lebensbedingungen einher, die im Vergleich zur routinemäßigen Lebenspraxis nur ein stark eingeschränktes Maß an persönlicher Handlungsökonomie bereitstellen. So haben die BewohnerInnen stationärer Wohneinrichtungen (dies wurde bei allen hier interviewten Personen deutlich) nur sehr bedingt die Möglichkeit, selbstständig ihren Tag zu gestalten. Sie sind beinahe umfassend von vorgegeben Plänen und Strukturen, wie Essens-, Pflege- sowie hieran geknüpfte Ausgehzeiten abhängig. Der Alltag in den Institutionen ist geprägt von der Versorgung der BewohnerInnen. Alternative Angebote, beispielsweise zur Gestaltung der freien Zeit zwischen den Mahlzeiten, finden von Seiten der Institutionen nur sehr begrenzt statt. Beispielhaft angeführt werden kann hier etwa, dass sich die organisierte Freizeitbetätigung der Frau H auf einen Kegelabend im Monat beschränkt. Die des Herrn J beschränkt sich auf einen Gymnastikkurs, der alle zwei Wochen in einer nahegelegenen Tagesförderstätte stattfindet, sowie einen Rechenkurs, der alle sechs Wochen angeboten wird. Die BewohnerInnen sind hinsichtlich ihrer Freizeitgestaltung folglich in besonderem Maße auf sich selbst angewiesen, wobei sie sich nicht nur nach den gegebenen Zeitfenstern richten, sondern auch mit den bereitgestellten räumlichen Ressourcen auskommen müssen – bleibt der Handlungsrahmen als solcher doch in der Regel auf den physischen Raum der beherbergenden Institution beschränkt, da ein Verlassen dergleichen nicht für alle BewohnerInnen ohne Weiteres und zu jedem Zeitpunkt möglich ist (siehe etwa den Fall des Herrn I).

Anhand der Fälle G und J lässt sich sehr deutlich eine Anpassung an ebendiese restriktiven Strukturen erkennen. Beide Personen haben sich im Laufe der Zeit an die oben genannten Strukturen angepasst, wobei sie eine entsprechende Genügsamkeit entwickelt haben. Demnach beläuft sich zum Beispiel die Freizeitgestaltung des Herrn J (abgesehen von beiden oben genannten Kursen) ausschließlich auf Aktivitäten, die er selbstständig und innerhalb des ihm ermöglichten Handlungsrahmens (das eigene Zimmer) ausführen kann. Er beschäftigt sich selbst, indem er sich selbstständig Betätigungen sucht, wobei er von dem Personal der Institution weitestgehend unabhängig ist. Problematisch ist nun, dass eine selbstständige Freizeitgestaltung, wie sie Herr J ausübt, nur dort stattfinden kann, wo Interessen bzw. Vorstellungen von Möglichkeiten zur Freizeitgestaltung gegeben bzw. entwickelt worden sind. Gleiches gilt für mögliche Aktivitäten jenseits der Institutionsgrenze, denen erst nachgegangen werden kann, wenn ein diesbezügliches Wissen vorhanden ist, oder auch für die Ausführung von alltagspraktischen Handlungen, die nur dann ausgeführt werden (können), insofern die Notwendigkeit bzw. Gelegenheit hierfür besteht (zum Beispiel das Einkaufen oder das Zubereiten von Mahlzeiten). Fremdbestimmende Strukturen, die nur ein geringes Maß an persönlicher Handlungsökonomie bereitstellen, führen auf mehreren Ebene zu einer erlernten bzw. erzwungenen Hilflosigkeit auf Seiten der BewohnerInnen. Dies ist auch dann der Fall, wenn institutionelle Strukturen schlicht die eigenständige Auslebung von Interessen bzw. deren Entwicklung verhindern, wie es beispielsweise bei Herrn I der Fall ist. Die Handlungsohnmacht des Herrn I innerhalb des institutionellen Kontexts äußert sich unter anderem darin, dass es der Institution bzw. den dort tätigen MitarbeiterInnen obliegt, darüber zu entscheiden, wann und in welcher Form es Herrn I gestattet ist, seinen Interessen nachgehen zu können. Es kommt zur persönlichen Handlungsohnmacht. Diese wird in und am Subjekt und seinem Selbstverständnis eingeschrieben und (re-)produziert. Die Betroffenen verstehen sich nicht mehr als Handlungsmächtige. Es ist für sie nicht anders denkbar, als dass sie innerhalb des Strukturrahmens, in welchem sie leben, eine von ihnen erwartete Rolle spielen.

Auflehnung der Subjekte, Passung des Hilfesystems

Im Zuge der Auswertung wurde allerdings auch deutlich, dass der Umgang mit restriktiven institutionellen Strukturen auf Seiten der Interviewten unterschiedlich ausfallen kann und nicht zwangsweise in einer mehr oder weniger unreflektierten Einpassung in den Institutionsalltag enden muss. Zwar war eine kritische Auseinandersetzung mit der gegenwärtigen Lebenssituation hier nicht in der Form anzutreffen, wie es zum Beispiel bei einigen Personen aus dem ambulant betreuten Wohnen der Fall war (siehe Kapitel 9), jedoch haben zumindest Frau G und Herr I ihre Lebenssituation innerhalb der Institution reflektiert. Diese Reflexion geht jedoch nicht so weit, dass die Wohninstitution selbst in Frage gestellt wird. In diesem Zusammenhang ist etwa der geäußerte Wunsch des Herrn I nach einem Mehr an Handlungsfreiheit und Unabhängigkeit zu sehen. Seine Kritik an den ihn umgebenden Strukturen geht allerdings nicht so weit, dass er einen

Austritt aus der Institution wünscht bzw. sie als solche kritisiert. Er konstruiert die Institution vielmehr als konstitutiven Heimatort. Gleichzeitig macht er dort jedoch unterdrückende Strukturen aus, die ihn sowie die anderen BewohnerInnen der Einrichtung an einer freien und selbstbestimmten Lebensführung hindern. Dabei sieht er sich sowie seine MitbewohnerInnen als handlungsunfähige Opfer einer unterdrückenden Struktur und wünscht sich einen Wandel, den er selbst jedoch nicht herbeiführen kann. Bei Frau G richtet sich die kritische Reflexion vor allem auf ihre Vergangenheit, aus welcher heraus sie ein ausgeprägtes Ungerechtigkeitsempfinden entwickelt hat und welche letztlich als Referenzbasis dient. Sie ist die einzige BewohnerIn des Wohnheims, die ihr aktives Wahlrecht in Anspruch nimmt. Weiterhin engagiert sie sich im Heimbeirat der Institution. Sie präsentiert sich als kämpferisch, spricht für sich selbst und tritt für ihre Interessen ein. Die sie heute umgebenden Strukturen werden, gemessen an ihren Erfahrungen aus der Vergangenheit, von ihr positiv bewertet. Die Institution als Heimatort wird nicht in Frage gestellt.

Ähnlich wie es im ambulant betreuten Wohnen Fälle gab, auf die das Hilfesystem zu ‚passen' scheint, scheint das auch (bei aller Problematik, die hier aufgezeigt wurde) im Kontext des stationären Wohnens der Fall zu sein. Dies betrifft vor allem den Fall der Frau G. Frau G lebt bereits seit 78 Jahren in verschiedenen Institutionen der Behindertenhilfe. Sie wünscht sich, dort weiter zu leben. Es ist klar, dass sie in ihrem Leben keine anderen Wohnerfahrungen jenseits von (totalen) Institutionen gemacht hat, aber sie empfindet die Strukturen der Einrichtung, in der sie heute lebt, als befreiend – einfach, weil sie weniger restriktiv sind als die Wohnkontexte, in denen sie zuvor gelebt hat. Gleichzeitig sind sie und Herr J auch mahnende Beispiele, denn es ist das Hilfesystem, welches dafür gesorgt hat, dass die heutigen Strukturen überhaupt erst als befreiend oder ‚weniger restriktiv' empfunden werden können. Bei aller Kritik an Wohnstrukturen und ihren Abläufen wird hier deutlich, dass diese auch Halt und Sicherheit geben. So weiß Frau G zum Beispiel, dass sie in der Institution, in der sie heute lebt, ihr restliches Leben lang wohnen bleiben kann. Darüber hinaus weiß sie auch, dass sich um sie gekümmert wird, gerade auch dann, wenn sie mit dem zunehmenden Alter womöglich auch physisch stärker eingeschränkt sein wird. Weiterhin ist sie sich sicher, dass sie in der Institution, in der sie heute lebt, nicht die gleichen physischen Gewalterfahrungen macht bzw. machen wird, wie sie dies in der Vergangenheit in anderen stationären Wohnkontexten gemacht hat.

Gewalterfahrungen

Frau G und Herr J, die beide bereits verrentet sind, berichten beide von Gewalterfahrungen, die sie innerhalb von Institutionen der Behindertenhilfe gemacht haben. Besonders drastisch stellte sich dies bei Frau G dar, welche in der Vergangenheit nach eigenen Angaben durch das damalige Institutionspersonal regelmäßig geschlagen und im Bett fixiert wurde. Herr J durchlebte Gewalterfahrungen unter anderem in der Schule, indem er ‚gehänselt' und mit Steinen beworfen wurde, weil er dort als behindert galt. Für beide Personen waren dies einschneidende Erlebnisse und Erfahrungen, die möglicherweise auch Ängste im Umgang mit Menschen ohne (geistige) Behinderung reproduziert haben. Zu beiden Fällen muss aber auch gesagt werden, dass diese Erfahrungen weit in der Vergangenheit liegen und auch die jüngeren interviewten Personen nicht von ähnlichen Erfahrungen berichteten. Das heißt nicht, dass pauschal gesagt werden kann, dass diese (in Deutschland) nicht mehr stattfinden. Dennoch spricht dies auch für den Wandel innerhalb des Systems der Behindertenhilfe, zumindest in Bezug auf die beiden hier dokumentierten Einzelfälle.

Zusammensetzung von Wohngruppen

Problematisch ist, dass sich die Zusammensetzung der Wohngruppen unabhängig von den BewohnerInnen sowie deren (sozialen, ggf. auch altersspezifischen) Vorlieben und Wünschen vollzieht (vgl. auch: Trescher 2017c, S. 79). Im Falle von Frau G und Herrn J führt dies dazu, dass diese ihren Lebensalltag mit deutlich jüngeren Menschen verbringen (müssen), was gemessen an der routinemäßigen Lebenspraxis ungewöhnlich ist. Beide Personen äußern in diesem Zusammenhang die Kritik, dass es im Wohnheim häufig sehr laut sei, sodass sie sich selbst aus den sozialen Geschehnissen des Wohnheims zurückziehen. Hinzu kommt, dass beide Personen nicht oder nur stark eingeschränkt Möglichkeiten haben, sich mit AltersgenossInnen (zum Beispiel) über altersspezifische Interessen und Belange auszutauschen. Eine stärkere Einbindung in ein gleichaltriges soziales Umfeld könnte unter anderem auch dabei helfen, Lebensentwürfe anderer Personen in ähnlichen Lebenslagen kennenzulernen. Umgekehrt scheint es jedoch auch für die jüngeren BewohnerInnen ungewöhnlich, ihren Wohnalltag mit deutlich älteren Personen zu teilen, muss (gemessen an der routinemäßigen Lebenspraxis) hier doch grundsätzlich von höchst unterschiedlichen Lebensentwürfen, Bedürfnissen und Interessen ausgegangen werden. Dass dies jedoch bei der Zusammensetzung von Wohngruppen nicht berücksichtigt wird, macht deutlich, dass Menschen mit geistiger Behinderung in stationären Wohnkontexten quasi alterslos sind (vgl. Trescher 2017c, S. 129). Das zentrale Strukturproblem ist hier die bürokratische Überformung des Subjekts durch die Kostenträger (vgl.

Trescher 2017c, S. 173). Das Leben von Menschen mit geistiger Behinderung wird in Formularen und an Schreibtischen unter dem sogenannten Kostenvorbehalt geplant. Die Möglichkeiten der Selbst- bzw. Mitbestimmung sind durch solche Praxen stark eingeschränkt. Auch durch solche Praxen wird oben genannte Handlungsohnmacht in die Subjekte eingeschrieben bzw. an ihnen reproduziert. Es kann an dieser Stelle, sowie mit Blick auf die obigen Ausführungen zu Fremdbestimmung und eingeschränkter persönlicher Handlungsökonomie, durchaus davon gesprochen werden, dass die Lebensentwürfe von WohnheimbewohnerInnen durch die Institution gleichgeschaltet oder zumindest sehr stark aneinander angepasst werden, wobei sie letztlich auf den Sozialisationshintergrund ‚geistige Behinderung' festgelegt werden bzw. unter anderem auch durch diese Praxen ebendiesem verhaftet bleiben.

Teilhabe an der Mehrheitsgesellschaft, Sozialkontakte, Partnerschaften und Vergemeinschaftung

Mit Blick auf die Teilhabe an Lebenspraxen der Allgemeingesellschaft machte die Auswertung deutlich, dass die interviewten Personen aus dem stationären Wohnen (wenn überhaupt) nur sehr wenige Bezugspunkte zu ebendieser haben. Die interviewten Personen bewegen sich beinahe ausschließlich im Lebenskontext ‚geistige Behinderung', das heißt vor allem innerhalb von behinderungsspezifischen Institutionen, wie den Wohn-, Werk- oder Tagesförderstätten, oftmals auch satellitär, was bedeutet, dass auch die Wege zwischen den verschiedenen Orten in der Regel durch institutionseigene Busse zurückgelegt werden. Das pädagogische Protektorat wird also nicht mehr nur an einem Ort wirksam (wie in traditionellen Komplexeinrichtungen), sondern gewinnt seine Totalität vielmehr in seiner Ausdifferenziertheit in verschiedene, mehr oder weniger weit voneinander entfernte exklusive Bereiche, die jedoch unmittelbar miteinander verbunden sind (zum Beispiel durch sogenannte Übergabebücher oder Institutionsbusse). Abgesehen von Besuchen der Familie oder punktuellen Ausflügen, welche von der Institution bzw. den dort tätigen MitarbeiterInnen organisiert werden, überschreiten die BewohnerInnen die Grenzen ihrer exklusiven Lebenswelt nur in Ausnahmefällen (wie im Falle des Herrn I bei gelegentlichen Einkäufen in einem nahegelegenen Einkaufszentrum). Insofern stellen die Eltern bzw. andere Familienangehörige (insofern sie noch leben bzw. verfügbar sind) in der Regel auch die einzigen Bezugspunkte nach außen dar. Mit einer gewissen Einschränkung gilt dies auch für Frau G (die allerdings keine familiären Bezugspunkte mehr hat) und Herrn I, da beide zwar punktuell Sozialkontakte über die Institutionsgrenze hinweg zu Einzelpersonen führen, diese Verbindungen jedoch nur unregelmäßig ausleben können und es sich hier eher um flüchtige Sozialkontakte handelt. Regelmäßige freundschaftliche Beziehungen werden von allen interviewten Personen (wenn überhaupt) nur zu MitbewohnerInnen oder WerkstattkollegInnen geführt und beschränken sich meist auf Einzelpersonen. Die interviewten Personen bewegen sich insofern auch in dieser Hinsicht ausschließlich in der Lebenswelt des pädagogischen Protektorats.[3] Dies gilt schlussendlich auch für partnerschaftliche Beziehungen, wenngleich herausgearbeitet werden konnte, dass (insofern eine solche Beziehung besteht) diese unter Umständen nur bedingt als solche ausgelebt wird. Beispielhaft herangezogen werden kann hierfür der Fall des Herrn J, dessen gegenwärtige Partnerin 42 Jahre jünger ist als er selbst und deren Partnerschaft sich mehr oder minder darauf beschränkt, dass Herr J seine Partnerin morgens zum Bus begleitet. Es wurde deutlich, dass es in diesem Fall gerade um das Statussymbol ‚Partnerin' geht, welches im Mittelpunkt steht, und weniger um das tatsächliche Ausleben einer Partnerschaft (zum Beispiel in Form einer gemeinsamen Gestaltung des Alltags, gemeinsamen Urlaubsreisen usw.). Hoch problematisch ist in diesem Zusammenhang ebenfalls, dass die Interviewten von verschiedenen Beziehungsabbrüchen aus ihren Leben berichten. Es konnte dabei herausgearbeitet werden, dass diese oftmals durch äußere Umstände hervorgerufen wurden. Beispielsweise endeten mehrere Partnerschaften des Herrn J, weil er oder seine jeweilige Partnerin die Werkstatt wechselten oder umzogen. Es wurde herausgearbeitet, dass im stationären Wohnen Freundschaften und Partnerschaften nicht in gleichen Maße intensiv gelebt werden (können), wie im ambulant betreuten Wohnen (siehe etwa den Fall des Herrn F). Vorrangig für den Lebensentwurf scheinen immer die äußeren organisationalen Umstände. Auch hier scheint es selbstverständlich, dass vorhandene Sozialbeziehungen kaum Einfluss auf die persönliche Lebensplanung im Kontext des stationären Wohnens haben. Daher scheint es auch kaum verwunderlich, dass die Betroffenen, gerade diejenigen, die weniger selbständig sind, die Konzepte von Partnerschaft und Freundschaft nur unter dem pädagogischen Protektorat konstruieren, denken und erleben (können).

Die Tatsache, dass die Interviewten zumeist nur über relativ kleine soziale Netzwerke verfügen, scheint zunächst auf das begrenzte soziale Umfeld zurückzuführen zu sein, in welchem sie sich bewegen und auf das sie obendrein auch keinen bzw. nur einen stark eingeschränkten Einfluss haben – etwa im Kontext der bereits benannten Zusammensetzung von Wohngruppen. Dies spitzt sich weiterführend zu, wenn (wie im Falle von Frau G und Herrn J durch den Renteneintritt) kein zweiter Lebensraum (mehr) jenseits der Wohninstitution gege-

3 Es sei an dieser Stelle auf die weiteren Ausführungen in Kapitel 9.7 verwiesen, die zwecks Redundanzvermeidung an dieser Stelle nicht nochmal wiederholt werden.

ben ist, sodass die jeweiligen Personen umfassend auf den ihnen dort zur Verfügung gestellten Bezugsrahmen angewiesen sind. Problematisch ist dabei auch das herausgearbeitete Ergebnis, dass sich innerhalb der jeweiligen Wohneinrichtungen nur am Rande Vergemeinschaftungspraxen vollziehen. Deutlich wird dies daran, dass sich im Prinzip alle interviewten Personen als EinzelgängerInnen konstruieren. Sie beschreiben ihr Leben nicht in Beziehungen zu anderen Menschen und beschreiben auch nicht den sozialen Wert von alltäglichen und weniger alltäglichen Aktivitäten. Dies reproduziert sich wiederum in den Wohninstitutionen, wo es beispielsweise nur sehr wenig Raum für Vergemeinschaftungspraxen gibt. Beispielhaft sind hier die nur sehr begrenzten Angebote zur Freizeit- bzw. Tagesgestaltung zu nennen. Dadurch reproduziert sich weiter, dass die Interviewten viel Zeit allein verbringen. Auch am Wochenende findet eine spezielle bzw. explizite Freizeitgestaltung in der Regel nicht statt und obliegt zumeist den Angehörigen (zumeist den Eltern), bei denen das Wochenende verbracht wird. Insofern halten sich die BewohnerInnen in der Zeit, welche in der routinemäßigen Lebenspraxis gerade dazu prädestiniert ist, Sozialkontakte zu pflegen und zu knüpfen, in der Gegenwart der Eltern auf, was deren Status als zentrale Bezugspersonen untermauert, Infantilisierungspraxen reproduziert und eine Selbstermächtigung bzw. Ablösung behindert.

Status ‚geistige Behinderung'

Im Zuge der Auswertung wurde deutlich, dass eine Auseinandersetzung mit dem Label ‚geistig behindert' bzw. ‚Mensch mit geistiger Behinderung' auf Seiten der interviewten Personen nicht bzw. nur sehr bedingt stattgefunden hat. Sie konstruieren sich wie selbstverständlich als BewohnerInnen ‚ihrer' Wohneinrichtungen. Dieses ‚BewohnerInnen-Sein', und all die daran geknüpften Lebensumstände, konstituieren ihr Selbstbild. Die Interviewten können sich selbst nicht ohne die protektiven Strukturen der Wohnheime denken. Eine im Ansatz stattfindende Auseinandersetzung mit dem eigenen Status und der damit einhergehenden Problematik konnte letztlich nur bei Herrn J ausgemacht werden. Herr J bezeichnet sich selbst zwar als ‚behindert', versucht aber in einer gewissen Ambivalenz dazu ein Image von sich zu selbst zu kreieren, welches ihn als ‚nicht behindert' konstruiert. Er stellt sich selbst einerseits eher als gelehrten bzw. gebildeten, frommen, alten, weisen Mann dar, andererseits hebt er immer wieder die Freundinnen hervor, die er während seines Lebens hatte und auch heute noch hat. Wie bereits dargelegt, geht es dabei weniger um die einzelnen Beziehungen und deren Auslebungspraxis oder deren emotionale Bedeutung, als eher um die Partnerin als Statussymbol. Ähnliche Kreationen des explizit ‚nicht-behinderten' Images fanden sich auch bei einigen Menschen, die in Strukturen des ambulant betreuten Wohnens leben (etwa in den Fällen der Herren C und D). Ungeachtet dieser Imagekonstruktion akzeptiert Herr J den ihm von außen auferlegten Status ‚geistige Behinderung', begreift diesen jedoch nicht als etwas, das seine Lebensentwürfe behindert. Ähnlich ist dies bei Frau G, die sich selbst nicht als ‚behindert', sondern als ‚krank' konstruiert. Die sie umgebende Institution sorgt für sie und ihre Erkrankung. Auch für sie handelt es sich hierbei um einen ‚naturgegebenen' Zustand, mit dem sie sich arrangiert hat. Insgesamt kann festgehalten werden, dass die Menschen im stationären Wohnen ein defizitäres Selbstbild haben, welches auch weiter unter dem pädagogischen Protektorat der Versorgunginstitutionen an den Subjekten reproduziert wird.

Rolle der Herkunftsfamilie

Die Mitglieder der Herkunftsfamilie sind in der Regel der einzige Bezugspunkt außerhalb des pädagogischen Protektorats der Betreuungsinstitutionen. Dadurch ist auch die Abhängigkeit von der Herkunftsfamilie noch stärker als im Falle der Menschen, die ambulant betreut werden. Auch die Intensität der Sozialbeziehungen der Personen spielt eine Rolle. Die Herkunftsfamilie bleibt über das ganze Leben hinweg bei den hier interviewten Personen der Ort bzw. Sozialraum, an dem die innigsten Sozialbeziehungen geführt werden. Bei den Menschen, bei denen die Eltern noch leben (Frau H und Herr I), stellen diese die zentralen Bezugspersonen dar, die zudem auch maßgeblich für die Wochenend- bzw. Freizeitgestaltung ‚zuständig' sind. Es tritt das bereits problematisierte Ambivalenzverhältnis zutage, nachdem der enge Bezug zur Herkunftsfamilie Abhängigkeit reproduziert, Ablösungsprozesse erschwert und auch Selbstermächtigungspraxen behindert, wodurch schlussendlich in gewisser Art und Weise die infantile Identität fortgeschrieben wird.[4] Besonders deutlich wurde dies etwa am Fall der Frau H, welche in einem massiven Abhängigkeitsverhältnis von ihren Eltern lebt, was teils gravierende Infantilisierungen mit sich bringt. So problematisch die enge Bindung an die Herkunftsfamilie mit Blick auf Ablösungs- bzw. Reifeprozesse zum Teil sein kann, es wurde im Zuge der Auswertung auch deutlich, dass der enge Kontakt zur Herkunftsfamilie auch Selbstermächtigungspotentiale eröffnen kann, die innerhalb des pädagogischen Protektorats so nicht hätten entfaltet oder entwickelt werden können. Hervorzuheben ist dabei der Fall des Herrn I, dessen Mutter ihn gelegentlich aus der Wohneinrichtung abholt und ihm in der Folge unbeaufsichtigte Besuche des nahegelegenen Einkaufszentrums ermöglicht, in

4 Es sei an dieser Stelle auf die entsprechenden weiteren Ausführungen in Kapitel 9.7 verwiesen, die zwecks Redundanzvermeidung an dieser Stelle nicht nochmal wiederholt werden.

welchem Herr I selbstständig einkaufen geht und (sporadische) Sozialkontakte führt. Am Fall der Frau G kann gezeigt werden, dass der Eintritt in eine stationäre Wohneinrichtung unter Umständen auch mit einer mehr oder minder starken Entfremdung von der Herkunftsfamilie einhergehen kann. In diesem Sinne hatte ihr früher Eintritt in ein Kinderheim beispielsweise eine gewisse Abkopplung von der Herkunftsfamilie zur Folge, die sich unter anderem darin zeigte, dass sie nicht länger an familiären Ereignissen (etwa dem Versterben der Schwester während eines Autounfalls) teilhatte, wodurch ihr letztlich der einzige Bezugspunkt jenseits der beherbergenden Einrichtung genommen wurde. Die Institutionalisierung birgt insofern auch die Gefahr des ‚Zurückbleibens', was sich schlussendlich, gerade weil keine äquivalent intensiven Sozialbeziehungen innerhalb des pädagogischen Protektorats des Wohnheims geführt werden (können), in Einsamkeit niederschlägt (hier sei ebenfalls auf den Fall des Herrn P verwiesen, der an späterer Stelle [Kapitel 12.3] behandelt wird).

Rolle der Bezugsassistenz

Die Bezugsassistenz des Herrn I, welche die einzige hier direkt interviewte war[5], befindet sich in einem unauflöslichen Spannungsverhältnis zwischen institutioneller Zugehörigkeit und ihrer Rolle als VertreterIn der BewohnerInnen und deren Interessen (auch gegenüber der Institution). Deutlich wurde, dass dieser Balanceakt hochgradig krisenhaft ist. Es findet nur in Ausnahmefällen eine intensivere Beschäftigung mit den BewohnerInnen durch die BezugsassistentInnen statt, etwa im Sinne einer Eruierung oder Entwicklung individueller Interessen und Vorlieben, an denen wiederum etwaige Angebote anknüpfen könn(t)en. Das zentrale Problem ist darin zu sehen, dass das Hilfesystem zwar eine Bezugsassistenz in einem sehr technischen Sinne vorsieht, jedoch keine Bezugsbetreuung, die es ermöglicht, mit der betreuten Person viel Zeit zu verbringen, ohne dass diese von technischen Vorgaben wie Ablauf- Essens- oder Duschplänen geprägt ist. BezugsassistentInnen konstruieren ihre Aufgaben eher als technisch-administrativ Assistenz, etwa im Sinne der Organisation von Arztterminen oder der Verantwortlichkeit bestimmten Dokumentationspflichten nachzukommen (siehe hierzu ausführlich: Trescher 2017c, S. 193). Durch diese technisch-administrative Verkürzung der Aufgaben der Bezugsassistenzen reproduziert

---

5 Die anderen hier interviewten Personen (Frau G, Frau H und Herr J) wurden lediglich nach ihrer Bezugsassistenz gefragt, ein Interview mit der Assistenzkräfte selbst fand nicht statt. Weitere Interviews mit BezugsassistentInnen wurden im Rahmen der Analyse der Lebensentwürfe von Menschen in der stationären Intensivbetreuung (Kapitel 11) geführt.

sich der bürokratische Blick auf die zu betreuenden Subjekte. Dies ist schlussendlich nicht den Bezugsassistenzkräften anzulasten, sondern viel mehr der Struktur des Hilfesystems. Auch Frau G würde gern mehr Zeit mit ihrer Bezugsassistenz verbringen, während Frau H gar keine Bezugsassistenz hat. In beiden Fällen sind strukturelle Defizite des Bezugsassistenz-Systems zu erkennen.

11. Lebensentwürfe von Menschen, die stationär ‚intensiv' betreut werden

Wie bereits in Kapitel 7 beschrieben, stehen in diesem Kapitel hier Personen im Vordergrund, die im Heimalltag unter der Statuszuweisung ‚Personen mit herausforderndem Verhalten' betreut werden und die sich nicht oder nur sehr stark eingeschränkt verbalsprachlich äußern können. Die einzelnen Interviews mussten insofern schwerpunktmäßig mit den jeweils zugeteilten BezugsassistentInnen geführt wurden, wenngleich in den Fällen L und M kurze Interviews mit den jeweiligen Personen möglich waren, die angesichts der verbalsprachlichen Einschränkungen jedoch äußerst knapp ausfielen. Gleich den beiden vorangegangenen Kapiteln wird auch hier zunächst die Biographie der jeweiligen Personen vorgestellt, bevor näher auf die Ergebnisse der Auswertung eingegangen wird. Abgeschlossen wird auch dieses Kapitel mit einer zusammenfassenden Ergebnisdarstellung.

11.1 Herr K: „Wir duschen ihn, wir waschen ihn, wir versuchen das einfach so schnell wie möglich zu machen, aber das sind einfach Berührungen, die er nicht mag."

Herr K ist 36 Jahre alt. Er besucht unter der Woche eine Tagesförderstätte. Ein Interview mit Herrn K erwies sich aufgrund seiner verbalsprachlichen Einschränkungen als nicht möglich, weshalb auf ein Interview mit der ihm zugeteilten Bezugsassistenz zurückgegriffen werden musste. Das Interview fand in den Räumlichkeiten der Wohneinrichtung statt. Herr K war während des Interviews nicht anwesend.

11.1.1 Biographie

Vergangenheit

Herr K wurde 1979 in einer deutschen Großstadt geboren, in der er mit seinen Eltern sowie einer älteren Schwester aufwuchs. Nachdem die ersten fünf Monate seiner Entwicklung unauffällig verliefen, kam es in der Folge (dies schilderte die Bezugsassistenz unter Berufung auf ‚die Akte' des Herrn K) zu einer massiven *„Rückentwicklung"* (Z. 1206) auf physischer und kognitiver Ebene. Hierzu berichtete die Bezugsassistenz: *„Also, (schaut in die Akte), die ersten fünf Lebensmonate waren wohl unauffällig, dann fand innerhalb von einer Woche eine völlige Rückentwicklung der motorischen Fähigkeiten statt. Er hat die Eltern wohl auch nicht mehr erkannt"* (Z. 1204-1208). Es folgten eine Vielzahl diagnostischer Untersuchungen und daran geknüpfte Krankenhausaufenthalte, die zum Teil über längere Zeiträume andauerten. Diesbezüglich äußerte sich die Bezugsassistenz: *„Ich weiß, als Kind war er sehr viel im Krankenhaus, einmal zum Beispiel drei Jahre am Stück, weil er hatte früher sehr viele und sehr starke epileptische Anfälle und das hat sehr lange dauert, bis er da auch medikamentös richtig eingestellt worden ist"* (Z. 1191-1194). Im Zuge dieser Untersuchungen kam es zur Diagnose einer ‚Tuberösen Sklerose', wobei es sich medizinisch definiert, um eine Erbkrankheit handelt, die zu ‚Fehlbildungen' an einer Vielzahl von Organen (insbesondere Gehirn und der Haut) führen kann und sich unter anderem häufig (wie im Fall des Herrn K) in epileptischen Anfällen und kognitiven Beeinträchtigungen äußert (vgl. Ertl-Wagner 2007, S. 61). Zusätzlich wurde Herrn K die Diagnose ‚Autismus' gestellt. Bis heute spricht Herr K, abgesehen von einzelnen Wörtern wie ‚ja' und ‚nein', nicht und ist im Alltag auf umfangreiche Betreuung und Pflege angewiesen.

Zwischen 1987 und 1997 besuchte Herr K eine Förderschule für Kinder mit geistiger Behinderung. Herr K galt, nach Angaben der Bezugsassistenz, bereits zu dieser Zeit als nicht kontaktfreudig. Er mied den Kontakt zu anderen Menschen und scheute insbesondere jegliche Form des Körperkontakts. Er interagierte lediglich mit ausgewählten Einzelpersonen – und dies in unterschiedlicher Intensität. Hierzu die Bezugsassistenz: *„die Mutter hat mir erzählt, dass er früher als Kind, in einer Einrichtung war, ich glaube nicht, dass das eine Sonderschule war, da hatte er einen Menschen, der durfte ihn sogar auf den Schultern tragen, auch ein Mensch mit Behinderung, den mochte er sehr gerne"* (Z. 1058-1061).

Weiterhin kam es laut Bezugsassistenz in der Vergangenheit häufig zu Wutausbrüchen, in denen Herr K (elterliches) Mobiliar beschädigte bzw. zerstörte oder physisch Mitmenschen attackierte. Diese ‚Ausbrüche' haben, nach Aussage der Bezugsassistenz, im Laufe der Zeit etwas nachgelassen. 1999 zog Herr K bei seinen Eltern aus und zog in ein Wohnheim der Behindertenhilfe, welches in seiner Geburtsstadt gelegen ist. Dort lebt er bis heute in einer Gruppe für Menschen mit erhöhtem Assistenzbedarf, wobei seine Wohngruppe (insgesamt sieben Bewohner) ausschließlich aus männlichen Bewohnern zusammengesetzt ist. Diesen Übergang beschrieb die Bezugsassistenz folgendermaßen: *„Er ist 1999 von zuhause ausgezogen, weil die Eltern gesagt haben, er ist jetzt erwachsen und es ist ja quasi normal, dass Eltern sich vom Kind lösen, wenn dieses erwachsen ist. Ich weiß nicht, ob es auch damit zu tun hatte, dass es auch sehr schwierig für die Eltern war, ihn zu betreuen, weil er damals noch sehr wild war, mit seinen achtzehn Jahren, und ja, die Eltern sind halt auch älter geworden"* (Z. 476-483).

Gegenwart

Herr K wird seit fünf Jahren (2010) von seiner derzeitigen Bezugsassistenz betreut. Innerhalb der Institution bewohnt Herr K nach Angaben der Bezugsassistenz ein vergleichsweise kleines Zimmer, welches sich, aufgrund gelegentlich auftretender Wutausbrüche bzw. (auto-)aggressiver Verhaltensweisen von Herrn K, in einem renovierungsbedürftigen Zustand befindet. Das Zimmer soll allerdings in naher Zukunft renoviert werden. In die diesbezüglichen Planungen der (Neu-)Ausgestaltung des Zimmers wird Herr K jedoch nicht aktiv mit eingebunden. Hierzu die Bezugsassistenz: *„Die Sache ist erstmal die, dass das Zimmer ein bisschen heruntergekommen wirkt, weil, wenn er sauer ist, dann schlägt und tritt er auch mal gegen seine Einrichtung. Sein Schrank ist halb auseinandergefallen, seine Wand ist schmutzig, es muss einfach gemacht werden. Wenn ich mich jetzt hinstellen würde und sage: ‚Deine Wand, soll sie grün sein oder gelb?', da wird nichts zustande kommen. Da setzen wir uns dann mit seiner Mutter zusammen, oder mit seinem Vater, wir setzen uns im Team in der Besprechung zusammen, überlegen, was könnten wir machen. Wir haben wirklich schon lange überlegt. Er hat jetzt immer wieder die Schranktüren rausgetreten oder rausgerissen. Wir haben uns jetzt überlegt, wir machen den Schrank ohne Schranktüren, mit oben so einem Kreppband daran (ahmt nach, wie dieses befestigt wird) und an das Kreppband hängen wir einen Vorgang. Wenn er wütend ist, kann er den Vorhang runterreißen und wir können es einfach wieder hinhängen"* (Z. 299-318).

Unter der Woche besucht Herr K eine Tagesförderstätte des Wohnheimträgers. Hier verbringt er an Werktagen die Zeit zwischen 8 und 13 Uhr. Herr K wird morgens von einem Bus der Institution abgeholt und mittags wieder zurückgebracht. Er ist die einzige Person, die die Tagesförderstätte bereits vor 16 Uhr verlässt, was zum einen mit seiner zunehmenden Unruhe am Nachmittag innerhalb der Tagesförderstätte begründet wird. Zum anderen erhält Herr K so die Möglichkeit, bei seiner Rückkehr in die Wohneinrichtung im Hof spazieren zu können. Diesbezüglich äußerte sich die Bezugsassistenz: *„Aber es ist ihm einfach zu viel, das haben wir bzw. die Leute von der Tagesförderstätte gemerkt. Deswegen haben wir gesagt, er soll vor 13 Uhr wieder zurückkommen, nach dem Mittagsessen. Dann ist hier nämlich noch nichts los. Außer den Rentnern ist niemand da und da kann er auch noch alleine auf den Hof gehen, weil seine Mitbewohner nicht da sind, da kann er oben auf der Gruppe sein und niemand stört ihn. Das hat ihm sehr geholfen. Dann gegen 16 Uhr kommen seine Mitbewohner, dann gibt es unter der Woche Obstsalat und einen Kaffee"* (Z. 629-637).

Nach Angaben der Bezugsassistenz steht Herr K am Morgen bereits zwischen 4 und 5 Uhr auf und nutzt die Zeit vor der Fahrt in die Tagesförderstätte für Spaziergänge auf dem Institutionsgelände und zum Kaffeetrinken. Entsprechend der frühen Aufstehzeiten geht er abends, im Anschluss an das Abendessen, zwischen 19 und 20 Uhr zu Bett. Zusätzlich zu verhältnismäßig hohen Dosen eines Antiepileptikums bekommt Herr K abends Schlaftabletten.

Herr K ist laut Bezugsassistenz prinzipiell dazu in der Lage, sich selbst für die Tagessförderstätte anzukleiden und vorzubereiten. Da er diesen Aufgaben jedoch oftmals nicht selbstständig nachkommt, wird dies zum Teil auch durch die InstitutionsmitarbeiterInnen übernommen. Herr K ist nach Aussage der Bezugsassistenz nicht dazu in der Lage, sich selbstständig zu duschen, weshalb er hierbei sowie bei anderen Angelegenheiten der täglichen Körperhygiene von den InstitutionsmitarbeiterInnen umfangreich unterstützt wird. Im Regelfall wird Herr K jeden zweiten Tag geduscht (hierfür gibt es einen extra Duschplan, in welchem geregelt ist, wer wann in der Institution geduscht wird).

Herr K führt auch heute keine (engen) Sozialbeziehungen zu anderen Personen. Nach Angaben der Bezugsassistenz ignoriert er seine Mitbewohner aus der ‚eigenen' Wohngruppe sowie die BewohnerInnen anderer Gruppen bestmöglich und vermeidet (auch in Bezug auf die MitarbeiterInnen) jede Form des Körperkontakts, was gerade auch für den Kontext (der Assistenz bei) Körperpflege problematisch ist.

Bedingt durch seine verbalsprachlichen Einschränkungen bedient sich Herr K primär nonverbaler Kommunikationsformen und initiiert diese. Hierzu die Bezugsassistenz: *„Vorhin saß ich am Schreibtisch und er ist zu mir gekommen und hat mich angeschaut, und da hab ich schon gewusst, er möchte jetzt runter auf den Hof gehen. Also, das hat man schon richtig am Blick gesehen. Und wenn ich es ihm ein bisschen schwierig machen will, dann sag ich: ‚Gib mir die Hand und führ mich dorthin und zeige mir, was du möchtest'. Das kann er generell, dazu* *nimmt er mich zum Beispiel an der Hand ganz kurz und führt mich zum Kühlschrank, wenn er was essen oder trinken möchte. Meistens findet die Kommunikation mit ihm so statt"* (Z. 240-248).

Seine Freizeit verbringt Herr K meist in der Wohngruppe. Sein Zimmer nutzt er nur gelegentlich als Rückzugsraum. Als primäre Freizeitaktivitäten von Herrn K werden durch die Bezugsassistenz das Ansehen von DVD's sowie die oben genannten Spaziergänge auf dem Institutionsgelände benannt (dieses ist ca. 850 Quadratmeter groß). Als Lieblingsfilme von Herrn K benennt die Bezugsassistenz zwei spezifische Kinderfilme. Spazierengehen auf dem Institutionsgelände kann bzw. darf Herr K seit kurzer Zeit nur noch in Begleitung einer Aufsicht, da es zu einem (nicht näher geschilderten) Zwischenfall mit einer Bewohnerin aus einer anderen Wohngruppe kam. Unbeaufsichtigte Spaziergänge sind ihm lediglich dann gestattet, wenn sich keine anderen Personen auf dem Hof bzw. in der Institution befinden – beispielsweise dann, wenn er früher aus der Tagesförderstätte zurückkehrt. Nach Aussage der Bezugsassistenz kann Herr K jedoch nicht in dem von ihm gewünschten Maße Spazierengehen. Diesbezüglich äußerte sich die Bezugsassistenz folgendermaßen: *„Also ich möchte jetzt nicht rumjammern, aber wir haben immer einen Berg an Akten zu schreiben, Medikamente zu stellen, dann möchte der eine Bewohner einkaufen gehen, der andere muss zum Arzt und so weiter und so fort. Da fällt er manchmal ein bisschen hinten runter, da muss man schon aufpassen"* (Z. 643-646). Neben den Spaziergängen beschäftigt sich Herr K, wenn er sich in der Wohngruppe aufhält, vor allem mit seinen Kuscheltieren, die er in seinem Zimmer in einer eigens hierfür vorgesehenen Kiste verwahrt. Darüber hinaus zeigt sich Herr K, nach Angaben der Bezugsassistenz, als naturverbunden. So betrachtet er gerne Bäume und Büsche und legt sich bei gutem Wetter gerne im Außenbereich der Institution auf den (Gras-)Boden. Manchmal macht die Wohngruppe Ausflüge mit dem institutionseigenen Bus. Diesbezüglich erläuterte die Assistenz: *„Also, wir haben hier normalerweise zwei Busse stehen und da packen wir dann drei bis fünf Bewohner rein und fahren dann einfach mal nach [Name eines Naherholungsgebiets] oder nach [Name einer nahegelegenen Stadt]. Also wir halten gar nicht an, sondern einfach durch. Dieses Fahren, das finden alle toll eigentlich, [Vorname des Herrn K] aber in den letzten Jahren weniger. Das ist dann meistens eher so, dass er da bleibt, was er dann auch sehr genießt, dass er dann nahezu der Einzige ist, mit dem man auch auf den Hof gehen kann oder wir sagen (Stimmlage wird verändert): ‚Hey komm, wir machen einen Obstsalat und du darfst dich einfach daneben stellen und naschen'. Also sowas findet er dann auch toll"* (Z. 908-917). Sehr selten kommt es zu Ausflügen mit der gesamten Wohngruppe (insgesamt sieben Bewohner). In diesem Zusammenhang sagte die Bezugsassistenz: *„Wir waren vor* *zwei oder drei Wochen in [Name eines Randbezirks der Stadt] und da hat [Name der Trägerinstitution] ein Grundstück, und wir waren da einen halben Tag etwa, mit allen Bewohnern. Es war ein riesiger Aufwand, weil dazu braucht man einfach viel mehr Personal als sonst. Deswegen können wir solche Sachen leider nicht so oft machen. Das war ganz toll. [Vorname des Herrn K] ist da durch den Wald gelaufen, das ist ein umzäuntes Grundstück, das braucht man auch, damit keiner abhauen kann, und [Vorname des Herrn K] hat sich ins Gras gelegt und die Bäume angeschaut"* (Z. 997-1006). Herr K hat darüber hinaus bereits einmal an einer Urlaubsreise (innerhalb Deutschlands) des Trägers teilgenommen. Hier fuhren er, sowie ein Mitbewohner, mit drei InstitutionsmitarbeiterInnen an die Nordsee. Besuch erhält Herr K lediglich von seinen Eltern, diese kommen in unregelmäßigen Abständen. Etwa alle drei Wochen wird er von ihnen besucht bzw. sie nehmen ihn mit zu sich nach Hause. Hin und wieder bleibt er auch über Nacht bei seinen Eltern. Das Verhältnis zu beiden Elternteilen sei laut Bezugsassistenz sehr gut.

Herr K hat derzeit zwar keine Lebenspartnerin bzw. keinen Lebenspartner, wird von Seiten der Bezugsassistenz jedoch als ‚sexuell aktiv' bezeichnet. So führt die Bezugsassistenz aus: *„Ich habe ihm einmal einen Playboy gekauft, den hat er wohl auch genutzt. Das könnte ich eigentlich auch mal wieder machen"* (Z. 575-577). Auch habe Herr K ein Interesse für blonde Frauen, was sich etwa in einer Therapiesitzung zeigte. In diesem Zusammenhang äußerte sich die Bezugsassistenz: *„Als wir mit ihm bei der Therapie wegen seiner Hand waren, da konnte er auf einmal eine Viertelstunde mitmachen, und war auch gut gelaunt, denn da hatte er eine junge blonde Therapeutin, was er generell sehr mag. Da hat er auch mal das gemacht, was sie ihm gesagt hat"* (Z. 865-868).

Zukunft

Innerhalb des Interviews werden außer der Zielsetzung, dass Herr K bald wieder ohne Aufsicht seine Spaziergänge auf dem Institutionsgelände ausführen darf, keine Zukunftsperspektiven benannt. Seine Zukunft wird klar im Rahmen der Institution gesehen.

11.1.2 Verdichtete Analyseergebnisse

Eingeschränkte Handlungsökonomie, Fremdbestimmung, Überwachung und Isolation

Im Zuge der Auswertung wurde deutlich, dass der Alltag des Herrn K beinahe ausschließlich durch die Institution gestaltet ist. In diesem Sinne ist sein Alltag beispielsweise maßgeblich durch die Definition seiner Wohngruppe als ‚Intensivgruppe' gekennzeichnet, was sich in besonders restriktiven Tagesstrukturen und einem erhöhten Maß an Überwachung manifestiert. Beispielhaft angeführt werden kann hier etwa, dass sich Herr K nur unter Aufsicht auf dem Gelände bewegen kann bzw. nur dann ohne Aufsicht ist, sobald keine anderen BewohnerInnen anwesend sind. Aus diesen erhöhten Überwachungs- und Fremdbestimmungspraxen ergibt sich wiederum eine stark eingeschränkte persönliche Handlungsökonomie des Herrn K, sodass nur sehr wenig Raum für die Entwicklung und Auslebung von (neuen bzw. eigenen) Interessen gegeben ist.

Die Fremdbestimmungs- und Überwachungspraxen vollziehen sich gegenüber Herrn K teilweise gegen seinen expliziten Willen, was die Unterordnung des einzelnen Subjekts unter den Plan der Institution verdeutlicht und auf die Problematik des Würdeerhalts bzw. auf die Ambivalenz zwischen Würdeverletzung und Würdeerhalt verweist. Ein Beispiel hierfür ist die Durchführung pflegerischer Handlungen trotz der bekannten Abneigung des Herrn K gegenüber direktem körperlichen Kontakt: *„Zum Beispiel Berührungen beim Duschen, das mag er auch nicht. Das ist einfach etwas, was gemacht werden muss. Wir duschen ihn, wir waschen ihn, wir versuchen das einfach so schnell wie möglich zu machen, aber das sind einfach Berührungen, die er nicht mag. Er ist dann zwar geduscht, aber das ist für ihn erstmal nichts Gutes"* (Z. 822-827). Hier wird die Würde des Herrn K durch die Pflegehandlung gegen seinen Willen verletzt. Dies geschieht, um Herrn K dabei zu unterstützen, seine Körperhygiene zu gewährleisten, was letztlich einen Erhalt seiner Würde darstellt. Zur Ambivalenz des Würdeerhalts im Kontext von Pflege und Betreuung von Menschen mit Behinderung finden sich an anderer Stelle ausführlichere Darlegungen (vgl. Trescher 2015a).

Es wurde deutlich, dass Herr K in seiner derzeitigen Lebenssituation nur einen äußerst geringen Spielraum hat, seine Lebensentwürfe zu entwickeln, da diese ihm weitgehend durch die Institution selbst vorgegeben werden. Damit wird auch sein Erlebens- und Erfahrungsspielraum auf die Institution beschränkt. Die Institution wirkt hier als „Inklusionsschranke" (Trescher 2015b, S. 312). Es kommt zu einer weitgehenden Gleichschaltung der Lebensentwürfe der BewohnerInnen, was sich unter anderem auch daran zeigt, dass Herr K (sowie auch seine MitbewohnerInnen) in einer nicht freiwillig gewählten Gemeinschaft lebt. Individuell bedeutsame Faktoren bzw. Persönlichkeitsmerkmale, wie zum Beispiel das Lebensalter der BewohnerInnen, spielen für die Zusammensetzung der Wohngruppe, welche sich ausschließlich aus dem erwarteten Betreuungs- bzw. Versorgungsaufwand der BewohnerInnen ergibt, keine Rolle. Alle BewohnerInnen erleben den gleichen Alltag – individuelle Vorlieben sind nicht von Belang, sodass die Identität der BewohnerInnen als passiv und behindert vorgegeben wird. Hierzu muss einschränkend gesagt werden, dass das Leben des Herrn K durch das frühere Heimkehren aus der Tagesförderstätte eine kleine individuellere Note bekommt. Völlig unklar ist allerdings, warum er nicht in einer eigenen Wohnung lebt, da er scheinbar explizit keinen Kontakt zu seinen MitbewohnerInnen haben möchte. Dementgegen konnte allerdings auch herausgearbeitet werden, dass sich innerhalb der Wohngruppe so gut wie gar keine Vergemeinschaftungspraxen vollziehen, sodass Herr K auch nur bedingt die Möglichkeit zu Vergemeinschaftung gegeben wird.

Sozialbeziehungen, Rolle der Herkunftsfamilie

Es wurde herausgearbeitet, dass Herr K, abgesehen von seinen Eltern, keine engeren Sozialkontakte zu anderen Personen innerhalb oder außerhalb der Institution führt, was jedoch bereits durch seine Lebensumstände bzw. den Lebensraum ‚Wohnheim' bzw. ‚Intensivwohngruppe' strukturell verhindert wird. Herr K ist auch hier umfassend auf die ihn umgebende Institution angewiesen. Die Herkunftsfamilie bietet ihm einen Lebensraum jenseits des Protektorats der Institution, wenngleich zum Beispiel bei Übernachtungsbesuchen bei den Eltern wiederum eine gewisse Infantilität reproduziert wird.[1]

Kommunikation und (auto-)aggressive Verhaltensweisen

Im Falle des Herrn K zeigten sich die verbalsprachlichen Einschränkungen als besonders wirkmächtig in Bezug auf die Entwicklung und Verwirklichung von Lebensentwürfen. Die verbalsprachlichen Einschränkungen zwingen zur Fremderkennung und damit auch Fremdauslegung von Wünschen und Interessen, da diese nicht unmittelbar an die MitarbeiterInnen der Einrichtung gerichtet werden (können). Die von Herrn K angewandten nonverbalen Kommunikationsformen scheinen hierfür, aufgrund der geringen Komplexität, nur bedingt ausreichend, verweisen jedoch auf ein gewisses Maß an Reflexivität des Herrn K und machen deutlich, dass dieser durchaus Interessen/ Wünsche hat, die er verfolgt. Weiterhin lehnt sich Herr K mitunter gegen die Institution auf, indem er zum Beispiel Einrichtungsgegenstände zerstört. In diesem Zusammenhang können die Wutausbrüche bzw. die (auto-)aggressiven Verhaltensweisen des Herrn K als Kommunikationsform begriffen werden, die letztlich durch die ihn umgebenden Strukturen mit hervorgebracht werden. Die mitunter nicht gelingende Kommunikation des Herrn K mit anderen (vor allem InstitutionsmitarbeiterInnen) ist ein zentrales Problem der Entwicklung seiner (individuellen) Lebensentwürfe.

---

1 Es sei an dieser Stelle auf die Ausführungen in Kapitel 10.5 verwiesen, die zwecks Redundanzvermeidung an dieser Stelle nicht wiederholt werden.

Rolle der MitarbeiterInnen, Bezugsassistenz und bürokratische Hürden

Im Zuge der Analyse wurde deutlich, dass die Bezugsassistenz des Herrn K die eigene Funktion eher auf einer technischen Ebene konstruiert. Es offenbarte sich hier ein emotional distanziertes Verhältnis zu Herrn K, was sich etwa daran zeigte, dass die Bezugsassistenz nicht über etwaige Wünsche bzw. Lebensentwürfe des Herrn K Auskunft geben konnte, was schlussendlich auch an den verbalsprachlichen Einschränkungen des Herrn K liegt. Dennoch sah die Bezugsassistenz es nicht als ihr primäres Ziel an, (neue) Lebensentwürfe des Herrn K (mit) zu entwickeln.

Wie oben hervorgehoben, stellen verbalsprachliche Einschränkungen eine besondere Herausforderung an das Institutionspersonal dar. Sie machen eine verstärkte Beschäftigung mit den BewohnerInnen notwendig, um Interessen und Wünsche zu erkennen bzw. zu entwickeln. Dies bringt wiederum einen erhöhten zeitlichen Aufwand mit sich. Problematisch erscheint in diesem Kontext das Ergebnis, dass MitarbeiterInnen ebendiese Mehraufwendung innerhalb des Institutionsalltags nicht oder nur bedingt möglich ist, was unter anderem auf bürokratische Tätigkeiten (etwa der Aktenführung) zurückzuführen ist, deren Erledigung einen wesentlichen Teil des Arbeitstages füllen.[2]

Infantilität

Als weiteres Ergebnis konnte ein gewisser infantiler Subjektstatus des Herrn K herausgearbeitet werden, was sich etwa an dem Konsum von verschiedenen Kinderfilmen oder dem Spiel mit Kuscheltieren exemplifizieren lässt.

Behinderungspraxen

Die Analyse hat in Breite und Tiefe, wie bereits dargestellt, gezeigt, dass Herr K massiv durch die Institution und deren Abläufe behindert wird. Er wird in den Alltag der Institution weitgehend eingepasst. Als zentrales Merkmal ist hier gerade auch die hohe Dosis an verhaltensregulierenden bzw. ruhigstellenden Medikamenten zu nennen. Herr K wird durch Praxen der Institution als behindertes Subjekt reproduziert.

Sexualität

Im Zuge der Auswertung wurde zudem deutlich, dass Herr K von der betreuenden Institution zu einem gewissen Grad eine teils sexuelle Identität zugeschrie-

---

2 Zur bürokratischen Überformung von Subjekten in stationären (Wohn-)Einrichtungen der Behindertenhilfe siehe ausführlich: Trescher 2017c, S. 173f; Trescher 2017d.

ben bekommt. Er unterscheidet sich damit von den anderen hier untersuchten Fällen aus dem Bereich der stationären Intensivbetreuung. Herausgearbeitet wurde auch hier, dass die Sexualität des Herrn K maßgeblich durch die Institutionen bzw. die dort tätigen MitarbeiterInnen gelenkt und gestaltet wird. Zurückzuführen ist dies letztlich auf den nur stark begrenzten Handlungsrahmen, der ihm zur Verfügung steht. So sind nicht nur seine Kontaktmöglichkeiten stark begrenzt und beschränken sich beinahe ausnahmslos auf seine ausschließlich männlichen Mitbewohner bzw. die anderen BesucherInnen der Tagesförderstätte, sondern er hat darüber hinaus auch keinen unkontrollierten Zugang zu anderweitigen Formen der Auslebung von Sexualität. Beispielhaft herangezogen werden kann hier etwa das Magazin ‚Playboy', welches ihm lediglich dann zur Verfügung steht, wenn es ihm durch seine Bezugsassistenz bereitgestellt wird. Dies war in den vergangenen fünf Jahren bisher nur einmal der Fall.

11.2 HERR L: „IN DEN LETZTEN ZEHN JAHREN IST ER SICH BEWUSST, DASS ER HIER WOHNT, KANN SICH HIER ORIENTIEREN, FÜHLT SICH HIER, GLAUB ICH, AUCH GANZ WOHL."

Herr L ist 32 Jahre alt und lebt in einer Wohngruppe für Menschen mit ‚herausforderndem Verhalten'. Er arbeitet unter der Woche in einer Tagesförderstätte. Im Gegensatz zum Fall des Herrn K erwies sich ein Interview mit Herrn L zunächst als durchführbar, wenngleich dieses insgesamt sehr knapp ausfiel und nur bedingt zur Auswertung herangezogen werden konnte, da Herr L oft in Ein-Wort-Sätzen antwortete. Auch hier wurde dann auf ein Interview mit der Bezugsassistenz zurückgegriffen. Beide Interviews fanden in einem Aufenthaltsraum in den Räumlichkeiten der Wohneinrichtung statt, in der Herr L wohnt, und wurden als Grundlage für die nachfolgende Biographie herangezogen. Herr L war während des Interviews mit der Bezugsassistenz nicht anwesend.

11.2.1 Biographie

Vergangenheit

Herr L wurde 1983 in einer deutschen Stadt geboren. Er ist der Sohn türkischer Eltern, bei denen er, gemeinsam mit seiner Schwester (das Alter der Schwester ist nicht bekannt), aufwuchs. Als er 22 Jahre alt war, verließ er das Elternhaus und zog in eine separate Wohngruppe für Menschen mit ‚herausforderndem Verhalten', welche an einem Wohngruppenkomplex gelegen ist, in dem weitere

Menschen mit Behinderung leben. Die Einrichtung befindet sich in der Geburtsstadt des Herrn L. Bezüglich des Wechsels äußerte sich die Bezugsassistenz folgendermaßen: *„Der Grund, warum er nicht mehr zu Hause wohnen konnte, ist: Er ist weggelaufen. Hier bei uns am Anfang ist er auch weggelaufen. Mittlerweile ist es aber gut. Da hatte er am Anfang einen gerichtlichen Beschluss, dass er nicht raus darf. Der ist mittlerweile aber aufgehoben"* (Z. 114-115). Herr L kann sich nur bedingt verbalsprachlich äußern.

Im Jahr 2014 verstarb der Vater des Herrn L, der ab einem unbekannten Zeitpunkt getrennt von der Mutter des Herrn L lebte. Weitere Angaben zur Vergangenheit des Herrn L konnten über Herrn L oder die Bezugsassistenz nicht generiert werden.

Gegenwart

Gegenwärtig lebt Herr L noch immer in oben genannter Wohngruppe (insgesamt ca. zehn BewohnerInnen). Zu seinen MitbewohnerInnen unterhält Herr L nach Angaben der Bezugsassistenz keine engeren Kontakte. Vergemeinschaftungspraxen finden kaum statt. Gelegentlich besuche er jedoch andere Wohngruppen. Auch hier unterhält er aber keine engeren Sozialbeziehungen zu anderen BewohnerInnen, sondern ist dort lediglich ‚anwesend'. Bei seinem Einzug in die Wohneinrichtung wurde Herr L eine Bezugsassistenz zugewiesen. Die derzeitige Assistenz betreut ihn seit fünf Jahren (2010). Sie sehen sich etwa jeden zweiten Tag. Unter der Woche besucht Herr L von 8 bis 16 Uhr eine Tagesförderstätte, die in unmittelbarer Nähe zu seiner Wohninstitution liegt und vom selben Träger betrieben wird. Innerhalb der Wohngruppe gibt es verschiedene Haushaltsdienste. Herr L unterstützt hierbei den sogenannten ‚Küchendienst'. Laut Bezugsassistenz bereitet Herr L gerne Salate zu und schneidet gerne Gemüse.

Seine Freizeit verbringt Herr L, laut Bezugsassistenz, mit Spielen und Fernsehen. Er hat eine besondere Vorliebe für Kaffee und Süßstoff. Am Wochenende führt die Institution hin und wieder Ausflüge für mehrere Menschen aus der Gesamtinstitution durch, an denen Herr L teilnimmt. Sehr selten kommt es zu sogenannten *„Bewohnerfreizeiten"* (Z. 141). In diesem Zusammenhang hat Herr L im vergangenen Jahr an einer Reise (innerhalb Deutschlands) teilgenommen. Einschränkend führt die Bezugsassistenz allerdings aus: *„Das kann man aber nicht jedes Jahr anbieten"* (Z. 153-154).

Nach Angaben der Bezugsassistenz hat Herr L einen sehr engen Kontakt zu seiner Mutter, die seit 2013 jedoch ihren Wohnsitz in der Stadt, in der auch Herr L lebt, weitestgehend aufgegeben hat und diesen nur noch drei bis vier Monate im Jahr bewohnt. Die übrige Zeit lebt sie in der Türkei. In den Monaten, in denen die Mutter in Deutschland ist, holt sie ihren Sohn in der Regel jedes Wochenende zu sich nach Hause. Ebenfalls nimmt sie Herrn L jedes Jahr für sechs Wochen mit in die Türkei zu ihrer (Herkunfts-)Familie. Zu dieser Zeit trifft Herr L auch auf seine Schwester, die zwischenzeitlich fest in der Türkei lebt. Die Mutter von Herrn L spricht nur sehr gebrochen die deutsche Sprache.

Bis zu einem nicht näher bekannten Zeitpunkt wurde Herr L auch zeitweise von seinem Vater abgeholt bzw. besucht, der zwischenzeitlich von der Mutter getrennt lebte. Diese Besuche wurden jedoch auf Bestreben der Mutter eingestellt, da der Vater mit dem Sohn regelmäßig Lokalitäten aufgesuchte, in denen der Sohn Alkohol und Zigaretten konsumierte und die Mutter dies als nicht angemessen ansah.

Zukunft

Persönliche Zukunftsvorstellungen und Wünsche des Herrn L sind nicht bekannt bzw. konnten im Zuge des Interviews nicht identifiziert werden. Die Bezugsassistenz formuliert als Zielsetzung für die Zukunft, dass Herr L von der Tagesförderstätte in eine Werkstatt für Menschen mit Behinderung wechselt und dass er aus der intensiv-betreuten Wohngruppe auszieht, um in eine andere Wohngruppe zu ziehen (ohne Intensivbetreuung und dementsprechend weniger reguliert). Dementgegen äußert sie jedoch betreffend der Wohnsituation des Herrn L: *„In den letzten zehn Jahren ist er sich bewusst, dass er hier wohnt, kann sich hier orientieren, fühlt sich hier, glaub ich, auch ganz wohl“* (Z. 121-122).

11.2.2 Verdichtete Analyseergebnisse

Eingeschränkte Handlungsökonomie, Fremdbestimmung, Überwachung und Isolation

Während der Auswertung der Interviews wurde herausgearbeitet, dass das Leben von Herrn L (ähnlich wie im Fall des Herrn K) maßgeblich durch die Institution und deren Strukturen geprägt ist, in der er seinen Alltag verbringt. Die Institution bestimmt seinen Tagesablauf, was wiederum dazu führt, dass es letztlich auch die Institution ist, die die Lebensentwürfe des Herrn L vorgibt. In seinem Alltag kommt Herrn L in vielerlei Hinsicht nur eine äußerst geringe persönliche Handlungsökonomie zu, was bereits durch die Definition der Wohngruppe als sogenannte ‚Intensivgruppe‘ vorgegeben ist. Er ist dort (ähnlich wie im Fall der Herrn K) verschiedenen Überwachungs- und Fremdbestimmungspraktiken ausgesetzt, die eine Entwicklung und Auslebung eigener Wünsche weitestgehend verunmöglichen. Dies beginnt im vorliegenden Fall etwa bei der Frage, zu welcher Zeit des Tages Kaffee getrunken werden darf und wann Fenster geöffnet werden können. Auch die Interessen ‚Süßstoff‘ und ‚Kaffee‘ verweisen auf eine starke Prägung durch die institutionelle Lebenswelt, verweisen sie doch auf den nur stark begrenzten Erfahrungsraum, der Herrn L in seinem Alltag zuteilwird und innerhalb dessen er seine Interessen und Lebensentwürfe entwickeln kann.

Herr L kann die ihn umgebende Institution nicht oder nur sehr selten verlassen, was ihn von der Lebenswelt jenseits der Institutionsgrenze isoliert. Er ist hier auf seine Mutter oder die Institution selbst angewiesen. Gleichzeitig ist Herr L innerhalb der Institution selbst auch isoliert, da sich seine Lebenswelt im Wesentlichen auf die Wohngruppe beschränkt. Er lebt somit in einer doppelten Isolation. Diese Faktoren erschweren das Entwickeln etwaiger Interessen und Lebensentwürfe. Auch das Knüpfen und Führen von Sozialbeziehungen wird dadurch bereits strukturell verhindert bzw. deutlich erschwert.

Glaube, Heimat, Identität

Die oben genannte Fremdverwaltung bzw. Fremdgestaltung der Lebensentwürfe erscheint bereits für sich genommen problematisch, jedoch wird angesichts der familiären Wurzeln des Herrn L auch die Frage danach aufgeworfen, inwiefern es innerhalb eines solch umfassenden organisationalen Strukturrahmens möglich ist, Lebensentwürfe (alternativ zu denen, die die Institution implizit und explizit vorgibt), welche die BewohnerInnen ggf. aus ihrer Herkunftsfamilie in die Institution tragen, (weiter) zu entfalten bzw. (weiter) zu leben. Die Analyseergebnisse verweisen darauf, dass es zu einer Gleichschaltung der Lebensentwürfe entlang innerinstitutioneller Statuszuweisungen (hier etwa die Zuweisung zu einer sogenannten ‚Intensivwohngruppe') kommt, welche als innerinstitutioneller Masterstatus wirksam wird.

Verbalsprachliche Einschränkungen, Fremddeutung von Lebensentwürfen

Schlussendlich konnte die Frage nach den Lebensentwürfen des Herrn L aufgrund der vorhandenen verbalsprachlichen Einschränkungen, die das Zustandekommen eines längeren gesprächsförmigen Interviews verhinderten, nicht abschließend geklärt werden, da im Interview keine Lebensentwürfe durch Herrn L formuliert wurden. Hierin ist wiederum eine zentrale Problematik zu sehen, zwingen Einschränkungen der intersubjektiven Mitteilungsfähigkeit (sowohl verbaler als auch nonverbaler Art) doch zu einer Fremddeutung bzw. Fremdauslegung der Wünsche. Diese Schwierigkeit ist der Problematik der Umsetzung jener Wünsche innerhalb des innerinstitutionellen Alltags vorgeschaltet.

Rolle der Herkunftsfamilie

Eine besondere Rolle im Leben des Herrn L spielt seine Mutter, die seine einzige unmittelbare Bezugsperson jenseits der Wohninstitution ist. Herr L ist trotz seines Alters stark fixiert auf seine Mutter. Sie ist es auch, die ihrem Sohn zumindest teilweise einen Lebensraum jenseits der Institution bietet, indem sie ihn beispielsweise am Wochenende zu sich nach Hause nimmt oder gemeinsam mit ihm in den Urlaub fliegt oder fährt. Da die Mutter jedoch nur noch zu einem Teil des Jahres in Deutschland lebt und Herr L außer in direkter Interaktion nicht mit ihr kommuniziert, ist die Sozialbeziehung der beiden zueinander auch von langen Interaktionspausen geprägt. Daraus resultiert eine verstärkte Angewiesenheit des Herrn L auf die Wohninstitution, da ihm schlicht ein weiterer physisch-sozialer Lebensraum jenseits der (im Fall des Herrn L eng vernetzten) Institutionen der Behindertenhilfe fehlt.

Infantilität

Die anhaltend enge Beziehung zur bzw. Fixierung auf die Mutter verweist auf eine infantile Identität des Herrn L. In dieser bleibt er gefangen, da für ihn zum Beispiel kaum Raum besteht, alternative Sozialbeziehungen zu knüpfen, welche die Besuche der Mutter möglicherweise ersetzen könnten. Auch die Art und Weise, wie er durch das Personal als Subjekt hervorgebracht wird, ist infantil. Exemplarisch für die Infantilisierungspraxen, die sowohl durch die Institution als auch durch die Mutter praktiziert werden, kann herangezogen werden, dass die Mutter dem Vater untersagte, den (erwachsenen) Sohn mit in Lokalitäten zu nehmen, um dort Alkohol und Zigaretten zu konsumieren.

11.3 HERR M: „ER WAR TWENTYFOUR/SEVEN EINFACH IN DER EINRICHTUNG. DADURCH SIND SEINE SOZIALKONTAKTE AUSSERHALB DER FAMILIE OHNEHIN SCHON IMMER GERING."

Herr M ist 27 Jahre alt und lebt in einer intensiv betreuten Wohneinheit. Er besucht nach sieben Jahren ohne Beschäftigung nun eine Tagesförderstätte des gleichen Trägers, der auch die Wohneinheit, in der er lebt, betreibt. Gleich den vorangegangenen Fällen wurde auch bei Herrn M der Versuch eines direkten Interviews unternommen, was sich jedoch schnell (aufgrund von verbalsprachlichen Einschränkungen) als nicht ergiebig herausstellte, sodass dieses nach kurzer Zeit abgebrochen wurde. Die folgenden Darlegungen basieren somit maßgeblich auf einem Interview mit der Bezugsassistenz, die Herrn M von Seiten der Institution zugeteilt wurde. Das Interview fand in einem Kellerraum der Institution statt, in der Herr M lebt. Herr M war während des Interviews mit der Bezugsassistenz nicht anwesend.

11.3.1 Biographie

Vergangenheit

Herr M wurde 1988 in einem ländlichen Randbezirk einer nord-albanischen Stadt geboren. Dort lebte er mit seinen Eltern, seinen beiden Schwestern sowie seinen Großeltern auf dem familieneigenen Bauernhof. Sein Vater war bzw. ist der Betreiber der lokalen Taverne im Geburtsort des Herrn M, seine Mutter war Hausfrau bzw. bestellte gemeinsam mit den anderen Familienmitgliedern den Hof. Beide Elternteile sind etwa 1950 geboren (genaue Daten sind nicht bekannt). Nach Angaben der Bezugsassistenz traten im Alter von acht Monaten, im Anschluss an eine Hirnhautentzündung, hervorgerufen durch einen Zeckenbiss, erste Verhaltensauffälligkeiten bei Herrn M auf, die in Kombination mit den politischen Spannungen des Landes zur Zeit sowie im Anschluss an den Kosovokrieg in der späten Folge dazu führten, dass seine Eltern eine Migration nach Deutschland anstrebten. Die Auswanderung erfolgte dabei, so die Bezugsassistenz, primär aus Gründen der medizinischen Versorgung des Sohnes, welche im kriegsgezeichneten Herkunftsgebiet der Familie nicht im erforderlichen Maße gewährleistet werden konnte. In diesem Zusammenhang äußerte die Bezugsassistenz: *„Er hatte mit acht Monaten seine ersten Auffälligkeiten, die ersten Anfälle dann mit einem Jahr. Er ist dann wohl in Albanien medikamentös eingestellt worden. Als er fünf Jahre alt war, haben sie einen ersten Urlaub in Jugoslawien gemacht und haben das genutzt, weil dort die medizinische Versorgung besser war, ihn zu einem Arzt zu schicken, wo dann festgestellt wurde, dass er eine total falsch eingestellte Medikation hatte. Was dann vielleicht auch dazu geführt hat, dass sich sein Zustand nicht unbedingt verbessert hat. Auch dort konnte natürlich nur eine Empfehlung ausgesprochen werden, aber das Ganze so umzusetzen wie es nötig gewesen wäre, war wohl dann schwierig. Irgendwann wurde dann gesagt, ‚wir können ihm hier in Albanien nicht weiter helfen'. Dementsprechend hat seine Mutter sich dann zur Asylsuche in Deutschland entschieden"* (Z. 311-323). In Albanien selbst besuchte Herr M keinen Kindergarten, jedoch besuchte er zwischen den Jahren 2003 und 2004 eine Förderschule. Im Jahr 2004 wanderte er gemeinsam mit seiner Mutter nach Deutschland aus. Sein Vater blieb nach Angaben der Bezugsassistenz aufgrund seiner beruflich-sozialen Stellung in Albanien zurück, wo er bis zum heutigen Tag noch lebt. Die Auswanderung von Herrn M und seiner Mutter verlief allerdings, laut Bezugsassistenz, nicht problemlos, da zunächst nur Herr M eine Aufenthaltsgenehmigung erhielt und der Mutter die Ausweisung drohte. Diesbezüglich führte die Bezugsassistenz aus: *„Dann hieß es erstmal: ‚nur er darf bleiben, seine Mutter muss wieder zurück'. Zum damaligen Zeitpunkt, gab es auch Aufschreie in der Presse, da gab es Presseartikel, die sich dann dafür eingesetzt haben, damit die Mutter doch bei ihrem Sohn bleiben darf. Lange Geschichte. Die Mutter ist dann also auch geblieben"* (Z. 295-300). Nach der Auswanderung lebte Herr M mit seiner Mutter zunächst in einer Stadt in Ostdeutschland. Dort besuchte er für ein weiteres Jahr eine Förderschule. Seine fünf Jahre ältere Schwester kam im Jahr 2005 ebenfalls nach Deutschland. Die Familie zog nach Westdeutschland, wo sie bis heute noch lebt. Herr M zog im Jahr 2006 in eine Wohneinrichtung der Behindertenhilfe, in der er bis heute in einer speziellen Wohngruppe für Personen mit sogenanntem ‚herausforderndem Verhalten' lebt (insgesamt hat die Wohngruppe sechs BewohnerInnen). Nach Angaben der Bezugsassistenz erfolgte der Wechsel vor allem, weil die Mutter des Herrn M, die die primäre Betreuungsperson war, sich zunehmend überfordert fühlte. Zudem sei die Betreuung des Herrn M so zeitintensiv gewesen, dass sie keiner geregelten Arbeit mehr nachgehen konnte. Dies änderte sich mit dem Umzug des Herrn M.

Laut Bezugsassistenz gestaltete sich die Anfangszeit in der Wohneinrichtung äußerst problematisch, was sich etwa darin äußerte, dass Herr M *„massive Fluchttendenzen"* (Z. 382) entwickelte und MitarbeiterInnen physisch attackierte. Er bekam deshalb, nachdem er sich einmal aus der ge- und verschlossenen Wohninstitution unerlaubt entfernte und erst am Abend durch die Polizei zurückgebracht worden war, in den ersten zwei Jahren seines Aufenthaltes eine ganztägige Einzelbetreuung durch einen externen Anbieter. Aufgrund seiner aggressiven Verhaltensweisen wurde Herr M einige Male in eine psychiatrische Klinik eingewiesen und erhielt dort unter anderem eine medikamentöse Einstellung (mit verhaltensregulierenden Psychopharmaka). Zwischenzeitlich seien die aggressiven Verhaltensweisen des Herrn M zurückgegangen.

Herr M lebte nach dem Einzug zunächst in einem Doppelzimmer mit einem anderen Herrn, zog jedoch später in ein Einzelzimmer. In den ersten sieben Jahren seines Aufenthalts in der Wohneinrichtung arbeitete Herr M nicht. Er verbrachte den gesamten Tag in der Wohninstitution. Erst im Jahr 2014 erhielt er einen Platz in einer Tagesförderstätte. Die Bezugsassistenz: *„Außerhalb der Wohneinrichtung war es sehr lange sehr schwierig, da er keinen Tagesförderstättenplatz hatte. Das heißt, nachdem er zu uns in die Einrichtung kam, war er quasi sieben Jahre darauf angewiesen, dass wir mit ihm rausgehen und ihm so ein gewisses Programm bieten, also er war twentyfour/seven einfach in der Ein-*

richtung. Dadurch sind seine Sozialkontakte außerhalb der Familie ohnehin schon immer gering" (Z. 142-150).

Gegenwart

Herr M lebt noch immer in oben genannter Wohneinrichtung. Er hat dort inzwischen ein Einzelzimmer in einer Wohngruppe für Menschen mit erhöhtem Assistenzbedarf. Herr M hat starke verbalsprachliche Einschränkungen und für Köperpflege/ Hygienehandlungen benötigt er Anleitung. Nach Angaben der Bezugsassistenz spricht Herr M primär in einer *„Fantasiesprache"* (Z. 68), welche sich insbesondere durch selbst erfundene Namensgebungen auszeichne: *„wenn er Familienangehörige sieht, belegt er diese namentlich auch teilweise mit in seiner Fantasiesprache erstellten Namen, die von früher noch stammen"* (Z. 67-69).

Bei seinem Einzug in die Wohneinrichtung wurde ihm von Seiten der Institution eine Bezugsassistenz zugewiesen. Diese hat nach zwei Jahren gewechselt. Die derzeitige Assistenzkraft betreut ihn seit 2009. Sie sehen sich in der Regel fünfmal in der Woche.

Herr M besucht seit 2014 unter der Woche in der Zeit von 8 bis 16 Uhr die oben genannte Tagesförderstätte. Herr M übernimmt regelmäßig den sogenannten ‚Küchendienst' in seiner Wohngruppe, wobei er die zuständigen Assistenzkräfte beim Zubereiten der Mahlzeiten sowie dem Erledigen von Haushaltstätigkeiten unterstützt. Hinzu kommen selbstinitiierte Aufräumaktionen. Diesbezüglich sagte die Bezugsassistenz: *„Also er hat so gewisse Sachen, die er gerne macht. Er sammelt [persönliche Gegenstände] eines anderen Bewohners zusammen und wenn er weiß, wem die Gegenstände gehören, bringt er die dem Bewohner auch ins Zimmer"* (Z. 544-546).

Seine Freizeit verbringt Herr M laut Bezugsassistenz vor allem in den Gemeinschaftsräumen der Wohngruppe. Sein Zimmer nutzt er primär zum Schlafen, Musikhören und Fernsehen. Herr M hört Musik aus dem Genre ‚Classic Rock' und bekommt von den InstitutionsmitarbeiterInnen gelegentlich entsprechende Musik-CDs bereitgestellt. Als weitere Interessen werden durch die Bezugsassistenz ‚Essen und Trinken' sowie ‚Busfahren' benannt. Letzteres wird von Seiten der Wohngruppe gelegentlich als Freizeitaktivität angeboten. Weiterhin sieht Herr M gerne (Tier-)Dokumentationen im Fernsehen. Hierzu die Bezugsassistenz: *„Es gab und gibt immer noch ein hohes Interesse am Fernsehen. So habe ich ihn auch kennen gelernt. Jahrelang war es eigentlich so, dass Naturdokumentationen, Geschichten aus Tierparks und Zoos, die mittags auf irgendeinem Sender laufen, ihn sehr interessiert haben. Spannend dabei ist, dass wir dann natürlich versucht haben, das Ganze in die Realität zu transferieren.*

Das heißt, wir mit ihm im [Name eines Zoos] in [Name einer Stadt] oder auch einfach mal irgendwo auf einer Weide waren und uns Pferde angeguckt haben. Oder hier auf der anderen Seite [Name eines Flusses] steht ab und zu mal ein kleiner Zirkus, wo es auch Tiere gibt, so ein zwei Mal im Jahr. Interessanterweise hat er das fast alles abgelehnt, also außer dass er einmal sehr begeistert auf eine umzäunte Koppel mit Pferden zulief, wollte er eigentlich ganz schnell aus Zoos etc. wieder weg" (Z. 196-207). Größer angelegte Ausflüge dieser Art, welche zusätzlich zu den Spazierfahrten am Wochenende angeboten werden, finden innerhalb der Institution sehr selten statt und beschränken sich auf zwei bis drei Ausflüge im Jahr. Herr M hat bereits an behindertenspezifischen Urlaubsreisen eines Trägers der Behindertenhilfe teilgenommen.

Zu seinen MitbewohnerInnen hat Herr M keine engen Sozialbeziehungen. Die Ausnahme bildet ein Mitbewohner, mit dem er sich in der Vergangenheit ein Zimmer teilte. Auch hier sei der Kontakt, so die Bezugsassistenz, jedoch eher oberflächlich. Anders verhalte es sich mit der Familie des Herrn M, zu denen er ein sehr enges Verhältnis habe. Herr M wird in der Regel alle zwei Wochen von seiner Mutter abgeholt und verbringt mit dieser das Wochenende. Seinen Vater, der noch immer in Albanien lebt, sieht er alle zwei Monate, wenn dieser für kurze Zeit nach Deutschland kommt. Zu seinem Vater hat Herr M laut Bezugsassistenz ein besonders enges Verhältnis. Auch zu seiner Schwester hat er einen engen Kontakt. Herr M hat noch eine weitere Schwester, die allerdings in Albanien lebt. Zu ihr hat Herr M nur selten Kontakt und sieht sie lediglich bei Urlaubsreisen bzw. Familienbesuchen in seinem Heimatland. Diese finden allerdings sehr selten statt (zuletzt vor fünf Jahren).

Die Mutter von Herrn M, die halbtags als Reinigungskraft arbeitet, spricht nur sehr gebrochen die deutsche Sprache, weshalb die gesetzliche Betreuung seiner ca. fünf Jahre älteren Schwester obliegt. Diese ist Friseurin und lebt in der gleichen Stadt.

Herr M hat keine Lebenspartnerin bzw. keinen Lebenspartner. Nach Angaben der Bezugsassistenz suchte er teilweise jedoch sehr intensiv nach körperlicher Nähe, wobei er vor allem ein Interesse an männlichen Personen zeige. Hierzu führte die Bezugsassistenz aus: *„Also, wenn er ein Interesse an anderen Menschen hat, also in dem beziehungstechnischen Bereich, dann tendenziell eher zu Männern. Also da war er auch übergriffig in dem Sinne, dass er Männern in den Schritt gegriffen hat oder in den Arm genommen hat oder versucht, sie zu küssen und auch sonst sehr nahe gegangen ist. Ansonsten scheint Sexualität für ihn aber nicht so eine bedeutende die Rolle zu spielen. Nähe, körperliche Nähe sucht er sich immer schon mal, also, dass er wie jeder andere wahrscheinlich auch einfach mal das Bedürfnis hat, in den Arm genommen zu werden. Das beschränkt* *sich aber jetzt auch auf einen sehr kleinen Kreis von Personen, hauptsächlich also auf den einen genannten Mitbewohner"* (Z. 168-184).

Zukunft

Ziele für die Zukunft werden von Seiten der Bezugsassistenz nicht thematisiert. Diese habe sich darüber bereits mit der Mutter des Herrn M ausgetauscht, dies allerdings ergebnislos. Dazu führte die Bezugsassistenz aus: Die Mutter *„hat auch nie irgendwie erzählt, was er plant. Auch im Rahmen dessen, dass auch sein Sprachvermögen beziehungsweise das, was er verbal äußern kann oder möchte, auch gegenüber der Familie eher gering ist, kann ich jetzt da also auch weiter keine genaueren Auskünfte geben. Aber ich denke, er macht auch keine Zukunftsplanung, was wahrscheinlich auch an seinem geschätzten kognitiven Stand von zwei bis drei Jahren liegt, sodass er doch eher gegenwartsbezogen lebt"* (Z. 73-86).

11.3.2 Verdichtete Analyseergebnisse

Eingeschränkte Handlungsautonomie, Fremdbestimmung und Überwachung

Die Auswertung zeigte (wie bereits in den vorausgegangenen Fällen), dass Herr M in seinem Alltag in hohem Maße fremdbestimmt und seine persönliche Handlungsökonomie stark eingeschränkt ist. Auch er ist umfassend auf die Institution bzw. dortige Abläufe angewiesen – so beispielsweise auch bei der Frage, ab wann er eine Arbeitstätigkeit bzw. eine tagesstrukturierende Maßnahme in einer Tagesförderstätte aufnehmen kann und wann nicht. Dies wiederum bedeutet (ebenso wie bei anderen Personen, die ebenfalls institutionalisiert leben), dass auch seine Lebensentwürfe durch die Institution vorgegeben werden und sich Wünsche bzw. Interessen nur innerhalb des gegebenen Rahmens (weiter)entwickeln können. Beispielhaft herangezogen werden können hier die durch die Bezugsassistenz genannten Interessen ‚Essen und Trinken' sowie ‚Busfahren', welche sich ihrerseits auf institutionalisierte Lebensbedingungen zurückführen lassen. Gleiches gilt für das Interesse ‚Fernsehen'. Es handelt sich hierbei, abgesehen von den benannten gelegentlichen Freizeiten, die in unregelmäßigen Abständen stattfinden, um die zentralen Inhalte eines Institutionsalltags. Auch die Tatsache, dass Herr M zunächst ein Doppelzimmer bewohnte, ist Ausdruck von Fremdbestimmung, hat er sich doch dafür nicht aktiv entschieden (ebenso wenig wie der Herr, mit dem er das Zimmer teilte). Eine weitere Form der institutionellen Überwachung und Regulierung erfolgt durch die verhaltensregulierenden Medikamente. Bei allen Vorteilen, die diese (auch für Herrn M) mit sich bringen mögen, stellen sie einen Eingriff in die leibliche Integrität des Herrn M dar.

Isolation und Hospitalisierung

Wie bereits in den Fällen der Herren K und L zeichnete sich auch bei Herrn M eine doppelte Form der Isolation ab. Im Fall des Herrn M kam diese isolierte Lebensweise jedoch noch in einem erschwerten Maße zum Tragen, da ihm in den ersten sieben Jahren in der Institution eine Arbeitstätigkeit bzw. Tagesstrukturmaßnahmen in der angegliederten Tagesförderstätte vorenthalten wurden. Ihm stand damit kein Lebensraum jenseits der beherbergenden Wohneinrichtung zur Verfügung, sodass er (abgesehen von Besuchen seiner Familie) den gesamten Tag in der Einrichtung bzw. im stark begrenzten Rahmen der Wohngruppe verbrachte. Es muss hierbei zumindest die Frage danach gestellt werden, inwiefern die aggressiven Verhaltensweisen des Herrn M nicht als Hospitalisierungserscheinungen einzustufen bzw. als das Resultat ebendieser Lebensumstände zu sehen sind.

Fremdkonstruktion Herr M

Im Zuge der Auswertung wurde deutlich, dass die Bezugsassistenz Herrn M als infantil und behindert konstruiert. Deutlich wurde dies etwa daran, dass diese den wenigen verbalsprachlichen Äußerungen des Herrn M unter anderem eine direkte Sinnhaftigkeit abspricht bzw. diese als *„Fantasiesprache“* (Z. 68) einordnet, welche erst durch die eigene Person gedeutet werden muss. Den Ursprung dieser (scheinbaren) sprachlichen Einschränkungen verortet die Bezugsassistenz in der geistigen Behinderung des Herrn M, wohingegen der Migrationshintergrund bzw. die Tatsache, dass Herr M (lediglich) Schwierigkeiten mit der deutschen Sprache haben und die vermeintliche Fantasiesprache eventuell albanischer Herkunft (oder zumindest Färbung) sein könnte, nicht mit in die Reflexion einbezogen wird.

Die infantile Konstruktion des Herrn M offenbarte sich unter anderem in der Aussage der Bezugsassistenz, dass Herr M auf dem kognitiven Stand eines zwei- bis dreijährigen Kindes sei. Auch beschreibt die Bezugsassistenz Herrn M als Menschen ohne eigene Zukunftsplanung sowie sexueller Identität. Herr M wird durch seine Bezugsassistenz (ebenso wie die Herren K und L durch ihre jeweiligen Bezugsassistenzen) als ‚ewiges Kind‘ und Person ohne Zukunft konstruiert. Ähnlich wie in den anderen Fällen ist auch hier der Bezugsassistenz kein Vorwurf zu machen. Sie reproduziert eine Subjektkonstruktion des Herrn M, welche bereits durch die Versorgungsstrukturen, in welchen sie arbeitet, hervorgebracht wird.

Verbalsprachliche Einschränkungen

Es wurde auch im Falle des Herrn M deutlich, dass eine Auslebung von Interessen bzw. eine (teilweise) Verwirklichung von Wünschen in innerinstitutionellen Lebenskontexten erst dann möglich ist, sobald diese im unmittelbaren Alltagsgeschehen erkannt oder von Seiten der BewohnerInnen (verbalsprachlich) geäußert werden können. Herrn M fehlt hierzu die Diskursfähigkeit (Sprache), weshalb die Kommunikation zwischen MitarbeiterInnen und Herrn M oftmals scheitert. So wurde beispielsweise ein allgemeines Interesse des Herrn M an Tieren bzw. Natur und Umwelt identifiziert, jedoch bleibt unklar, worauf genau sich dieses Interesse bezieht und in welcher Form es ausgelebt werden möchte.

(Flucht-)Migration

Als zentrales Moment konnte im Zuge der Auswertung weiterhin der Aspekt der (Flucht-)Migration herausgearbeitet werden, der im Zusammenhang der geistigen Behinderung des Herrn M (insbesondere im Kontext der oben genannten verbalsprachlichen Einschränkungen) zu reflektieren ist. Die daran geknüpfte soziale Entwurzelung und Konfrontation mit einer fremden Kultur und Sprache treten als besondere Herausforderungen und zusätzliche Hürden für Herrn M auf. Die identifizierte Praxis der Institution, Verhaltensweisen und Kommunikationsformen des Herrn M auf die vermeintlich natürliche geistige Behinderung zurückzuführen (dies gilt ebenfalls für die oben genannten aggressiven Verhaltensweisen), erscheint kritisch. Der Subjektstatus ‚geistig behindert' verhindert an dieser Stelle die Initiation entsprechender Unterstützungsmaßnahmen, was letztlich eine Behinderungspraxis darstellt. Gleiches gilt dafür, dass eventuell traumatische Erfahrungen (etwa Kriegserfahrungen) nicht aufgearbeitet werden können. Diese drohen stattdessen im Konstrukt ‚geistige Behinderung', deren Versorgung im Mittelpunkt des Institutionsalltags steht, zu verschwinden. Im Kontext der Auf- bzw. Verarbeitung jener Erfahrungen scheinen auch die verbalsprachlichen Einschränkungen des Herrn M ein zentrales Problem darzustellen.

Verwirklichung bzw. Entwicklung alternativer Lebensentwürfe

Im Kontext oben genannter Herausforderungen, welche sich aus einer sozialen Entwurzelung und der Konfrontation mit einer fremden Kultur ergeben, ergibt sich (wie bereits im Falle des Herrn K) wiederum die Problematik, dass es innerhalb von geschlossenen Institutionen der Behindertenhilfe nicht bzw. kaum möglich erscheint, Lebensentwürfe (weiter) entfalten zu können, die nicht implizit oder explizit durch die Institution vorgegeben sind – dies insbesondere dann, wenn diese nicht verbalsprachlich geäußert werden können. Auch hier tritt die bereits mehrfach benannte Gleichschaltung der Lebensentwürfe zutage, die durch die abgeschottete Lebenssituation und die identifizierten Fremdbestimmungspraxen hervorgebracht werden.

Rolle der Herkunftsfamilie

Auch im Falle des Herrn M tritt die Familie als emotional-sozialer Konterpart zur Wohneinrichtung in Erscheinung. Sie eröffnet Herrn M kleine Lebensbereiche und soziale Kontakte jenseits der Grenzen dieser und bietet ihm damit auch die Möglichkeit des Anschlusses bzw. der Rückbindung an Sozialbeziehungen von früher. Gleichzeitig bringt diese familiäre Anbindung auch immer die Problematik (zusätzlicher) Infantilisierungspraxen mit sich, zumal eine gewisse einseitige Abhängigkeit des Herrn M zu seiner Herkunftsfamilie besteht, ist er doch darauf angewiesen, dass diese ihm von sich aus einen Lebensraum jenseits der Strukturen der institutionalisierten Behindertenhilfe ermöglicht.

Sexualität, Wunsch nach Nähe

Es konnte herausgearbeitet werden, dass Herr M eine gewisse Bedürftigkeit nach körperlicher und sozial-emotionaler Nähe hat und diesem Wunsch bzw. Bedürfnis nicht nachkommen kann. Dies ist hochproblematisch, könnte dies doch möglicherweise auch mit ein Grund für seine Unzufriedenheit mit seiner Lebenssituation sein, die sich dann wieder in ‚herausfordernden Verhaltensweisen' äußert.

11.4 PROBLEMZENTRIERTE ZUSAMMENFASSUNG

Eingeschränkte Handlungsökonomie, Fremdbestimmung, Überwachung und Isolation

Es konnte herausgearbeitet werden, dass die Lebenspraxis jener Personen, die in Wohneinheiten der stationären Intensivbetreuung leben, in weitaus stärkerem Maße durch Fremdbestimmung, Überwachung und Regulierung geprägt ist, als es bei jenen Personen der Fall ist, die in ‚regulären' stationären Wohneinheiten untergebracht sind (siehe Kapitel 10). Die Intensität und Dichte der Überwachungs- und Regulierungspraxen greift hier umfassender, was sich letztlich darin niederschlägt, dass der gesamte Alltag der Personen durch die Institution reguliert wird. So ist es den BewohnerInnen beispielsweise nicht ohne weiteres möglich, sich ohne Aufsicht auf dem Außengelände der (bereits für sich geschlossenen) Institutionen zu bewegen bzw. die Räumlichkeiten ihrer Wohneinheiten zu verlassen. Sie leben somit in einer gleich doppelten Isolation, indem sie einerseits abgeschottet von der äußeren Lebenswelt in den Wohneinrichtungen selbst leben und diese nur in Ausnahmefällen verlassen dürfen (etwa mit den Eltern oder auf dem Weg zur Tagesförderstätte). Andererseits leben sie jedoch auch innerhalb der exklusiven Wohneinrichtungen selbst ein isoliertes Leben, indem sich ihr direkt erfahrbarer Lebensraum beinahe ausschließlich auf die ihnen zugeteilten Wohngruppen beschränkt. Sie verfügen damit über noch weniger persönliche Handlungsökonomie, als die Personen aus dem ‚regulären' stationären Bereich. Eine selbstbestimmte Tagesgestaltung bleibt auf ein absolutes Minimum beschränkt und lässt sich allenfalls im physischen und sozialen Handlungsraum der Wohngruppen realisieren. Als Folge bleibt, dass letztlich auch deutlich weniger Raum für die Entwicklung und Auslebung von (neuen bzw. eigenen) Interessen gegeben ist oder deren Auslebung schlicht verunmöglicht wird.

Es konnte herausgearbeitet werden, dass die umfassende Abhängigkeit von äußeren Strukturen und die minimale persönliche Handlungsökonomie der BewohnerInnen letztlich zu einer Angleichung der Lebensentwürfe der einzelnen BewohnerInnen und ihrer Interessen führt. Individuelle Merkmale, wie zum Beispiel Alter, Geschlecht, Herkunft, Religion, bestimmte Vorlieben oder Abneigungen der jeweiligen Personen spielen im Institutionsalltag bzw. dessen Ablauf und Planung keine oder nur eine deutlich untergeordnete Rolle. Individuelle Differenzen der BewohnerInnen werden eingeebnet und alle Personen erleben den mehr oder weniger gleichen Alltag. Dies betrifft ebenfalls die Auslebung von Lebensentwürfen, die nicht implizit oder explizit durch die (Wohn-)Institutionen vorgegeben werden. Abweichungen sind, dies wurde deutlich herausgearbeitet, minimal. Die Unterwerfung unter die Institutionen und ihre Abläufe führt zu einer Gleichschaltung der Lebensentwürfe, ausgerichtet an der innerinstitutionellen Statuszuweisung ‚Personen mit herausforderndem Verhalten'. Stärker als in den untersuchten Fällen aus dem ‚regulären' stationären Wohnen sind es hier die Institutionen, welche die Lebensentwürfe der BewohnerInnen bestimmen und organisieren. Veranschaulichen lässt sich dies unter anderem auch an den Interessen, welche durch die Bezugsassistenz des Herrn M für diesen formuliert wurden: ‚Essen und Trinken', ‚Busfahren' sowie ‚Fernsehen'. Ungeachtet der Frage, ob diese Angaben zutreffend sind oder nicht, handelt sich um alltägliche Dinge, die auch andere Menschen durchaus zu ihren Hobbies zählen, nur haben andere Menschen die Möglichkeit, diese und weitere Hobbies zu entwickeln. Eine Entwicklung alternativer Interessen (geschweige denn deren Auslebung) erscheint für Personen im intensiv-betreuten Wohnen unmöglich. Zentrales Strukturproblem ist hier, dass dort zu wenig Personal vorhanden ist, um die BewohnerInnen tatsächlich ‚intensiv' zu betreuen.[3] Ein weiteres Problem ist, dass alltäg-

3 Dies wurde an anderer Stelle (Trescher 2017c, S. 154f) herausgearbeitet.

lich erscheinende Aktivitäten, wie etwa der Besuch eines Schwimmbads oder Kinos, kaum stattfinden können, weil intrainstitutionelle Strukturen (wie Essens- und Duschpläne oder eine vorgeschriebene Nachtruhe) eine entsprechend freie, individuelle, ggf. spontane Tagesplanung deutlich einschränken.[4]

Teilhabe an der Mehrheitsgesellschaft, Sozialkontakte, Partnerschaften und Vergemeinschaftung

Mit Blick auf Teilhabemöglichkeiten an Lebenspraxen der Allgemeingesellschaft wurde deutlich, dass diese, bedingt durch die oben benannten Strukturen, (noch) weniger vorhanden sind, als bei den Personen aus dem ambulant betreuten Wohnen und dem ‚regulären' stationären Wohnen. Zurückzuführen ist dies vor allem auf die doppelte Isolation der BewohnerInnen, was das Knüpfen von Sozialkontakten innerhalb sowie außerhalb der Institutionsgrenzen erschwert bzw. verhindert. Das soziale Umfeld der Personengruppe bleibt auf den Kreis der BewohnerInnen der Wohngruppen, die entsprechend zugeteilten MitarbeiterInnen, die BesucherInnen der Tagesförderstätten sowie (wenn überhaupt) die Eltern bzw. die übrigen Verwandten begrenzt. Die Chancen zur Entwicklung sozialer Kontakte (sowohl auf freundschaftlicher als auch partnerschaftlicher Basis) bleiben somit auf ein sehr geringes Maß beschränkt, da schlichtweg nur wenige Kontakte zu anderen Personen zustande kommen. Zunehmend erschwert wird dies auch dadurch, dass die BewohnerInnen keinen Einfluss auf die Zusammensetzung der Wohngruppen haben und sich innerhalb des Wohngruppenalltags so gut wie keine Vergemeinschaftungspraxen vollziehen (siehe hierzu ausführlich: Trescher 2017c, S. 155f). Die BewohnerInnen leben somit weitestgehend isoliert und bleiben für sich. Den einzigen Bezugspunkt jenseits der Wohngruppen stellen meist die Eltern dar, sodass eine Ablösung kaum stattfinden kann. Unzufriedenheit und Einsamkeit sind die Folge und stehen dem (zum Teil explizit hervorgebrachten) Wunsch nach körperlicher und emotionaler Nähe gegenüber. Vor diesem Hintergrund sind letztlich auch Verhaltensweisen zu reflektieren, die dem Spektrum ‚herausforderndes Verhalten' zugeordnet werden. Die Frage ist also auch, ob ‚herausforderndes Verhalten' nicht auch eine Reaktion auf die die Menschen umgebenden Strukturen ist, es sich also auch um einen Hospitalisierungseffekt handeln kann.

---

4 Auch hier sei auf die Ergebnisse an anderer Stelle verwiesen (Trescher 2017c, S. 139f; 2015b, S. 90f).

Infantile Subjektivität und Infantilisierungspraxen

Bei allen hier beforschten Personen konnte ein gewisser kindsähnlicher Subjektstatus herausgearbeitet werden. Dies manifestierte sich beispielsweise in einer starken Fokussierung auf kindgerechte Medien (vor allem diverse Kinderfilme) oder Spielzeuge (zum Beispiel Kuscheltiere). Es handelt sich hierbei um Praxen, die zum Teil von Seiten der (Wohn-)Institutionen direkt (zum Beispiel durch die Bereitstellung ebendieser Medien) oder auch indirekt (zum Beispiel über die oben genannten bevormundenden Praxen, die in der routinemäßigen Lebenspraxis nur gegenüber Kindern üblich sind – wie zum Beispiel die Vorgabe von Schlafenszeiten oder die Vergabe von Taschengeld) mit hervorgebracht werden. Auch die enge Beziehung zu den Eltern, auf die auch schon in Bezug auf die anderen untersuchten Personengruppen eingegangen wurde (siehe Kapitel 9.7 und 10.5), und die damit einhergehende nicht vollzogene Ablösung, in Verbindung mit emotionaler und finanzieller Abhängigkeit, sind Zeugnis infantiler Subjektivitäten. Es wurde deutlich, dass die hier beforschten Personen in gewisser Weise in den beherbergenden Institutionen, aber zum Teil auch von den Eltern, als ‚ewige Kinder' adressiert und entsprechend behandelt werden. So unterband die Mutter des (volljährigen) Herrn L beispielsweise dessen Gaststättenbesuche mit dem Vater, da er dort Alkohol und Zigaretten konsumierte. Zu nennen sind hier auch Praxen der Entsexualisierung der BewohnerInnen, auf die in der Folge näher eingegangen wird.

Entsexualisierung

Die Konstruktion der BewohnerInnen als ‚ewige Kinder' zeigte sich auch in einer partiellen Entsexualisierung der BewohnerInnen. Beispielhaft herangezogen werden kann hierfür etwa, dass die Bezugsassistenzen sowie die Institution selbst eine routinemäßige Sexualität der BewohnerInnen latent verneinten. Praxen, wie die Aufteilung der BewohnerInnen nach deren Geschlecht (etwa im Fall des Herrn K), sind ein Beispiel dafür (ohnehin gelang es trotz intensiver Bemühungen nicht, eine Frau aus dem Betreuungsbereich ‚herausforderndes Verhalten' für ein Interview zu gewinnen, da in diesen Strukturen fast ausschließlich Männer untergebracht sind). Weiterhin kommen teilweise sehr hohe Medikamentendosen hinzu, die die hier beforschten Personen bekommen, welche sich hemmend auf den Sexualtrieb auswirken. Als einzige Ausnahme ist Herr K zu nennen, dem ein Stück weit eine gewisse Sexualität im Alltag eingeräumt wird, wenngleich auch die Auslebung der Sexualität maßgeblich durch die Institution bzw. die dortigen MitarbeiterInnen reguliert wird. Die Sexualität der BewohnerInnen, deren sexuelle Erfahrung und letztlich die Auslebung der Sexualität sind abhängig von der Offenheit und Unterstützung der jeweiligen Einrichtungen.

Rolle der Herkunftsfamilie

In Bezug auf die Rolle der Herkunftsfamilie sei an dieser Stelle auf die entsprechenden Ausführungen in Kapitel 10 verwiesen, die hier, um (für den Leser bzw. die Leserin unschöne) Redundanzen zu vermeiden, nicht wiederholt werden. Die Kernproblematik der monetären, sozialen und emotionalen Abhängigkeit von der Herkunftsfamilie, die dort bereits beschrieben wurde, ist auch im Falle der hier interviewten Personen gegeben. Hervorzuheben bleibt an dieser Stelle noch, dass die Herkunftsfamilien für die Menschen in Wohnstrukturen für Menschen mit ‚herausforderndem Verhalten' (nicht zuletzt aufgrund des [noch] stärker eingegrenzten Lebensraums) teilweise eine noch größere Bedeutung haben. Insofern erscheint beispielsweise der Fall des Herrn P, der in Kapitel 12.3 im Zusammenhang mit der Beforschung der Herkunftsfamilie näher vorgestellt wird, höchst problematisch, da sich seine Familie weitestgehend von ihm entfernt hat. Zentral ist auch hier die Ambivalenz mit der der Bezug zur jeweiligen Herkunftsfamilie zu betrachten ist. Einerseits ermöglicht sie klar eine gewisse Nähe und fördert die Autonomie der Menschen mit geistiger Behinderung, andererseits wird dadurch eine gewisse Infantilität reproduziert und am Subjekt manifestiert (siehe hierzu ausführlich Kapitel 10).

Rolle der Bezugsassistenz

Auch bezüglich der Rolle der Bezugsassistenz sei auf die Darlegungen in Kapitel 10 verwiesen. Ergänzend bleibt festzuhalten, dass die als Bezugsassistenz fungierenden MitarbeiterInnen im Falle des hiesigen Personenkreises mit zusätzlichen Herausforderungen konfrontiert werden. Beispielhaft genannt werden kann etwa, neben (auto-)aggressiven Verhaltensweisen, eine stark eingeschränkte oder nicht vorhandene verbalsprachliche Mitteilungsfähigkeit, die zu einer verstärkten Beschäftigung mit den BewohnerInnen zwingt, um Interessen und Wünsche erkennen und entwickeln zu können. Der damit einhergehende erhöhte zeitliche Mehraufwand, der von Seiten der MitarbeiterInnen zu bewältigen ist, kollidiert dabei mit den nur stark begrenzten zeitlichen Ressourcen, die diesen im Institutionsalltag zur Verfügung stehen, sodass die erforderliche eingehendere Beschäftigung nicht oder nur am Rande stattfinden kann. Als Folge bleibt, dass die interviewten Bezugsassistenzen kaum Auskünfte über etwaige Wünsche oder Interessen der BewohnerInnen geben konnten. Dies erscheint angesichts der Tatsache, dass die BewohnerInnen in ihrer Lebenssituation in besonderem Maße auf die MitarbeiterInnen angewiesen sind, höchst problematisch. Es wurde deutlich, dass im Rahmen der Betreuung von Menschen mit herausforderndem Verhalten ein gewisses kommunikatives Problem entsteht bzw. die BewohnerInnen insgesamt nicht sehr umfänglich (verbalsprachlich) kommunizieren (können) und auch die Bezugsassistenzen dies trotz Engagements nicht auffangen können. Sie benötigen oftmals schlicht mehr Zeit, um sich mit den BewohnerInnen zu beschäftigen.

Kommunikation, Umgang mit ‚herausforderndem Verhalten', Fremdbestimmung

Wie oben bereits festgehalten wurde, wurde herausgearbeitet, dass gerade ein Mindestmaß an verbalsprachlicher Mitteilungsfähigkeit zentral für die Entwicklung und die Verwirklichung von *individuellen* Lebensentwürfen ist. Ist ein solches Mindestmaß nicht gegeben, führt dies zu Fremdbestimmung. Problematisch ist, dass gerade diese Fremdauslegung von Wünschen (insofern sie denn notwendig ist) sehr zeitaufwändig ist und (insofern es denn annäherungsweise gelingen kann) ein Vertrauensverhältnis und viel Beschäftigung mit dem zu betreuenden Menschen erfordert. Gerade im Zusammenhang mit Personen mit sogenanntem ‚herausforderndem Verhalten' erscheint es jedoch in besonderem Maße geboten, möglicherweise alternative Wege der Kommunikation zu reflektieren. So könnte zum Beispiel auch aggressives Verhalten in einer solchen Wohnumgebung durchaus als kommunikativer Akt gelesen werden. Dahinterliegende Probleme oder Ursachen, die dazu führen, dass die interviewten Personen aggressiv werden, werden in den gegebenen Strukturrahmen nicht pädagogisch bearbeitet, vielmehr wird das Symptom ‚Aggression' medikamentös überdeckt. Beispielhaft angeführt werden kann hierfür etwa der Fall des Herrn L, der nach Angaben der Bezugsassistenz scheinbar grundlos Einrichtungsgegenstände beschädigt oder zerstört. Kritisch erscheinen dabei institutionalisierte Umgangsformen mit solchen Verhaltensweisen, wobei insbesondere die Medikalisierung der Personen als Maßnahme gegen institutionell unerwünschtes Verhaltens benannt werden muss (siehe die Fälle der Herren K und M). Hinter der Vergabe von Medikamenten steht eine gewisse Eigenlogik, die einem scheinbar kausalen Zusammenhang folgt: Aggressive Verhaltensweisen werden als Äußerung der als naturgegeben konstruierten geistigen Behinderung ausgelegt, sodass anderweitige Lesarten (etwa im Sinne eines Aufbegehrens gegen die deprivierenden Lebensverhältnisse) keine Berücksichtigung finden. Diese Logik steckt im Versorgungssystem selbst, welches geistige Behinderung als zu behandelndes Problem erfasst (Trescher 2017c, S. 173f). Die Medikalisierung schränkt die Betroffenen dann, zumindest durch die entstehenden Nebenwirkungen, wiederum in ihrer alltäglichen persönlichen Handlungsökonomie (insbesondere auch in ihrer Kommunikationspraxis) massiv ein, sodass sie auch dadurch (weiter) behindert werden. Wenn verbalsprachliche Einschränkungen ihrerseits auf eine vermeintlich natürliche geistige Behinderung zurückgeführt werden, erscheint dies auch im Kontext von Migration problematisch. So etwa im Falle des Herrn M, dessen verbalsprachlichen Schwierigkeiten sicherlich auch im Zusammenhang mit seiner späten (Flucht-)Migration[5] gelesen werden können. Im Falle des Herrn M kommt im Kontext seiner (Flucht-)Migration bzw. seinen Kindheitserfahrungen auch der Be- bzw. Verarbeitung von möglichen (kriegsbedingten) Traumata eine besondere Bedeutung zu. Diese kann er angesichts seiner verbalsprachlichen Einschränkungen beispielsweise (dann auch) nicht mithilfe einer Gesprächstherapie verarbeiten.

5 In Bezug auf das Zusammenspiel von Migration und Behinderung siehe unter anderem: Amirpur 2016; Wansing und Westphal 2014.

12. Lebensentwürfe von Menschen mit geistiger Behinderung und die besondere Rolle der Herkunftsfamilie

Im folgenden Kapitel steht die Darstellung der Analyseergebnisse aus dem thematischen Schwerpunkt ‚Lebensentwürfe von Menschen mit geistiger Behinderung und die besondere Rolle der Herkunftsfamilie' im Fokus. Ziel war es dabei unter anderem, die für Menschen mit geistiger Behinderung oftmals hochgradig bedeutsame Herkunftsfamilie sprechen zu lassen und die dabei erhobenen Interviews mit denen, die mit den jeweiligen Menschen mit geistiger Behinderung selbst geführt wurden, zu kontrastieren. Wie bereits in den Kapiteln 7 und 8 ausgeführt, wurden für diesen thematischen Block Personen ausgewählt, welche sich den ersten drei Blöcken zuordnen lassen, nämlich a) Menschen, die ambulant betreut werden (Frau N), b) Menschen, die stationär betreut werden (Frau O) und c) Menschen, die intensiv betreut werden (Herr P). Wie bereits in den Kapiteln zuvor, so werden auch hier zunächst die Biographien der einzelnen Personen vorgestellt, bevor auf die Analyseergebnisse der Interviewauswertungen eingegangen wird. Auch dieses Kapitel wird mit einer zusammenfassenden Ergebnisdarstellung abgeschlossen.

12.1 Frau N: „Also, ich bin nur körperlich behindert, nicht geistig behindert. Ich hab noch Englischkenntnisse. Geistig behindert heisst ‚plemplem'."

Die nachfolgende Biographie und Ergebnisdarstellung basiert auf zwei Interviews, von denen das erste mit Frau N selbst durchgeführt wurde und das zweite mit ihrer Mutter. Beide Interviews wurden in der Wohnung der Mutter erhoben, in welcher Frau N gemeinsam mit ihrer Mutter lebt und ambulante Unterstützungsleistungen von einem Pflegedienst sowie verschiedene sogenannte Therapieangebote erhält. Frau N ist 46 Jahre alt und geht keiner Arbeitstätigkeit nach.

12.1.1 Biographie

Vergangenheit

Frau N wurde 1970 in einer deutschen Stadt geboren. Sie wuchs mit ihrer Mutter (geb. 1941), ihrem Vater (geb. 1937) sowie ihrem Halbbruder (aus erster Ehe des Vaters, geb. 1963) auf. Sie hat noch eine Halbschwester (geb. 1960), die jedoch, nach der Trennung ihrer Eltern, bei ihrer Mutter aufwuchs. Der Vater von Frau N, geboren im (damaligen) Königreich Jugoslawien, war als Diplomingenieur tätig, ihre Mutter als Sekretärin in einer Anwaltskanzlei. Im Kleinkindsalter zog Frau N mit ihren Eltern und ihrem Halbbruder (aus beruflichen Gründen des Vaters) von ihrem Geburtsort an die niederländische Grenze. Einige Jahre später kehrten sie jedoch wieder in die Geburtsstadt der Frau N zurück und Frau N besuchte dort einen Kindergarten. Kurz bevor Frau N eingeschult wurde, zog die Familie (erneut aus beruflichen Gründen des Vaters) in eine Großstadt in einem benachbarten Bundesland. Dort lebten sie insgesamt fünf Jahre, bis sie in der Folge, nach zwei weiteren Umzügen, in eine Stadt nahe der Geburtsstadt der Frau N zurückkehrten. Dort absolvierte Frau N ihr Abitur auf einem lokalen Gymnasium. Nach Angaben der Mutter galt Frau N zu dieser Zeit als besonders kontaktfreudig und aufgeschlossen gegenüber anderen Menschen und pflegte, auch im Kindesalter schon, viele soziale Kontakte. Hierzu erzählte die Mutter: *„Wir sind einige Male umgezogen und dann haben die Kinder jeweils die Schule gewechselt und das war aber auch kein Problem und heute würde ich sagen, das hat ihnen sogar ganz gut getan, nicht das ganze Schulleben in eine Schule zu gehen. [Vorname der Frau N] hat sich auch immer gleich wieder gut eingefunden und Freunde gefunden und nach [Name der Stadt eines früheren Wohnorts] hat sie heute noch Kontakt, in [Name der Region eines weiteren früheren Wohnorts] hat sie auch noch Kontakt. Ja, also sie war eigentlich ein problemloser Mensch!“* (N-2[1], Z. 36-41). Während ihrer Schulzeit besuchte Frau N einen zusätzlichen Englischkurs an der Volkshochschule und nahm an verschiedenen Austauschprojekten der Schule teil, in deren Rahmen sie in andere Länder reiste. Sie erwarb in dieser Zeit auch das sogenannte ‚Cambridge Certificate‘, welches

1 Bei N-2 handelt es sich um das Interview, das mit der Mutter von Frau N geführt wurde. N-1 ist das Interview mit Frau N selbst. Diese Form der Differenzierung der beiden Interviewprotokolle wird auch in den folgenden Fällen beibehalten.

nach Abschluss eines entsprechenden Sprachkurses verliehen wird. Nach Abschluss ihrer Schullaufbahn zog sie für dreieinhalb Jahre nach London, um dort ‚Marketing Communication' zu studieren. Sie wurde zu dieser Zeit von ihren Eltern finanziell unterstützt, übte jedoch ergänzend hierzu verschiedene Nebentätigkeiten aus – zum Beispiel als Verkäuferin, Aushilfstätigkeiten in einem Hotel sowie Bürotätigkeiten in einer Anwaltskanzlei. Zu Beginn ihres Londonaufenthalts lebte Frau N in einer Wohngemeinschaft mit einer jungen Frau irischer Herkunft. Später zog sie mit ihrem damaligen (aus Jamaika stammenden) Lebenspartner in eine eigene Wohnung. Nach Abschluss ihres Studiums versuchte Frau N, nach Angaben der Mutter, einen gut bezahlten Job in England zu finden. Da ihr dies jedoch nicht gelang, zog sie wieder zurück zu ihrer Mutter, die zwischenzeitlich zurück in die Geburtsstadt von Frau N gezogen war und in Trennung von ihrem Ehemann bzw. dem Vater von Frau N lebte. Nach ihrer Rückkehr begann Frau N, auf Anraten der Mutter, mit einer Ausbildung als Hotelfachfrau und bezog eine eigene kleine Wohnung in ihrer Geburtsstadt. Hierzu berichtete die Mutter: *„Als sie zurückkam, habe ich gesagt: ‚Es ist trotzdem besser, wenn du erst noch eine Ausbildung machst'. Und da hat sie sich für das [Name des Hotels] entschieden und hat da eine Ausbildung als Hotelfachfrau angefangen"* (N-2, Z. 85-88). Die Beziehung zu ihrem Lebenspartner in England ging auseinander, wenngleich sie, nach Angaben der Mutter, weiterhin Kontakt hielten. Etwa ein halbes Jahr ging Frau N ihrer Ausbildung nach, bis sich, als sie gemeinsam mit ihrem Bruder und dessen Ehefrau auf dem Rückweg von einem Besuch bei ihrem Vater war, ein Verkehrsunfall auf der Autobahn ereignete, bei dem Frau N schwer verletzt wurde. Die beiden anderen Insassen blieben weitgehend unverletzt. Frau N war zu diesem Zeitpunkt, nach eigenen Angaben, zwischen 18 und 19 Jahre, nach Angaben der Mutter 22 Jahre alt. In der Folge des Verkehrsunfalls verbrachte Frau N sieben Wochen auf der Intensivstation in einem Krankenhaus. Sie lag dabei zwischenzeitlich im Koma. Im Anschluss an den mehrmonatigen Krankenhausaufenthalt wurde Frau N in eine Reha-Klinik verlegt, in der sie gemeinsam mit ihrer Mutter, die zwischenzeitlich ihren Job und ihre Wohnung aufgegeben hatte, die nächsten zwei Jahre lebte. Seit dem Unfall sitzt Frau N im Rollstuhl und gilt laut ihrer Mutter als sowohl geistig als auch körperlich behindert. Frau N selbst distanziert sich jedoch vehement von der Kategorisierung ‚geistig behindert'. So äußerte sie diesbezüglich: *„Also, ich bin nur körperlich behindert, nicht geistig behindert. Ich hab' noch Englischkenntnisse. Geistig behindert heißt ‚plemplem', also so ein bisschen doof"* (N-1, Z. 260-265). Diese Distanzierung von einer geistigen Behinderung offenbart sich, nach Angaben der Mutter, auch in ihrem Verhalten gegenüber Menschen mit geistiger Behinderung. In diesem Zusammenhang schildert die Mutter: *„Am*

Anfang hatten wir hier ab und zu Behinderte zu Besuch, weil wir zwei Jahre in einer Rehaklinik gelebt haben, wo 60 solcher jungen Leute untergebracht waren. Da hast du dann deine Kontakte, weil da waren ja auch Familienangehörige und dann hatten wir öfters Kontakt mit denen, zumindest mit denen, die hier in der Nähe gewohnt haben und dann war das so, dass man sich gegenseitig auch mal besucht hatte. Bei denen war auch die Behinderung nicht nur äußerlich zu sehen, sondern auch in ihrer Art. Die haben kaum gesprochen oder die haben so gelallt oder immer ‚Wuäähwuääh' gemacht und das konnte [Vorname der Frau N] nicht ertragen. Da wurde sie ganz aggressiv, weil sie sich nicht so gesehen hat" (N-2, Z. 315-325). Seit Verlassen der Reha-Klinik lebt Frau N gemeinsam mit ihrer Mutter in einer rollstuhlgerechten Drei-Zimmer-Wohnung in ihrer Geburtsstadt. Die Wohnung wurde von der Mutter zwischenzeitlich erworben.

Die Eltern der Frau N, die sich 1988 getrennt haben, sind seit 1990 geschieden. Diesbezüglich äußerte Frau N: „Ich habe erfahren, wie sie sich immer stritten, und mein Vater, der konnte laut werden, und dann ging er auch fremd, der hat dann aus seinem Büro eine andere Frau geschwängert" (N-2, Z. 1388-1391). Nach Angaben der Mutter war die Beziehung zwischen Frau N und ihrem Vater seit der Trennung so stark belastet, dass sie kaum Kontakt hatten. Hierzu führt die Mutter aus: „Also der Kontakt zum Vater war dann sehr distanziert, weil sie ihm das nicht verziehen hat, dass er uns verlassen hat und dass er eine neue Frau hat und das hat sie ihm natürlich auch gezeigt" (N-2, Z. 345-348).[2] Auch Frau N äußerte sich entsprechend. Diese Distanzierung steht im Gegensatz zu einer, hiervon sprechen sowohl Frau N als auch ihre Mutter, vormalig sehr engen Beziehung zum Vater und einem erfüllten Familienleben. Diesbezüglich sagte die Mutter: „Ja, die hatte eine schöne Kindheit" (N-2, Z. 36). Dies äußerte sich zum Beispiel in vielen Urlaubsreisen, etwa in das Herkunftsland des Vaters, die USA, Irland und Italien oder im Erfüllen vieler Wünsche der Frau N – so erhielt sie etwa Klavier- und vier Jahre Ballettunterricht. Aus den vielen Urlaubsreisen entwickelte sich auch ihr Kindheitswunsch, später einmal Stewardess zu werden oder in einem Hotel zu arbeiten. Nach der Trennung von der Mutter heiratete der Vater erneut und wanderte mit seiner neuen Frau (hiervon berichtet Frau N) auf eine kanarische Insel aus. Frau N hatte nach dem Verkehrsunfall keinen Kontakt mehr zum Vater. Diesbezüglich äußerte sie: „Er hat nicht geschrieben und ich auch nicht. Jeder hat sein Leben gelebt" (N-1, Z. 1419-1420). Im Jahr 2015 ist ihr Vater, nach Angaben von Frau N, verstorben. Auch zu ihrer Halbschwester (Tochter des Vaters aus erster Ehe), die mittlerweile in der Türkei lebt, hat Frau N keinen Kontakt mehr. Die Mutter beschreibt, dass sich die Persönlichkeit der

2 Es sei hier angemerkt, dass dazu keine Angaben des Vaters vorliegen.

Frau N mit ‚Eintreten' der Behinderung deutlich veränderte. So führte sie aus: „Ja, bis zu ihrem 23. Lebensjahr, bis zu ihrem Unfall, war sie unkompliziert. Sie war offen, sie war lustig, also man hat keine Probleme mit ihr gehabt. Vernünftig war sie auch irgendwann und sie war beliebt und wurde auch von uns geliebt. Also früher war sie, wie gesagt, aufgeschlossen und auch in der Schule gab es keine Probleme. Und nach dem Unfall ist eigentlich ihre Art wieder ein bisschen zurückgekommen aber nicht so wie früher, sondern sie kann jetzt auch aggressiv werden. Wenn ihr was nicht passt, dann wird sie ein bisschen aggressiv" (N-2, Z. 22-32). Nach dem Unfall verlor Frau N ihre Ausbildungsstelle und konnte aufgrund der umfassenden Unterstützung, auf die sie fortan angewiesen war, ihre (eigene) Wohnung nicht mehr bewohnen. Damit einhergehend verlor sie eine gewisse Selbstständigkeit in der alltäglichen Lebensgestaltung. Auch die Sozialkontakte zu FreundInnen und Bekannten brachen in dieser Zeit weitgehend ab.

Gegenwart

Gegenwärtig ist Frau N 46 Jahre alt und lebt weiterhin bei ihrer Mutter. Sie hat dort ihr eigenes Zimmer, welches mit vielen Bildern aus der Zeit vor ihrem Unfall dekoriert ist. Seit dem Verkehrsunfall bzw. dem Eintreten der Behinderung der Frau N kam es, sowohl im Leben von Frau N als auch im Leben ihrer Mutter, zu weitrechenden Veränderungen. Nach Verlust von Wohnung und Ausbildungsplatz etablierte sich ein neuer Alltag in der Wohnung der Mutter der Frau N, welchen die Mutter unter anderem so beschreibt: *„Der Alltag, da müssen wir trennen. Den Alltag von der [Vorname der Frau N], der ist zeitlich ganz schön strukturiert. Morgens kommt [Name eines Pflegedienstes], dann haben wir die verschiedenen Therapien, es ist also jeden Tag Programm und wir sind in diese Zeiten eingedrückt. Außer Lymphdrainage, die abends ist, gucken wir grundsätzlich jeden Abend fern. Und bei mir ist es so, ich hab' einen Rund-um-die-Uhr-Job: Sie ist inkontinent und die Windel muss gewechselt werden und ich bin natürlich Co-Therapeut. Ich muss ja überall mitmachen und nachts so um halb eins, eins muss ich nochmal die Windel wechseln und dann kann ich erst ins Bett. Und morgens um halb acht muss ich wieder aufstehen. So ist unser Ablauf. Aber wir haben auch Spaß, machen unsere Späßchen und kriegen Besuch oder so. Früher, muss ich sagen, sind wir mehr weggefahren, mittlerweile kann ich das nichtmehr so"* (N-2, Z. 121-131). Neben der umfänglichen physischen Versorgung durch die Mutter kommt dreimal in der Woche ein Pflegedienst, der Frau N jeden Montag, Mittwoch und Freitag duscht. Frau N selbst beschreibt sich selbst sehr positiv: *„Also ich bin fröhlich und ich bin auch gesellig mit Gästen. Ich bin nicht so verklemmt, ich bin gut erzogen und ich bin schulisch ausgebildet. Ich habe studiert"* (N-1, Z. 21-22). Deutlich wird dies auch an der folgenden Passage: *„Jetzt sitze ich im Rollstuhl, weil ich nicht gehen kann. Ich kann meine Beine nicht aufrechthalten oder gehen. Die sind gebrochen. Aber dafür bin ich höchst intelligent in Marketing, Werbung und Kommunikation, spreche Englisch, ein bisschen Französisch, also ich kann mich schon verständigen und ich habe schon ein bisschen Erfahrung"* (N-1, Z. 1185-1189).

Frau N geht heute keiner Arbeit mehr nach. Ihre Sozialkontakte (außer zur Mutter) beschränken sich auf gelegentliche schriftliche sowie telefonische Kontakte und sporadische Besuche durch eine noch verbliebene Freundin oder ihren Halbbruder. Frau N verlässt, hiervon berichten sowohl Frau N selbst als auch ihre Mutter, nur noch in Begleitung die Wohnung. Hierfür hat die Mutter eine studentische Assistenzkraft beauftragt (weiblich; ca. 25 Jahre alt), die zweimal wöchentlich mit ihr etwas unternimmt. Als gängige Aktivitäten werden Spaziergänge, Parkbesuche, Stadt- bzw. Einkaufsbummel oder (bei schlechtem Wetter) das Spielen von Gesellschaftsspielen genannt. Frau N benennt ihre studentische Assistenz als *„Therapeutin und Freundin"* (N-1, Z. 207). Abgesehen von den Assistenzstunden verbringt Frau N ihre Freizeit mit Kreuzworträtseln, dem Verfassen von Gedichten, Keyboardspielen, Fernsehen und hin und wieder kleineren Übersetzungsaufgaben (Deutsch – Englisch), die ihr durch die Mutter gestellt werden. Diese Übersetzungen sind allerdings keine Aufträge von Dritten, sondern dienen dem Selbstzweck der Übung. Ausflüge mit der Mutter werden immer seltener, da diese, mittlerweile 74 Jahre alt und dazu altersbedingt nur noch eingeschränkt in der Lage ist. Frau N lehnt die Teilnahme an Freizeitangeboten (zum Beispiel Urlaubsreisen) von Trägern der Behindertenhilfe kategorisch ab.

Frau N hat derzeit keinen Lebenspartner, jedoch einen *„Schwarm"* (N-1, Z. 338), der zeitgleich ihr ehemaliger Therapeut ist und mit dem sie noch immer sporadisch in Kontakt steht. So sagt sie: *„Der ist aber verheiratet, hat zwei Kinder, aber wir sind so gut befreundet. Nur ohne Sex-Gedanken, weil befreundet. Wir verstehen uns sehr gut"* (N-1, Z. 347-348).

Zukunft

Frau N wünscht sich mit Blick auf die Zukunft, im ‚Übersetzungsbereich' zu arbeiten. Hierauf hat sie ihre Mutter bereits mehrfach angesprochen, die dies jedoch für nicht umsetzbar hält. So sagte die Mutter: *„Dann sagt sie manchmal zu mir: 'Mama, ich könnte doch etwas arbeiten, guck doch mal im Telefonbuch nach einem Übersetzungsbüro und dann rufen wir da mal an und dann mach ich für die Übersetzungen'. So eine Idee hat sie dann manchmal. Aber das ist nicht möglich! Das sind spezielle Texte, das sind zum Beispiel Gebrauchsanleitungen oder was Technisches. Von meiner Freundin der Mann hat für so ein Seminar einen Text geschrieben und, da war sie noch gesund, den hat sie ihm komplett* *übersetzt. Der war begeistert. Aber das bekommt sie heute auch nicht mehr hin. Wenn das auch so um die Wirtschaft geht oder um so technische Sachen und so und sie das bekommt, das würde sie auch nicht mit einem Wörterbuch hinbekommen. Außerdem müsste sie ja dann, wenn sie sowas machen würde, stundenlang daran sitzen, das bekommt sie auch nicht hin. Sie kann vielleicht mal eine halbe Stunde oder Stunde und dann ist der Kopf überlastet, dann geht das nicht mehr"* (N-2, Z. 254-269). Weiterhin äußert Frau N den Wunsch, irgendwann wieder Laufen zu können, was sie auch als Voraussetzung für eine Arbeitstätigkeit ihrerseits sieht: *„Ich würde gerne wieder laufen, frei laufen können und dann würde ich auch gern für irgendeine Firma arbeiten, schriftlich als Dolmetscherin"* (N-1, Z. 2313-2314).

Eine etwaige Partnerschaft schließt Frau N für sich aus, was sie insbesondere mit einer erwarteten Ablehnung aufgrund ihrer Behinderung begründet. So berichtete Frau N: *„Also, in meiner Situation mit dem Rollstuhl ist es ein bisschen schwer jemanden zu finden, weil dann gehst du mit ihm spazieren oder einkaufen und da gibt es Männer, denen ist es dann peinlich, mich zu schieben, weil die wollen nicht so gern mit Behinderten gesehen werden. Also [atmet tief aus] der Wunsch, der besteht nicht, weil ich genau weiß, dass es nicht geht und ich niemanden finde, darum besteht der Wunsch nicht"* (N-1, Z. 353-391). Auch einen Kinderwunsch verfolgt Frau N nicht mehr. Diesbezüglich äußerte sie: *„Nein, ich habe mich mit dem Leben im Rollstuhl abgefunden"* (N-1, Z. 1354).

Frau N hat, nach Angaben der Mutter, große Angst, irgendwann in ein Heim der Behindertenhilfe umziehen zu müssen. Dies möchte die Mutter (mit Blick auf die Zukunft) auf alle Fälle vermeiden. Laut der Mutter wünscht sich Frau N eine Reise ans Meer, was die Mutter jedoch (nach eigenen Angaben) körperlich nicht mehr leisten kann, was sie wiederum mit dem Pflegeaufwand der Tochter begründet. Weiterhin kann Frau N, aufgrund einer Titanplatte, die ihr nach dem Unfall in den Schädel implantiert wurde, nach Aussage der Mutter nicht mehr fliegen, was die Urlaubsplanung zusätzlich erschweren würde. Die Mutter von Frau N wünscht sich für ihre Tochter, dass sie selbst noch lange lebt, um sich noch möglichst lange um die Belange ihrer Tochter kümmern zu können. So die Mutter: *„Ich wünsche mir, dass ich sehr alt werde, dass ich das noch lange machen kann und mein Wunsch ist, dass weiß mein Sohn und das weiß meine Freundin, dass sie auf keinen Fall in ein Heim kommt. Auf keinen Fall in ein Heim. Da geht sie kaputt"* (N-2, Z. 308-310). Ziel der Mutter ist es, für die Zeit nach ihrem eigenen Ableben eine Agentur zu beauftragen bzw. eine Betreuungsperson zu suchen, die die Betreuung ihrer Tochter übernimmt und mit dieser gemeinsam in der derzeitigen Wohnung lebt.

12.1.2 Verdichtete Analyseergebnisse

Der Unfall

Im Zuge der Auswertung wurde deutlich, dass die (erworbene) Behinderung der Tochter einen tiefgreifenden Einschnitt im Leben von Tochter und Mutter darstellte, wobei der hierfür ursächliche Verkehrsunfall sowohl ein Ende als auch einen neuen Anfang markiert. Der Unfall wird das zentrale Moment beider Biographien. Für beide stellt er den Beginn einer bislang unüberwindbaren Krise dar. Beide konstruieren Frau N anhand ihres Lebens und ihrer Persönlichkeit vor dem Unfall. Diese Vergangenheit wird verklärt und idealisiert, während die gegenwärtige Lebenssituation von beiden immer vor dem Bild dieser Verklärung gesehen wird.

Verklärung der Vergangenheit

Die Mutter differenziert sehr stark zwischen der Zeit vor und der Zeit nach dem Unfall, wobei die Zeit vor dem Unfall durchgängig in idealisierter Form präsentiert wird. Auch annehmbar krisenhafte Ereignisse, wie zum Beispiel die Affäre des Ehemanns und die hieran anschließende Trennung und Scheidung, werden durch den Unfall und dessen Folgen überschattet bzw. tragen nicht dazu bei, das Bild der vermeintlich idealen bzw. idyllischen Vergangenheit zu trüben. Diese Idealisierung des Lebens vor dem Unfall beschränkt sich jedoch nicht nur auf die äußeren Lebensumstände, sondern überträgt sich auch auf den Charakter der Tochter. So wurde in der Analyse deutlich, dass der Unfall für die Mutter auch mit einer Umwälzung der Persönlichkeit ihrer Tochter bzw. mit einem teilweisen Verlust dergleichen einherging. Mit dem Unfall habe sie ihre alte Tochter verloren und eine neue erhalten, die jedoch nur noch wenig mit der damaligen gemein hat bzw. nur noch ein schwaches Abbild dergleichen ist. Überspritzt formuliert: Der Unfall hat ihr ihre Tochter genommen und einen Pflegefall als Lebensaufgabe hinterlassen. Auch Frau N selbst verklärt die Zeit vor dem Unfall. Sie versucht dabei bis heute, ein Image von sich zu konstruieren, das sie entlang ihres damaligen Lebensentwurfs als weltoffen, tüchtig, gebildet und kontaktfreudig konstruiert. Zentral ist dabei das Ergebnis, dass sie selbst dieses Image kaum aufrechterhalten kann. Es konnte eine große Differenz zwischen ‚Ich' (was sich im ‚Hier und Jetzt' bewegt) und ‚Ich-Ideal' (welches sich an einer [verklärten] Realität von vor über 20 Jahren orientiert) herausgearbeitet werden. An letzterer orientiert sich ihre Imagekonstruktion.[3]

---

3 Goffman definiert den Begriff ‚Image' wie folgt: „Der Terminus Image kann als der positive soziale Wert definiert werden, den man für sich durch die Verhaltensstrategie

Umgang mit der Behinderung der Frau N, Selbst- und Fremdkonstruktion der Frau N

Es konnte herausgearbeitet werden, dass die Mutter den Unfall der Tochter bis heute nicht überwunden hat und der Zeit vor dem Unfall noch immer nachtrauert. Deutlich wurde dies etwa daran, dass sie ihre ‚heutige' Tochter sowie ihren heutigen Lebensalltag primär als Belastung und Gegenstand von Arbeit konstruiert, wobei dies aber gleichzeitig auch ihre (wenn auch belastende) Lebensaufgabe ist. Im Anschluss an den Unfall hat sich eine gewisse emotionale Distanzierung von der Tochter vollzogen. Seither wird Frau N von der Mutter nicht länger über ihren sozialen Aufstieg bzw. ihre Tätigkeiten definiert (Klavier, Ballett, Schüleraustausch, Abitur, Sprachkurse, Studienaufenthalt in England, Abschluss des Studiums), sondern primär über ihre Behinderung bzw. die Tatsache, dass sie nicht mehr die Gleiche ist, die sie mal war, und damit auch nicht länger die Erwartungen erfüllen kann, die von Seiten der Mutter oder auch gesellschaftlichen Konventionen (im Sinne der Verwirklichung von routinemäßig üblichen Lebensentwürfen [Heirat oder Gründen einer Familie usw.]) an sie gerichtet werden. Die Tochter verneint ihre ‚geistige Behinderung', zerstört diese doch ihr Image, was zur persönlichen Krise für sie wird. Die Behinderung wird in ambivalenter Hinsicht gleichzeitig zur Entschuldigungsfunktion dafür, dass sie angenommene Erwartungen der Allgemeingesellschaft nicht erfüllt oder erfüllen kann. Die Behinderung der Tochter wird zum Fixpunkt des Lebens beider Personen, was beide miteinander verbindet und auch emotional und sozial voneinander abhängig macht.

Rolle der Mutter, das gemeinsame Leben, Gestaltung des Alltags

Die oben genannte emotionale Distanzierung der Mutter von Frau N zeigte sich auch in einer Rollenverschiebung, die die Sozialbeziehung der beiden Damen zueinander durchlaufen hat. Die Mutter nimmt nun nicht länger ausschließlich die Rolle der Mutter einer erwachsenen Frau ein, sondern konstruiert sich selbst als *„Co-Therapeut"* (N-2, Z. 226), die mit der Versorgung der Tochter einen *„Rund-um-die-Uhr-Job"* (N-2, Z. 125) zu erfüllen hat – ähnlich wie eine Mutter eines Kleinkindes. Entlang dieser Selbstkonstruktion als Co-Therapeutin mit Vollzeitjob geht einerseits eine Konstruktion von Frau N einher, die diese als krank markiert. Andererseits geht damit auch das Ergebnis einher, dass die Mutter der zentrale Dreh- und Angelpunkt des Lebens der Tochter geworden ist. Die

erwirbt, von der die anderen annehmen, man verfolge sie in einer bestimmten Interaktion. Image ist ein in Termini sozial anerkannter Eigenschaften umschriebenes Selbstbild – ein Bild, das die anderen übernehmen können" (Goffman 1986, S. 10).

Mutter ist nicht länger nur eine Sozialbeziehung unter vielen, sondern vielmehr die einzig wirkliche Bezugsperson bzw. der zentrale Lebensinhalt der Tochter. Der Mutter obliegt die Planung und Koordination des Lebens von Frau N, was letztlich auch eine Verwaltung ihrer Lebensentwürfe bedeutet. In diesem Sinne fällt sie beispielsweise (entgegen des ausdrücklichen Wunsches der Tochter) die Entscheidung, dass ihre Tochter keiner Arbeitstätigkeit mehr nachgeht. Im Kontext dieser Lebensverwaltung ist auch die von der Mutter zum Ausdruck gebrachte Hoffnung zu sehen, dass sie selbst noch möglichst lange lebt, um sich um ihre Tochter zu kümmern. Die Mutter versteht sich selbst als elementarer Bestandteil des Lebens der Tochter, ohne den diese in der gegenwärtigen Form nicht lebensfähig wäre. Ein selbstständiges Leben der Frau N ist für sie ausgeschlossen – ein Leben ohne Mutter kaum denkbar. Gleichzeitig ist auch für die Mutter ein Leben ohne die Tochter kaum denkbar. Hier zeigt sich eine starke Fixierung beider Personen aufeinander. Diese Bindung ist so eng, dass sie diffuse Sozialbeziehungen zu anderen Personen weitgehend verhindert. Mutter und Tochter leben sozial beinahe abgeschottet, wobei die enge Mutter-Tochter-Beziehung in einem Ambivalenzverhältnis steht, das geprägt ist von gegenseitiger Kontrolle aber auch Liebe, Nähe und Fürsorge. Die Beziehung der beiden wird zur „Inklusionsschranke" (Trescher 2015b, S. 312) und wirkt als Behinderungspraxis für beide Personen, denn letztlich verliert auch die Mutter soziale Anschlüsse, da sie sich beinahe rund um die Uhr um die Tochter kümmert. Der Alltag der beiden Personen differiert sehr wenig, vielmehr verschmilzt er.

Nicht-Akzeptanz der Lebensumstände und Stagnation

Deutlich wurde, dass der Alltag beider Personen weniger darauf ausgerichtet ist, ein neues Leben zu gestalten, sondern dass es (durch die Wahrnehmung zahlreicher therapeutischer Maßnahmen) vielmehr um den Versuch geht, die ‚alte Frau N' wiederzugewinnen. Die Mutter geht in ihrem Denken nicht davon aus, dass Frau N eine Lebenssituation erreichen könnte, in welcher sie glücklich würde, sondern konstruiert sie vor allem über den Verlust ihrer Fähigkeiten und die Tatsache, dass sie nicht mehr die gleiche ist, die sie mal war. Die bestmögliche Wiedergewinnung der ‚alten Tochter' ist es, was von der Mutter als zentraler Lebensentwurf für ihre Tochter (und damit auch sich selbst) ausgegeben und damit zum zentralen Problem beider wird – ist dies doch auch mit einer nur geringen Wertschätzung der heutigen Situation und einem ständigen Scheitern in der Lebenspraxis verbunden.

Auch mit Blick auf die Gegenwarts- und Zukunftsperspektiven von Frau N offenbart sich die Problematik der Nicht-Akzeptanz der eigenen Behinderung: Frau N versucht das Leben vor ihrem Unfall zu leben. Sie akzeptiert die Behinderung nur bedingt. Es zeigt sich hier die Problematik des fehlenden Neuanfangs. Frau N versucht, jemand zu sein, die sie nicht mehr ist, und scheitert damit immer wieder, da das Ich-Ideal erreichbar scheint. Sie verneint ihre kognitive Behinderung, gleichzeitig ist es ihr nicht möglich, diese lebenspraktisch zu dekonstruieren. Ihre körperliche Behinderung wird so zum ‚Rettungsanker' vor der geistigen Behinderung. Beispielhaft für diese komplexe Krise sei ihr Wunsch, keine Partnerschaft mehr führen zu wollen, angeführt. Hier mögen Ängste und Zurückweisungserfahrungen sicherlich eine Rolle spielen, dennoch begründet sie dies damit, dass sie für Männer nicht mehr liebenswert sei, aufgrund ihres Rollstuhls bzw. ihrer körperlichen Behinderung. Dies mag oftmals zutreffen, dennoch verallgemeinert sie diese Aussage und schließt daraus für sich, grundsätzlich keine Partnerschaft mehr eingehen zu wollen. Eine Partnerschaft der Frau N würde das Beziehungs- und Alltagsgefüge der Frau N und ihrer Mutter deutlich ‚aufrütteln' und könnte ein Start für einen Neuanfang sein. Gleiches gilt ggf. für eine Beschäftigung, die nicht unbedingt die einer (studierten) Übersetzerin mit Vollzeit-Beschäftigung sein muss. Problematisch hierbei ist, dass auch kleinere Versuche des Neuanfangs von Frau N durch die Mutter blockiert werden – etwa im Kontext der Aussage der Mutter, dass Frau N nicht mehr arbeiten gehen sollte, da sie ihrer damaligen Leistungsfähigkeit nicht mehr entspräche. So entsteht ein Teufelskreis der Abhängigkeit, der auch nach 23 Jahren nach dem Unfall verhindert, dass Frau N eine Art Neuanfang in ihrem Leben macht bzw. einen neuen Lebensabschnitt in ihrem Leben einleitet, mit neuen Sozialbeziehungen und neuen Lebensentwürfen.

Reinfantilisierung

Die oben genannte (neu hervorgebrachte) Bindung der Tochter an die Mutter kann auch als ein Prozess der ‚Reinfantilisierung' bezeichnet werden, die mit dem Erwerb der Behinderung einsetzte. Sie lebt wieder bei ihrer Mutter und ist von dieser sozial, emotional und physisch abhängig. Diese beinahe lebenspartnerschaftliche Beziehung hindert Frau N (jedoch auch ihre Mutter) an der Entwicklung und Verwirklichung neuer Lebensentwürfe, da der Fixpunkt beider Leben die Behinderung der Tochter ist und diese in deren beider Leben ständig reproduziert wird.

12.2 FRAU O: „ES WAR SCHON KLAR, DASS ICH DANN AUCH IN EIN DOPPELZIMMER KOMME. ABER ICH HABE MIR ECHT GEWÜNSCHT, DASS ICH EIN EINZELZIMMER BEKOMME."

Frau O ist 19 Jahre alt, lebt in einer stationären Komplexeinrichtung und befindet sich in einem von der Agentur für Arbeit geförderten Ausbildungsverhältnis. Gleich der Bearbeitung des Falls der Frau N, erfolgte auch die Bearbeitung des Falls der Frau O über die Erhebung zweier Interviews. Eines dieser Interviews wurde mit Frau O selbst geführt, das andere in Form eines Paarinterviews mit ihren Eltern (in Abwesenheit der Frau O). Das Interview mit Frau O wurde im Haus ihrer Eltern erhoben. Das Elterninterview fand ebenfalls dort statt, jedoch zu einem anderen Zeitpunkt.

12.2.1 Biographie

Vergangenheit

Frau O wurde 1996 in einer deutschen Kleinstadt geboren. Ihr Vater ist gelernter Elektroinstallateur (geb. 1966), die Mutter (geb. 1966) Hausfrau. Sie hat eine drei Jahre ältere Schwester, die sich derzeit am Ende ihres Studiums befindet. Trotz pränatal-diagnostischer Untersuchungen wurde die ‚Neuralrohrfehlbildung'[4] (Spina bifida) von Frau O erst bei der Geburt festgestellt. Sie durchlief im Verlauf ihres Lebens eine Vielzahl von Operationen. Ihre Mutter äußerte diesbezüglich: *„Das sind knapp dreißig OPs mittlerweile, und ich glaube bis 1999, da waren es schon zwanzig"* (O-2, Z. 756-758). Frau O sitzt im Rollstuhl und gilt, nach Aussage der Eltern, als leicht ‚geistig behindert'. Hierzu der Vater: *„Wir haben es mit einem behinderten Menschen zu tun, der nicht nur körperlich behindert ist, der natürlich auch geistige Defizite hat"* (O-2, Z. 916-918). Frau O besuchte einen integrativen Kindergarten, der in ihrem Geburtsort gelegen war. Sie war dort das einzige Kind im Rollstuhl. Mit sechs Jahren wechselte sie in eine im Nachbarort gelegene (laut Eltern) *„Körperbehindertenschule"* (O-2, Z. 226), die sie nach Angaben der Eltern bis zu ihrem zwölften Lebensjahr besuchte (hier unterscheiden sich die Angaben von Frau O und den Eltern – nach Angaben von Frau O lebt sie bereits seit zwölf Jahren in der Institution, das heißt, dass

4 Es handelt sich hierbei um eine sogenannte Entwicklungsabweichung während der Embryonalentwicklung, in der sich das Neuralrohr nicht im gewohnten Maße verschließt, was wiederum eine Beschädigung der sich bildenden Wirbelsäule und des Rückenmarks zur Folge hat (vgl. Watson 2009, S. 10ff).

ihr Umzug bereits mit acht Jahren erfolgt sein muss). Sie wechselte in der Folge in ein ca. 40 km entferntes Internat, in dem sie, etwa bis zum Erreichen ihrer Volljährigkeit, auf einer Kinderstation lebte. Im Anschluss daran zog sie innerhalb der gleichen Komplexinstitution, nach dem Absolvieren eines viertägigen Probewohnens, auf die dortige Erwachsenenstation, auf der sie nun seit ca. einem halben Jahr lebt. Die alte und die neue Wohneinheit befinden sich auf dem gleichen Gelände. Mit ihrem Eintritt in das Internat besuchte Frau O eine dem Heim angegliederte Förderschule und machte im späteren Verlauf mehrere Praktika in verschiedenen Werkstätten für Menschen mit Behinderung.

Frau O führte bereits in der Vergangenheit engere Sozialbeziehungen zu KlassenkameradInnen und MitbewohnerInnen. Sie gilt, laut ihren Eltern, als besonders kontaktfreudig. Sowohl die Eltern als auch Frau O berichten von besonders guten Freundschaften, die entstanden sind. Ebenfalls führte Frau O bereits zwei Partnerschaften. Vor ca. einem halben Jahr (2015) lernte sie ihren derzeitigen Lebenspartner an ihrem Arbeitsplatz kennen.

In ihrem Leben durchlief Frau O eine Vielzahl von therapeutischen Maßnahmen, darunter unter anderem therapeutisches Schwimmen, Krankengymnastik sowie spezielle Therapiesitzungen, in denen der Hund der Familie auf die Erbringung von kleineren Hilfeleistungen trainiert wurde. Ergänzend hierzu nahm Frau O an verschiedenen Kursen teil, um sich (so weit wie möglich) eigenständig versorgen zu können (hierzu gehört zum Beispiel das selbstständige Legen eines Katheters).

Gegenwart

Frau O ist 20 Jahre alt und lebt auf einer „*Erwachsenenstation*“ einer Wohneinrichtung der Behindertenhilfe in einer vom Wohnort der Eltern 40 km entfernten Kleinstadt (die Eltern wohnen noch immer in der Stadt, in der Frau O geboren wurde). Nach Angaben der Eltern teilt sie sich ihr Zimmer mit einer jungen Frau mit geistiger Behinderung, die sie erst im Zuge ihres viertägigen Probewohnens kennenlernte. Im Rahmen des Interviews adressiert Frau O diese als „*gute Freundin*“ (O-1, Z. 11). Bezüglich ihrer derzeitigen Wohnsituation äußerte sich Frau O wie folgt: „*Es war schon klar, dass ich dann auch in ein Doppelzimmer komme. Aber ich habe mir echt gewünscht, dass ich ein Einzelzimmer bekomme, weil es nachts ein bisschen Schnarcherei gibt und deswegen hab' ich um ein Einzelzimmer gekämpft, aber es ging dann nicht, weil die Einzelzimmer alle voll sind*“ (O-1, Z. 23-27).

Seit ca. einem Jahr befindet sich Frau O in einem von der Agentur für Arbeit geförderten Ausbildungsverhältnis, dessen Dauer auf insgesamt vier Jahre begrenzt ist. Sie nimmt einmal in der Woche an sogenannten ‚berufsbildenden

Maßnahmen' in einer Förderschule teil und arbeitet an den anderen Wochentagen im Bürobereich eines Trägers der Behindertenhilfe. Hierzu Frau I: *„Jetzt bin ich im Büro tätig und bin da auch eingestellt worden, bei der Bürotechnik. Das heißt, ich muss Anwesenheitslisten schreiben, einscannen und Rechnungen schreiben"* (O-1, Z. 97-100). Sie steht morgens um halb fünf auf und wird gegen sieben Uhr von einem Fahrdienst abgeholt und zur Arbeitsstelle gefahren. Um 14 Uhr wird sie dort wieder durch den gleichen Fahrdienst abgeholt und zur Wohnstätte zurückgebracht.

Frau O lebt lediglich unter der Woche in oben genannter Wohneinrichtung. Sie führt hier mehrere intensivere Sozialbeziehungen und trifft sich, nach eigenen Angaben, in ihrer Freizeit fast ausschließlich mit ihren FreundInnen. Am Wochenende fährt sie zu ihren Eltern, wo sie noch immer ihr eigenes Zimmer hat. Da sie dort jedoch keine weiteren (außerfamiliären) Sozialkontakte hat, verbringt sie ihre Freizeit zumeist mit Fernsehen, Aktivitäten mit den Eltern, Besuchen bei ihren Großeltern oder mit Handbikefahren[5] und Rollstuhltanz. Hierzu Frau O: *„Im [Name des Wohnheims] treffe ich mich öfter mit Freunden als hier [gemeint: das Elternhaus (Ort des Interviews)]. Hier wohne ich, hier sitze ich halt nur vorm Fernseher und habe keine Freunde"* (O-1, Z. 46-47). Unter der Woche telefoniert Frau O jeden Tag mit ihren Eltern. Innerhalb der Wohneinrichtung bringt sich Frau O in den Heimalltag ein, indem sie unterschiedliche Dienste übernimmt (Tisch- und Küchendienste) und das Heimpersonal, laut den Eltern, bei kleineren Aufgaben unterstützt. Weiterhin hat sie eine Bezugsassistenz, die ihr beim Einzug auf die Erwachsenenstation zugewiesen wurde und mit der sie nach eigenen Angaben nahezu jeden Tag in Kontakt steht.

Frau O hat einen Lebenspartner. Das Beziehungsleben von Frau O beschränkt sich derzeit auf die Tagesstunden, da eine Übernachtung des Freundes in ihrem Zimmer nicht möglich ist. Zurückzuführen ist dies zum wesentlichen Teil auf die Doppelzimmerstruktur. Eine Übernachtung wäre lediglich dann möglich, insofern die Mitbewohnerin der Frau O nicht anwesend ist. Hierfür bedarf es jedoch noch zusätzlich eines Erlaubnisschreibens der Eltern, welches die Übernachtung gestattet. Hierzu die Mutter: *„Jetzt hat sie einen neuen Freund. Das hat ein paar Monate gedauert."* Und der Vater fügt hinzu: *„Das ist aber ein Läufer, das heißt kein Rollstuhlfahrer. Das ist also ein ganz Normaler - was heißt normal? Auch geistig ein bisschen hinten dran, sage ich jetzt mal. Aber es ist also nicht sichtbar und er macht eigentlich einen ruhigen, ganz netten Eindruck."* Die Mutter führt dazu weiter aus: *„Ich weiß auch nicht was er hat, er*

5 Es handelt sich hierbei um einen speziellen Aufsatz für Rollstühle, der diese in eine Art Fahrrad umfunktioniert.

sagt auch nicht, was er hat. Also, wir haben jetzt auch nicht so direkt gefragt. Die [Vorname der Frau O] sagt nur: ‚Er hat eine Behinderung‘. Aber er sagt nicht, was er hat. Ich weiß jetzt auch nicht. Er fährt sie immer mit dem Fahrrad in [Ort des Wohnheims] besuchen. Jetzt müssen wir noch etwas ausfüllen, dass er in [Ort des Wohnheims] bei ihr im Zimmer schlafen kann, wenn ihre Bettnachbarin nicht da schläft. Dann darf er dort auch mal schlafen“ (O-2, Z. 156-184). Der Lebenspartner von Frau O lebt derzeit bei seinen Eltern. Frau O und ihr Lebenspartner arbeiten beim gleichen Träger der Behindertenhilfe. Diesbezüglich führte der Vater von Frau O aus: *„Er wohnt bei den Eltern zuhause. Das hat sich über den Arbeitsplatz von [Vorname von Frau O] ergeben. Der ist nebendran in der Spedition und die haben sich da irgendwie kennen gelernt. Er ist bei der Werkstatt angestellt“* (O-2, Z. 188-195). Unklar ist, ob für Frau O Übernachtungen bei ihrem Lebenspartner möglich sind.

Zukunft

Mit Blick auf ihre Zukunft formuliert Frau O den Wunsch, innerhalb der Institution ein Einzelzimmer zu beziehen. Abgesehen hiervon ist sie mit ihrer derzeitigen Lebenssituation zufrieden bzw. hat nach eigenen Angaben keine Vorstellungen und Wünsche an bzw. für die Zukunft. Ihre Eltern formulieren als zukünftiges Ziel für ihre Tochter den Auszug aus dem Wohnheim und ihren Einzug in eine ambulante Wohngemeinschaft. Hierzu der Vater: *„Und da [in einer ambulanten Wohngemeinschaft] sehen wir die [Vorname von Frau O], da muss sie noch ein bisschen (atmet laut ein) erwachsener werden. Sie muss einfach mehr auf sich achten. Sie achtet auf viele Sachen eben eher nicht oder nur oberflächlich, will ich mal sagen. Was heute nicht kommt, kommt halt morgen, und gut ist es - wie so ein Teenager eigentlich. Das muss sie noch lernen. Sehr oft passieren einfach Sachen, (atmet laut ein) die sollten eigentlich nicht passieren. Da geht es zum Beispiel um Druckstellen an den Füßen, auf die sie achten muss, da geht es um Katheterzeiten, die sie einhalten muss, da geht es darum, um Urin zu prüfen und zu gucken ob das in Ordnung ist. Das sind alles solche Kleinigkeiten, bei denen sie einfach Verantwortung für sich selbst übernehmen muss, weil da hängt einfach zu viel dran, an ihrer Gesundheit“* (O-2, Z. 490-501).

12.2.2 Verdichtete Analyseergebnisse

(Nicht-)Ablösung vom Elternhaus, Infantilität

Es konnte herausgearbeitet werden, dass Frau O in ihrem Leben selbst für ihre Interessen einstehen muss und in dieser Hinsicht bereits sehr früh auf sich selbst angewiesen war. In diesem Zusammenhang führte die Distanzierung von den Eltern, die durch den frühen Eintritt der Frau O in Strukturen der Behindertenhilfe erfolgte, zu einer gewissen Selbstständigkeit bzw. unabhängigen Lebensführung. Dementgegen vollziehen sich aber dennoch gewisse Infantilisierungspraktiken von Seiten der Eltern, denen Frau O ausgesetzt ist. Die täglichen Telefonate und die Besuche an jedem Wochenende, während derer Frau O in ihrem Kinderzimmer lebt, reproduzieren eine kindsähnliche Identität und letztlich die Abhängigkeit von den Eltern. Da Frau O alle Wochenenden bei ihren Eltern verbringt, ‚verliert' sie einen großen Teil ihrer freien Zeit, in welcher sie Sozialbeziehungen (zum Beispiel zu ihrem Lebenspartner) ausleben bzw. intensivieren könnte. Frau O verbleibt damit in einer zum Teil kindlichen Identität gefangen und eine endgültige Loslösung vom Elternhaus findet nicht statt. Dies erscheint gerade angesichts der von den Eltern kritisierten Unreife von Frau O problematisch.

Die Infantilisierungspraxen, die Frau O im Kontakt zu ihren Eltern erfährt, stehen dem von den Eltern im subjektiven Sinn geäußerten Wunsch entgegen, ihrer Tochter zu mehr Selbstständigkeit und Reife zu verhelfen, indem diese aus der derzeitigen Komplexeinrichtung in eine Struktur des ambulant betreuten Wohnens umzieht. Selbstständigkeit und Subjektentwicklung werden hiermit zu einem manifesten, komplexen Problem, zumal die Eltern sich offenbar nicht bewusst sind, dass sie dieser Selbständigkeit der Tochter auch selbst im Wege stehen.

Lebensraum Institution

Es wurde herausgearbeitet, dass Frau O ihr Leben in zwei differenten, klar voneinander getrennten Lebensräumen verbringt: einerseits im Wohnheim, in dem sie unter der Woche lebt, und andererseits im Elternhaus, in welchem sie am Wochenende lebt. Sie verbringt ihr Leben damit stets unter der Aufsicht eines elterlichen oder pädagogischen Protektorats und ist verschiedenen Überwachungs- und Fremdbestimmungspraktiken ausgesetzt, die die Entwicklung und Auslebung je individueller Lebensentwürfe (maßgeblich) beeinflussen. Insofern wurde sie bei ihrem Einzug beispielsweise, im Anschluss an ein viertägiges Probewohnen (welches selbst wiederum eine Form der Infantilisierung und Demütigung darstellt), gegen ihren Willen in einem Doppelzimmer mit einer ihr bis dahin fremden Person untergebracht, in dem sie noch bis heute lebt. Mit der Unterbringung in einem Doppelzimmer gehen eine massive Beschneidung ihrer Privatsphäre und eine Begrenzung ihrer Lebensgestaltung einher, bleibt der persönliche Rückzugsraum dadurch doch auf das eigene Bett beschränkt (vgl. Trescher 2015a; 2013b, S. 94f). Auch besteht zumindest theoretisch die Möglichkeit, dass sie bei Pflegehandlungen ihrer Mitbewohnerin anwesend ist (und umgekehrt). Ebenso ist eine Übernachtung ihres Lebenspartners lediglich dann möglich, insofern die Mitbewohnerin nicht da ist. Gleichzeitig bringt die Doppelzimmerstruktur eine Statuszuweisung mit sich, die Frau O als Patientin markiert, ist eine solche Wohnkonstruktion in der routinemäßigen Lebenspraxis doch ein Zustand, welcher primär im Kontext eines Krankenhausaufenthaltes (und damit lediglich temporär) geduldet bzw. hingenommen wird (vgl. Trescher 2013b, S. 75ff). Weiterhin konstruiert sich Frau O mit der Institution nicht verbunden, jedoch mit einigen Menschen, die ebenfalls dort leben. Frau O ist so sehr an die Strukturen der Institution gewöhnt, dass sie diese als Ganzes nicht in Frage stellt.

Lebensraum Elternhaus

Aufgrund ihrer Lebensbedingungen im Wohnheim bleibt Frau O lediglich der Rückzug ins heimatliche Elternhaus am Wochenende, um Privatsphäre zu erleben. Hier nimmt sie allerdings klar die Rolle des Kindes ein. Ohnehin ist die Ablösung von den Eltern, wie oben bereits dargestellt, nicht vollständig vollzogen. Trotz ihrer Lebenspartnerschaft stellen die Eltern noch immer den deutlich wichtigsten Bezugspunkt in ihrem Leben dar. Zeugnis davon sind beispielsweise auch die täglichen Telefonate. Die in der Institution praktizierte Einschränkung der Privatsphäre (re-)produziert an dieser Stelle eine Abhängigkeit und Infantilität auf Seiten von Frau O und bindet sie an das Elternhaus zurück. Die Eltern geben ihr Sicherheit und sind ihre Vertrauenspersonen, wenngleich dies nicht auf einer erwachsenen Ebene unter Statusgleichen geschieht.

Sozialbeziehungen und Behinderungspraxen

Als weiterer Punkt konnte herausgearbeitet werden, dass Frau O ihre Lebensentwürfe eng an das Führen von Sozialbeziehungen koppelt. Sie pflegt selbstständig ein ausdifferenziertes Netzwerk an Sozialbeziehungen, wozu auch eine Lebenspartnerschaft gehört. Wann sie diese führt, bestimmt sie allerdings nur bedingt selbst. Frau O arrangiert ihr Leben selbstmächtig – innerhalb des ihr zur Verfügung stehenden Handlungsrahmens des pädagogischen respektive elterlichen Protektorats. Diese Strukturrahmen sind letztlich bei aller Sicherheit und Fürsorge, die sie geben, als Behinderungspraxen zu verstehen. Sie hemmen die Entfaltung der Selbstermächtigungsprozesse der Frau O.

Selbstkonstruktion der Frau O, Auflehnung gegen institutionelle Strukturen

Ungeachtet der sich vollziehenden Fremdbestimmungs- und Infantilisierungspraxen, wurde deutlich, dass Frau O zumindest teilweise selbstermächtigt ist, was sich insbesondere daran zeigt, dass sie sich selbst als kämpferisch inszeniert, welche innerhalb der Wohneinrichtung (wenn auch nicht immer erfolgreich) versucht, für ihre Interessen einzutreten. Hier kann beispielhaft ihr vergeblicher Einsatz hinsichtlich der Erlangung eines Einzelzimmers genannt werden, was ihr von Seiten der Institution unter Verweis auf die derzeitige Belegungssituation nicht gewährt wurde. Es findet in Ansätzen eine gewisse Auflehnung gegen die Institution statt. Problematisch ist, dass ihre Eltern hier keinen Anteil nehmen und ihr in ihrem Bestreben nicht unterstützend zur Seite stehen. Die Eltern (als gesetzliche VertreterInnen) mischen sich, wie im Zuge des Elterninterviews deutlich wurde, unter Verweis auf die zugeschriebene Expertise der Institution nicht in innerinstitutionelle Angelegenheiten ein, sodass Frau O in dieser Hinsicht auf sich alleine gestellt ist. So wurde auch von Seiten der Eltern keine direkte Kritik an der Unterbringungsform ihrer Tochter geäußert. Frau O jedoch sieht sich mit der Institution einem übermächtigen Kontrahenten gegenüber, gegen den sie nicht ankommen bzw. gegen den sie nichts ausrichten kann. Problematisch erscheint, dass diese Entmündigungsprozesse bzw. Ohnmachtserfahrungen gegenüber der Einrichtung und ihrer Abläufe bzw. Strukturen auf Dauer internalisiert werden und zu etwas beitragen können, was in Anlehnung an Seligman als ‚erlernte Hilflosigkeit‘ (vgl. Seligman 2004) gefasst werden kann. Frau O ist bei der Verwirklichung ihrer Lebensentwürfe in vielerlei Hinsicht auf Dritte angewiesen.

Fremdkonstruktion der Frau I durch die Eltern

Im Zuge der Auswertung konnte herausgearbeitet werden, dass beide Eltern ein auf gewisse Art und Weise distanziertes Verhältnis zu ihrer Tochter haben bzw. diese vor allem über ihre Behinderung definieren. Die (geistige) Behinderung der Tochter und deren Versorgung ist es, die für sie im Mittelpunkt steht. Die Person sowie das emotionale Wohlbefinden der Tochter rücken dagegen in den Hintergrund. Klar wurde jedoch auch, dass sie ihre Tochter von der Kategorisierung ‚schwerstbehindert‘ abgrenzen und sie lediglich als ‚leicht beeinträchtigt‘ konstruieren. In diesem Sinne stellen die Eltern unter anderem auch die Aktivität der Tochter in den Vordergrund ihrer Darstellungen und kennzeichnen sie damit als handlungsfähig, wenngleich sie ihre Aktivitäten stets im Kontext der Behinderung reflektieren und diese im Sinne von Hilfsdiensten fassen. So *„versucht [Frau O] mit zu kochen“* (O-2, Z. 18) oder ist *„am Tischdienst beteiligt“* (O-2, Z. 17). Eine eigenverantwortliche, ganzheitliche und selbstbestimmte Tätigkeit ihrer Tochter wird durch die Eltern nicht gesehen. Darüber hinaus wird Frau O von ihren Eltern als kontaktfreudig bzw. sozial handlungsfähig konstruiert. Weiterhin schreiben die Eltern ihrer Tochter eine gewisse Charakterstärke und ein gehobenes Maß an Durchhalte- bzw. Durchsetzungsvermögen zu, indem sie sie als *„taffe Person“* (O-2, Z. 3) markieren.

Behinderung als persönliches Leid der Eltern, Wunsch nach Expertise

Aus der Omnipräsenz der Behinderung der Tochter resultiert das Bedürfnis der Eltern nach einer spezifischen Expertise, die sich der Behinderung der Frau O annimmt. Die Behinderung selbst wird ausschließlich als natürliche Gegebenheit konstruiert. Die Eltern der Frau O empfinden die Behinderung der Tochter als persönliches Leid und konstruieren sich in dieser Hinsicht als handlungsunfähig bzw. handlungsohnmächtig. In diesem Zusammenhang ist ebenfalls die frühe ‚Abgabe' der Tochter in eine Komplexeinrichtung der Behindertenhilfe bzw. ihr Durchlauf verschiedener Institutionen der Behindertenhilfe generell zu sehen. Entscheidend ist hier, dass durch die Eltern keine Problematisierung jener frühen Institutionalisierung der Tochter bzw. keine Reflexion damit eventuell einhergehender Probleme (Hospitalisierung) stattfindet. Dennoch konnten latente Schuldgefühle der Eltern in der Analyse herausgearbeitet werden. Diese sind letztlich auch Ausdruck von Liebe und enger emotionaler Verbundenheit zur Tochter. Dies steht im klaren Widerspruch zu einer gewissen räumlichen aber auch emotionalen Distanz zur Tochter. So wurde im Zuge der Auswertung deutlich, dass beide Eltern nur sehr bedingt am Leben ihrer Tochter teilhaben und kaum Aussagen zu ihrem emotionalen Wohlbefinden innerhalb der Institution treffen können. Dies erscheint ungewöhnlich, da sie die Tochter regelmäßig sehen und sogar täglich mit ihr telefonieren. Es stellt sich damit die Frage nach dem familialen Austausch. Dass Frau O diesen wiederum meidet, kann als Teil eines Ablösungsprozesses gelesen werden.

12.3 HERR P: „SO GEHEN DIE TAGE EINFACH DAHIN. DA KOMMT RELATIV WENIG AUCH VON IHM, AN ÄUSSERUNGEN, DASS ER ETWAS GANZ BESTIMMTES MÖCHTE."

Herr P ist 42 Jahre alt, lebt in einer Wohngruppe der stationären Intensivbetreuung. Er besucht eine Tagesförderstätte. Ein Interview mit Herrn P konnte aufgrund von starken verbalsprachlichen Einschränkungen nicht durchgeführt werden. Es wurde stattdessen ein gemeinsames Interview mit der ihm zugeteilten Bezugsassistenz sowie dem Bruder des Herrn P geführt. Das hierbei erstellte Transkript stellte letztlich die Grundlage für die nachfolgende Biographie dar und wurde (wie die anderen Interviews auch) sequenzanalytisch ausgewertet. Das Interview fand in den Räumlichkeiten der Wohneinrichtung statt.

12.3.1 Biographie

Vergangenheit

Herr P wurde 1973 in einer deutschen Großstadt geboren. Sein Vater war Angestellter im öffentlichen Dienst, seine Mutter Hausfrau. Gemeinsam mit seinen Eltern sowie seinem zwei Jahre älteren Bruder lebte er in einer Wohnung in einem Mehrfamilienhaus in einem Randbezirk der gleichen Großstadt, in der er geboren wurde und bis heute lebt. Im Kindesalter (zweites bis drittes Lebensjahr) wurde bei ihm eine sogenannte Entwicklungsverzögerung diagnostiziert. Bis heute spricht Herr P kaum und ist auf umfangreiche Betreuung angewiesen. Sein Bruder äußerte sich dazu wie folgt: *„Dann hat sich irgendwann herausgestellt, dass seine Entwicklung nicht normal verläuft. Irgendwann im Laufe der ersten zwei, drei Jahre. Und dann wurde natürlich versucht, noch irgendetwas herauszufinden, aber es gab keine eindeutige Diagnose, geschweige denn irgendeine Behandlung, die angeschlagen hätte"* (Z. 237-242). In der Folge besuchte Herr P zunächst einen (exklusiven) Kindergarten für Kinder mit Behinderung und im Anschluss daran eine Förderschule für Kinder mit geistiger Behinderung. Die beiden Institutionen lagen in der Heimatstadt, nicht jedoch im Heimatbezirk des Herrn P. Nach dem Ende seiner Schulzeit besuchte er eine Tagesförderstätte. Morgens wurde er von einem Bus der Institution abholt und gegen Mittag wieder nach Hause gebracht. Herr P hatte in der elterlichen Wohnung sein eigenes Zimmer (ca. 12 bis 16 Quadratmeter groß) und pflegte, nach Aussage des Bruders, im Privaten keine außerfamiliären Sozialkontakte. Letzteres sei laut dem Bruder insbesondere darauf zurückzuführen gewesen, dass Herr P im Laufe der Zeit zunehmend (auto-)aggressive Verhaltensweisen entwickelte, welche sich nach und nach intensivierten und abschreckend auf Mitmenschen wirkten und auch die familiäre Situation stark belasteten. *„Aber so im privaten Umfeld war da praktisch nichts, weil alle anderen dann auch gesagt haben: ‚Um Gottes Willen, ich halte Abstand!'. Das ging dann in später soweit, dass wenn er dann zuhause am Zauntor stand und auf seine Weise den Bürgersteig begutachtet hat, dass dann einige Passanten schon mal die Straßenseite gewechselt haben, vorsichtshalber"* (Z. 329-333). Bei der Mutter des Herrn P wurde 1989 eine Krebserkrankung diagnostiziert. Es folgten mehrere Krankenhausaufenthalte und es fanden teilweise stationäre Behandlungen statt, bis die Mutter schlussendlich 1992 verstarb. Herr P war zu diesem Zeitpunkt 19 Jahre alt. Einhergehend mit dem sich verschlechternden Gesundheitszustand der Mutter verbrachte Herr P zunehmend mehr und mehr Zeit bei seiner Großmutter, welche, aufgrund der Arbeitstätigkeit des Vaters und des Studiums des Bruders, die Nachmittagsbetreuung von Herrn P übernahm. Sie verbrachten in dieser Zeit ca. vier Stunden am Tag zusammen, sodass sich, nach Aussage des Bruders, *„eine starke Fixierung in beidseitiger Richtung"* (Z. 164-165) etablierte. Als die Großmutter, die nach dem Tod der Mutter die primäre Betreuung und Versorgung des Herrn P übernahm, dazu (altersbedingt) physisch nicht mehr in der Lage war, zog Herr P 1998 in ein Wohnheim der Behindertenhilfe, in dem er bis zum heutigen Tag lebt. Mit dem Einzug in die Institution ging der Kontakt zur Herkunftsfamilie zunehmend zurück. So führt der Bruder aus: *„Die Großmutter war dann auch nicht mehr so gut zu Fuß. Sie hatte auch gesundheitliche Probleme. Da ist das Ganze dann (atmet aus) quasi von selbst so ein bisschen zurückgegangen, die Besuche, und auch dadurch, dass es auch hier ein bisschen Unruhe gab, wenn sie dann wieder gehen musste oder wollte, dass der [Vorname des Herrn P] das eben nicht immer begeistert aufgenommen hat"* (Z. 622-627). Der Kontakt zur Großmutter ging also, ebenso wie der Kontakt zur restlichen Familie, sukzessive zurück, bis die Großmutter dann im Jahr 2010 verstarb. Herr P war zu diesem Zeitpunkt 37 Jahre alt. Vor ein paar Jahren verstarb ebenfalls der Vater des Herrn P, der bis dahin die Funktion des rechtlichen Vormunds des Herrn P erfüllte. Das Verhältnis von Herrn P zu seinem Vater war nach Angaben des Bruders ‚sehr angespannt'. Der Vater lebte bis zu seinem Tod in der Stadt, in der auch Herr P lebt. Die rechtliche Vormundschaft obliegt seit dem Tod des Vaters dem Bruder des Herrn P.

Gegenwart

Gegenwärtig lebt Herr P in einem Wohnheim der Behindertenhilfe in einer sogenannten ‚Intensivwohngruppe' mit dem Betreuungsschwerpunkt ‚herausforderndes Verhalten' mit sechs Mitbewohnern (alle männlich). In der Institution gibt es noch weitere Wohngruppen, engere Sozialkontakte Kontakte zu anderen MitbewohnerInnen pflegt Herr P, nach Angaben der Bezugsassistenz, jedoch nicht. Auch familiäre Kontakte, etwa zum Bruder, belaufen sich auf vereinzelte Besuche. Der Bruder führt hierzu aus: *„Ich besuche [Vorname des Herrn P] jetzt relativ selten, muss ich zugeben. Einfach weil es für mich immer wieder eine relativ anstrengende Begegnung ist und ich nicht sicher bin, wie gut es [Vorname des Herrn P] tut, weil ich dann einfach auch hier eine gewisse Routine unterbreche. Ich habe dann eine gewisse Außenseiterrolle. Ich weiß nicht, ob ihm das wirklich guttut, wenn ich komme"* (Z. 191-196). Innerhalb der Institution hat Herr P eine Bezugsassistenz, welche ihn bereits seit zehn Jahren (ca. 2005) betreut. Im Mittelpunkt stehen hier vor allem technisch-organisatorische Aspekte, wie Behördengänge oder medizinische Angelegenheiten (Korrespondenz mit ÄrztInnen etc.). Unter der Woche besucht Herr P bis 16 Uhr eine Tagesförderstätte. Die restliche Zeit verbringt er in seiner (ihm zugewiesenen) Wohngruppe, in seinem eigenen Zimmer oder (nach Möglichkeit) mit Spaziergängen auf dem Gelände der Einrichtung. Aufgrund potentieller aggressiver Ausbrüche gegenüber MitbewohnerInnen anderer Wohngruppen darf er die Wohngruppe nur unter Aufsicht verlassen. Bei schlechtem Wetter ist ihm dies gänzlich untersagt. Die Bezugsassistenz führt hierzu aus: *„Die meiste Zeit verbringt er oben bei uns auf der Wohngruppe oder wir gehen auf dem Hof mit ihm spazieren. Also, er wird immer begleitet. Alleine kann man ihn nicht runterlassen, weil es einfach zu riskant ist. (holt Luft) Es kommt auf das Wetter an, wenn es am Regen ist, dann muss er oben bleiben. Das ist dann ein bisschen (holt Luft) blöd für ihn"* (Z. 748-753).

Mit Blick auf Freizeitaktivitäten und Interessen lässt sich sagen, dass Herr P bereits in der Kindheit ein starkes Interesse an Kreiseln[6] entwickelt hat, welches noch bis zum heutigen Tag ausgeprägt ist. Da er diese bei Verwendung jedoch durch (grob)motorische Einwirkungen innerhalb von kurzer Zeit zerstört, bekommt er im Monat von Seiten der Institution ca. zwei bis drei neue Kreisel gestellt. Hierzu der Bruder: *„Ganz begeistert war er von Kreiseln, solchen Brummkreiseln. Die haben aber nie lange gehalten. Einmal gespielt - dann schon kaputt, weil die Dinger einfach empfindlich sind. Die sind für kleine Kinder gemacht und wenn dann ein Fünfzehnjähriger mit seiner ganzen Kraft drauf einwirkt – dafür sind die nicht gemacht"* (Z. 384-412). Ergänzend hierzu die Bezugsassistenz: *„Heute halten sie ein bisschen länger als ein paar Stunden, aber wir besorgen trotzdem jeden Monat zwei oder drei neue"* (Z. 411-412). Als weitere Interessen werden durch die Bezugsassistenz ‚Kaffeetrinken' bzw. ‚Kaffeetassen' benannt, welche er gerne in den Händen hält. Ebenfalls nimmt Herr P, laut Bezugsassistenz, sehr gerne an gelegentlichen Spazierfahrten teil, die von Seiten der Wohngruppe mit dem organisiert werden. ‚Spazierenfahren' bedeutet in diesem Fall, dass mit dem institutseigenen Bus herumgefahren wird, dieser jedoch nur selten auch zum ‚Spazierengehen' verlassen wird. Auch Fernsehen wird als eines seiner Interessen benannt. *„Wir haben eine Videokassette mit Ernie & Bert, Sesamstraße, die guckt er wahnsinnig gern. Da freut er sich dann auch immer. Auch wenn wir die dreimal hintereinander laufen lassen, was (lacht) er nicht unbedingt merkt, dass es dreimal dasselbe war"* (Z. 776-779). Gelegentlich nimmt Herr P auch an Festivitäten der Tagesförderstätte teil. Abgesehen hiervon ist der Alltag von Herrn P wenig ereignisreich. So äußerte die Be-

6 Gemeint ist hiermit ein (in der Regel) achsensymmetrisches Kinderspielzeug, welches sich durch eine von außen herbeigeführte Drehbewegung auf einer Spitze stehend um die eigene Achse dreht.

zugsassistenz: *„So gehen die Tage einfach dahin. Da kommt relativ wenig auch von ihm, an Äußerungen, dass er etwas ganz Bestimmtes möchte"* (Z. 780-782).

Zukunft

Zukunftswünsche von Herrn P sind nicht bekannt. Nach Angabe der Bezugsassistenz ist es oberste institutionelle Zielsetzung, *„zu hoffen, dass die Atmosphäre in der er lebt für ihn so behaglich ist, dass er sich einfach wohlfühlt"* (Z. 65-66). Wichtig sei es, *„dass man natürlich ein Umfeld schafft, was relativ überschaubar ist, was immer gleich abläuft, indem es keine Situationen gibt, die unbekannt oder unbehaglich sind. (holt Luft) Dass man auf diesem Wege versucht, (holt Luft) für ihn das Leben überschaubar zu machen. Dass er weiß: ‚Das läuft immer gleich ab, so ist es! Es gibt keine Situation, die ich nicht begreife, wo ich hier irgendwie durch die Autoaggressionen auf mich aufmerksam machen muss, dass ich irgendwas nicht verstehe!', sondern stattdessen, dass man das Umfeld so gestaltet, dass es für ihn klar ist"* (Z. 116-124).

12.3.2 Verdichtete Analyseergebnisse

Eingeschränkte persönliche Handlungsökonomie, Fremdbestimmung und Überwachung

Im Zuge der Auswertung konnte herausgearbeitet werden, dass Herr P in seiner Lebensgestaltung und insofern auch bei der Entwicklung und Verwirklichung seiner Lebensentwürfe in einem höchsten Maße fremdbestimmt bzw. auf Außenstehende angewiesen ist. Er verfügt nur über eine stark eingeschränkte persönliche Handlungsökonomie und ist institutionellen Abläufen und Mechanismen unterworfen. So darf er beispielsweise nur unter Aufsicht die Wohngruppe verlassen. Bei schlechtem Wetter ist ihm dies gänzlich untersagt. Auch innerinstitutionell vorgegebene Abläufe wie die Festlegung der Essenszeiten und die Ausgestaltung der Mahlzeiten sind hier zu nennen. Alle Lebensbereiche des Herrn P sind durch die Institution bzw. die dort tätigen MitarbeiterInnen kontrolliert und gestaltet. Die Institution wird damit zur zentralen Verwaltungsstelle der Lebensentwürfe, welche sich nur im gegebenen Rahmen entwickeln können (zum Beispiel das Interesse ‚Essen' oder ‚Kaffee').

Isolation

Herr P führt sein Leben sehr isoliert – und dies in doppelter Hinsicht. So lebt er auf der einen Seite isoliert von der Gesamtgesellschaft in der geschlossenen Wohneinrichtung. Auf der anderen Seite lebt er auch innerhalb der Einrichtung selbst in Isolation, indem er große Teile seines Alltags nur in der Wohngruppe verbringen und diese nicht selbstständig bzw. nur unter der Aufsicht verlassen kann.

Herr P verbringt sehr viel Zeit seines Tages allein in seinem Zimmer. Zentrales Problem ist, dass Herr P sich intersubjektiv kaum verständlich machen kann. Es scheint, als würde Herr P diese Isolation selbst wählen. Es ist allerdings unklar, ob und warum das so ist. Isolation und sozialer Rückzug ist ein typisches Verhalten von „Insassen" (Goffman 1973, S. 19) in totalen Institutionen (vgl. Goffman 1973, S. 64ff) und auch ein typischer Hospitalisierungseffekt (vgl. Theunissen 1998; 1982). Weiterhin wurde deutlich, dass er in seiner alltäglichen Kommunikation mit anderen Menschen auch nicht gefördert wird – etwa durch eine konsequente Förderung im Bereich ‚Unterstützte Kommunikation' (vgl. Wilken 2014b; 2014a; Ziemen 2009). Insgesamt haben die MitarbeiterInnen nur wenig Zeit, Herrn P bei Vergemeinschaftungspraxen zu unterstützen. Dies wird, zumindest von der interviewten Bezugsassistenz, auch nicht als zentrales Problem wahrgenommen.

Verbalsprachliche Einschränkungen

Als besonders wirkmächtig im Zusammenhang mit der oben genannten Verwaltung der Lebensentwürfe zeigen sich die verbalsprachlichen Einschränkungen des Herrn P. Herr P kann Wünsche und Krisen nicht oder nur sehr schwer intersubjektiv vermitteln, was dazu führt, dass von Seiten des Personals (jedoch auch von Herrn P selbst) verstärkt alternative Wege der Kommunikation gefunden und gewählt werden müssen, um diese zu erkennen und zu bearbeiten. Dies verstärkt seine ohnehin gegebene Abhängigkeit vom Institutionspersonal. Gleichzeitig ist hierin eine besondere pädagogische Herausforderung des Personals zu sehen. Problematisch ist, dass die fehlende bzw. stark eingeschränkte verbalsprachliche Mitteilungsfähigkeit im hiesigen Fall dazu führt, dass keine aktive Tages- respektive Lebensgestaltung stattfindet. Die verbalsprachlichen Einschränkungen des Herrn P werden teilweise als Desinteresse gewertet und führen in der Folge dazu, dass sich innerhalb der Wohngruppe teilweise wenig mit Herrn P beschäftigt wird (*„So gehen die Tage einfach dahin. Da kommt relativ wenig auch von ihm"* [Z. 781]).[7] Eine Art Kreislauf des Ausschlusses entsteht.

7 Es sei an dieser Stelle auf die Ausführungen in Kapitel 2.1 verwiesen. Ausführlich diskutiert wird diese Problematik auch in: Trescher 2015b, S. 251ff.

(Fremd-)Konstruktion des Herrn P

Es wurde deutlich, dass die Bezugsassistenz des Herrn P dessen Leben lediglich auf das ‚Hier und Jetzt' reduziert und dass es pädagogisches Ziel ist, dafür zu sorgen, dass Herr P sich bestmöglich in seiner Umgebung wohlfühlt. Jegliche Entwicklungen oder persönliche Zukunftsperspektiven, welche unter Umständen erst im Rahmen pädagogisch-praktischer Arbeit entdeckt bzw. entwickelt werden müss(t)en (jenseits von ‚Essen' oder ‚Kaffee'), werden durch die ihm nächste Bezugsperson, die Bezugsassistenz, negiert, weil die Institution genau diese Form von Interessensentwicklung nicht vorsieht. Herr P wird im Lichte eines ‚Menschen ohne Zukunft' konstruiert bzw. als Mensch, dessen Zukunft durch die Struktur des Wohnheims festgelegt wird. Auch hier sei (wie bereits in den vorangegangenen Fällen auch) erwähnt, dass dies nicht der Bezugsassistenz persönlich anzulasten ist. Vielmehr ist die Bezugsassistenz Teil eines Systems (auf dessen untersten Ebene), welches das Subjekt des institutionalisiert lebenden Menschen mit geistiger Behinderung als passiv und pflegebedürftig, aber kaum als pädagogisch betreuungsbedürftig konstruiert (siehe hierzu ausführlich: Trescher 2017c). (Auto-)aggressive Verhaltensweisen des Herrn P werden nicht als beinahe einzige ihm zur Verfügung stehende Kommunikationsform reflektiert, vielmehr werden sie auf die quasi-natürliche geistige Behinderung des Herrn P zurückgeführt. Dies führt nicht dazu, dass Herrn P ein gehobenes Maß an pädagogischer Zugewandtheit zuteilwird, stattdessen wird versucht, diese Verhaltensweisen (medikamentös) zu unterdrücken und Herrn P damit in die Abläufe der Institution einzupassen.

Rolle der Bezugsassistenz

Es wurde deutlich, dass die Bezugsassistenz keine besonders enge emotionale Beziehung zu Herrn P führt und seine Aufgaben vor allem im technischen Bereich verortet. Im Mittelpunkt steht die Versorgung der Behinderung des Herrn P, während dieser als Gesamtperson in den Hintergrund rückt. Die Bezugsassistenz tritt als reguläres Mitglied des Institutionspersonals in Erscheinung und nimmt in Bezug auf Herrn P keine besondere Rolle der Interessensvertretung ein. Andererseits mag die Bezugsassistenz Herrn P als Person, wenngleich sie sich und andere MitarbeiterInnen als nicht in der Lage konstruiert, engere Sozialbeziehungen mit Herrn P einzugehen. Verantwortlich dafür wird die als gegeben konstruierte Behinderung gemacht. Behinderung als Praxis, die sich aufgrund der institutionellen Strukturen vollzieht, wird nicht mitreflektiert. Wie oben erwähnt, ist dies nicht der Bezugsassistenz persönlich anzulasten, sondern unter anderem dem sehr geringen Betreuungsschlüssel. Pädagogische Arbeit mit

Herrn P scheint nicht möglich, wenn sich die Bezugsassistenz noch mit sechs anderen Menschen mit ‚herausforderndem Verhalten' beschäftigen muss.

Rolle der Herkunftsfamilie

Die Beziehungen zu den Mitgliedern der Herkunftsfamilie sind für Herrn P immer wieder durch, auch frühe, Verlusterfahrungen geprägt. Heute hat Herr P so gut wie keinen Kontakt mehr zu seiner Herkunftsfamilie. Deutlich wurde dies insbesondere in der Passage, in der der Bruder von der bestmöglichen Vermeidung seiner Besuche spricht, um (so seine Darstellung) institutionelle Abläufe und Strukturen nicht zu stören. In diesem Zusammenhang konnte herausgearbeitet werden, dass die Geschwisterbeziehung in hohem Maße durch Schuldgefühle auf Seiten des Bruders belastet ist. Diese Schuldgefühle resultieren aus der gegenwärtigen, jedoch auch der früheren Distanzierung seinerseits und stehen in Zusammenhang mit der Missachtung einer sich selbst auferlegten Mitverantwortung für das Schicksal des Herrn P. Annehmbar hat Herr P sich immer eine zentrale Bezugsperson aus seiner Herkunftsfamilie gesucht, mit der er verbunden war. Dies drückt den Wunsch nach Vertrautheit und Nähe aus, aber auch die Fähigkeit, diffuse Sozialbeziehungen[8] zu führen. Dass diese annehmbar auch durch Abhängigkeitsverhältnisse geprägt werden, ist klar. Dennoch scheint Herrn P dieser emotional-soziale Anker, den etwa die Großmutter über weite Strecken seines Lebens darstellte, heute zu fehlen.

Infantilität, Entsexualisierung

Im Zuge der Auswertung wurde ebenfalls ein infantiler Subjektstatus des Herrn P herausgearbeitet, was sich etwa an seinem Interesse an Kreiseln oder Kinderfilmen exemplifizieren lässt. Ambivalent zu betrachten ist weiterhin, dass diese tendenziell infantilen Interessen durch die Institution selbst weiter hervorgebracht bzw. reproduziert werden, indem ihm zum Beispiel in regelmäßigen Abständen Kreisel gekauft und die genannten Kinderfilme vorgespielt werden. Einerseits wird damit seinen Interessen nachgegangen, was ein gewisses Maß an interessensgeleitetem Handeln bedeutet. Andererseits sind kaum bis keine Möglichkeiten gegeben, andere (nicht infantile) Interessen auszubilden. Auch die Zusammensetzung der Wohngruppe, in der Herr P fast seine komplette Freizeit verbringen muss, ist in diesem Zusammenhang kritisch zu reflektieren, ist die Tatsache, dass Herr P lediglich mit männlichen Mitbewohnern zusammenwohnt,

8 Auf die Differenz zwischen spezifischer und diffuser Sozialbeziehung wurde bereits in Kapitel 2.2 eingegangen.

doch als eine Form der Entsexualisierungspraxis zu benennen (siehe hierzu ausführlicher den Fall des Herrn K).

12.4 PROBLEMZENTRIERTE ZUSAMMENFASSUNG

Behinderung als familiäre Belastung und Herausforderung

Die Auswertung der Interviews mit Angehörigen aus den jeweiligen Herkunftsfamilien machte deutlich, dass die (geistige) Behinderung der jeweiligen Personen den innerfamiliären Umgang mit diesen maßgeblich beeinflusst bzw. im alltäglichen Leben der Familie im Vordergrund steht (siehe hierzu auch: Eckert 2014; 2012; 2001; Ziemen 2008). Die als manifest wahrgenommene Behinderung stellt eine (wenn nicht sogar die) zentrale Eigenschaft der betroffenen Personen dar und deren Versorgung ist es, die im alltäglichen Umgang an oft erster Stelle steht. Besonders deutlich wurde dies im Falle der Frau N, deren Alltag (sowie der Alltag der Mutter) sich im Grunde nur noch um die eigene Behinderung bzw. die Bewältigung dieser Krise dreht. Dass die Angehörigen mit Behinderung sehr stark über ihre Behinderung wahrgenommen und definiert werden, erscheint problematisch, da die gesamte Person damit hinter der Behinderung zurücktritt. Sehr deutlich war dies im Fall des Herrn P, der von seinem Bruder beinahe ausschließlich über seine Behinderung konstruiert und sehr direkt als familiäre Belastung benannt wurde, was vor allem in den teilweise stark aggressiven Verhaltensweisen des Herrn P begründet lag, die dieser in der Vergangenheit zeigte (etwa in Form von physischen Auseinandersetzungen mit der Familie oder der Zerstörung von Mobiliar). Diese Verhaltensweisen und ihre Konsequenzen belasteten das Familienleben derart, dass sich eine emotionale Distanzierung vollzog und der Kontakt zur Herkunftsfamilie heute sich nur noch in seltenen Besuchen des Bruders vollzieht.

Ergänzend zu dem Ergebnis der innerfamiliären Omnipräsenz der Behinderung wurde ebenfalls herausgearbeitet, dass die Behinderung des bzw. der Angehörigen für die beteiligten Personen zur Belastung bzw. zur Krise wird, welche sich wiederum für alle beteiligten Personen in je unterschiedlicher Art und Weise manifestiert. Behinderung, dies wurde sehr deutlich, wird zur persönlichen sowie familiären Herausforderung für alle involvierten Personen. In diesem Sinne besteht die zentrale Krise für die Mutter der Frau N zum Beispiel darin, dass sie durch den Unfall ihre ‚alte Tochter' verloren hat. Diesen Verlust hat sie bis zum heutigen Tag nicht überwunden. Hinzu kommt, dass sich der Umgang mit der ‚neuen Tochter' nun gänzlich anders gestaltet als bisher. Der eigene Alltag sowie das bisherige Leben der Mutter haben sich im Anschluss an den Unfall tiefgreifend verändert. Die Behinderung der Tochter führt zu einer ungewollten und unliebsamen Umwälzung des Lebens der Mutter. Mit den daraus resultierenden alltäglichen persönlichen Belastungen geht auch ein veränderter Blick auf die Tochter einher. Diese wird von der Mutter als von ihrer Fürsorge abhängiges Subjekt konstruiert. In diesem Zusammenhang kommt es zwischen Mutter und Tochter zu einer gewissen emotionalen Distanzierung, da diese Fürsorge im Alltag auch sehr viel Arbeit bedeutet und die Mutter emotional noch immer an der ‚alten Tochter' hängt, diese aber trotz der Fürsorge nicht wiederbekommt. Die Behinderung der Tochter wird zum Problem der Mutter, was wiederum zu Spannungen in der Beziehung der beiden Frauen zueinander führt.

Dass Behinderung zur familiären Belastung wird, offenbarte sich auch im Fall der Frau O. Die Behinderung der Tochter bzw. deren Versorgung ist es, was im alltäglichen Leben der Familie im Mittelpunkt steht und so auch maßgeblichen Einfluss auf die Lebensführung der Eltern hat. Die Behinderung der Tochter wird auch hier ein Stück weit zum persönlichen Leid der Eltern und die ‚Abgabe' der Tochter an eine Einrichtung der Behindertenhilfe, welche sich vollzog, als Frau O acht bzw. zwölf Jahre alt war (Eltern und Tochter machen hierzu unterschiedliche Angaben), wird zum familialen Problem. Die ‚Abgabe' der Tochter an eine Einrichtung resultiert aus der Konstruktion der Tochter als so umfänglich behindert, dass lediglich ExpertInnen, so die Eltern, adäquat mit ihr umgehen könnten. Mit dem Umzug einher ging eine wesentliche Entlastung der Eltern im Alltag. Nicht zuletzt darum, aber auch aufgrund der emotionalen Trennung von der Tochter in einem so frühen Alter, ist die ‚Abgabe' der Tochter in ein Heim auch für die Eltern selbst massiv rechtfertigungsbedürftig und erzeugt nicht zuletzt Schuldgefühle. Es zeigt sich hieran, dass sich letztlich auch der Umgang mit der familiären Herausforderung ‚geistige Behinderung' von Fall zu Fall unterschiedlich darstellt.

Ablösungsprozesse, (Re-)Infantilisierungspraxen

Wie im Vorangegangen dargelegt wurde, birgt die Form des familieninternen Umgangs mit der (geistigen) Behinderung eines bzw. einer Familienangehörigen unterschiedliche Krisen. Im Falle der Frau N führt die Entscheidung der Mutter, bestmöglich selbst für ihre Tochter sorgen zu wollen, dazu, dass sie diese an sich, sich selbst jedoch auch an diese bindet. Sie begibt sich damit wieder in die Rolle der behütenden Mutter zurück und versetzt Frau N, welche bereits gewisse Teile ihres Lebens eigenständig verbracht und gestaltet hat, im Zuge dessen zeitgleich wieder in die Rolle eines (Klein-)Kindes. Dieser Prozess kann als eine Form der Reinfantilisierung gelesen werden. Bereits vollzogene Schritte der Ablösung werden rückgängig gemacht und das kindsähnliche Beziehungsgefüge, welches eigentlich bereits seit Jahren ‚überwunden' war, rekonstituiert. Eine Ablösung kann in dieser Form nicht stattfinden, was schlussendlich kritisch erscheint, erfolgt diese doch früher oder später zwangsläufig (spätestens mit dem Versterben der Mutter). Die Konfrontation mit der an den Ablösungsprozess geknüpften Krise wird dabei nur verschoben und (durch den Wegfall der Mutter als Begleitperson) in ihrer Krisenhaftigkeit zunehmend verschärft. Dementgegen muss klar gesagt werden, dass die Mutter sich umfänglich um Frau N kümmert und sie in einem Zuhause lebt, indem sie geliebt wird. Dies wäre beispielsweise in einem Wohnheim aller Wahrscheinlichkeit nach so erstmal nicht der Fall. Im Gegensatz zu Frau N wurde am Fall der Frau O herausgearbeitet, dass die Auslösung aus der Herkunftsfamilie, welche letztlich mit dem Eintritt in Wohnformen der Behindertenhilfe einhergeht, grundsätzlich dazu führen kann, Ablösungsprozesse von der Herkunftsfamilie anzustoßen und zu einer gewissen Selbstständigkeit zu verhelfen (ähnlich wie im Falle des Herrn F). In diesem Sinne war Frau O bereits sehr früh auf sich selbst gestellt, wofür ihr allerdings eine gewisse elterliche Geborgenheit in der Kindheit fehlte. Sie fühlt sich bis heute der Institution, in welcher sie lebt, ausgeliefert. Es tritt an dieser Stelle ein Ambivalenzverhältnis zwischen elterlichem Schutz und einer elterlichen Zurücknahme bzw. einem elterlichen ‚Nicht-Kümmern' zutage. Gerade an den drei Tagen in der Woche, an denen Frau O bei ihren Eltern ist, wird sie von diesen teilweise wie ein Kleinkind behandelt und massiv infantilisiert. In Bezug auf Herrn P kann gesagt werden, dass, dadurch, dass er deutlich stärker eingeschränkt ist, als es bei Frau N oder Frau O der Fall ist, und in einem weitaus restriktiveren Umfeld lebt, für ihn dasselbe gilt wie auch für die anderen hier interviewten Menschen aus der stationären Intensivbetreuung (siehe Kapitel 11): Die Lebensentwürfe der Menschen dort werden weitgehend durch die beherbergende Institution generiert. In diesem Zusammenhang werden sie auch als infantile Subjekte adressiert.

Professionelle Zuständigkeit, Übergänge

Tritt die geistige Behinderung im familiären Leben als Krise in Erscheinung, die scheinbar nicht überwunden werden kann, stellt sich die ‚Abgabe' des betroffenen Familienmitglieds an eine Institution der Behindertenhilfe letztlich eine als unausweichlich konstruierte Praxis der Familie dar, welche zumindest im Falle von Frau O und Herrn P Anwendung fand. Die ‚Abgabe' an eine zuständige, (scheinbar) professionelle Instanz befreit zu einem gewissen Grad von der eigenen Zuständigkeit und Verantwortung und hat einerseits auch eine persönlich-emotional entlastende Funktion. Durch die ‚Abgabe' der Behinderung an scheinbare ExpertInnen (dies zeigte der Fall der Frau O sehr deutlich) wird Behinderung als scheinbar naturgegebenes Ereignis reproduziert. Dadurch werden die betroffenen Personen unter anderem als weniger liebenswürdig konstruiert; sie werden technisch über ihr Defizit bestimmt, das zur Krise aller Beteiligten wird. Die Behinderung, als prägendes Element des Familienlebens, verliert mit der ‚Abgabe' des als behindert konstruierten Familienmitglieds ihre unmittelbare und umfassende Wirkmächtigkeit auf den Alltag der Familie. Die Institution übernimmt die Versorgung und das Sorgen, sodass diese Aufgaben den familiären Bezugspersonen abgenommen werden und einen weitgehend routinemäßig üblichen Alltag gestatten. Diese ‚Abgabe' der Person soll hier in keinem Fall pauschal verurteilt werden, zeigt doch der Fall der Frau N, wie problematisch es auch sein kann, wenn eine sehr enge Betreuung durch die Mutter erfolgt. Dennoch kann dieser Übergang der Menschen mit Behinderung von der Herkunftsfamilie in eine institutionalisierte Wohnstruktur für die betroffenen Personen hochgradig krisenhaft und belastend sein. Der Fall des Herrn P ist Zeugnis davon. Nach familiären Spannungen erfolgte die ‚Abgabe' des Herrn P in ein stationäres Wohnheim und in der Folge kam es zu einem nahezu umfassenden Abbruch aller Sozialkontakte zu Herrn P, da Mutter und Großmutter verstarben und der Zugang zu anderen Sozialkontakten zuvor nur durch diese beiden Hauptbezugspersonen generiert wurde. Auch zu seinem Bruder hat Herr P wenig Kontakt. Herr P hat damit innerhalb kürzester Zeit beinahe sein komplettes soziales Umfeld verloren. Dass dies den Übergang in eine andere (weniger geschlossene) Wohnstruktur massiv erschwert, scheint kaum verwunderlich.

Schuldgefühle der Angehörigen

Als zentrales Ergebnis der Auswertung der Interviews mit den Angehörigen wurde darüber hinaus auch das Thema ‚Schuld' identifiziert. Die Schuldthematik kam in den Fällen der Frau O sowie des Herrn P deutlich zum Vorschein, also gerade in jenen Fällen, in denen eine ‚Abgabe' der Angehörigen an Institutionen der Behindertenhilfe erfolgte und die betroffenen Personen in einen Konflikt mit der von ihnen getroffenen Entscheidung geraten. Im Fall der Frau O führen die Schuldgefühle der Eltern dazu, dass sie ihre Tochter trotz der ‚Abgabe' an das System der Behindertenhilfe sehr stark an sich binden – etwa über Besuche an jedem Wochenende oder tägliche Telefonate – womit sie wiederum Ablösungs- und Selbstermächtigungsprozesse der Frau O behindern. Im Falle des Herrn P liegt die Schuldthematik in der gegenwärtigen sowie früheren physischen wie emotionalen Distanzierung des Bruders sowie einer damit einhergehenden Missachtung der sich selbst auferlegten Mitverantwortung für das Schicksal des Herrn P begründet. Zudem scheint es für den Bruder des Herrn P problematisch, dass er sich von der familiären Aufgabe der Unterstützung des Bruders befreit hatte bzw. daran seit seinem Auszug aus dem Elternhaus nicht mehr beteiligt war. Es wurde deutlich, dass eine (geistige) Behinderung immer auch zu teils massiven Problemen in der Herkunftsfamilie führt – und dies nicht nur auf einem finanziellen Level oder der Frage danach, wer sich um die Person mit (geistiger) Behinderung kümmert. Die (geistige) Behinderung eines Familienmitglieds wurde in den hier untersuchten Fällen auch immer zur emotionalen Belastung(sprobe) für die gesamte Familie.

13. Rekapitulation des Vorgehens und methodisches Fazit

Grundsätzlich lässt sich, nach Durchführung der Untersuchung, festhalten, dass diese als gelungen betrachtet werden kann. Es war möglich, Interviews mit Menschen mit geistiger Behinderung aus unterschiedlichsten Lebenskontexten zu führen und im Detail zu bearbeiten, wobei gerade auch die akribische Arbeit entlang der individuellen Biographie der jeweiligen Personen viele Einblicke in die Lebenswirklichkeit dergleichen eröffnete. Als spannend (jedoch mit Blick auf den Feldzugang nicht leicht zu realisieren) erwies sich darüber hinaus auch die ergänzende Berücksichtigung der Perspektive der Herkunftsfamilie, ließ diese die interviewten Menschen mit geistiger Behinderung doch gerade auch in ihrer Eingebundenheit in weitere soziale Kontexte (neben dem System der Behindertenhilfe) erfahrbar werden und verlieh der Beschäftigung mit der individuellen Biographie eine zusätzliche ‚Tiefe'. Klar ist, dass die Perspektive der Personen, die stationär intensiv betreut werden, im direkten Vergleich nur stark eingeschränkt erfasst werden konnte, was letztlich der nur eingeschränkten bzw. teilweise nicht vorhandenen Verbalsprachlichkeit geschuldet war. Hierin liegt eine große methodische Herausforderung. Spannend wäre sicherlich eine zusätzliche Erhebung von Beobachtungsprotokollen gewesen, um auf diesem Weg zu versuchen, einen weiteren Zugang zu den Personen selbst herzustellen und die Interviews mit den BezugsassistentInnen zu kontrastieren. Dies war jedoch, bedingt durch die begrenzten Ressourcen des Vorhabens, nicht möglich.

Mit Blick auf die Materialauswertung lässt sich sagen, dass sich (wie bereits in den beiden vorangegangenen Projekten auch) die Anwendung der Verfahren der Objektiven Hermeneutik neuerlich als gewinnbringend erwiesen hat. Dies vor allem aus zwei Gründen: Einerseits war es möglich, in einigen Fällen eine starke Differenz zwischen subjektiv geäußerten und objektiv herausgearbeiteten Bedeutungsgehalten zu identifizieren. Anderseits machte das akribische Vorgehen, welches eine sequenzielle Analyse des Datenmaterials mit sich bringt, auch hier deutlich, dass viele der hier interviewten Menschen mit geistiger Behinderung (selbst wenn es geläufigen Kommunikations- bzw. Darstellungsformen widerspricht und auf einen ersten Blick nicht so erscheint) höchst konsistent und detailreich erzählten. So konnten tiefgehende Einblicke in die Lebenswirklichkeit der interviewten Personen erlangt werden, was letztlich das Ziel des Forschungsvorhabens war. Deutlich wurde damit wiederholt, dass eine eingeschränkte verbalsprachliche Artikulationsfähigkeit keinesfalls ein „grundsätzliches *Verstehens- oder Kommunikationsproblem*" (Theunissen et al. 2000, S. 138) mit sich bringt. Was vielmehr auftritt, sind mitunter „schwer verständliche (unkonventionelle) Ausdrucksformen und Verhaltensweisen" (Theunissen et al. 2000, S. 138), die zunächst entschlüsselt werden müssen (Trescher 2017c, S. 157; 2015b, S. 138).

14. Behinderung als Praxis im Lebenslauf

Im einleitenden Theorieteil der vorliegenden Studie wurde sich eingehend mit der Frage nach der Konstitution von (geistiger) Behinderung beschäftigt (Kapitel 3), wobei (geistige) Behinderung in Anlehnung an Forschungsarbeiten aus den Disability Studies als diskursive Praxis identifiziert wurde, die sich auf unterschiedlichen Ebenen an Subjekten vollziehen kann. (Geistige) Behinderung wird demnach nicht als naturgegebenes, manifestes ‚Behindert-Sein' verstanden, sondern als ein Prozess, der Behinderung durch eine Vielzahl von Wirkmechanismen (mit) hervorbringt. Von diesen Wirkmechanismen wurden bereits, aufbauend auf den Ergebnissen früherer Studien (Trescher 2017c; 2015b), einige aufgezeigt und diskutiert (siehe die Kapitel 3.2.1, 3.2.2 und 3.2.3). Im Rahmen der vorliegenden Untersuchung wurden einige dieser Mechanismen erneut in ihrer Wirkmächtigkeit als Behinderungspraxis identifiziert, jedoch wurden durch die eingehende Beschäftigung mit den Lebensgeschichten der einzelnen Personen auch eine Vielzahl weiterer Behinderungspraxen ausfindig gemacht und empirisch hinterlegt. Dabei ermöglichte gerade diese biographische Perspektive wertvolle Einblicke, denn sie gestattete es, den Prozess des ‚Behindert-Werdens' stärker in seinen lebensgeschichtlichen Zusammenhängen zu beleuchten (vgl. Schildmann 2010). Hierauf soll im Folgenden näher eingegangen werden. Dabei wird der Versuch unternommen, die Ergebnisse insgesamt zusammenzuführen und entlang spezifischer Behinderungspraxen zu konkretisieren. Eine zentrale Rolle spielen dabei verschiedene Formen von Abhängigkeitsverhältnissen, in die die hier untersuchten Menschen mit geistiger Behinderung eingebunden sind und die sich je nach Lebenslage in unterschiedlicher Art und Weise manifestieren können.

14.1 INSTITUTIONSKARRIEREN

Als eines der Ergebnisse der Auswertung kann festgehalten werden, dass sich das Leben vieler der interviewten Personen als Institutionskarriere beschreiben lässt. Eintritte in Wohneinrichtungen der Behindertenhilfe erfolgten zum Teil bereits im Kindesalter (siehe etwa Frau G und Frau O) oder im frühen Erwachsenenalter (siehe etwa Frau H oder die Herren K, L, M und P). Dieser Eintritt markiert in allen Fällen den Beginn eines Lebens in exklusiven Wohnstrukturen, welches sich in dieser Form bis zum Zeitpunkt der durchgeführten Erhebung fortsetzte (wenngleich Personen wie zum Beispiel Frau H oder Frau O noch am Anfang ihrer Institutionskarriere stehen und selbstverständlich auch nicht gesagt ist, dass diese im weiteren Verlauf des Lebens fortgeführt wird). Die Unterbringung in Wohneinrichtungen der Behindertenhilfe führte dabei oftmals auch zu einem gewissen Grad zu einer sozialen Entwurzelung der betroffenen Personen, indem etwa der Kontakt zum heimatlichen Umfeld bzw. den dortigen Personen (insbesondere der Herkunftsfamilie) verloren ging oder sich zumindest stark einschränkte (siehe hierfür vor allem die Fälle der Frau G und des Herrn P). Daran ist ebenfalls die Erfahrung frühzeitiger Beziehungsabbrüche gekoppelt, welche krisenhaft für das einzelne Subjekt waren.

Das Leben in exklusiven Wohneinrichtungen der Behindertenhilfe geht in der Regel auch mit einem parallelen Besuch weiterer exklusiver Einrichtungen, wie etwa Förderschulen, Werkstätten oder Tagesförderstätten, einher. Auch die Freizeitgestaltung vollzieht sich (wie zum Beispiel im Fall des Herrn J oder der Frau G deutlich wurde) oftmals beinahe ausschließlich in exklusiven Kontexten. In einigen Fällen wird die erfahrbare Lebenswelt so weitestgehend ausschließlich auf die Welt der Behindertenhilfe beschränkt. Diese nahezu ganzheitlichen Exklusionspraxen wurden in der Vergangenheit, spätestens mit dem Einsetzen der Deinstitutionalisierungs- bzw. Enthospitalisierungsdebatte (vgl. Theunissen und Plaute 2002; Dörner 1998, S. 32f; Jantzen 1999; 1998; Trescher 2013b, S. 310ff), immer wieder aufgezeigt und kritisiert (vgl. Lindmeier 2013b, S. 111ff). Allerdings sind diese Praxen, hierauf verweisen die Ergebnisse der durchgeführten Studie sehr deutlich, nach wie vor gegenwärtig (vgl. Dederich 2011, S. 141; Rohrmann 2006; 2005).

Durch das Leben in exklusiven Strukturen vollzieht sich in vielen der hier untersuchten Fällen ein mehr oder weniger umfassender Ausschluss aus der Allgemeingesellschaft (siehe beispielsweise die Fälle aus der stationären Intensivbetreuung [Kapitel 11]), der nur punktuell durchbrochen wird – etwa durch das Leben im ambulant betreuten Wohnen, welches zumindest mit Blick auf die Lebensbereiche ‚Wohnen' und ‚Freizeit' größere Teilhabemöglichkeiten bzw. Erfahrungsräume jenseits institutioneller Strukturen eröffnet (siehe zum Beispiel die Fälle der Frau E oder der Herren D und F). Ein großer Unterschied zu den im Rahmen der Deinstitutionalisierungs- bzw. Enthospitalisierungsdebatte angeprangerten vollstationären Institutionen (sogenannte Komplexeinrichtungen) ist nun, dass diese teilweise in dieser Form nicht mehr existieren, dafür allerdings die Menschen im stationären Wohnen satellitär in entsprechenden Einheiten der Behindertenhilfe eingebunden sind, die untereinander vernetzt sind. Das heißt, dass Menschen zwar an unterschiedlichen Orten arbeiten, wohnen und ggf. ihre Freizeit verbringen können, die Institution ‚Behindertenhilfe' jedoch ungeachtet dessen ihre totale Wirkmächtigkeit entfaltet, da sie heute eher ein System verschiedener Orte darstellt, die physisch, sozial und bürokratisch-technisch miteinander verbunden sind (siehe zum Beispiel die Fälle der Herren K, L, M und P). So stehen Menschen morgens im Wohnheim auf, werden von einem vom Träger der Werkstatt oder der Tagesförderstätte bereitgestellten Bus abgeholt, in die Werkstatt oder die Tagesförderstätte gebracht und später wieder (mittels des gleichen Busses) in das Wohnheim zurückgebracht. Gegebenenfalls kommt es dann am Abend noch zu einer vom Wohnheim oder einer anderen Stelle organisierten Freizeitaktivität, die ebenfalls über entsprechende Busfahrten abgewickelt wird. Die Menschen leben also nicht mehr unter der Aufsicht einer einzelnen Organisation, sondern unter dem pädagogischen Protektorat des Netzes der Behindertenhilfe. Dieses ist (ähnlich den damaligen Komplexeinrichtungen) in vielen Fällen auch allumfassend. Es lässt sich in diesem Sinne festhalten, dass viele der hier beforschten Personen (trotz allem) noch immer in Einrichtungen leben, die auch zum heutigen Tage noch deutliche strukturelle Ähnlichkeiten mit dem von Goffman entwickelten Idealtypus einer „totalen Institution" (Goffman 1973, S. 16) aufweisen (vgl. auch Trescher 2017c, S. 177f; 2015b, S. 253ff; Dederich 2011, S. 141; Rohrmann 2006; 2005). Insbesondere Aspekte wie die Geschlossenheit der Einrichtungen und die damit einhergehende Reglementierung des „sozialen Verkehrs mit der Außenwelt" (Goffman 1973, S. 15f), jedoch auch die Unterwerfung des Lebens der „Insassen" (Goffman 1973, S. 19) unter den „einzigen rationalen Plan" (Goffman 1973, S. 17) der Institution, welcher die Funktionsfähigkeit der Einrichtung sicherstellt, können als Beispiele hierfür herangezogen werden. Betont werden muss in diesem Zusammenhang, dass es (wie unter anderem anhand des obigen Beispiels deutlich wurde) zwar mittlerweile viele Wohneinrichtungen gibt, die sich in mancherlei Hinsicht von dem von Goffman konzipierten Idealtypus unterscheiden (beispielsweise mit Blick auf die Lage oder die räumlichen Begrenzungen [vgl. Goffman 1973, S. 16]), jedoch (dies wurde ebenfalls deutlich) ändert sich mitunter nur bedingt etwas an der teilweise totalen Wirkmächtigkeit, die die Wohneinrichtungen auf die BewohnerInnen entfalten (vgl. Trescher 2017c; 2015b, S. 297ff; Trescher und Börner 2016). In diesem Sinne ist das Leben der untersuchten Personen zum Teil massiv durch mehr oder weniger starke institutionelle Einflüsse geprägt bzw. von diesen abhängig. Die Wohneinrichtungen determinieren damit maßgeblich, durch die Ausgestaltung der eigenen Strukturen, den Rahmen, in dem die betroffenen Personen sich als Subjekte herausbilden können bzw. herausgebildet werden (vgl. Pfahl 2011, S. 123; Reckwitz 2008, S. 26; Gugutzer und Schneider 2007, S. 36ff).

14.2 ‚Geistige Behinderung' als Determinante?!

Entlang der vorangegangenen Darstellungen lässt sich festhalten, dass geistige Behinderung im Zuge der Gesamtauswertung als ein Prozess identifiziert werden kann, der auch als direkte sowie indirekte biographische Begrenzung auf bestimmte ‚geistig behinderte' Lebensmuster bezeichnet werden kann (oder muss), wobei dem System der Behindertenhilfe, als primärer gestalterischen Instanz im Leben von Menschen mit geistiger Behinderung, eine entscheidende Rolle zuteilwird. In diesem Zusammenhang erwies sich gerade der vergleichende Blick auf Personen aus unterschiedlichen Wohn- und Lebenskontexten als spannend. Es wurde deutlich, dass es insbesondere bei längeren und umfänglicheren Institutionalisierungspraxen zu einer eingeschriebenen Abhängigkeit vom Hilfesystem kommt. Das eigene Dasein wird an Institutionen der Behindertenhilfe gekoppelt. Wurde das bisherige Leben beinahe ausschließlich im Rahmen von stationären Wohneinrichtungen und/ oder anderen exklusiven Institutionen der Behindertenhilfe verbracht (etwa exklusiven Freizeitgruppen, wie im Fall der Frau E), so wird auch die eigene Zukunft (selbst bei persönlicher Unzufriedenheit mit den gegebenen Verhältnissen [siehe etwa den Fall des Herrn I oder den Fall der Frau O]) ausschließlich innerhalb solcher exklusiver Einrichtungen und Gruppen konstruiert. Es kommt zu einer Entfremdung von der Lebenswelt der Allgemeingesellschaft, welche im Anschluss an Goffman auch als Prozess der „Diskulturation" (Goffman 1973, S. 24) begriffen werden kann. Geistige Behinderung wird im Laufe der Zeit durch institutionalisierte Handlungspraxen auf unterschiedlichen Ebenen in die jeweiligen Subjekte eingeschrieben (vgl. Trescher 2017c, S. 174ff; Rösner 2014, S. 141; Trescher und Klocke 2014; Trescher und Hauck 2015a; Pfahl 2011; Pfahl und Traue 2013, S. 440f; Sullivan 2005, S. 30). Als Folge dieser Begrenzung des Lebensraums bleibt, dass eine Lebensführung jenseits der bestehenden Hilfestrukturen oft nicht als möglicher persönlicher Lebensentwurf der betroffenen Personen gegeben ist. Wege aus den institutionalisierten Lebensräumen werden nicht begangenen oder gesucht, da die Welt jenseits der Institutionsgrenzen schlicht unbekannt ist und nicht zum Spektrum der Lebenswelt gehört, die sich potentiell angeeignet werden kann. Der Lebensraum ‚Hilfesystem' verfestigt sich im Subjekt, was vor allem darauf zurückzuführen ist, dass sich Eintritte in das System der Behindertenhilfe in der Regel bereits mehr oder weniger umfassend mit der ‚Diagnosestellung' vollziehen, sodass die Gewöhnung an Strukturen der Behindertenhilfe bereits im Kindesalter einsetzt und sich von dort aus über die gesamte Lebenszeit erstrecken kann (siehe hierfür etwa alle Fälle aus den Kapiteln 10 und 11).

Deutlich wurde auch, dass sich die Begrenzung auf einen ‚geistig behinderten' Lebensraum nicht nur unmittelbar in den in die Lebenspraxis der Betroffenen eingebundenen Instanzen (Arbeits-, Wohn- und Freizeitstätten) vollzieht, sondern letztlich auf einer vorgeordneten bürokratischen Ebene manifestiert wird (vgl. Trescher 2017c; 2017d; Niediek 2011; 2010, S. 25). Beispielhaft herangezogen werden kann hier etwa der Fall des Herrn D, der durch landkreisgebundene Zuständigkeiten des Kostenträgers an einem problemlosen Wohnortwechsel gehindert und damit bei der Verwirklichung seiner Lebensentwürfe behindert wird. Letztlich kann gesagt werden, dass Behinderung eine Praxis ist, die sich auch im Hilfesystem selbst vollzieht. Dies geschieht sicherlich in je größerem Ausmaß, je größer der Umfang der durch das Hilfesystem erbrachten Betreuungsleistung ist.

14.3 Medikalisierung als Urform der Reproduktion des ‚medizinischen Blicks'

Die Analyse brachte immer wieder das Ergebnis zutage, dass sogenanntem abweichendem Verhalten (z.B. Aggression, ‚Unruhe') durch die Vergabe von entsprechenden (zumeist ruhigstellenden) Medikamenten begegnet wird (siehe unter anderem die Fälle der Herren K und M). Solches ‚unerwünschtes' Verhalten wird zumeist (uneingeschränkt) auf die implizit als natürlich betrachtete Behinderung zurückgeführt. Den so erfassten Personen wird der Status ‚Behinderung' zugeschrieben und „indem sie den Status des Gegenstandes annehmen, werden sie gewichtig und fest. [...] Die Aufmerksamkeit des Blicks wird sie [...] nach und nach aufwecken und ihnen Objektivität verleihen. Der Blick reduziert nicht mehr, er begründet vielmehr das Individuum in seiner unreduzierbaren Qualität" (Foucault 2011, S. 12).[1] Behinderung wird so als quasi naturgegebenes Faktum

1 Siehe auch: Bittlingmayer 2016, S. 29ff; Schroer und Wilde 2016, S. 264ff.

konstruiert, das im Individuum gründet und dem nicht anders als medizinisch begegnet werden kann. „By locating the source and the treatment of problems in an individual, other levels of intervention are effectively closed. By the very acceptance of a specific behaviour as an ‚illness' and the definition of illness as an undesirable state, the issue becomes not whether to deal with a particular problem, but *how* and *when*" (Zola 1972, S. 500). In der Folge werden alternative Verstehenszugänge, wie beispielsweise Unruhe als Ausdruck der Rebellion gegen bevormundende, gleichförmige Strukturen und Abläufe, oft nicht zugelassen bzw. nicht mitgedacht. Dies ist es, was Foucault den ‚medizinischen Blick' (vgl. Foucault 2011, S. 19) nennt und was auf gesamtgesellschaftlicher Ebene als Instrument sozialer Kontrolle wirksam wird (vgl. Zola 1972, S. 487; Lemke 2008; Graumann 2009; Haker 2011; Richter und Hurrelmann 2016). Medizin und daraus folgende bzw. darin begründete Praxen werden „the new repository of truth, the place where absolute and often final judgments are made by supposedly morally neutral and objective experts" (Zola 1972, S. 487; vgl. auch Köbsell 2009, S. 277). In der Konsequenz der ‚medizinischen Bewertung' des ‚abweichenden Verhaltens' erfolgt eine entsprechende Medikalisierung; eine solche „medicalizing of society" (Zola 1972, S. 496) ist letztlich Ausdruck der Hoheit des ‚medizinischen Blicks' auf das Subjekt. Sie ist aber noch viel mehr, sie ist außerdem Ausdruck des Scheiterns der pädagogischen Handlungsfähigkeit.

Besonders problematisch ist, dass nicht nur als unerwünscht deklariertes Verhalten, sondern auch individuelle Vorlieben, gewisse Charaktereigenschaften (z.B. Vergesslichkeit, Sturheit) oder auch ggf. notwendige Unterstützungsleistungen als Folge der (als manifest konstruierten) ‚Behinderung' interpretiert werden (siehe dazu beispielsweise den Fall des Herrn I, dessen Bezugsassistenz eine Notwendigkeit von gleichförmigen Abläufen und überschaubaren Regeln mit der Begründung einer Diagnosestellung aus dem Autismusspektrum postuliert). Das Subjekt wird also in all seiner Wesenshaftigkeit in der Behinderung begründet und auf diese (vermeintlich objektive Tatsache) reduziert. Eine Diagnosestellung einer ‚(geistigen) Behinderung', die zum großen Teil bereits in frühester Kindheit erfolgt (siehe hierzu auch Kapitel 14.1), führt somit zu einem unvermeidlichen Eintritt in eine entsprechende ‚behinderte Lebenswelt', in der die Bearbeitung der Behinderung, sowohl medizinisch (durch unter anderem sogenannte Therapien, Vergabe von Medikamenten) als auch (vermeintlich) pädagogisch (durch unter anderem sonderpädagogische ‚Förderung'), im Vordergrund steht. Auf diese Art und Weise werden ‚behinderte Lebensverläufe' losgetreten, die sich häufig parallel zu nicht-behinderten Lebenswelten vollziehen (beispielsweise Einschulung in eine Förderschule, Arbeit in einer Werkstatt für Menschen mit Behinderung, Einzug in ein Wohnheim der Behindertenhilfe).

Diese können, wie die Ergebnisse der Studie an vielen Stellen zeigen, zu einer institutionellen Gleichschaltung von Lebensentwürfen führen. So zeigen sich in den Biographien der interviewten Menschen mit geistiger Behinderung immer wieder deutliche Parallelen (dies betrifft in besonders starkem Maße die Personen aus dem stationär ‚intensiv' betreuten Wohnen [siehe Kapitel 11]). Im Zusammenhang mit diesen (faktisch unwiderruflichen) Zuschreibungspraxen ist die besondere Rolle der medizinischen Profession, die in den meisten Fällen für eine entsprechende Diagnose verantwortlich ist, kritisch zu hinterfragen und in ihren Praxen eingehender zu analysieren. Eine solche Analyse sollte den gesamten Prozess der Diagnosestellung in den Blick nehmen und dabei unter anderem nach beteiligten Personen/ Institutionen als auch angewandten sogenannten Diagnoseinstrumenten fragen und diese zum Analysegegenstand machen (vgl. Davis 2013, S. 83ff). Auch die Betrachtung des Prozesses, der einer solchen Diagnosestellung folgt und in den meisten Fällen den quasi-automatischen Eintritt in entsprechende Unterstützungsstrukturen bedeutet, erscheint in diesem Zusammenhang interessant. Das Resultat der ‚Medikalisierung der Gesellschaft' ist ein Ansteigen der Vergabe von Medikamenten, folglich gehen diese Prozesse „mit der Erschließung von pharmazeutischen Märkten einher" (Köbsell 2009, S. 274; siehe auch: Zola 1972, S. 497ff; Lemke 2008, S. 137), was das Subjekt auch in marktwirtschaftlicher Hinsicht relevant macht. In Bezug auf Menschen, die bereits in institutionalisierten Strukturen betreut werden, ist es deshalb sicherlich auch sinnvoll zu erforschen, wie viele und welche Medikamente diese tatsächlich einnehmen. Auch der Prozess und Stellenwert der Medikamentenvergabe in institutionalisierten Kontexten (z.B. Wohneinrichtung, Tagesförderstätte) bedarf einer näheren Untersuchung.

Letztlich ist es an dieser Stelle wichtig festzuhalten, dass also nicht nur das System der Behindertenhilfe durch seine institutionellen Strukturen (z.B. Wohneinrichtungen) behinderte Subjekte erzeugt, sondern es diesem vorgeschaltet bzw. parallel wirkend das Medizinsystem ist, das Subjekte als behindert hervorbringt und sogleich zum Gegenstand seiner (Behandlungs-)Praxis macht. Somit muss schlussendlich festgehalten werden, dass auch nicht nur das in dieser Arbeit viel kritisierte System der Behindertenhilfe Behinderung selbst (mit) hervorbringt, sondern ebenso das Gesundheitssystem. Von besonderer Härte vollzieht sich dies dann, wenn beides zusammenfällt, wie beispielsweise im Falle des Herrn K, der quasi sein ganzes Leben unter dem pädagogischen Protektorat der Behindertenhilfe lebt. Weiterhin wirkt das Medizinsystem durch die hohen Medikamentendosen und deren Wirkungen direkt auf den Körper des Herrn K und verstärkt dadurch die totalen Strukturen der Welt, in der er lebt, und deren Auswirkungen. Durch verhaltensregulierende bzw. ‚ruhigstellende' Medikamente wird dazu beigetragen, dass Herr K organisationskonformer lebt. Er wird durch sie in seinem Verhalten nicht nur kontrolliert, sondern reguliert – oder wie es im medizinischen Jargon heißt: ‚eingestellt'. Medikamente und Medikamentenvergaben in der Versorgung und Betreuung von Menschen mit geistiger Behinderung sind hoch ambivalent zu betrachten, denn einerseits mag es in einer je momentanen Lebenssituation zutreffen, dass beispielsweise Herr K mithilfe von Medikamenten besser in der Lebenswelt, in der er lebt, zurechtkommt, andererseits wird er darüber in das Leben in der Wohneinrichtung gezwungen und seine ohnehin schon geringe persönliche Handlungsökonomie weiter eingeschränkt. Hieran zeigt sich sehr deutlich, inwiefern es möglich ist, dass die „medizinische Dominanz im Leben behinderter Menschen [...] Segregation und Diskriminierung verstärkt, indem Ärzte biologistische Argumente zur Rechtfertigung des Ausschlusses" (Köbsell 2009, S. 277; vgl. auch Foucault 2015, S. 316ff) generieren, welche wiederum von (unter anderem) Institutionen der Behindertenhilfe aufgegriffen und so reproduziert werden.

Unter Verweis auf Kapitel 3 kann gesagt werden, dass sich theoretische Definitionen des Phänomens ‚(geistige) Behinderung' irgendwo immer zwischen einer Idee des ‚Behindert-Seins' und des ‚Behindert-Werdens' verorten lassen. Die Studie hat deutlich gezeigt, dass in der Praxis bzw. im Hilfe- und Gesundheitssystem, aber auch in der dafür verantwortlichen Sozialpolitik, vor allem ein Verständnis von ‚Behindert-Sein' vorherrscht. Dies wird dann zum zentralen (Struktur-)Problem in der Lebenspraxis, sorgt dieses Verständnis doch dafür, dass Menschen mit (geistiger) Behinderung über ihr Defizit wahrgenommen, adressiert und schlussendlich in ihrer Subjektivität reproduziert werden.

14.4 Subjektivität, Abhängigkeitsverhältnisse und erlernte Hilflosigkeit

Mit der benannten Problematik der Begrenzung der Lebens- und Erfahrungsräume und der Beschränkung auf Lebensbereiche, die sich durch Überwachungs-, Regulierungs- und Fremdbestimmungspraxen auszeichnen, geht schlussendlich auch eine Gewöhnung an eine mehr oder weniger stark eingeschränkte individuelle Handlungsökonomie einher (siehe hierzu beispielsweise auch den Erfahrungsbericht von Vernaldi [2011, S. 133]). Dies kann zur Folge haben, dass die Zuständigkeit für die eigene Person gänzlich dem Träger übertragen und ein Selbstverständnis als aktives, eigenverantwortliches Subjekt aufgegeben wird bzw. sich erst gar nicht ausbildet (siehe hierfür etwa den Fall der Frau G, der Frau H oder des Herrn J). Gemeint ist hiermit die umfassende Unterordnung des

Subjekts unter die Handlungs- und Entscheidungsmacht anderer, wie sie gerade auch im Fall der Frau H dokumentiert werden konnte. Problematisch an dieser Stelle ist folglich nicht nur die oben kritisierte Adaption des Subjekts an institutionalisierte Lebensräume, die dazu führt, dass sich die betroffenen Personen kein Leben (mehr) jenseits solcher (Wohn-)Einrichtungen vorstellen können, sondern eher, dass die Ausgestaltung jener Lebenswelten dazu führt, dass notwendige alltagspraktische Handlungsmuster, welche für das Leben jenseits solcher protektiver Strukturen notwendig sind, nicht oder nur teilweise erlernt bzw. ausgebildet werden. Auch an dieser Stelle wird deutlich, wie sich der oben genannte Prozess der „Diskulturation" (Goffman 1973, S. 24) auf Seiten des Subjekts vollzieht. Goffman fasst hierunter einen „Verlern-Prozeß, der den Betreffenden zeitweilig unfähig macht, mit bestimmten Gegebenheiten der Außenwelt fertig zu werden, wenn und falls er hinausgelangt" (Goffman 1973, S. 24). Während sich Goffman bei seinen Ausführungen vor allem auf den Verlust von etwas bezieht, das in der Vergangenheit mal vorhanden war (ebenso bei seinen Ausführungen zum Begriff des „bürgerlichen Todes" [Goffman 1973, S. 26], der zunächst die lebensgeschichtliche Annahme eines ‚bürgerlichen Selbst' voraussetzt), so ist die Problematik im Falle der Lebenssituation von Menschen mit geistiger Behinderung anderweitig gelagert. Durch die frühe biographische Einbindung in das System der Behindertenhilfe und die hieran geknüpften Einrichtungen kommt es in vielen Fällen dazu, dass eine routinemäßig übliche Einbindung in Praxen der Allgemeingesellschaft sowie die Entwicklung dessen, was Goffman als „bürgerliches Selbst" (Goffman 1973, S. 25) fasst, nur bedingt stattfindet. So wird ‚Behinderung' in die Subjekte eingeschrieben, indem sie im Zuge ihres Lebens zu abhängigen bzw. unselbstständigen Subjekten geformt werden, die nicht eigenständig ihren Lebensalltag bewältigen können und damit mehr oder weniger umfassend auf das System der Behindertenhilfe angewiesen sind (und bleiben). Es setzt an dieser Stelle eine Reproduktionsschleife ein, in der geistige Behinderung durch das System (mit) hervorgebracht wird, was schlussendlich dazu führt, dass sich das System selbst reproduziert (vgl. Trescher 2017c, S. 173; 2015b, S. 283ff; Trescher und Börner 2016; Trescher und Klocke 2014; Waldschmidt 2007, S. 70f; Tremain 2005, S. 10f). Innerhalb des protektiven Rahmens der Strukturen der Behindertenhilfe können die betroffenen Personen lediglich jene „Subjektpositionen" (Reckwitz 2008, S. 26) gestalten, die ihnen durch den Diskurs zugewiesen werden (vgl. Rösner 2014, S. 140; Nonhoff und Gronau 2012, S. 121ff; Pfahl 2011, S. 123). Weiterhin festzuhalten bleibt das Ergebnis, dass diese (Re-)Produktion von Abhängigkeit nicht nur durch das bzw. im System der Behindertenhilfe praktiziert wird, sondern sich mitunter auch in den Herkunftsfamilien vollzieht (siehe etwa den Fall der Frau E oder den

Fall des Herrn F). Auch hier können durch Schutz- bzw. Behütungspraxen Abhängigkeiten auf Seiten der betroffenen Subjekte erzeugt und verfestigt werden. So kann es in einigen Fällen auch zu einer Verschränkung des elterlichen und des pädagogisch-professionellen Protektorats kommen. Hier sind letztlich auch (zum Beispiel) Schuldgefühle und vorhandene Ängste zu reflektieren, die zu einer Stärkung jener Schutz- bzw. Behütungspraxen führen können (es sei hier insbesondere auf den Fall der Frau N oder auch den Fall der Frau O verwiesen). Gleichzeitig wurde jedoch auch deutlich, dass die Herkunftsfamilie ggf. als Konterpart zur Institution auftreten und institutionell erzeugte Abhängigkeiten durch die Bereitstellung von entsprechenden Praxen stören kann – dies wurde nicht zuletzt im Fall des Herrn I deutlich.

14.5 DAS AUFLEHNEN DER SUBJEKTE

Wie bereits in den zusammenfassenden Ergebnisdarstellungen der verschiedenen Schwerpunkte festgehalten (siehe vor allem Kapitel 9.7 und 10.5), wurden im Zuge der Auswertung nur vereinzelt unmittelbare Praxen der Auflehnung oder Äußerungen von Kritik gegenüber den je eigenen Lebensverhältnissen der interviewten Personen dokumentiert. Vielmehr wurde deutlich, dass viele der interviewten Menschen dazu tendieren, die sie umgebenden Lebensverhältnisse als gegeben zu akzeptieren, obwohl sie teilweise sehr unzufrieden sind. Sie konstruieren sich selbst als ‚sprachlos' im Diskurs (vgl. Foucault 2012b, S. 11ff; Trescher 2015b, S. 294; Reckwitz 2008, S. 28). Das Subjekt fügt sich so weitestgehend kritiklos in gegebene Strukturen ein, passt sich diesen an und bildet sich im ihm bereitgestellten Rahmen heraus. Sehr deutlich wurde dies etwa im Fall der Frau G, der Frau H sowie des Herrn J. Zu erklären scheint diese Fügung unter bereitgestellte Versorgungsstrukturen, wie bereits ausgeführt (siehe Kapitel 14.2), unter anderem auch mit quasi-natürlichen Zuweisungspraxen zum System der Behindertenhilfe, die mit der Diagnosestellung einhergehen und sowohl von den Betroffenen selbst als auch den Angehörigen nur in Ausnahmefällen in Frage gestellt werden. In diesem Sinne ist nicht zuletzt auch „[d]ie Zustimmung der Eltern […] eine notwendige Voraussetzung für das Gelingen der symbolischen Konstruktion ‚Behinderung'" (Pfahl 2011, S. 14; vgl. auch Nicklas-Faust 2011, S. 106ff), indem sich diese quasi-natürlichen Zuständigkeiten beugen und die diskursive (Re-)Reproduktion von geistiger Behinderung nicht blockieren bzw. stören (vgl. Trescher 2017b; Link 2012, S. 54ff). Es zeigt sich hieran, dass ExpertInnendiskurse, die an die Kategorie ‚geistige Behinderung' geknüpft sind, durch den ihnen innewohnenden Wahrheitsanspruch ihre Wirkmächtigkeit gegenüber den Subjekten entfalten und diese Subjekte so (mit) formen, dass diese die erzeugten Wahrheiten über sie selbst übernehmen. Kurzum: Die Anerkennung des Status ‚(geistig) behindert' „ist ein Erfolg der Wissenstechniken der Behinderung" (Pfahl 2011, S. 14; vgl. auch Foucault 1969, S. 121ff; Trescher 2017b; van Dyk und Angermüller 2010; Niediek 2010, S. 290; Waldschmidt 2007, S. 61). Beispielhaft benannt werden kann hier etwa die Auffassung, dass es spezieller Institutionen und Umfangsformen bedarf, um den scheinbar ‚speziellen Bedürfnissen' (deren Existenz ebenfalls Produkt jener Wissenstechniken ist [siehe Kapitel 3.1 und 3.2]) der betroffenen Personen entsprechen zu können. Verdeutlicht werden kann dies etwa am Fall der Frau O, die bereits im Kindesalter an ein Wohnheim der Behindertenhilfe ‚abgegeben wurde' und deren Eltern sich (unter Verweis auf die Expertise der Einrichtung) nicht in innerinstitutionelle Abläufe einmischen. Frau O bleibt damit den dortigen Strukturen sowie deren subjektivierender Wirkmächtigkeit ausgesetzt. Sie steht damit letztlich auch in ihrem Aufbegehren gegen die Strukturen der Einrichtung, welches sich beispielsweise in ihren Bestrebungen hinsichtlich der Erlangung eines Einzelzimmers niederschlägt, allein. Hervorzuheben bleibt dabei, dass sich ihr Aufbegehren auf Anfragen beschränkt und sich Veränderungswünsche auf den Institutionsrahmen selbst belaufen. Es zeigt sich hier die Handlungsunfähigkeit und Angewiesenheit der betroffenen Personen sowie die Übernahme professioneller Zuschreibungen, die die Zugehörigkeit zum System der Behindertenhilfe mit sich bringt. Die Subjekte sehen sich selbst nicht als handlungsfähig, Veränderungen können selbst nicht herbeigeführt werden und vollziehen sich, wenn überhaupt, nur von außen, kleinschrittig und langsam. Das Aufbegehren gegen die eigenen aktuellen Lebensverhältnisse und -bedingungen kann sich jedoch nicht nur in Form einer (eher zaghaften) verbalen Kritik äußern, sondern kann sich möglicherweise auch in (auto-)aggressiven Verhaltensweisen manifestieren. Beispielhaft herangezogen werden können hier etwa die Herren K, L, M und P. Problematisch erscheint, dass (auto-)aggressive Verhaltensweisen im Institutionsalltag oftmals nicht im Sinne einer Auflehnung bzw. als Akt der Kommunikation interpretiert werden, sondern als Äußerung der vermeintlich natürlichen Behinderung ausgelegt und mittels der Vergabe von Medikamenten oder anderen vermeintlich verhaltensregulierenden Maßnahmen (wie etwa sogenannten Verstärkerplänen) unterdrückt werden.[2] Es zeigt sich hier die Bedeutung einer verbalsprachlichen Mitteilungsfähigkeit im Institutionsalltag, ohne die eine für MitarbeiterInnen unmittelbar erfahrbare Äußerung von Unmut gegenüber gegebenen

2 Es zeigt sich hier auch ein Reproduktionsmechanismus des ‚medizinischen Blicks' (Foucault 2011; siehe auch Kapitel: 14.3).

Strukturen nicht bzw. nur sehr schwer möglich ist. In diesem Zusammenhang lässt sich ebenfalls hervorheben, dass als zentrale Grundvoraussetzung dafür, dass eine kritische Auseinandersetzung der betreffenden Subjekte mit den sie umgebenden Strukturen überhaupt stattfindet, die Frage zu betrachten ist, ob, und wenn ja, in welchem Ausmaß, Lebenserfahrungen jenseits protektiver Strukturen und damit auch jenseits des institutionell bereitgestellten Lebensbereichs ‚geistige Behinderung' gemacht werden können bzw. in der Vergangenheit gemacht werden konnten. Lebenserfahrungen jenseits der Institutionsgrenze können als Ausgangspunkt für Kritik bzw. eine potentielle Auflehnung gegen bestehende Strukturen dienen (siehe etwa den Fall des Herrn I). Sie sind somit auch oft Anstoß zu Selbstermächtigungspraxen, denn erst die Erfahrungen jenseits des Lebensbereichs ‚geistige Behinderung' lassen die Begrenztheit des eigenen Lebensraums erkennbar werden. Deutlich wurde dies insbesondere im Falle der Personen aus dem ambulant betreuten Wohnen, die sich zum Teil, angesichts zaghafter Einblicke dahingehend, wie sich Alltag in der routinemäßigen Lebenspraxis gestalten kann, zunehmend vom Lebensbereich ‚geistige Behinderung' abzugrenzen versuchen und verstärkt routinemäßige Lebenspraxen für sich einfordern – zum Beispiel lebenspraktisch übliche Urlaubsfahrten (im Fall des Herrn D), die Erfüllung eines Kinderwunsches (im Fall des Herrn F) oder der Übergang in ein routinemäßiges Arbeitsverhältnis (im Fall des Herrn B). Kurzum: Erfahrungsräume jenseits des unmittelbaren Einflusses des Hilfesystems öffnen den „Horizont möglicher Identitäten" (Rösner 2014, S. 141) für Menschen mit geistiger Behinderung und bieten Ausbruchsmöglichkeiten aus den durch das Hilfesystem zugewiesenen „Subjektpositionen" (Reckwitz 2008, S. 26; Rösner 2014, S. 140).

14.6 Lebensraum ‚geistige Behinderung' als soziale Begrenzung der Lebenswelt?

Es wurde deutlich, dass Menschen mit geistiger Behinderung teils massiven Diskursteilhabebarrieren ausgesetzt sind, die einer Teilhabe an Lebenspraxen der Allgemeingesellschaft entgegenstehen bzw. ebendiese behindern. Der zentrale Punkt ist, dass Menschen mit geistiger Behinderung in vielen oder gar allen Lebensbereichen primär unter einem (pädagogischen) Protektorat verschiedener Einrichtungen der Behindertenhilfe leben und dort auch ihr Sozialleben führen. In diesem Kontext konnte beispielsweise herausgearbeitet werden, dass Menschen mit geistiger Behinderung beinahe ausschließlich Freundschaften zu anderen Menschen mit geistiger Behinderung führen. Für Partnerschaften (insofern diese überhaupt geführt werden) trifft dies ausschließlich zu. Es lässt sich eine scheinbar kaum überwindbare Grenze zwischen Menschen mit und Menschen ohne geistige Behinderung identifizieren, welche nicht zuletzt auch durch die Existenz des Hilfesystems als solche etabliert und reproduziert wird, indem es die Betroffenen als ihre Klientel adressiert und damit die zugeschriebene Normabweichung manifestiert. Diese Grenze scheint teilweise tief in die Subjekte eingeschrieben zu sein und erzeugt (beiderseitige) Berührungsängste (vgl. Trescher 2015b, S. 333f; Rösner 2014, S. 43ff). Es wurde darüber hinaus herausgearbeitet, dass Kontakte zwischen Menschen mit und Menschen ohne geistige Behinderung meist durch Abhängigkeitsverhältnisse geprägt und damit immer auch durch eine gewisse Asymmetrie gekennzeichnet sind. Beispielhaft herangezogen werden kann hier etwa der Kontakt zu Betreuungspersonen. Während das Betreuungspersonal Menschen mit geistiger Behinderung eine umfassende Diffusität abverlangt, agiert es selbst primär spezifisch, das heißt im Rahmen der institutionell geregelten Rollenmuster (vgl. Oevermann 2002b, S. 40). Sie agieren vor allem in ihrer Funktion als MitarbeiterInnen bzw. VertreterInnen der Institution und treten den BewohnerInnen ihrerseits nicht als ganze Personen entgegen (vgl. Oevermann 2002b, S. 50). Dass Menschen mit geistiger Behinderung Sozialbeziehungen auf Augenhöhe (u.a. Freund- und Partnerschaften) (wenn überhaupt) meist ausschließlich zu anderen Menschen mit geistiger Behinderung führen, wird letztlich auch durch gut gemeinte Hilfekonzepte, wie zum Beispiel spezielle Freundschafts-, Single- bzw. Partnerbörsen, welche es Menschen mit geistiger Behinderung ermöglichen, mit anderen Menschen (ebenfalls mit geistiger Behinderung) in Kontakt zu treten, reproduziert (vgl. Trescher und Börner 2014). Problematisch hieran ist, dass die oben genannte lebenspraktische Grenze weiter verfestigt wird, und das von außen, nämlich durch Menschen ohne geistige Behinderung, die diese Veranstaltungen organisieren. Dementgegen wirken diese Angebote jedoch auch Vereinsamungstendenzen entgegen, welche ebenfalls im Zuge der Studie dokumentiert werden konnten, stellen sie doch letztlich einen Raum für den Vollzug von Vergemeinschaftungspraxen dar, die innerhalb institutionalisierter Lebenskontexte sonst kaum gegeben bzw. möglich sind. Auch hier offenbart sich ein Ambivalenzverhältnis (sonder-)pädagogischer Praxis.

Als problematisch erweist sich in der Lebenssituation vieler Menschen mit geistiger Behinderung weiterhin, dass auch vorhandene diffuse Sozialbeziehungen nicht immer unabhängig geführt werden können, sondern dass durch äußere Instanzen (etwa den Eltern oder den MitarbeiterInnen von Institutionen) in diese hineinregiert wird. So sind insbesondere institutionalisiert lebende Menschen mit geistiger Behinderung im Kontext der Ausgestaltung ihrer Sozialbeziehungen maßgeblich von den umgebenden Strukturen abhängig, was zum Beispiel Partnerschaften (deren Kern gerade in einer umfassenden Diffusität besteht) in ihrer Intimität und Einzigartigkeit verletzt bzw. deren Entstehen und Entwicklung bebzw. verhindert. Beispielhaft herangezogen werden kann hier etwa der Fall des Herrn J, bei dem in der Vergangenheit mehrere Partnerschaften endeten, da entweder bei ihm oder seiner jeweiligen Partnerin ein Wechsel der Werkstatt in die Wege geleitet wurde. Dies erscheint kritisch, da hiermit unter anderem auch die identitätsstiftenden Funktionen jener Sozialbeziehungen vorenthalten bleiben.

Angesichts der herausgearbeiteten Ergebnisse stellt sich die pädagogisch und sozialpolitisch höchst brisante Frage, wie die identifizierte Grenze der Lebenswelten zwischen Menschen mit und Menschen ohne geistige Behinderung dekonstruiert werden kann. Im Zuge dessen ist auch das Hilfesystem selbst in Frage zu stellen, führt doch gerade die Adressierung von Personengruppen als ‚geistig behindert' immer wieder dazu, dass die Grenze als solche reproduziert wird.

14.7 GEISTIGE BEHINDERUNG UND BEWÄHRUNG

Ein weiteres Ergebnis der Gesamtauswertung stellt das Zusammenspiel von ‚geistiger Behinderung' und ‚Bewährung' dar. Es handelt sich um ein Ergebnis, das vor allem aus der Interaktion zwischen den hier interviewten Menschen mit geistiger Behinderung und Menschen ohne (geistige) Behinderung resultiert. Das Ergebnis manifestiert sich darin, dass sich Menschen mit geistiger Behinderung im Verlauf ihres Lebens immer wieder speziellen Bewährungsproben ausgesetzt sehen bzw. mitunter auch künstliche Situationen für sie hergestellt werden, in denen sie sich bewähren müssen. Dies traf sowohl auf Personen aus dem Bereich des ambulant betreuten Wohnens als auch auf Personen aus stationären Wohnkontexten zu. In Bezug auf ersteren Bereich kann hier beispielsweise der Fall des Herrn A herangezogen werden, dessen Wohnsituation durch enge Überwachungspraxen gekennzeichnet ist und dessen Alltag jenseits der Arbeit in der Werkstatt sich zu weiten Teilen auf die Abarbeitung und Einhaltung von ihm vorgegebenen Plänen beschränkt, die seinen Tagesablauf strukturieren. Er sieht sich in der Pflicht, die ihm vorgegebenen Richtlinien in akribischer Art und Weise zu erfüllen, und fürchtet (bei deren Nicht-Erfüllung) den Verlust der eigenen Wohnung, was für ihn eine ständige Bedrohung seines Zuhauses ist, zumal er davon ausgeht, dass er, sollte er seine Wohnung verlieren, in ein Wohnheim übersiedeln müsste. Herr A muss sich somit ständig bewähren bzw. seine Fähigkeit, allein zu leben, unter Beweis stellen, wobei diese Bewährung an die Erfüllung von Vorgaben geknüpft ist, welche wiederum von Vorstellungen des ‚richtigen Wohnens‘ Anderer geprägt sind, und nicht etwa darin besteht, dass erprobt wird, wie und ob er selbstständig seinen Alltag (das heißt vor allem entlang eigener Präferenzen und Vorstellungen) gestalten kann. Somit wäre die Unterstützung, die Herr A (annehmbar auch notwendigerweise) erhält, durch die ihn betreuenden Personen zumindest als eine Praxis zu reflektieren, die für Herrn A auch zu einer psychischen Belastung werden kann. In Bezug auf das stationäre Wohnen kann beispielhaft der Fall der Frau O herangezogen werden, die bei ihrem Umzug in das Erwachsenenwohnheim, in dem sie gegenwärtig lebt, an einem sogenannten ‚Probewohnen‘ teilnehmen musste. Auch hier ging es um eine künstlich hergestellte Bewährungsprobe, in welcher ‚Fähigkeit‘ bzw. ‚Tauglichkeit‘ unter Beweis gestellt werden musste. Diese bestand primär darin, zu klären, ob sie in der Lage sei, sich dauerhaft mit einer konkreten anderen Dame ein Zimmer zu teilen. Was in beiden Beispielen deutlich wird, sind Auswirkungen von im Diskurs vorherrschenden Konstruktionen von geistiger Behinderung, die diese mit einem gewissen Unvermögen gleichsetzen oder die Statuszuweisung ‚geistig behindert‘ doch zumindest als Ausgangspunkt für den Verdacht auf ein vorhandenes Unvermögen nehmen. In der Lebenspraxis resultieren daraus Infantilisierungspraxen, die letztlich demütigend für die betroffenen Personen sind, da routinemäßig bei erwachsenen Personen angenommene Fähigkeiten nicht als gegeben vorausgesetzt werden, sondern aufgrund der Statuszuweisung ‚geistig behindert‘ immer erst (und dies immer wieder über den Verlauf des Lebens) unter Beweis gestellt werden müssen (vgl. Lindmeier 2016). Es handelt sich hierbei letztlich um eine Form der Würdeverletzung der betroffenen Personen (vgl. Trescher 2013b, S. 295ff; 2015a), da ihnen hierdurch schlicht nicht die gleiche Form der Anerkennung zuteilwird, wie es in der routinemäßigen Lebenspraxis als gängig betrachtet werden würde. Das heißt, dass das jeweils betroffene Individuum nicht als „Person anerkannt [wird], der dieselbe moralische Zurechnungsfähigkeit wie allen anderen Menschen zukommt“ (Honneth 1997, S. 36). Es handelt sich hierbei vor allem um Verletzungen der „rechtlichen Anerkennung“ (Honneth 2008, S. 176) sowie insbesondere der „sozialen Wertschätzung“ (Honneth 2008, S. 196), welche es Subjekten „erlaubt, sich auf ihre konkreten Eigenschaften und Fähigkeiten positiv zu beziehen“ (Honneth 2008, S. 196).

In unmittelbarem Zusammenhang mit dieser Praxis der Bewährung steht, dass Menschen mit geistiger Behinderung schlicht daran gehindert werden, ein durch Autonomie gekennzeichnetes Leben zu führen, was unter anderem damit zusammenhängt, dass lebenspraktische Krisen eher vermieden werden, statt sich mit diesen auseinanderzusetzen; darunter fällt auch die Adoleszenzkrise an sich (vgl. Oevermann 2009; 2004). Oevermann hält in diesem Kontext fest, „dass die erfolgreiche Bewältigung der Adoleszenzkrise mit dem Ende des primären Bildungsprozesses zusammenfällt und es danach – im Erwachsenenleben – vor allem darum geht, auf der Basis dieses vorläufigen ‚Abschlusses' produktiv zu sein und sich als Subjekt zu bewähren" (Oevermann 2009, S. 40). Die Adoleszenzkrise ist folglich eine Krise, mit deren Bewältigung der Status bzw. die Rolle eines Erwachsenen erlangt wird. Kennzeichnend hierfür ist, dass auftretende Krisen selbstständig bewältigt werden bzw. es wird vom Subjekt „erwartet, dass es dazu gerüstet ist und dass es über die notwendige Autonomie dazu verfügt" (Oevermann 2009, S. 40). Problematisch ist nun, dass Menschen mit geistiger Behinderung, wie vielfältig dargelegt, oftmals nicht ‚erwachsen gelassen' werden, woraus folgt, dass sie sich in einem Zustand der stetigen Bewährung befinden. Sie bekommen den Status eines autonomen, erwachsenen Subjekts nicht zugesprochen, wodurch sie sich gewissermaßen ihr Leben lang in einer kindsähnlichen Behindertenrolle befinden. So kann es beispielsweise vorkommen, dass ihnen nicht vertraut wird, alltagspraktische Dinge, wie zum Beispiel das Händewaschen oder das Putzen des Badezimmers (siehe den Fall des Herrn A), selbstständig durchzuführen. Für sie wird hiermit ein Zustand der ständigen Bewährung geschaffen und aufrechterhalten.

14.8 Der Kontakt zur Mehrheitsgesellschaft als Krise und der Wunsch nach Normalität

Die lebenspraktische Erfahrung oben genannter Bewährungspflichten stellt, so wurde im Rahmen der vorliegenden Studie deutlich, ein Beispiel für die Konfrontation mit der Subjektposition bzw. *„virtuale[n] soziale[n] Identität"* (Goffman 1975, S. 10) dar, die Menschen mit geistiger Behinderung diskursiv zugewiesen wird. Es kommt damit mitunter zu einer Erfahrung der zugeschriebenen Andersartigkeit der eigenen Person, was wiederum krisenhaft für die Betroffenen sein kann (vgl. Rösner 2014, S. 43ff). Geistige Behinderung wird so als Stigma für das Subjekt selbst erfahrbar. Dabei stellen Würdeverletzungen, wie die oben dargestellten, Erfahrungen dar, „die die Identität der ganzen Person zum Einsturz bringen" (Honneth 2008, S. 231) können. Die Konfrontation mit diesen Erfahrungen stellt das Subjekt vor besondere Herausforderungen (vgl. Rösner 2014, S. 43f). Als besonders deutlich ausgeprägt präsentierten sich diese Krisen und Herausforderungen, die aus einer Konfrontation mit sozial vordefinierten Identitäten resultieren, bei den Interviewten, die ambulant betreut werden. Zurückzuführen ist dies darauf, dass hier in einem weitaus höheren Maße Schnittstellen zur Lebenspraxis der Allgemeingesellschaft gegeben waren, als es bei den interviewten Personen der Fall war, die stationär betreut werden. In diesem Sinne lässt sich im Anschluss an Kapitel 14.5 festhalten, dass Kontakte zur Allgemeingesellschaft einerseits dazu führen, den „Horizont möglicher Identitäten“ (Rösner 2014, S. 141) zu erweitern und Kritik an gegebenen Versorgungsstrukturen sowie den Lebensverhältnissen, die diese bereitstellen, zu äußern. Gleichzeitig bergen diese Erfahrungen jedoch auch die Gefahr, dass teils massive (krisenhafte) Ausgrenzungserfahrungen gemacht werden und diese dann eine behinderte Identität (re-)produzieren. Weiterhin kann es passieren, dass Menschen mit geistiger Behinderung an in der Mehrheitsgesellschaft gegebenen Diskursteilhabebarrieren scheitern – etwa dann, wenn Herr I sich wünscht, einen Führerschein zu machen. Die Studie hat auch immer wieder gezeigt, dass bei einigen Menschen mit geistiger Behinderung eine teils (scheinbar) unüberwindbare Differenz zwischen „Ich-Ideal und Ich“ (Goffman 1975, S. 16) ausgebildet wurde. Beispielhaft kann hier der Fall der Frau N genannt werden, die sich selbst als nicht geistig behindert konstruiert, aber droht, an bzw. in der Mehrheitsgesellschaft mit ebendieser Zuschreibung konfrontiert zu werden. Es ist hier also gerade „[d]ie unmittelbare Gegenwart von Normalen“ (Goffman 1975, S. 16), die zur Krise wird; es droht ein Angriff auf ihre *„aktuale soziale Identität“* (Goffman 1975, S. 10). Kommt es zu einer Diskrepanz „zwischen virtualer und aktualer Identität“ (Goffman 1975, S. 30) und ist „diese Diskrepanz bekannt oder offensichtlich [...], beschädigt sie die soziale Identität; sie hat den Effekt, dieses Individuum von der Gesellschaft und von sich selbst zu trennen, so daß es dasteht als eine diskreditierte Person angesichts einer sie nicht akzeptierenden Welt“ (Goffman 1975, S. 30f; vgl. Rösner 2014, S. 44f). Eine Lebensführung, die sich beinahe ausschließlich in exklusiven Einrichtungen der Behindertenhilfe vollzieht, führt dazu, dass ebensolche Ausgrenzungserfahrungen bereits durch die Isolation von der Allgemeingesellschaft gegeben sind und somit als alltäglich ‚neue‘ Erfahrung nicht im gleichen Ausmaß gemacht werden. „Unter seinesgleichen kann das stigmatisierte Individuum seine Benachteiligung als Basis der Lebensorganisation benutzen, aber dafür muß es sich mit einer halben Welt abfinden“ (Goffman 1975, S. 31). Entwicklungen, die im Zeichen des Inklusionsparadigmas stehen, führen insofern dazu, dass ebensolche krisenhaften Erfahrungen in erhöhtem Maße gemacht werden. Die lebenspraktische Erfahrung der Andersartigkeit, die der eigenen Person aufgrund der Kategorisierung zugewiesen wird, erfordert eine Auseinandersetzung mit beidem. Dies unterstreicht die Krisenhaftigkeit des Prozesses ‚Inklusion‘, welcher besondere Herausforderungen für das einzelne Subjekt wie auch für die Mehrheitsgesellschaft mit sich bringt (Trescher 2015b, S. 333).

Mit Blick auf die hier interviewten Personen lässt sich in einigen Fällen ein höchst ambivalentes, von Krisenhaftigkeit geprägtes Verhältnis zum Status

,Mensch mit geistiger Behinderung' erkennen. In einigen Fällen führt das dazu, dass das eigene Selbst möglichst fern von der Statuszuweisung ,geistig behindert' konstruiert wird (siehe insbesondere den Fall des Herrn D). Die Interviewten waren oft sehr bemüht, sich als möglichst ,normal' zu präsentieren. Die betroffenen Personen sind so „dauerhaft in Normalisierungsversuchen" (Pfahl 2011, S. 233) gefangen (vgl. Davis 2010, S. 4f; Bösl 2009, S. 31). Wie krisenhaft sich die Statuszuweisung ,geistig behindert' für das einzelne Subjekt darstellen kann (und dies insbesondere dann, wenn über ein implizites Wissen dahingehend verfügt wird, welches diskursive Wissen bzw. welche diskursive Ordnung daran geknüpft ist), lässt sich als ein zentrales Ergebnis der gesamten Erhebung festhalten (vgl. Oliver und Barnes 2012, S. 110; siehe auch die Erfahrungsberichte von Nicklas-Faust 2011, S. 106ff und Bienstein und Halek 2011, S. 121ff). Besonders deutlich veranschaulichen lässt sich dies an der folgenden Aussage der Frau N: *„Also ich bin nur körperlich behindert, nicht geistig behindert. Ich hab noch Englischkenntnisse. Geistig behindert heißt ,plemplem', also so ein bisschen doof"* (N-1, Z. 260-265). Es zeigt sich gerade auch in solchen Äußerungen, dass der Diskurs um geistige Behinderung „nur ein eingeschränktes Repertoire an Selbstthematisierungen befördert – die zudem gesellschaftlich durchweg negativ konnotiert sind" (Pfahl 2011, S. 239).

14.9 WÜNSCHE UND PERSPEKTIVEN

Im Zuge der Auswertung wurde deutlich, dass die hier interviewten Menschen mit geistiger Behinderung höchst unterschiedliche Wünsche für ihr Leben formulieren. Diese bewegen sich zwischen Wünschen, die in der routinemäßigen Lebenspraxis als alltäglich betrachtet werden können (zum Beispiel das Leben in einer eigenen Wohnung, das Gründen einer Familie oder das Ausüben eines Berufs), und zum Teil auch Wünschen, die eher utopisch anmuten, wie etwa der Wunsch des Herrn I nach übersinnlichen Fähigkeiten. Es wurde klar erkennbar, dass die Frage danach, welche Lebensentwürfe und Zukunftsperspektiven ein Subjekt im Laufe seines Lebens herausbildet, eng mit seinen Erfahrungen im gegenwärtigen und vergangenen Alltag zusammenhängt. Dies betrifft insbesondere auch (wie oben bereits herausgearbeitet wurde) den Aspekt, wie restriktiv sich die umgebenden Lebensbedingungen gestalten und wie viel Raum die Subjekte im Alltag haben, um Erfahrungen sammeln und hierauf aufbauend Wünsche entwickeln und formulieren zu können. Insofern erscheint es wenig verwunderlich, dass es ausschließlich die hier Interviewten aus dem Bereich des ambulant betreuten Wohnens waren, die Wünsche und Zukunftsperspektiven jenseits des

Lebensbereichs ‚geistige Behinderung' formuliert haben. Hierzu gehört zum Beispiel der von Herrn B formulierte Wunsch, eine Arbeitstätigkeit jenseits der Strukturen einer Werkstatt für Menschen mit Behinderung auszuüben. Weiterhin kann der Kinderwunsch des Herrn F oder der Wunsch der Frau N, ihre frühere Tätigkeit als Übersetzerin wieder aufzunehmen, genannt werden. Gleiches gilt auch für den Wunsch des Herrn A, mehr Selbstständigkeit in seinem Leben zu erfahren bzw. seinen Alltag verstärkt losgelöst von institutionellen Ablaufplänen und Überwachungspraxen zu gestalten. Derartige Wünsche wurden von den Menschen mit geistiger Behinderung, die in stationären Wohnkontexten leben, nicht geäußert. Hier beschränken sich die formulierten Lebensperspektiven vor allem auf den Kontext der sie umgebenden Lebensstrukturen. Es wird deutlich, dass die interviewten Personen „ihre Interessen und Leistungen sowie ihre persönlichen und beruflichen Lebensentwürfe [primär] im Kontext institutionalisierter Ablaufprogramme" (Pfahl 2011, S. 18) entwickeln (vgl. Rösner 2014, S. 9; Gugutzer und Schneider 2007, S. 36ff; Waldschmidt 2007, S. 61). Im Falle von Menschen, die ihr Leben beinahe ausnahmslos im Kontext stationärer Wohneinrichtungen verbracht haben und zum Teil noch immer verbringen, führt gerade diese Abhängigkeit von Institutionen der Behindertenhilfe betreffend ihrer Alltagsgestaltung zu einer Gleichschaltung von Lebensentwürfen, da alle BewohnerInnen (weitestgehend unabhängig von individuellen Faktoren wie Alter, Geschlecht und Religion) mehr oder weniger den gleichen Alltag erleben. Die Intensivität, mit der sich diese Gleichschaltungspraxen vollziehen, nimmt mit steigendem Grad der Institutionalisierung zu. Je weniger alltägliche persönliche Handlungsökonomie den betroffenen Subjekten zur Verfügung steht, desto stärker wird ihr Leben im biographischen Verlauf aneinander angepasst. Ihren Höhepunkt erreicht diese Gleichschaltung der Lebensentwürfe bei den Personen aus der stationären Intensivbetreuung. Individuelle Abweichungen im Alltag sind sehr gering und beschränken sich meist nur auf das, was sich ohne Weiteres im physischen Handlungsraum der jeweiligen Einrichtungen oder der Wohngruppe umsetzen lässt (etwa das Abschreiben der Bibel im Fall des Herrn J). Es lässt sich zusammenfassend festhalten, dass ein gewisses Maß an Diskursteilhabe im Alltag notwendig ist, um Lebensentwürfe jenseits des Lebensbereichs ‚geistige Behinderung' entwickeln zu können. Erst diese Diskursteilhabe eröffnet wiederum Chancen zur Selbstermächtigung und Auflehnung des Subjekts. Es zeigt sich auch hier (wie oben bereits hervorgehoben), dass das Subjekt durch die Diskurse hervorgerbacht wird, in denen es sich bewegt, somit wird es auch geistig behindert bleiben, solange es als geistig behindert adressiert wird.

14.10 ZUR NOTWENDIGKEIT DER (RE-)FOKUSSIERUNG DES SUBJEKTS IN STATIONÄREN BETREUUNGSSTRUKTUREN

Die fallübergreifende Betrachtung der Ergebnisse macht deutlich, dass Menschen mit geistiger Behinderung (vor allem jene, die in eher geschlossenen [Wohn-]Einrichtungen leben) in besonderem Maße darauf angewiesen sind, dass ihnen alternative Lebens- und damit schlussendlich auch Erfahrungsbereiche aufgezeigt bzw. ermöglicht werden, um somit die institutionelle Einflussnahme auf ihr Leben möglichst gering zu gestalten und Selbstermächtigungsprozesse nicht im Keim zu ersticken. Ausführlich wurde dies gerade auch in der vorangegangenen Studie herausgearbeitet (vgl. Trescher 2017c, S. 157ff). Menschen mit geistiger Behinderung befinden sich damit in einem teils massiven Abhängigkeitsverhältnis. Hinzu kommt, dass sie häufig nur wenig diffuse Sozialkontakte unterhalten. Sie sind also auch in diesem ‚sozialen Bereich' massiv von den ‚zuständigen' Institutionen selbst oder den Herkunftsfamilien abhängig. Mit Blick auf die konkrete Handlungspraxis der MitarbeiterInnen erfordert dies eine eingehende pädagogische Beschäftigung mit den jeweils betreuten Menschen mit geistiger Behinderung. Interessen müssen (insofern diesen nicht selbstständig nachgegangen wird bzw. werden kann) erkannt oder entwickelt werden, um diesen in der Folge durch spezielle Angebote begegnen zu können. Eine solche Beschäftigung findet jedoch (dies wurde vor allem in den Interviews aus den stationären Kontexten deutlich) aufgrund von fehlenden zeitlichen Ressourcen kaum bzw. nur am Rande statt (siehe Kapitel 10.5 und 11.4). Es handelt sich hierbei um eine Behinderungspraxis, die nicht zuletzt durch das System der Behindertenhilfe, etwa durch umfassende Dokumentationspflichten der MitarbeiterInnen, vorgegeben ist (siehe hierfür den Fall des Herrn L). Sie verschärft sich insbesondere im Kontext der Lebenssituation von Menschen mit verbalsprachlichen Einschränkungen, sind hier doch zusätzliche zeitliche Ressourcen erforderlich, um (zum Beispiel) Interessen erkennen/ entwickeln zu können, die jedoch nicht im erforderlichen Maße aufgebracht werden (können). Menschen mit verbalsprachlichen Einschränkungen sind in besonderem Maße darauf angewiesen, dass diese gemeinsam mit ihnen erarbeitet werden, indem zum Beispiel auf alternative Kommunikationsformen zurückgegriffen wird (etwa mittels sogenannter Unterstützter Kommunikation). Die Notwendigkeit der eingehenden Beschäftigung mit den BewohnerInnen bleibt somit in vielen Fällen unerfüllt und Menschen mit geistiger Behinderung bleiben auf sich selbst angewiesen bzw. werden bezüglich potentieller Lebenserfahrungen jenseits der Wohneinrichtungen auf ihre Herkunftsfamilie zurückverwiesen. Dies wird (jedenfalls in den hier untersuchten

Fällen) auch durch die lebenspraktische Ausgestaltung des Bezugsassistenzkonzepts getragen, in der eine nähere zwischenmenschliche Auseinandersetzung mit den BewohnerInnen ebenfalls nur am Rande vorgesehen ist, da sich das Aufgabenspektrum vor allem auf die Durchführung und Organisation von administrativen Aufgaben beschränkt (siehe Kapitel 10.5 und 11.4). Als Folge bleibt, dass sich der Lebensalltag in stationären Wohneinrichtungen vor allem als Bewältigung des Alltags charakterisieren lässt, der eine zukunftsorientierte Arbeit nicht vorsieht bzw. dieser keinen oder nur ungenügend Raum lässt. Pflegehandlungen und physische Versorgung stehen im Fokus. Deutlich wurde dies vor allem im Kontext der Menschen aus der stationären Intensivbetreuung. Gerade diese Gruppe wurde von den interviewten MitarbeiterInnen mitunter als ‚Personen ohne Zukunft' konstruiert, was etwa an einer unterstellten Gegenwartsbezogenheit des Lebens festgemacht wurde (siehe hier etwa den Fall des Herrn P oder des Herrn M [siehe auch weiterführend: Trescher 2015b, S. 232]). Hier wird, wie auch an anderer Stelle (vgl. etwa Trescher 2017d; 2017c), deutlich, dass es eines ‚subjective turn' im Hilfesystem selbst, in der Ausbildung von Personal, in der Organisation von pädagogischer Arbeit und nicht zuletzt in den Bezugswissenschaften bedarf. Das Subjekt muss stärker in den Fokus gerückt werden. Hierzu braucht es tatsächliches pädagogisches Handelns, welches im Sinne einer Kunst auch in gewisser Art und Weise ‚frei' von äußeren Sachzwängen sein muss (vgl. Oevermann 2002b). Pädagogisches Handeln, als stellvertretende bzw. gemeinsame Krisenbewältigung, muss gerade auch die Krisenhaftigkeit der Angewiesenheit auf fremde Hilfe adressieren.

14.11 HERKUNFTSFAMILIE UND ABLÖSUNGSPROZESSE

Wohneinrichtungen der Behindertenhilfe, können (das haben die Analysen klar gezeigt) die Subjekte nur sehr bedingt psychosozial betreuen. Somit wird oftmals der Herkunftsfamilie eine besondere Rolle im Leben von Menschen mit geistiger Behinderung zuteil, auch dann noch, wenn diese bereits aus der Herkunftsfamilie ausgezogen sind. Die Mitglieder der Herkunftsfamilie (oftmals die Eltern) bleiben häufig zeitlebens die wichtigsten und zentralsten Bezugspersonen im Leben von Menschen mit geistiger Behinderung – dies führt zu einer gewissen Abhängigkeit und zwar nicht nur im monetären Sinne, sondern gerade auch emotional. Auf der anderen Seite stellen sie eine Art letztes Refugium diffuser Sozialbeziehungen dar und sind oftmals der einzige Ort, an dem die betroffenen Personen, in welcher Art und Weise auch immer, geliebt werden bzw. zwischenmenschliche Nähe und Zuneigung erfahren. Ablösungsprozesse werden dadurch verhindert bzw. zunehmend erschwert, was wiederum zur Reproduktion (teil-)infantiler Identitäten beiträgt, denn die Beziehungen zur Herkunftsfamilie sind ebenfalls von einem asymmetrischen Abhängigkeitsverhältnis geprägt. Die Abhängigkeit zeigt sich beispielsweise darin, dass die Betroffenen oftmals in hohem Maße auf ihre Familie angewiesen sind, um alternative Handlungsräume jenseits der Sphäre des pädagogischen Protektorats zu erfahren. Beispielhaft herangezogen werden kann hier etwa der Fall des Herrn I, der die restriktiven Strukturen der Wohneinrichtungen nur verlassen kann, insofern er von seiner Mutter abgeholt und hinausbegleitet wird, die dafür allerdings gegen richterliche Auflagen verstoßen muss. Anderweitig besteht für Herrn I kaum eine Möglichkeit, selbstbestimmt ein Stück Diskursteilhabe zu leben und an routinemäßigen Lebenspraxen teilzuhaben.

Die Abhängigkeit von der Herkunftsfamilie wird weiterhin dadurch befördert, dass Menschen mit geistiger Behinderung oftmals nur ein (mehr oder weniger stark) begrenztes soziales Umfeld haben. Dies betrifft auch die hier interviewten Menschen aus dem ambulant betreuten Wohnen, vor allem jedoch die Menschen mit geistiger Behinderung, die in stationären Wohnkontexten leben. Indem sich der Alltag beinahe ausschließlich in Institutionen der Behindertenhilfe (zum Beispiel Wohnheim und/ oder Werkstatt/ Tagesförderstätte) oder der eigenen Wohnung vollzieht, ist die Möglichkeit zum Knüpfen von Sozialbeziehungen (sowohl freundschaftlicher als auch partnerschaftlicher Art) bereits grundlegend erschwert, da schlichtweg nur wenigen Personen im Alltag begegnet wird, zu denen kein Abhängigkeitsverhältnis besteht (was eine diffuse Sozialbeziehung qua Status verunmöglicht). Hervorzuheben ist, dass, wie auch in den beiden vorangegangenen Studien (Trescher 2017c; 2015b) herausgearbeitet wurde, in den Wohninstitutionen kaum Vergemeinschaftungspraxen stattfinden. Dies hat primär mit den Strukturen des Hilfesystems und der Adressierung der Subjekte zu tun (siehe hierzu ausführlich Trescher 2017c). Weiterhin konnte herausgearbeitet werden, dass auch die Menschen im ambulant betreuten Wohnen nur über sehr wenige Sozialkontakte verfügen. Wenn ein Freundeskreis vorhanden ist (wie im Falle des Herrn F), dann ist dieser sehr klein und vor allem dadurch gekennzeichnet, dass alle Mitglieder dieses Freundeskreises einen gemeinsamen Weg zur Werkstatt haben, in der sie gemeinsam arbeiten. In der Regel beschränken sich Freundschaften bei den hier Interviewten nur auf einzelne ausgewählte Personen, etwa im Sinne ‚eines besten Freundes' bzw. ‚einer besten Freundin'. Wie erwähnt, stellt einzig Herr F hier die Ausnahme dar. Er ist die einzige der interviewten Personen, die in ein etwas breiter ausdifferenziertes Netzwerk an Sozialbeziehungen eingebunden ist. Dieses Netzwerk hilft ihm dabei, sich aus bestehenden Abhängigkeitsverhältnissen (sowohl zu den jeweiligen

Institutionen als auch dem Elternhaus) zu lösen und Selbstermächtigungsprozesse anzustoßen. Dies geschieht zum Beispiel in der Hinsicht, dass er durch seinen Freundeskreis in Kontakt zu routinemäßigen Möglichkeiten der Freizeitgestaltung kommt.

Weiterhin wird das Abhängigkeitsverhältnis von der Herkunftsfamilie massiv von monetären Faktoren beeinflusst (siehe auch das nachfolgende Kapitel), so bekommen alle interviewten Personen aus dem ambulant betreuten Wohnen finanzielle Unterstützung von Verwandten. Da die Interviewten auf dieses Geld angewiesen sind, da sie in der Werkstatt zu wenig verdienen (im Durchschnitt 181€ im Monat bei Vollzeitbeschäftigung [vgl. BAG WfbM 2016]), werden auch hierdurch Ablösungsprozesse erschwert bzw. verhindert. Zudem ist es in den Fällen des stationären Wohnens oft so, dass die Angehörigen gleichzeitig die rechtliche Betreuung übernehmen, also letztlich als Vormund agieren.

14.12 DAS ZUSAMMENSPIEL VON BEHINDERUNG UND ARMUT

Klares Ergebnis der Studie ist, dass geistige Behinderung in Deutschland mit Armut einhergeht. Die interviewten Personen können von ihren Löhnen in Tagesförderstätten oder Werkstätten nicht leben. Sie sind allesamt auf weitere Sozialleistungen angewiesen. Insbesondere bei den Menschen, die ambulant betreut werden, wurde klar, dass die niedrigen Löhne massive Behinderungsfaktoren sind, die eine routinemäßige persönliche Handlungsökonomie (gerade im Bereich der Freizeitgestaltung) massiv einschränken. Dass dies gerade bei diesen Personen zum Problem wird und von einigen der interviewten Personen auch konkret als Problem benannt wird, liegt schlicht darin begründet, dass eine Teilhabe an routinemäßigen Lebenspraxen auf Seiten der anderen interviewten Personen so gut wie nicht gegeben ist bzw. durch stationäre Unterbringungsstrukturen verhindert wird. Auch hier zeigt sich, dass die Begrenztheit der Lebenswelt ‚geistige Behinderung' erst im Zuge der Konfrontation mit Lebenspraxen der Allgemeingesellschaft für die betroffenen Personen erfahrbar wird. Die interviewten Personen, die ambulant betreut werden, erhalten allesamt finanzielle/materielle Unterstützung von Dritten – in der Regel der Herkunftsfamilie. Sie sind auf diese Mittel angewiesen, um ihren Lebensstandard zu halten. Dadurch reproduziert sich (wie dargelegt) entsprechend die Abhängigkeit von Dritten – in der Regel der Herkunftsfamilie. Auch an dieser Stelle produziert die Struktur des Hilfesystems Abhängigkeiten. Menschen mit geistiger Behinderung werden als Subjekte durch die finanzielle Abhängigkeit von den Eltern in ihrer Infantilität reproduziert bzw. durch mangelnde ökonomische Ressourcen in ihrer persönlichen Handlungsökonomie massiv eingeschränkt. Somit bleibt ihnen eine Teilhabe an Praxen der routinemäßigen Lebenspraxis oftmals verwehrt.

14.13 SPRACHLOSIGKEIT IM HILFESYSTEM – GEISTIGE BEHINDERUNG ALS DISKURSBEHINDERUNG

Es wurde erkennbar, dass der Masterstatus ‚geistig behindert' im Hilfesystem dazu führt, dass die alltägliche Lebenspraxis der Betroffenen auf unterschiedlichen Ebenen in ihrer je persönlichen Erfahrbarkeit und Ausgestaltung teils massiv behindert wird und letztlich in unterschiedlichen Zusammenhängen seine Wirkmächtigkeit entfaltet und somit den Ausschluss aus allgemeingesellschaftlichen routinemäßigen Praxen begünstigt bzw. herbeiführt (vgl. Dederich 2011, S. 139; Pfahl 2011, S. 231f; Bösl 2009, S. 14ff; Schillmeier 2007, S. 90ff; Wansing 2005; Oliver 1990, S. 96f). So konstatiert auch Rohrmann in Bezug auf die stationäre Behindertenhilfe: „[N]ach wie vor enthalten stationäre Einrichtungen ihren Insassen elementare Lebensmöglichkeiten vor, die wir für uns als selbstverständliche Grund- und Menschenrechte in Anspruch nehmen" (Rohrmann 2005, S. 6). Deutlich wurde darüber hinaus, wie tiefgreifend und scheinbar endgültig sich diese Zuweisungen zum Hilfesystem und die hieran geknüpften Abhängigkeitsverhältnisse ausgestalten. So konnte herausgearbeitet werden, dass sich selbst kleinere Facetten persönlicher Handlungsökonomie, wie zum Beispiel der Austritt aus einer Werkstatt für Menschen mit Behinderung (siehe den Fall des Herrn B) oder der Übergang in den Bereich des ambulant betreuten Wohnens oder allein der Übergang von einem Doppel- in ein Einzelzimmer innerhalb einer stationären Wohneinrichtung (siehe den Fall der Frau O), nur außerordentlich schwer und nur unter scheinbar besonderem (oft auch bürokratischem) Aufwand vollziehen kann – also in der Aushandlungspraxis hochgradig problematisch bzw. krisenhaft ist.

Konstitutives Moment des Subjekts ist die Selbstermächtigung durch die Nutzung von Sprache in einem Diskurs (vgl. Butler 2013, S. 7f; 1991, S. 8). Hoch problematisch ist, dass die hiesigen Subjekte nicht oder nur stark eingeschränkt befähigt sind oder werden, sich entsprechend im Diskurs zu ermächtigen. Für das hiesige Beispiel heißt das, dass sie nur bedingt in der Lage sind, oben genannte Veränderungen in ihrem Leben, wie zum Beispiel den Umzug von einem Doppel- in ein Einzelzimmer, herbeizuführen. Die Subjekte werden im Hilfesystem ein Stück weit sprachlos (gemacht). Ist die Zuweisung zum Hilfesystem erst einmal erfolgt, zieht dies eine mehr oder weniger umfassende und permanente Einverleibung des Lebens der Betroffenen nach sich (vgl. Trescher 2017c, S. 177ff; Trescher und Börner 2016; Oliver und Barnes 2012, S. 98ff; Pfahl 2011, S. 232; Bösl 2009, S. 14ff; Oliver 1990, S. 96f). Diese Einverleibung, welche sich gerade durch die Etablierung unterschiedlichster Abhängigkeitsverhältnisse manifestiert, ist es, die in allen untersuchten Fällen zu Tage trat (vgl. Dederich 2011, S. 139ff). Teilweise wahrgenommen und in ihrer Wirkmächtigkeit kritisiert wurde sie jedoch nur von den Personen aus dem ambulant betreuten Wohnen – etwa insofern, als sie sich durch quasi-natürliche Zuweisungen und deren Permanenz bzw. Hartnäckigkeit in ihren Entwicklungsmöglichkeiten beeinträchtigt sehen (siehe hier etwa die Fälle der Herren A, B und F). Es kommt an dieser Stelle zu gewissen Diskrepanzen zwischen dem scheinbar allumfassenden Behindertenstatus und der nicht in allen Lebensbereichen erfahrenen Behinderung. So legten die Interviewten dar, dass sie sich selbst nicht als (umfassend) im Sinne eines ‚Behindert-Seins' erfahren, sondern mindestens auch als von äußeren Strukturen benachteiligt bzw. behindert, also eher im Sinne eines ‚Behindert-Werdens'. Angesichts der Tragweite der Zuweisung zum System der Behindertenhilfe erscheint es umso problematischer, mit welcher Leichtigkeit entsprechende Zuweisungen zum Teil vorgenommen werden. Dies geschieht zum Teil auch schlicht angesichts einer mangelnden Alternative, wie im Fall des Herrn B deutlich wurde, mit dessen Fluchtmigration nach Deutschland der Eintritt in das System der Behindertenhilfe erfolgte, das seither maßgeblichen Einfluss auf sein Leben bzw. seine Lebensperspektiven nimmt. So kommt auch Amirpur in ihrer Untersuchung zur Dialektik von Behinderung und Migration zu dem Ergebnis, dass „[d]ie strukturellen Rahmenbedingungen an der Schnittstelle von Migration und Behinderung […] einen großen Einfluss auf die Handlungsoptionen der Familien in der (Aus-)Gestaltung ihrer gesellschaftlichen Teilhabe [haben]. Die Strukturen schaffen in den meisten Fällen einen begrenzenden Rahmen und schränken die Handlungsmöglichkeiten der Familien ein" (Amirpur 2016, S. 276). Amirpur macht hierbei gerade auch einen fehlenden „Zugang zu uneingeschränkten Informationen für Eltern" (Amirpur 2016, S. 276) verantwortlich, wobei es insbesondere auch um „das Wissen und die Informationen um die Möglichkeiten der Kinder [geht], die den Eltern Handlungs- und Verhaltenssicherheit geben" (Amirpur 2016, S. 276f).

Im Zuge der hiesigen Arbeit wurde an verschiedenen Stellen sehr deutlich, dass das System der Behindertenhilfe durch eine gewisse Starre und Unflexibilität gekennzeichnet ist. Mitunter werden Lebenswege mehr oder weniger vorgegeben und das System selbst entfaltet in einigen Fällen einen mehr oder weniger totalen Charakter. Der Teilhabe an allgemeinen Diskursen werden Barrieren entgegengestellt und somit Sprachlosigkeit von Menschen mit geistiger Behinderung (re-)produziert. Ihr Wort findet kaum Gehör (siehe hierzu ausführlich: Trescher und Klocke 2014; Trescher 2015b, S. 261ff). Hinzu kommen Behinderungspraxen, wie die in Kapitel 14.4 kritisierte ‚erlernte Hilflosigkeit', die diesen Ausschluss von allgemeingesellschaftlichen Diskursen weitergehend stärken und immer wieder aufs Neue produzieren. Die Subjektwerdung vollzieht sich beinahe ausschließlich im Rahmen von „behinderungsspezifischen Organisationsabläufen und einer symbolischen Ordnung der ‚Schonung'" (Pfahl 2011, S. 233; vgl. auch Trescher 2017c, S. 177ff; Trescher und Börner 2016; Schillmeier 2007, S. 90ff). Menschen mit geistiger Behinderung werden über verschiedene „Prozeduren der *Ausschließung*" (Foucault 2012b, S. 11), welche sich auf unterschiedlichen Ebenen vollziehen, daran gehindert, an allgemeingesellschaftlichen Diskursen teilzuhaben bzw. sich selbst im Diskurs zu ermächtigen. Sie werden durch die Strukturen des Systems der Behindertenhilfe nicht zu „Aushandelns-Subjekten subjektiviert" (Link 2012, S. 57; vgl. Foucault 1981, S. 74).

14.14 Wo das Hilfesystem passt – Menschen, denen es ‚gut' geht, und die Frage nach dem ‚Guten'

In den bisherigen Ausführungen wurde ein, entlang eines Verständnisses von Wissenschaft, das Theorie als Kritik von Praxis versteht, kritischer Blick auf die Strukturen der Behindertenhilfe eingenommen bzw. verfolgt. Es soll an dieser Stelle jedoch noch einmal klar hervorgehoben werden, dass im Zuge der Auswertung nicht ausschließlich (moralisch) negative Aspekte identifiziert werden konnten, wie die bisher dargestellten Ergebnisse unter Umständen nahe legen könnten. So konnten durchaus auch Fälle dokumentiert werden, in denen sich die Ausgestaltung des Hilfesystems hinsichtlich der Belange der jeweiligen Personen als ‚passend' erwies, das heißt, die betreffenden Personen in ihrer Lebenslage aufgefangen werden und entlang ihrer individuellen Bedürfnisse entsprechende Unterstützung erhalten und nicht zuletzt, dass sie sich in ihrer Lebenssituation selbst wohlfühlen. Das System trägt an diesen Stellen dazu bei, die Personen dabei zu unterstützen, sich besser im Leben zurechtzufinden. Es birgt damit das Potential, Halt und Sicherheit im Alltag zu verleihen. Beispielhaft herausgehoben werden kann hier etwa der Fall der Frau G. Frau G hat 78 ihrer 85 Lebensjahre in (mehr oder weniger) geschlossenen Wohneinrichtungen der Behindertenhilfe verbracht, wobei sie mitunter auch Opfer von Misshandlungen wurde. Angesichts dieser Erfahrungen fühlt sie sich heute wohl in ihrer gegenwärtigen Lebenssituation – so restriktiv sie auch sein mag. Sie hat sich an die sie umgebenden Strukturen im Wohnheim angepasst und gelernt, darin zu leben. Ein Leben außerhalb dieser Strukturen ist für sie nicht (länger) vorstellbar. Nun kann (wie in den Kapiteln 14.1 und 14.2 geschehen) durchaus kritisiert werden, dass es sich hierbei um eine Form der biographischen Gewöhnung bzw. Sozialisation in das Leben in stationären Wohneinrichtungen handelt. Gleichzeitig muss jedoch auch festgehalten werden, dass das Wohnheim, in dem sie gegenwärtig lebt, ihr genau den Rahmen zur Verfügung stellt, den sie benötigt, um ein entlang ihrer subjektiven Kriterien ‚zufriedenes Leben' zu führen. Als weiteres Beispiel lässt sich der Fall des Herrn B hervorheben. Herr B verfolgt verhältnismäßig elaborierte Lebensziele, indem er sich beispielsweise den Auszug aus dem Elternhaus der Lebenspartnerin sowie die Annahme einer routinemäßigen Arbeitstätigkeit wünscht. Gleichzeitig benötigt er jedoch in bestimmten Angelegenheiten Unterstützung bei der Bewältigung alltäglicher Aufgaben, der von Seiten des Trägers der ambulanten Dienstleistungen gedeckt wird. In beiden Fällen zeigt sich (wie in Kapitel 4 bereits dargestellt), dass Behinderung zwar theoretisch deskonstruierbar scheint, den betroffenen Personen jedoch ungeachtet dessen ein Stück weit als „objektive Wirklichkeit" (Berger und Luckmann 2007, S. 64) entgegentritt bzw. entgegentreten kann. In diesem Sinne sind die Bedürfnisse bzw. lebenspraktischen Schwierigkeiten der betreffenden Personen ernst zu nehmen, handelt es sich doch um reelle Bedürfnisse bzw. Krisen, wenngleich sie ihrerseits das Produkt von Behinderungspraxen sein können (vgl. Bruner 2005, S. 26).

Problematisch ist, wie vielfach gezeigt, dass durch Hilfe- und Unterstützungsleistungen oftmals Abhängigkeiten reproduziert werden (vgl. Dederich 2011, S. 140f). Selbstermächtigung heißt schlussendlich auch Ablösung bzw. Dekonstruktion der Wirkmächtigkeit des Hilfesystems in der eigenen alltäglichen Lebenspraxis. Der Vollzug des Hilfesystems wird selbst zur Krise. Ein gelungenes Beispiel für eine (gemeinsame) Bewältigung dieser Krise zeigen der Fall der Frau E sowie vor allem der Fall des Herrn F. Durch eine hoch engagierte Betreuungsperson wurde Herr F dabei unterstützt, sich zunehmend selbst zu ermächtigen und Krisen des Alltags zu überwinden. Durch seine Betreuerin wird Herr F sukzessive an routinemäßige Handlungspraxen (wie beispielsweise das pünktliche Aufstehen, um rechtzeitig auf der Arbeit erscheinen zu können) herangeführt und lernt zunehmend, den potentiell möglichen Handlungsraum, den das ambulant betreute Wohnen bereitstellt, für sich zu nutzen. Hierbei erfährt er sich selbst zum Teil bereits als eigenmächtig handelnde, erwachsene Person, die selbstständig für ihren Alltag entsprechende Entscheidungen trifft, wie zum Beispiel was eingekauft wird, was es zu Essen gibt und wann welche privaten Sozialbeziehungen wie ausgelebt werden. Diese Entscheidungen wurden ihm zuvor (primär von seiner Mutter) abgenommen. Das Hilfesystem ermöglicht es ihm, sich selbst zu ermächtigen, während es sich sukzessive aus seinem Leben zurückzieht – eine als ‚gelingend' zu bezeichnende pädagogische Praxis. Es stellt sich hier die ganz lebenspraktische Frage, wie mit dem Dilemma zwischen Fürsorge und der daran geknüpften Erfüllung von Bedürfnissen einerseits und der Erzeugung von Abhängigkeit andererseits umgegangen werden soll. Gilt es, Wohnheime abzuschaffen, wenngleich es Personen wie Frau G und Herr J gibt, die dort leben und dieses schlicht nicht verlassen wollen? Es stellt sich die Frage, nach dem vermeintlich höheren Gut, wobei unklar ist, was das genau ist bzw. nach welchem Paradigma gehandelt werden soll. Am Ende ist dies eine Frage danach, was gerecht ist bzw. wie den Lebenssituationen von Menschen mit Behinderung am besten gerecht werden kann. Damit ist dies eine Frage, die Wissenschaft nicht allein beantworten kann, denn die Frage nach Gerechtigkeit ist immer eine Frage nach einer Wertideologie, an der diese gemessen wird. Weiterhin reicht die Frage nach dem Gerechten für die Praxis nicht aus. Es bedarf einer weiteren Entscheidung, nämlich wie das Gerechte in der Praxis umgesetzt wird. Damit wird aber auch klar, dass die Frage nach Gerechtigkeit in beiden Fällen, ideologisch wie praktisch, immer eine politische Frage ist (Forst 2005; 1994). Damit muss auch Politik, möglicherweise vor dem Hintergrund einer menschenrechtsgeleiteten Ethik, adressiert werden, um ‚Gerechtigkeit' herzustellen und die Lebenssituation von Menschen mit Behinderung dadurch zu verbessern, das Hilfesystem, was sie bisher als defizitäre Subjekte benennt und hervorbringt, strukturell zu verändern.

15. Ausblick, Offenes und weiterführende Fragen

Im Zentrum der vorliegenden Untersuchung stand die Beschäftigung mit Lebensentwürfen und damit auch der Lebenssituationen von Menschen mit geistiger Behinderung. Der Zugang hierzu erfolgte über einen biographischen Ansatz. Die akribische Beschäftigung mit insgesamt 16 Biographien förderte breitgefächerte Ergebnisse zutage. Wie zu erwarten war, wurde im Rahmen der Auswertung deutlich, dass sich Lebensentwürfe von Menschen mit geistiger Behinderung als ebenso individuell verschieden präsentieren (können), wie bei Menschen ohne geistige Behinderung. Gleichzeitig wurde jedoch auch klar, dass die Frage danach, welche Lebensentwürfe von einem je konkreten Subjekt herausgebildet und letztendlich auch ausgelebt werden, unweigerlich von der spezifischen Lebenssituation bzw. dem Alltag der betroffenen Person abhängig ist. Im Zuge dessen konnten anhand der unterschiedlichen Biographien und Lebenskontexte der hier untersuchten Personen mannigfaltige Problemfelder identifiziert werden, welche im Alltag der betroffenen Personen eine behindernde Wirkmächtigkeit entfalten und als Behinderungspraxen bezeichnet werden können. Wie bereits in den beiden vorangegangenen Arbeiten (Trescher 2017c; 2015b) wurde abermals deutlich, dass (geistige) Behinderung nicht als ein naturgegebener Tatbestand zu fassen ist, der den Betroffenen etwa über einen genetischen ‚Defekt' ‚in die Wiege' gelegt worden ist, sondern dass (geistige) Behinderung zunächst einmal eine Praxis ist, die sich in sozialen Kontexten (Diskursen) vollzieht und ihre Wirkmächtigkeit auf Subjekte (und Diskurse selbst) entfaltet (vgl. Trescher 2017c, S. 177; 2015b, S. 297; Dederich 2015b, S. 27f). In diesem Zusammenhang zeigte sich, dass auch die Wirkmächtigkeit jener Behinderungspraxen (ebenso wie die jeweiligen Lebensentwürfe der Personen) in Relation zu der individuellen Lebenslage des je konkreten Subjekts zu sehen ist und sich als individuell verschieden präsentiert. So können sich Strukturen, die in einem Fall behindernd wirksam werden, indem sie beispielsweise den Alltag der jeweiligen

Person sehr eng vorgeben und überwachen, in wiederum anderen Fällen als hilfreiche Stütze im Alltag erweisen, die in der Folge als Ausgangspunkt für eine sukzessive Ablösung fungieren kann, an deren Ende ein (relativ) selbstbestimmtes Leben steht.

Ausgehend von den Ergebnissen der hiesigen Studie können nun verschiedene Desiderate, Anschlusspunkte für die pädagogische Theorie und Praxis sowie offene Fragen formuliert werden, denen angesichts der Breite der herausgearbeiteten Ergebnisse in dieser Arbeit nicht weiter nachgegangen werden konnte. Diese sollen im Folgenden kurz skizziert werden.

15.1 HERAUSFORDERUNGEN AN DAS HILFESYSTEM

Rückblickend wird deutlich, dass sich die vorliegende Studie vor allem auch als eine Kritik am aktuellen System der Behindertenhilfe in Deutschland lesen lässt. Im Verlauf der Auswertung wurden mannigfaltige Probleme von Menschen in ihrem Alltag aufgezeigt, die (direkt oder indirekt) in irgendeiner Art und Weise auf das Hilfesystem und seine Institutionen und Strukturen zurückzuführen sind. In diesem Zusammenhang ist aber auch noch einmal die Ambivalenz der identifizierten Problemlagen zu betonen. Es ist im Einzelfall durchaus so, dass es auch eine gewisse ‚Passung' zwischen Menschen mit geistiger Behinderung und den vorhandenen Unterstützungsangeboten gibt (siehe Kapitel 14.14). Ungeachtet dessen stellt sich die Frage, wie sich das System der Behindertenhilfe anders denken bzw. gestalten lässt, um Behinderungspraxen aus ihm selbst heraus möglichst nicht entstehen zu lassen und die ihm untergeordnete Praxis so auszugestalten, dass Behinderungspraxen entgegengetreten wird und Diskursteilhabebarrieren dekonstruiert werden können (vgl. Lindmeier und Lindmeier 2015, S. 50). Deutlich zu kritisieren gilt hier die bürokratische Starre des Hilfesystems, die gerade in Bezug auf Menschen mit erhöhten Unterstützungsbedarfen ihre totalitäre Wirkmächtigkeit entfaltet. Menschen werden in diesem System bürokratiebehindert (vgl. Trescher 2017c, S. 173; 2017d).[1] Es bedarf dringend der Dekonstruktion von Bürokratie und Totalität im Hilfesystem. Hierbei muss es zu einem ‚subjective turn', also zu einer Refokussierung des Subjekts im Hilfesystem kommen. Dies kann allerdings in einigen Fällen nicht planlos und ad hoc geschehen. Eine einseitige und vorschnelle Abkehr von (beispielsweise) stationären Wohneinrichtungen ist (auch dies wurde im Zuge der vorliegenden Untersu-

1 Es sei in diesem Zusammenhang auch auf die Ausführungen in Kapitel 3.2.2 verwiesen.

chung deutlich) durchaus kritisch zu betrachten, gibt es doch Subjekte (wie etwa die hier interviewten Frau G und Herr J), die im Verlauf ihres Lebens in ebensolche Strukturen hineinsozialisiert wurden und für die ein Leben jenseits solcher Strukturen nicht länger vorstellbar ist. An dieser Stelle muss die Frage nach neuen Wohn- und Betreuungskonzepten gestellt werden. Dabei erscheint es auch geboten, sich verstärkt mit Zukunftsperspektiven und Entwicklungspotentialen von bereits vorhandenen stationären Wohneinrichtungen zu befassen[2], wurde doch deutlich, dass stationäre Wohneinrichtungen auf unterschiedlichen Ebenen zu einer lebensweltlichen Abschottung der betroffenen Personen führen und Würdeverletzungen der BewohnerInnen zum Teil bereits strukturell angelegt sind. Ein zentrales Problem ist dabei auch die Überwachung im Hilfesystem. Diese geschieht in Wohnheimen, Werkstätten, Tagesförderstätten, organisierten Freizeitaktivitäten und nicht zuletzt auch durch BetreuerInnen im ambulant betreuten Wohnen. Überwachungspraxen sind, bei aller Fürsorge, die ihrer Begründungsfigur entspringt, auch immer Würdeverletzungen. „Um die Würde der Betroffenen zu wahren, sind […] Überwachungsstrukturen abzubauen, um so die massive Einschränkung von Privatangelegenheit, Privatsphäre und Privatheit aufzuheben. Es muss ein Bewusstsein dafür entstehen, dass die Würde der Betroffenen […] im Risiko liegt, nämlich dem Risiko des Nichtwissens. Dass dazu mit an erster Stelle ein Abbau bürokratischer Strukturen notwendig ist, erscheint nachvollziehbar. Hier ist ein massiver (versorgungs-)politischer Handlungsbedarf festzustellen“ (Trescher 2017c, S. 198f). So wurde auch hier klar, dass nicht nur die einzelnen Versorgungsinstitutionen die Subjekte bürokratisch überformen, vielmehr sind es oft dahinterliegende Verwaltungsstrukturen – so zum Beispiel im Fall des Herrn D, der in einem Bundesland lebt, in dem die Versorgungsstrukturen politisch und bürokratisch den Landkreisen unterstehen und er darum eine Arbeitsstelle in einer nahegelegenen Stadt nicht antreten kann, da diese nicht zum gleichen Landkreis gehört wie sein Wohnort.

Grundsätzlich gilt es, sich die Frage zu stellen, wie Inklusionspraxen angestoßen bzw. praktisch realisiert werden können und welche Maßnahmen erforderlich sind, um zu einem anderen Gesellschaftsbild beizutragen (vgl. Niehoff 2015, S. 3). Es gilt, das Hilfesystem in seiner Totalität und Unflexibilität zurückzubauen und umzugestalten. Hierfür sind mitunter Modellprojekte erforderlich, in denen die Implementierung inklusiver Praxen wissenschaftlich-kritisch beglei-

2 Ein ebensolcher Versuch steht im Mittelpunkt des derzeit laufenden Forschungsprojekts „Wohin mit dem Wohnheim? Institutionsanalyse und Organisationsentwicklung in der Stationären Behindertenhilfe“, welches in Kooperation mit der Lebenshilfe Frankfurt an der Goethe-Universität Frankfurt durchgeführt wird.

tet werden kann und die ihrerseits Räume zur konzeptionellen Weiterentwicklung eröffnen. Auch gilt es, über empirisch-kritische Forschung zu rekonstruieren, wie sich Hilfesysteme selbst reproduzieren, um an diesen Stellen Praxen der Dekonstruktion ansetzen zu können. Es gilt, hier die „Tendenz der Diskurse zur Selbsttradierung" (Pfahl et al. 2015, S. 89; Waldschmidt 2007, S. 70; Tremain 2005, S. 10f) offenzulegen und zu blockieren. In diesem Sinne wird ein Hilfesystem benötigt, welches nicht weiter den medizinischen Blick in der Handlungspraxis und der Gesamtgesellschaft (re-)produziert (siehe hierzu ausführlich Kapitel 14.3).

15.2 HERAUSFORDERUNGEN AN BETREUUNGSPRAXEN

Parallel zu notwendigen Veränderungen auf der Ebene der Versorgungsstrukturen bedarf es ebenfalls Anpassungen auf der Ebene der konkreten Betreuungspraxen (vgl. Trescher 2016a, S. 31f; Schuppener 2016). Es ist beispielsweise problematisch, dass das Konzept der Bezugsassistenz eine Art besondere Fürsorge in einem sehr technischen Sinne ist und keine Bezugs*betreuung*, welche eine eingängige Beschäftigung mit dem jeweils zugeteilten Bewohner bzw. der jeweils zugeteilten Bewohnerin zulässt. Eine solche zwischenmenschliche Betreuungsleistung, die eher an der Person des Bewohners bzw. der Bewohnerin ansetzt als an der Umsetzung institutioneller Vorgaben, könnte als Ausgangsbasis für das Entdecken oder Entwickeln von persönlichen Interessen dienen, an denen im Institutionsalltag selbst angeknüpft werden könnte. Konzepte wie die personzentrierte Betreuung (vgl. Pörtner 2008; 2007; Schwarte 2005) sind zwar bekannt, finden aber kaum den Weg in die gelebte Praxis und verbleiben dann oft eher als Aushängeschild. Ein weiterer Aspekt, der das originär pädagogische Handeln überdeckt bzw. zu überdecken droht, ist die Dominanz bürokratischer Praxen, die einen Großteil der Zeit der MitarbeiterInnen einnehmen und zu einer Fortschreibung eines technischen Verständnisses ihrer Tätigkeit beitragen. Herausforderung ist also für alle am Betreuungsdiskurs beteiligten, gemeinsam mit übergeordneten Strukturen des Trägers und dem System der Behindertenhilfe im Allgemeinen, eine Dekonstruktion bürokratischer Praxen im Betreuungswesen anzustreben (Trescher 2017c, S. 189).

Für den Bereich des ambulant betreuten Wohnens ist festzuhalten, dass es an belastbaren Erkenntnissen darüber fehlt, wie sich Betreuungsinteraktionen konkret ausgestalten (vgl. Trescher 2017c, S. 24ff; Niediek 2010, S. 33; Hanslmeier-Prockl 2009, S. 229; Schwarte 2005, S. 17). Die hiesige Untersuchung zeigt, dass es auch hier enge überwachende Praxen gibt, die auch zu massiven emotionalen Belastungen für die Betroffenen werden können, wie etwa im Falle des Herrn A deutlich wurde. Dementgegen konnte aber auch herausgearbeitet werden, dass es oft einzelne engagierte Personen sind, die im ambulant betreuten Wohnen einzelne Betreute in besonderer Art und Weise fördern und unterstützen – so zum Beispiel im Falle des Herrn F. Dies lässt auch in diesem Zusammenhang deutlich werden, dass ein gewisses Einfühlungsvermögen, eine gewisse Offenheit und schlicht persönliches Engagement unabdingbar sind für eine solche pädagogische Arbeit.

Auf eher ‚technischer' Ebene muss hier insgesamt festgehalten werden, dass die Menschen im ambulant betreuten Wohnen oft einsam sind (siehe auch: Hanslmeier-Prockl 2009, S. 229). Hier wäre eine Unterstützung bei Vergemeinschaftungspraxen notwendig. Gleichzeitig wurde festgehalten, dass alle Interviewten viele routinemäßigen Praxen nicht kennen, da sie beispielsweise nicht in einen Sportverein gehen, nicht regelmäßig Restaurants oder andere Lokalitäten betreten, kaum öffentliche Veranstaltungen besuchen etc. und letztlich auch keine FreundInnen ohne Behinderung haben. Hier besteht die große Herausforderung an die Praxis darin, diese Kluft zwischen der Lebenswelt von Menschen ohne und Menschen mit geistiger Behinderung zu schließen, um diese selbst als Behinderungsfaktor zu dekonstruieren. Klar ist auch, dass dies eine gesamtgesellschaftliche Aufgabe ist, die nicht allein von der pädagogischen Praxis bewältigt werden kann.

Die in der Praxis Tätigen werden tagtäglich vor Herausforderungen gestellt, die sich aus den ambivalenten Spannungsverhältnissen, in die ihr (pädagogisches) Handeln eingebunden ist, ergeben. Um mit diesen Antinomien (Helsper 2004) produktiv umgehen zu können, bedarf es einer (ausgeprägteren als bislang) Begleitung der MitarbeiterInnen. Diese sollte primär darauf ausgerichtet sein, eine Refokussierung auf das zu betreuende Subjekt im Handlungsalltag zu ermöglichen (siehe dazu: Trescher 2017c, S. 199f). Denkbar sind dabei Angebote zur Weiterbildung oder auch gemeinsame (externe) Supervisionen, die im Kern dabei unterstützen, reflexive Handlungspraxen im Einrichtungsalltag zu etablieren. Das bedeutet in der Folge auch, dass jene Angebote einen primär fallverstehenden, rekonstruktiven Zugang wählen, welcher das Subjekt in den Fokus rückt und nicht nach Behinderungsausprägungen oder ‚Diagnosen' und darunter subsumiertem antizipiertem Verhalten fragt, um so tatsächliche fallbezogene Reflexion zu ermöglichen. Ein solcher verstehender Ansatz sollte auch Grundlage eines Konzeptes sein, das dem MitarbeiterInnen-Handeln Richtung gibt und sozusagen die Philosophie der Einrichtung ausmacht. Konzeptionelle Arbeiten sollten dabei mehr sein als bloße Lippenbekenntnisse und durch interne (z.B. in Teambesprechungen) und externe Reflexionen (z.B. durch genannte Supervision) in der Handlungspraxis verankert werden. Methodisch sinnvoll erscheint in diesem Zusammenhang auch die Etablierung einer externen Sozialarbeit, die sowohl praktisch Tätigen als auch den durch sie betreuten Personen unabhängig und beratend zur Seite steht und sozusagen als ‚neutrales Moment' eine unbelastete Perspektive in krisenhafte Situationen einbringen kann (siehe dazu auch Trescher 2017c, S. 190; 2015b, S. 323). Diese Konstituierung sozialpädagogischer und sozialarbeiterischer Praxen bedeutet auch, dass sich die Sonderpädagogik als Bezugsdisziplin öffnen und neben Menschen mit Behinderung eben auch insbesondere die Mehrheitsgesellschaft adressieren muss. Dabei ist in Frage zu stellen, ob sie denn überhaupt noch als *Sonder*pädagogik existieren kann. Es bleiben Fragen an Disziplin und Profession.

15.3 FRAGEN AN DISZIPLIN UND PROFESSION

Bei der Beschäftigung mit Behinderungspraxen, wie sie im Zentrum der hiesigen Studie stand, rückt immer wieder die Rolle des Hilfesystems sowie die Rolle der im Rahmen des Hilfesystems tätigen Personen ins Zentrum der Aufmerksamkeit. Es wurde deutlich, dass das Hilfesystem sowie die Sonderpädagogik (sowohl als wissenschaftliche Disziplin als auch als praktisches Handlungsfeld) in einem scheinbar unauflöslichen Dilemma stecken. Sie haben trotz ihrer unterstützenden, fördernden Prämissen und Ziele maßgeblich Anteil daran, dass sich Behinderungspraxen an Menschen mit geistiger Behinderung vollziehen und sich geistige Behinderung als solche in der Lebenspraxis reproduziert (vgl. Rösner 2014, S. 139ff). Dabei ist es auch diese Reproduktion von geistiger Behinderung, die zur Folge hat, dass sich auch die Sonderpädagogik stets aufs Neue hervorbringt und legitimiert (vgl. Oliver und Barnes 2012, S. 119ff; Pfahl 2011, S. 245f; Waldschmidt 2007, S. 70f; Tremain 2005, S. 10f). Angesichts der zunehmend vorhandenen empirischen Daten, die auf die Kontingenz des Phänomens (geistige) Behinderung verweisen und dabei mitunter auch die Rolle des Hilfesystems sowie die Rolle der Sonderpädagogik als solche kritisch reflektieren (vgl. etwa: Trescher 2017c; 2015b; Waldschmidt 2012; Pfahl 2011; Niediek 2010; Bruner 2005; Freitag 2005), erscheint es mit zunehmender Dringlichkeit geboten, sich wieder stärker theoretisch-reflexiv denn evidenz- und outputbasiert mit der Handlungspraxis zu beschäftigen. Konkret geht es dabei zum Beispiel auch um Fragen der „Professionsentwicklung im Rahmen der Inklusion, die Auflösung von Sonderinstitutionen oder die Umstrukturierung von Hilfesystemen" (Dederich und Felder 2016, S. 206). Dabei kommt die Diskussion zwangsläufig auch in die Nähe einer Debatte, die in der Sonderpädagogik bereits seit einigen

Jahren geführt wird und sich mit Forderungen nach einer ‚Dekategorisierung' befasst (vgl. Hinz und Köpfer 2016; Dederich 2016; 2015a; 2015b; Rösner 2014, S. 136ff). Im Mittelpunkt jener Auseinandersetzung steht dabei das Dilemma zwischen a) Kategorisierung als Quelle von Diskriminierungs- bzw. Marginalisierungspraxen und b) Kategorisierung als Mittel zur Deckung dessen, was im Vorangegangenen als ‚objektive Wirklichkeit' einer geistigen Behinderung bezeichnet wurde. Was hier hervortritt ist die Problematik, dass faktisch vorhandenen Bedürfnissen nur dann mit unterstützenden Maßnahmen begegnet werden kann, wenn diese zuvor als solche benannt wurden (vgl. Dederich 2015b, S. 28ff) – „kann ohne die Benennung von Hilfebedürftigkeit doch keine Leistung von Hilfe erfolgen" (Trescher und Börner 2014). Es geht letztlich um nicht weniger als um die Frage nach der Zukunft der Sonderpädagogik und die Frage danach, „ob, in welchem Umfang und in welchen Kontexten eine spezialisierte Pädagogik überhaupt noch zeitgemäß und legitim ist" (Dederich und Felder 2016, S. 206; vgl. auch Moser 2003).

Begreift man pädagogisches Handeln als eine Aushandlungspraxis, erscheint es notwendig, nicht nur die vom Hilfesystem scheinbar ‚Behandelten' in den Fokus zu rücken, sondern eben auch diejenigen, die mehr persönliche Handlungsökonomie in dieser Aushandlungspraxis haben – das heißt vor allem die im Hilfesystem praktisch tätigen Personen. Neben Fragen nach der Profession an sich, müssen dabei ebenfalls Fragen der Professionalisierung in den Vordergrund gerückt werden und zwar nicht nur im Sinne des Schaffens von sogenannten Gelingensbedingungen pädagogischer Praxis, sondern vielmehr auch hinsichtlich der Professionalisierungsbedürftigkeit (vgl. Oevermann 2002b) der Praxis der im Feld tätigen Personen (vgl. Scholz 2016, S. 53ff; Ackermann 2013; Lindmeier 2013a). Hinsichtlich der Formulierung eines Anforderungsprofils für in der Praxis Tätige sind primär fallverstehende Methoden und Praxen zu berücksichtigen, insbesondere jene, die es ermöglichen, Ergebnisse sozialwissenschaftlicher Forschung für PraktikerInnen zugänglich bzw. für diese zum Reflexionsgegenstand zu machen. Denkbar sind dabei auch solche Ansätze, die in der Praxis sogenannte Fallarbeit anhand wissenschaftlicher Verfahren betreiben, wodurch dieses Vorgehen durch seine gegenseitige Produktivität zu einer „Schnittstelle zwischen Disziplin und Praxis" (Dinkelaker 2016, S. 255) wird. Solche fallverstehenden Herangehensweisen ermöglichen „einen verstehenden Zugang zur sozialen Wirklichkeit pädagogischen Handelns" (Hummrich 2016, S. 14). Dieser verstehende Zugang stellt die Verfahren bereit, in einem „Wechselspiel von Struktur und Subjekt" (Graßhoff 2016, S. 274) sowohl Institutionsstrukturen, die das pädagogische Handeln rahmen, als auch die Person selbst, die AdressatIn des Handelns der PädagogInnen ist, zu reflektieren (vgl. Wernet 2006, S. 183). Zudem ist eine solche Verankerung wissenschaftlicher Erkenntnisse und Begründungen in der Praxis als Ausdruck ihrer Professionalisierung zu verstehen (vgl. Oevermann 2002b, S. 51f).

Unter professionalisierungsbedürftiger Praxis pädagogischen Handelns (wovon eine nicht- bzw. mangelnd-professionalisierte Praxis zu unterscheiden ist [Oevermann 2002b, S. 33]) ist all jene zu verstehen, die die „Bedingung der Nicht-Standardisierbarkeit stellvertretender Krisenbewältigung" (Oevermann 2002b, S. 32; vgl. auch Oevermann 1996, S. 142f) erfüllt. Eine solche stellvertretende Krisenbewältigung vollzieht sich im Strukturort des Arbeitsbündnisses. Ein solches Arbeitsbündnis vereint in sich „die widersprüchliche Einheit von diffusen und spezifischen Sozialbeziehungen" (Oevermann 1996, S. 123) sowie „die widersprüchliche Einheit von Autonomie und Abhängigkeit" (Oevermann 1996, S. 123) der zu betreuenden Person innerhalb jenes Arbeitsbündnisses (vgl. Oevermann 1996, S. 115ff; 2002b, S. 42ff). Folglich betreffen zentrale Fragestellungen die Möglichkeiten des Eingehens eines Arbeitsbündnisses im gegebenen Kontext und sind interessant für eine weiterführende empirische Untersuchung (vgl. Wigger 2009; Müller 2011). Weitere Fragen, deren empirische Bearbeitung besonders interessiert, sind ebensolche danach, welche Vorstellungen von (sonder-)pädagogischer Praxis bzw. (sonder-)pädagogischem Handeln bei den in der Praxis arbeitenden Personen vorhanden sind, wie diese ‚gewachsen' sind und wie diese Personen (unter anderem) mit oben genanntem Dilemma zwischen institutionalisierten Vorgaben und subjektbezogenem Handeln umgehen (vgl. Fornefeld 2009, S. 8ff). Als möglicher Ansatzpunkt einer theoretischen Erweiterung von Oevermanns revidierter Theorie professionalisierten Handelns (vgl. Oevermann 1996) sind Fragen hinsichtlich der pädagogischen Betreuung von Erwachsenen zu denken, da dies als Leerstelle in seinen Ausführungen ausgemacht werden kann. Kritisch zu reflektieren ist auch, dass im Bereich der Sonderpädagogik Fragen nach Professionalisierung in direkter Abhängigkeit zum Status ‚Behinderung' stehen, nämlich dahingehend, ob Behinderung eher als Pathologie (vgl. Oevermann 1996, S. 151) oder als soziales Konstrukt angenommen wird. Hinsichtlich einer sozialen Konstruiertheit von Behinderung ist dieses Modell professionalisierten Handelns eindeutig differenzierbar und bedarf weiterer theoretischer Überlegungen.

15.4 DEN KRITISCHEN BLICK BEIBEHALTEN – DAS VERHÄLTNIS VON FORSCHUNG ZU PRAXIS

Die Mahnung, den kritischen Blick beizubehalten, meint, dass es notwendig erscheint, Praxen, insbesondere auch institutionalisierte Praxen, stetig weiter zu beforschen, um Behinderungspraxen aufzudecken. Forschungsprojekte können helfen, Praxis zu reflektieren, Strukturen in Frage zu stellen und den Blick für neue Perspektiven zu öffnen. Damit ist weniger die oft wohlwollende Evaluationsforschung gemeint, als vielmehr eine kritische, sozialwissenschaftliche Analyse. Diese allein reicht allerdings oft nicht aus, denn ein Dilemma ist die Suche nach der Antwort auf die Frage: Wie finden wissenschaftlich relevante Ergebnisse ihren Weg in die Praxis, um dort auch ggf. Veränderungen (welcher Art auch immer) hervorzurufen? Daher erscheint es bedeutend, auch in ihrer Wirkmächtigkeitsentfaltung nicht immer auf den ersten Blick ‚gefallende' Forschung an die Praxis zurückzukoppeln – beispielsweise in Form von Diskussionen mit PraktikerInnen und/ oder Workshops mit verschiedenen im Feld Verantwortlichen.[3]

Um Praxen nachhaltig zu verändern „braucht es dringend weitere Reflexionsangebote für die Handelnden auf allen Ebenen. Dazu gehört explizit auch die kritische Sozialforschung" (Trescher 2017c, S. 199; vgl. auch Trescher 2016a; 2015b). Dies bringt ein Theorie-Praxis-Verhältnis zum Ausdruck, das Theorie gerade als die Kritik von Praxis versteht. Forschung wird dann notwendig, wenn das der jeweiligen Praxis „zugrundeliegende methodisierte Wissen selbst in eine zu lösende Geltungskrise gerät" (Oevermann 2002b, S. 27) bzw. führt wissenschaftliche Forschung diesen Zustand (gedankenexperimentell) bewusst herbei (Oevermann 2002b, S. 27). Insofern nimmt wissenschaftliche Forschung Praxis kritisch in den Blick und „muß deshalb auch das problematisieren, was sich in der Praxis bewährt hat und was deshalb der Praxis als unverzichtbar erscheint" (Oevermann 1996, S. 101). Dies versetzt Theorie in ein ambivalentes Verhältnis zu Praxis, welches zwischen „zerstörender Gegnerschaft zur Praxis einerseits und langfristigem Schutz der Praxis vor folgenreichem realen Scheitern andererseits" (Oevermann 1996, S. 101) verortet ist. Dieses ambivalente Verhältnis produktiv zu wenden, ist der Anspruch von Forschung, die ihre Ergebnisse für die Praxis zugänglich machen und zu konkreten Veränderungen beitragen will. Wie oben bereits beschrieben (Kapitel 15.3), ist für diesen Theorie-Praxis-Transfer

---

3 Ein Beispiel für ein solches Projekt, das explizit diesen Ansatz der (kritischen) Praxisforschung mitsamt entsprechender Rückkopplung verfolgte, war das Projekt: „Wohnräume als pädagogische Herausforderung" (Trescher 2017c).

ein fallorientiertes Vorgehen naheliegend und vielversprechend (vgl. Oevermann 2002b, S. 51ff; 1996, S. 161).

16. Abschließende Bemerkungen

Am Ende dieser Arbeit angelangt lässt sich sagen, dass diese maßgeblich von empirischen Vorerfahrungen profitiert hat. Ausgehend von den beiden vorausgegangenen Forschungsunternehmungen (Trescher 2017c; 2015b), in denen der Fokus unter anderem auch auf Interviews mit Menschen mit geistiger Behinderung gelegt wurde, war es ebendieser Zugang, der hier als der zentrale gewählt wurde. Insgesamt wurde auch hier deutlich, dass durchaus Interviews mit Menschen mit geistiger Behinderung geführt werden können und diese wiederum eine belastbare Arbeitsgrundlage für sozialwissenschaftliche Forschungsarbeiten darstellen können. Schlussendlich war es möglich, Biographien zu rekonstruieren und Erzähltes kritisch zu reflektieren. *Dabei wurde aufs Neue deutlich, wie sehr das Leben der interviewten Personen, entgegen aller pädagogischer und sozial-politischer Unternehmungen in den vergangenen Jahrzehnten, noch immer durch einen hohen Grad des Ausschlusses gekennzeichnet ist.* Zwar wurde erkennbar, dass die Umfänglichkeit des Ausschlusses aus allgemeingesellschaftlichen Praxen scheinbar mit der Umfänglichkeit des je individuellen Unterstützungsbedarfs einhergeht, dennoch machte die Beschäftigung mit Menschen, die ambulant betreut werden, klar, dass sich dieser Ausschluss keinesfalls nur auf Menschen aus stationären Wohnkontexten beschränkt. *Es scheint eine nur äußerst schwer zu überwindende Grenze zwischen der Lebenswelt von Menschen mit geistiger Behinderung einerseits und der Lebenswelt von Menschen ohne geistige Behinderung andererseits, also der hier so benannten Allgemeingesellschaft, zu geben. Um diese Grenze zu überwinden, reicht es in Wissenschaft und Praxis nicht aus, den Blick nur auf das als ‚behindert' geltende Subjekt zu richten. Auch die Mehrheitsgesellschaft sowie die Politik müssen adressiert werden, handelt es sich bei der Frage nach Diskursteilhabe von Menschen mit geistiger Behinderung doch letztlich auch um eine Frage der Gerechtigkeit, die wiederum immer auch eine politische Frage ist* (Forst 2005; 1994). *Die Studie hat auch gezeigt, dass es das Hilfesystem ist, welches selbst als Struktur Ausschluss erzeugt oder aber Einrichtungen schafft (zum Beispiel Wohnheime), die diesen Ausschluss mit ihren eigenwüchsigen Prozeduren produzieren. Gerade hier ist es an der Politik, dahingehend aktiv zu werden, das Hilfesystem, welches Menschen mit (geistiger) Behinderung als (geistig) behinderte Subjekte adressiert und hervorbringt, umzugestalten bzw. strukturell zu verändern.* In Bezug auf wissenschaftliche Forschung kann festgehalten werden, dass es noch immer viel zu wenig Grundlagenforschung zur Lebenssituation von Menschen mit geistiger Behinderung jenseits des Themas ‚Schule' gibt. Auch deshalb bedarf es dringend weiterer Grundlagenforschung in diesem Feld, beispielsweise zu den Themen Professionalisierung, Inklusionsverständnisse, aber auch bezüglich der besonderen Lebenslagen älterer Menschen mit geistiger Behinderung, die in ganz anderen Strukturen aufgewachsen sind. Auch bedarf es weiterer kritischer Auseinandersetzung mit Bildungs- und Betreuungsstrukturen für Kinder und Jugendliche mit geistiger Behinderung, werden doch bereits dort oft Menschen aus der Allgemeingesellschaft ‚heraussozialisiert' (Trescher und Hauck 2015a). Ein weiteres Problem ist auch der sogenannte Theorie-Praxis-Transfer, der nicht immer optimal zu gelingen scheint. Es bedarf hier dann auch einer Forschung, die sich traut ihre Ergebnisse an und in die Praxis rückzukoppeln, auch wenn diese Ergebnisse nicht immer in ihrer jeweiligen Ausprägung erwünscht oder dort als ‚positiv' gewertet werden. Ebenso wie sich Inklusion am Ende in der Lebenspraxis vollziehen muss und keinesfalls nur auf einen Teilbereich des Lebens beschränkt sein kann und darf, so gilt dies ebenfalls für Forschung. Neben empirischer Forschung bedarf es auch dringend der Wiederentdeckung begrifflich-theoretischer Fragen in den relevanten Bezugswissenschaften.

Letztlich konnte diese Studie zeigen, dass (geistige) Behinderung ein diskursiv hervorgebrachtes Phänomen ist. (Geistige) Behinderung ist eine in verschiedenen miteinander verwobenen Diskursen gelebte Praxis, die durch die ständige (Re-)Produktion von Diskursteilhabebarrieren tagtäglich (re-)produziert wird und somit tief in ‚der Gesellschaft' verankert ist. Damit können Behinderungspraxen auch nicht einfach mit ein paar gut gemeinten ‚Inklusionsmaßnahmen' dekonstruiert werden. Wird Inklusion als Prozess der Dekonstruktion von Diskursteilhabebarrieren verstanden, wird klar: Inklusion ist eine gesamtgesellschaftliche, krisenhafte und keinesfalls einfache Herausforderung für Forschung, Praxis, Politik und somit nicht zuletzt für alle diskursbeteiligten Subjekte (Trescher 2017c, S. 183ff; 2015b, S. 333f).

Literaturverzeichnis

Abrams, Thomas (2015): Disability and bureaucratic forms of life. In: *Nordic Journal of Science and Technology Studies* 3 (1), S. 12–21.

Ackermann, Karl–Ernst (2013): Geistigbehindertenpädagogik zwischen Disziplin und Profession. In: Karl-Ernst Ackermann, Oliver Musenberg und Judith Riegert (Hg.): Geistigbehindertenpädagogik!? Disziplin – Profession – Inklusion. Oberhausen: Athena, S. 171–184.

Alheit, Peter (2009): Biographie und Mentalität: Spuren des Kollektiven im Individuellen. In: Bettina Völter, Bettina Dausien, Helma Lutz und Gabriele Rosenthal (Hg.): Biographieforschung im Diskurs. Wiesbaden: VS, S. 21–45.

Alheit, Peter (2010): Identität oder „Biographizität"? Beiträge der neueren sozial- und erziehungswissenschaftlichen Biographieforschung zu einem Konzept der Identitätsentwicklung. In: Birgit Griese (Hg.): Subjekt – Identität – Person? Reflexionen zur Biographieforschung. Wiesbaden: VS, S. 219–250.

Amirpur, Donja (2016): Migrationsbedingt behindert? Familien im Hilfesystem. Eine intersektionale Perspektive. Bielefeld: transcript.

BAG WfbM (2016): Durchschnittliche monatliche Arbeitsentgelte 2012–2015 (Stand: Oktober 2016). Online verfügbar unter www.bagwfbm.de/file/1053/, zuletzt geprüft am 05.12.2016.

Bartmann, Silke (2002): Der behinderte Mensch im Spielfilm. Eine kritische Auseinandersetzung mit Mustern, Legitimationen, Auswirkungen von und dem Umgang mit Darstellungsweisen von behinderten Menschen in Spielfilmen. Hamburg: LIT.

Beck, Iris; Schuck, Karl Dieter (2001): Der Forschungsgegenstand über Grenzen und Möglichkeiten der Integration aus Sicht der Heil- und Sonderpädagogik. In: Gerhard Igl und Felix Welti (Hg.): Die Verantwortung des sozialen Rechtsstaates für Personen mit Behinderung und für die Rehabilitation. Interdisziplinäre Tagung des Instituts für Sozialrecht und Sozialpolitik in Europa der Christian–Albrechts–Universität zu Kiel und der LVA Schleswig-Holstein. 23./24. November 2000 in Lübeck. Wiesbaden: Chmielorz.

Becker, Florian (2015): Down Sportlerfest mit Teilnehmerrekord. In: *Frankfurter Allgemeine Zeitung* vom 27.04.2015, S. 23.

Berger, Peter L.; Luckmann, Thomas (2007): Die gesellschaftliche Konstruktion der Wirklichkeit. Eine Theorie der Wissenssoziologie. Frankfurt am Main: Fischer.

Bernasconi, Tobias; Keeley, Caren (2016): Empirische Forschung mit Menschen mit schwerer und mehrfacher Behinderung. In: *Teilhabe* 55 (1), S. 10–15.

Bienstein, Christel; Halek, Margareta (2011): „Und es ist doch was geblieben…“. Umgang mit schwerer Beeinträchtigung nach einem Schlaganfall. In: Markus Dederich und Katrin Grüber (Hg.): Herausforderungen. Mit schwerer Behinderung leben. Frankfurt am Main: Mabuse, S. 121–129.

Bittlingmayer, Uwe H. (2016): Strukturorientierte Perspektive auf Gesundheit und Krankheit. In: Matthias Richter und Klaus Hurrelmann (Hg.): Soziologie von Gesundheit und Krankheit. Wiesbaden: VS, S. 23–40.

Börner, Michael (2015): Zur medialen Inszenierung von geistiger Behinderung. Eine exemplarische Analyse öffentlicher Rezeption. Unveröffentlichte Masterarbeit. Frankfurt am Main.

Bösl, Elsbeth (2009): Politiken der Normalisierung. Zur Geschichte der Behindertenpolitik in der Bundesrepublik Deutschland. Bielefeld: transcript.

Bösl, Elsbeth (2010): Was ist Disability History? Zur Geschichte und Historiografie von Behinderung. In: Elsbeth Bösl, Anne Klein und Anne Waldschmidt (Hg.): Disability History. Konstruktionen von Behinderung in der Geschichte. Eine Einführung. Bielefeld: transcript, S. 29–44.

Bosse, Ingo (2006): Behinderung und Fernsehen. Gleichberechtigte Teilhabe als Leitziel der Berichterstattung. Wiesbaden: DUV.

Breul, Gunda (2011): Ich Gundi sag' euch wie es ist. In: *TOLL – Magazin für Wundertage* 1 (1), S. 16–17.

Brockötter, S. (2012): TV-Star trotz Down-Syndrom. In: *Bild* vom 11.04.2012, S.7.

Bruner, Claudia Franziska (2005): KörperSpuren. Zur Dekonstruktion von Körper und Behinderung in biografischen Erzählungen von Frauen. Bielefeld: transcript.

Buchner, Tobias; Koenig, Oliver (2008): Methoden und eingenommene Blickwinkel in der sonder- und heilpädagogischen Forschung von 1996–2006. Eine Zeitschriftenanalyse. In: *Heilpädagogische Forschung* 34 (1).

Butler, Judith (1991): Das Unbehagen der Geschlechter. Frankfurt am Main: Suhrkamp.

Butler, Judith (2013): Psyche der Macht. Das Subjekt der Unterwerfung. Frankfurt am Main: Suhrkamp.

Davis, Lennard J. (2010): Constructing Normalcy. In: Lennard J. Davis (Hg.): The Disability Studies Reader. New York, Abigdon: Routledge, S. 3–19.

Davis, Lennard J. (2013): The End of Normal. Identity in a Biocultural Era. Michigan: The University of Michigan Press.

Dederich, Markus (2001): Menschen mit Behinderung zwischen Ausschluss und Anerkennung. Bad Heilbrunn: Klinkhardt.

Dederich, Markus (2011): Abhängigkeit, Macht und Gewalt in asymmetrischen Beziehungen. In: Markus Dederich und Katrin Grüber (Hg.): Herausforderungen. Mit schwerer Behinderung leben. Frankfurt am Main: Mabuse.

Dederich, Markus (2012): Körper, Kultur und Behinderung. Eine Einführung in die Disability Studies. Bielefeld: transcript.

Dederich, Markus (2015a): Kritik der Dekategorisierung. Ein philosophischer Versuch. In: *Vierteljahresschrift für Heilpädagogik und ihre Nachbargebiete* (84) 3, S. 192–205.

Dederich, Markus (2015b): Zwischen Wertschätzung von Diversität und spezialisierter Intervention. Ein behindertenpädagogisches Dilemma im Zeichen der Inklusion. In: *Behinderte Menschen: Zeitschrift für gemeinsames Leben, Lernen und Arbeiten* 38 (4), S. 27–32.

Dederich, Markus (2016): Unterstützung durch Dekategorisierung? Eine Replik auf Andreas Hinz und Andreas Köpfer. In: *Vierteljahresschrift für Heilpädagogik und ihre Nachbargebiete* 85 (1), S. 48–52.

Dederich, Markus; Felder, Franziska (2016): Funktionen von Theorie in der Heil- und Sonderpädagogik. In: *Vierteljahresschrift für Heilpädagogik und ihre Nachbargebiete* 85 (3), S. 196–209.

Deneu, Dominique (2016): Betreuung als Beruf. Selbstkonstruktion professionell Tätiger in der stationären Behindertenhilfe. Unveröffentliche Masterarbeit. Frankfurt am Main.

Dinkelaker, Jörg (2016): Zwischen Disziplin und Profession. Zur kommunikativen Bedeutung von Fällen für die Professionalisierung von Erwachsenenbildung/Weiterbildung. In: Merle Hummrich, Astrid Hebenstreit, Merle Hinrichsen und Michael Meier (Hg.): Was ist der Fall? Kasuistik und das Verstehen pädagogischen Handelns. Wiesbaden: VS, S. 251–270.

Dörner, Klaus (1998): „Enthospitalisierung“ aus sozialpsychiatrischer Sicht am Beispiel des Landeskrankenhauses Gütersloh. In: Georg Theunissen (Hg.): Enthospitalisierung – ein Etikettenschwindel? Neue Studien, Erkenntnisse und Perspektiven der Behindertenhilfe. Bad Heilbrunn: Klinkhardt, S. 31–42.

Dudenredaktion (2016): Duden – Die deutsche Rechtschreibung. Das umfassende Standardwerk auf der Grundlage der aktuellen amtlichen Regeln: Bibliographisches Institut.

Eckert, Andreas (2012): Familie und Behinderung. Studien zur Lebenssituation von Familien mit einem behinderten Kind. Hamburg: Verlag Dr. Kocač.

Eckert, Andreas (2014): Kooperation von Elternhaus, Kindergarten und Schule. In: Udo Wilken und Barbara Jeltsch-Schudel (Hg.): Elternarbeit und Behinderung. Empowerment – Inklusion – Wohlbefinden. Stuttgart: Kohlhammer, S. 117–128.

Eckert, Andreas Georg (2001): Erfahrungen und Bedürfnisse von Eltern behinderter Kinder als Grundlage familienorientierter Angebote in der Heilpädagogik. Unveröffentlichte Inaugural-Dissertation. Universität zu Köln.

Ehring, Heike (1996): „Verminderte Heiratschancen“ oder Perspektivengewinn? Lebensentwürfe und Lebenswirklichkeit körperbehinderter Frauen. Bielefeld: Kleine.

Ertl-Wagner, Birgit (2007): Pädiatrische Neuroradiologie. Wiesbaden: VS.

Esser, Hartmut (2000): Institutionen. Frankfurt am Main: Campus.

Flick, Uwe (2011a): Das Episodische Interview. In: Gertrud Oelerich und Hans-Uwe Otto (Hg.): Empirische Forschung und Soziale Arbeit. Ein Studienbuch. Wiesbaden: VS, S. 273–280.

Flick, Uwe (2011b): Qualitative Sozialforschung. Eine Einführung. Reinbek bei Hamburg: Rowohlt.

Flieger, Petra (2013): Durch Partizipation zu mehr Gerechtigkeit in der Forschung zu Behinderung. In: Markus Dederich, Heinrich Greving, Christian Mürner und Peter Rödler (Hg.): Behinderung und Gerechtigkeit. Heilpädagogik als Kulturpolitik. Gießen: Psychosozial, S. 153–168.

Flieger, Petra; Schönwiese, Volker (2011): Die UN-Konvention über die Rechte von Menschen mit Behinderungen: Eine Herausforderung für die Integrations- und Inklusionsforschung. In: Petra Flieger und Volker Schönwiese (Hg.): Menschenrechte, Integration, Inklusion. Aktuelle Perspektiven aus der Forschung. Bad Heilbrunn: Klinkhardt, S. 27–38.

Fornefeld, Barbara (2009): Heilpädagogen zwischen Individualanspruch und Systemzwang. Versuch einer ethischen Standortbestimmung. In: *Vierteljahresschrift für Heilpädagogik und ihre Nachbargebiete* 78 (1), S. 8–19.

Fornefeld, Barbara (2013): Grundwissen Geistigbehindertenpädagogik. München, Basel: Reinhardt.

Forst, Rainer (1994): Kontexte der Gerechtigkeit. Politische Philosophie jenseits von Liberalismus und Kommunitarismus. Frankfurt am Main: Suhrkamp.

Forst, Rainer (2005): Die erste Frage der Gerechtigkeit. In: *APuZ. Aus Politik und Zeitgeschichte* (37), S. 24–31.

Foucault, Michel (1969): Wahnsinn und Gesellschaft. Frankfurt am Main: Suhrkamp.

Foucault, Michel (1978): Die „Gouvernementalität". In: Michel Foucault: Analytik der Macht. Frankfurt am Main: Suhrkamp, S. 148–174.

Foucault, Michel (1981): Archäologie des Wissens. Frankfurt am Main: Suhrkamp.

Foucault, Michel (2011): Die Geburt der Klinik. Eine Archäologie des ärztlichen Blicks. Frankfurt am Main: Fischer.

Foucault, Michel (2012a): Die Ordnung der Dinge. Eine Archäologie der Humanwissenschaften. Frankfurt am Main: Suhrkamp.

Foucault, Michel (2012b): Die Ordnung des Diskurses. Frankfurt am Main: Fischer.

Foucault, Michel (2015): Die Geburt der Biopolitik. Geschichte der Gouvernementalität II. Frankfurt am Main: Suhrkamp.

Freitag, Walburga (2005): Contergan. Eine genealogische Studie des Zusammenhangs wissenschaftlicher Diskurse und biographischer Erfahrungen. Münster u.a.: Waxmann.

Friebertshäuser, Barbara; Langer, Antje (2010): Interviewformen und Interviewpraxis. In: Barbara Friebertshäuser, Antje Langer und Annedore Prengel (Hg.): Handbuch Qualitative Forschungsmethode in der Erziehungswissenschaft. Weinheim, München: Juventa, S. 437–455.

Fuchs-Heinritz, Werner (2009): Biographische Forschung. Eine Einführung in Praxis und Methoden. Wiesbaden: VS.

Garz, Detlef (1997): Die Methode der Objektiven Hermeneutik – Eine anwendungsbezogene Einführung. In: Barbara Friebertshäuser und Annedore Prengel (Hg.): Handbuch Qualitative Forschungsmethoden in der Erziehungswissenschaft. Weinheim, München: Juventa, S. 535–543.

Goffman, Erving (1973): Asyle. Über die soziale Situation psychiatrischer Patienten und anderer Insassen. Frankfurt am Main: Suhrkamp.

Goffman, Erving (1975): Stigma. Über Techniken der Bewältigung beschädigter Identität. Frankfurt am Main: Suhrkamp.

Goffman, Erving (1986): Interaktionsrituale. Über Verhalten in direkter Kommunikation. Frankfurt am Main: Suhrkamp.

Graf, Erich Otto (2015): Partizipative Forschung. In: Ingeborg Hedderich, Barbara Egloff und Raphael Zahnd (Hg.): Biografie – Partizipation – Behinderung. Theoretische Grundlagen und eine partizipative Forschungsstudie. Bad Heilbrunn: Klinkhardt, S. 32–42.

Graßhoff, Gunther (2016): Rekonstruktive Sozialpädagogik!? Sozialpädagogisches Fallverstehen im Spannungsfeld von Theorie und Praxis. In: Merle Hummrich, Astrid Hebenstreit, Merle Hinrichsen und Michael Meier (Hg.): Was ist der Fall? Kasuistik und das Verstehen pädagogischen Handelns. Wiesbaden: VS, S. 271–292.

Graumann, Sigrid (2009): Bioethik/Biomedizin. In: Markus Dederich und Wolfgang Jantzen (Hg.): Behinderung und Anerkennung. Stuttgart: Kohlhammer, S. 278–283.

Griese, Birgit (2010): Einleitung. In: Birgit Griese (Hg.): Subjekt – Identität – Person? Reflexionen zur Biographieforschung. Wiesbaden: VS, S. 7–17.

Griese, Birgit; Griesehop, Hedwig Rosa (2007): Biographische Fallarbeit. Theorie, Methode und Praxisrelevanz. Wiesbaden: VS.

Gugutzer, Robert; Schneider, Werner (2007): Der „behinderte" Körper in den Disability Studies. Eine Körpersoziologische Grundlegung. In: Anne Waldschmidt und Werner Schneider (Hg.): Disability Studies, Kultursoziologie und Soziologie der Behinderung. Erkundungen in einem neuen Forschungsfeld. Bielefeld: transcript, S. 31–54.

Habermas, Jürgen (1982): Der Universalitätsanspruch der Hermeneutik [1970]. In: Jürgen Habermas: Zur Logik der Sozialwissenschaften. Frankfurt am Main: Suhrkamp, S. 331–366.

Habermas, Jürgen (1983): Rekonstruktive vs. Verstehende Sozialwissenschaften. In: Jürgen Habermas: Moralbewußtsein und kommunikatives Handeln. Frankfurt am Main: Suhrkamp, S. 29–52.

Habermas, Jürgen (1995): Was heißt Universalpragmatik? [1976]. In: Jürgen Habermas: Vorstudien und Ergänzungen zu einer Theorie des kommunikativen Handelns. Frankfurt am Main: Suhrkamp, S. 353–440.

Haker, Hille (2011): Hauptsache gesund? Ethische Fragen der Pränatal- und Präimplantationsdiagnostik. Zur aktuellen Debatte. München: Kösel.

Hanslmeier–Prockl, Gertrud (2009): Teilhabe von Menschen mit geistiger Behinderung. Empirische Studie zu Bedingungen der Teilhabe im Ambulant betreuten Wohnen in Bayern. Bad Heilbrunn: Klinkhardt.

Hasse, Jürgen (2009): Unbedachtes Wohnen. Lebensformen an verdeckten Rändern der Gesellschaft. Bielefeld: transcript.

Hauck, Teresa (2014): Strukturprobleme integrativer Kinderbetreuung. Sequenzanalytische Strukturanalyse einer integrativen Kindertagesstätte. Unveröffentlichte Masterarbeit. Mainz.

Hedderich, Ingeborg (2015): Theorie der Biografie: Begrifflichkeit und Bedeutung. In: Ingeborg Hedderich, Barbara Egloff und Raphael Zahnd (Hg.): Biografie – Partizipation – Behinderung. Theoretische Grundlagen und eine partizipative Forschungsstudie. Bad Heilbrunn: Klinkhardt, S. 17–27.

Hedderich, Ingeborg; Egloff, Barbara; Zahnd, Raphael (Hg.) (2015): Biografie – Partizipation – Behinderung. Theoretische Grundlagen und eine partizipative Forschungsstudie. Bad Heilbrunn: Klinkhardt.

Hedderich, Ingeborg; Loer, Helga (2003): Körperbehinderte Menschen im Alter. Lebenswelt und Lebensweg. Bad Heilbrunn: Klinkhardt.

Helfferich, Cornelia (2005): Die Qualität qualitativer Daten. Manual für die Durchführung qualitativer Interviews. Wiesbaden: VS.

Helsper, Werner (2004): Pädagogisches Handeln in den Antinomien der Moderne. In: Heinz Hermann Krüger und Werner Helsper (Hg.): Einführung in Grundbegriffe und Grundfragen der Erziehungswissenschaft. Wiesbaden: VS, S. 15–34.

Hinz, Andreas; Köpfer, Andreas (2016): Unterstützung trotz Dekategorisierung? Beispiele für Unterstützung durch Dekategorisierung. In: *Vierteljahresschrift für Heilpädagogik und ihre Nachbargebiete* 85 (1).

Honneth, Axel (1997): Anerkennung und moralische Verpflichtung. In: *Zeitschrift für philosophische Forschung* 51 (1), S. 25–41.

Honneth, Axel (2008): Kampf um Anerkennung. Zur moralischen Grammatik sozialer Konflikte. Frankfurt am Main: Suhrkamp.

Hummrich, Merle (2016): Was ist der Fall? Zur Kasuistik in der Erziehungswissenschaft. In: Merle Hummrich, Astrid Hebenstreit, Merle Hinrichsen und Michael Meier (Hg.): Was ist der Fall? Kasuistik und das Verstehen pädagogischen Handelns. Wiesbaden: VS, S. 13–38.

Jantzen, Wolfgang (1998): Enthospitalisierung und verstehende Diagnostik. In: Georg Theunissen (Hg.): Enthospitalisierung – ein Etikettenschwindel? Neue Studien, Erkenntnisse und Perspektiven der Behindertenhilfe. Bad Heilbrunn: Klinkhardt, S. 43–61.

Jantzen, Wolfgang (1999): Deinstitutionalisierung als Kern von Qualitätssicherung. In: Wolfgang Jantzen, Willehad Lanwer-Koppelin und Kristina Schulz (Hg.): Qualitätssicherung und Deinstitutionalisierung. Niemand darf wegen seiner Behinderung benachteiligt werden. Berlin: Wissenschaftsverlag Spiess, S. 191–196.

Jeltsch-Schudel, Barbara (2008): Identität und Behinderung. Biographische Reflexionen erwachsener Personen mit einer Seh-, Hör- oder Körperbehinderung. Oberhausen: Athena.

Kade, Jochen; Hof, Christiane (2008): Biographie und Lebenslauf. Über ein biographietheoretisches Projekt zum lebenslangen Lernen auf der Grundlage wiederholter Erhebungen. In: Heide von Felden (Hg.): Perspektiven der erziehungswissenschaftlichen Biographieforschung. Wiesbaden: VS, S. 159–176.

Keeley, Caren (2015): Qualitative Forschung mit Menschen mit geistiger Behinderung. Notwendigkeit und methodische Möglichkeiten zur Erhebung subjektiver Sichtweisen unter besonderer Berücksichtigung der Bedürfnisse von Menschen mit geistiger Behinderung. In: *Zeitschrift für Heilpädagogik* 66 (3), S. 108–119.

Kindl, Vanessa (2016): Geschwisterschaft und geistige Behinderung. Wie konstruiert sich die Geschwisterschaft bei Geschwistern, bei denen eines mit geistiger Behinderung lebt? Unveröffentlichte Masterarbeit. Frankfurt am Main.

Köbsell, Swantje (2009): Medizinisierung. In: Markus Dederich und Wolfgang Jantzen (Hg.): Behinderung und Anerkennung. Stuttgart: Kohlhammer, S. 274–277.

Kohlmann, Karen (2011): Teilhabe am kulturellen Leben der Gesellschaft. Inklusive Forschung als Wegbereiter. In: *Teilhabe* 50 (1), S. 22–28.

König, Hans-Dieter (2012): Tiefenhermeneutik. In: Uwe Flick, Ernst von Kardorff und Ines Steinke (Hg.): Qualitative Forschung. Ein Handbuch. Reinbek bei Hamburg: Rowohlt, S. 556–569.

Kratzer, Tanja (2016): Selbstbestimmung und Habitus von Menschen mit geistiger Behinderung im Ambulant Betreuten Wohnen. Eine exemplarische Untersuchung im Kontext von Alltag und Freizeit. Unveröffentlichte Masterarbeit, Mainz.

Krüger, Heinz-Hermann (2006): Entwicklungslinien, Forschungsfelder und Perspektiven der erziehungswissenschaftlichen Biographieforschung. In: Heinz-Hermann Krüger und Winfried Marotzki (Hg.): Handbuch erziehungswissenschaftliche Biographieforschung. Wiesbaden: VS, S. 13–33.

Krüger, Heinz-Hermann; Marotzki, Winfried (2006): Biographieforschung und Erziehungswissenschaft – Einleitende Anmerkungen. In: Heinz-Hermann Krüger und Winfried Marotzki (Hg.): Handbuch erziehungswissenschaftliche Biographieforschung. Wiesbaden: VS, S. 7–9.

Lamnek, Siegfried (2010): Qualitative Sozialforschung. Weinheim, Basel: Beltz.

Langfeldt, Hans–Peter; Wember, Franz B. (1994): 30 Jahre heilpädagogische Forschung. Bestandsaufnahme und inhaltsanalytische Reflexionen. In: *Heilpädagogische Forschung* 20 (4), S. 187–198.

Leber, Martina; Oevermann, Ulrich (1994): Möglichkeiten der Therapieverlaufs-Analyse in der Objektiven Hermeneutik. Eine exemplarische Analyse der ersten Minuten einer Fokaltherapie aus der Ulmer Textbank („Der Student"). In: Detlef Garz und Klaus Kraimer (Hg.): Die Welt als Text. Theorie, Kritik und Praxis der objektiven Hermeneutik. Frankfurt am Main: Suhrkamp, S. 383–427.

Lemke, Joseph (1995): Textual Politics. London: Taylor & Francis.

Lemke, Thomas (2008): Gouvernementalität und Biopolitik. Wiesbaden: VS.

Ley, Thomas (2010): Einführung in die Methode der objektiv-hermeneutischen Sequenzanalyse. Frankfurt am Main: Verlag für Polizeiwissenschaft.

Lindmeier, Bettina (2013a): Professionelles Handeln im Förderschwerpunkt geistige Entwicklung. In: Karl-Ernst Ackermann, Oliver Musenberg und Judith Riegert (Hg.): Geistigbehindertenpädagogik!? Disziplin – Profession – Inklusion. Oberhausen: Athena, S. 291–314.

Lindmeier, Bettina (2016): Überbehütung oder Zurückhalten der Wahrheit. In: *Teilhabe* 55 (1), S. 26–32.

Lindmeier, Christian (2004): Biografiearbeit mit geistig behinderten Menschen. Ein Praxisbuch für Einzel- und Gruppenarbeit. Weinheim u.a.: Juventa.

Lindmeier, Christian (2013b): Geschichte und Gegenwart der Sonderpädagogik als wissenschaftliche Disziplin. In: Karl-Ernst Ackermann, Oliver Musenberg und Judith Riegert (Hg.): Geistigbehindertenpädagogik!? Disziplin – Profession – Inklusion. Oberhausen: Athena, S. 111–144.

Lindmeier, Christian; Lindmeier, Bettina (2015): Inklusion aus der Perspektive des rechtlichen und ethischen Begründungsdiskurses. In: *Erziehungswissenschaft* 26 (51), S. 43–51.

Link, Jürgen (2012): Subjektivitäten als (inter)diskursive Ereignisse. Mit einem historischen Beispiel (der Kollektivsymbolik von Maschinen vs. Organismus) als Symptom diskursiver Positionen. In: Reiner Keller, Werner Schneider und Willy Viehöver (Hg.): Diskurs – Macht – Subjekt. Theorie und Empirie von Subjektivierung in der Diskursforschung. Wiesbaden: VS, S. 53–68.

Loch, Werner (2006): Der Lebenslauf als anthropologischer Grundbegriff einer biographischen Erziehungstheorie. In: Heinz–Hermann Krüger und Winfried Marotzki (Hg.): Handbuch erziehungswissenschaftliche Biographieforschung. Wiesbaden: VS, S. 71–89.

Mair, Helmut; Roters-Möller, Sören (2007): Den Ruhestand gestalten lernen. Menschen mit Behinderung in einer alternden Gesellschaft. In: Günther Cloerkes und Jörg Michael Kastl (Hg.): Leben und Arbeiten unter erschwerten Bedingungen. Menschen mit Behinderungen im Netz der Institutionen. Heidelberg: Winter, S. 211–240.

Markowetz, Reinhard (2014): Freizeit im Leben von Menschen mit Behinderungen. In: Erhard Fischer (Hg.): Heilpädagogische Handlungsfelder. Grundwissen für die Praxis. Stuttgart: Kohlhammer, S. 230–250.

Markowetz, Reinhard (2016): Freizeit. In: Ingeborg Hedderich, Gottfried Biewer, Judith Hollenweger und Reinhard Markowetz (Hg.): Handbuch Inklusion und Sonderpädagogik. Bad Heilbrunn: Klinkhardt, S. 459–465.

Marotzki, Winfried (2006): Forschungsmethoden und -methodologie der Erziehungswissenschaftlichen Biographieforschung. In: Heinz-Hermann Krüger und Winfried Marotzki (Hg.): Handbuch erziehungswissenschaftliche Biographieforschung. Wiesbaden: VS, S. 111–135.

Mead, George Herbert (2000): Mind, self, and society. From the standpoint of a social behaviorist. Chicago, London: University of Chicago Press.

Mills, Sara (2007): Der Diskurs. Tübingen: Narr Francke Attempto.

Moser, Vera (2003): Konstruktion und Kritik. Sonderpädaogik als Disziplin. Opladen: Leske + Budrich.

Müller, Burkhard (2011): Professionalität ohne Arbeitsbündnis? Eine Studie zu „niedrigschwelliger" Sozialer Arbeit. In: Roland Becker-Lenz, Stefan Busse, Gudrun Ehlert und Silke Müller (Hg.): Professionelles Handeln in der Sozialen Arbeit. Materialanalysen und kritische Kommentare. Wiesbaden: VS, S. 144–159.

Nicklas–Faust, Jeanne (2011): Leben mit Eva. In: Markus Dederich und Katrin Grüber (Hg.): Herausforderungen. Mit schwerer Behinderung leben. Frankfurt am Main: Mabuse, S. 105–109.

Niediek, Imke (2010): Das Subjekt im Hilfesystem. Eine Studie zur Individuellen Hilfeplanung im Unterstützten Wohnen für Menschen mit einer geistigen Behinderung. Wiesbaden: VS.

Niediek, Imke (2011): Das Subjekt in der Hilfeplanung. In: Petra Flieger und Volker Schönwiese (Hg.): Menschenrechte, Integration, Inklusion. Aktuelle Perspektiven aus der Forschung. Bad Heilbrunn: Klinkhardt, S. 75–82.

Niehoff, Ulrich (2015): Inklusion und Vielfalt. Plädoyer für einen weiten Inklusionsbegriff. In: *Teilhabe* 54 (1), S. 2–3.

Niehoff, Ulrich (2016): Persönliche Zukunftsplanung. In: Ingeborg Hedderich, Gottfried Biewer, Judith Hollenweger und Reinhard Markowetz (Hg.): Handbuch Inklusion und Sonderpädagogik. Bad Heilbrunn: Klinkhardt, S. 522–527.

Nittel, Dieter (1991): Report: Biographieforschung. Bonn.

Nittel, Dieter (2008): Über den Realitätsgehalt autobiographischer Stegreiferzählungen: Methodologische Standortbestimmung eines pädagogischen Zeitzeugenprojektes. In: Heide von Felden (Hg.): Perspektiven der erziehungswissenschaftlichen Biographieforschung. Wiesbaden: VS, S. 69–108.

Nonhoff, Martin; Angermüller, Johannes (2014): Diskurs (sozialwissenschaftlich). In: Daniel Wrana, Alexander Ziem, Martin Reisigl, Martin Nonhoff und Johannes Angermuller (Hg.): DiskursNetz. Wörterbuch der interdisziplinären Diskursforschung. Frankfurt am Main: Suhrkamp, S. 82–84.

Nonhoff, Martin; Gronau, Jennifer (2012): Die Freiheit des Subjekts im Diskurs. Anmerkungen zu einem Verhältnis der Gleichursprünglichkeit. In: Reiner Keller, Werner Schneider und Willy Viehöver (Hg.): Diskurs – Macht – Subjekt. Theorie und Empirie von Subjektivierung in der Diskursforschung. Wiesbaden: VS, S. 109–130.

Oevermann, Ulrich (1986): Kontroversen über sinnverstehende Soziologie. Einige wiederkehrende Probleme und Mißverständnisse in der Rezeption der „objektiven Hermeneutik“. In: Stefan Aufenanger und Margrit Lenssen (Hg.): Handlung und Sinnstruktur. Bedeutung und Anwendung der objektiven Hermeneutik. München: Kindt, S. 19–83.

Oevermann, Ulrich (1993): Die objektive Hermeneutik als unverzichtbare methodologische Grundlage für die Analyse von Subjektivität. Zugleich eine Kritik der Tiefenhermeneutik. In: Thomas Jung und Stefan Müller-Doohm (Hg.): „Wirklichkeit“ im Deutungsprozeß. Frankfurt am Main: Suhrkamp, S. 106–189.

Oevermann, Ulrich (1996): Theoretische Skizze einer revidierten Theorie professionalisierten Handelns. In: Arno Combe und Werner Helsper (Hg.): Pädagogische Professionalität. Untersuchungen zum Typus pädagogischen Handelns. Frankfurt am Main: Suhrkamp, S. 70–182.

Oevermann, Ulrich (2000): Die Methode der Fallrekonstruktion in der Grundlagenforschung so wie der klinischen und pädagogischen Praxis. In: Klaus Kraimer (Hg.): Die Fallrekonstruktion. Sinnverstehen in der sozialwissenschaftlichen Forschung. Frankfurt am Main: Suhrkamp, S. 58–156.

Oevermann, Ulrich (2001): Strukturprobleme supervisorischer Praxis. Eine objektiv hermeneutische Sequenzanalyse zur Überprüfung der Professionalisierungstheorie. Frankfurt am Main: Humanities Online.

Oevermann, Ulrich (2002a): Klinische Soziologie auf der Basis der Methodologie der objektiven Hermeneutik. Manifest der objektiv hermeneutischen Sozialforschung. Unveröffentlichtes Manuskript. Frankfurt am Main. Online verfügbar unter http://www.ihsk.de/publikationen/Ulrich_Oevermann–Manifest_der_objektiv_hermeneutischen_Sozialforschung.pdf, zuletzt geprüft am 04.01.2017.

Oevermann, Ulrich (2002b): Professionalisierungsbedürftigkeit und Professionalisiertheit pädagogischen Handelns. In: Margret Kraul, Winfried Marotzki und Cornelia Schweppe (Hg.): Biographie und Profession. Bad Heilbrunn: Klinkhardt, S. 19–63.

Oevermann, Ulrich (2004): Sozialisation als Prozess der Krisenbewältigung. In: Dieter Geulen und Veith Hermann (Hg.): Sozialisationstheorie interdisziplinär. Aktuelle Perspektiven. Stuttgart: Lucius & Lucius, S. 155–182.

Oevermann, Ulrich (2009): Biographie, Krisenbewältigung und Bewährung. In: Sylke Bartmann, Axel Fehlhaber, Sandra Kirsch und Wiebke Lohfeld (Hg.): „Natürlich stört das Leben ständig“. Perspektiven auf Entwicklung und Erziehung. Wiesbaden: VS, S. 35–55.

Oevermann, Ulrich; Allert, Tilmann; Konau, Elisabeth; Krambeck, Jürgen (1979): Die Methodologie einer „objektiven Hermeneutik“ und ihre allgemeine forschungslogische Bedeutung in den Sozialwissenschaften. In: Hans-Georg Soeffner (Hg.): Interpretative Verfahren in den Sozial- und Textwissenschaften. Stuttgart: Metzler, S. 352–434.

Öhlschläger, Günther (1974): Einige Unterschiede zwischen Naturgesetzen und sozialen Regeln. In: Hans J. Heringer (Hg.): Der Regelbegriff in der praktischen Semantik. Frankfurt am Main: Suhrkamp, S. 88–110.

Oliver, Michael (1990): The politics of disablement. London: Macmillan.

Oliver, Michael; Barnes, Colin (2012): The New Politics of Disablement. Houndmills, Basingstoke, London: Macmillan.

Orthmann Bless, Dagmar (2006): Lebensentwürfe benachteiligter Jugendlicher. Theoretische Betrachtungen und Ergebnisse einer empirischen Untersuchung bei Mädchen mit Lernbehinderung. Bad Heilbrunn: Klinkhardt.

Ohne Verfasser (2014): Der geistig behinderte Andre F. (21) aus Waltrop kam nie zu Hause an (2014). In: *Bild.de*, 12.11.2014. Online verfügbar unter http://www.bild.de/regional/ruhrgebiet/vermisst/wo–ist–andre–38539240.bild.html, zuletzt geprüft am 24.02.2016.

Pfahl, Lisa (2011): Techniken der Behinderung. Der deutsche Lernbehindertendiskurs, die Sonderschule und ihre Auswirkungen auf Bildungsbiografien. Bielefeld: transcript.

Pfahl, Lisa; Schürmann, Lena; Traue, Boris (2015): Das Fleisch der Diskurse. Zur Verbindung von Biograpie- und Diskursforschung in der wissenssoziologischen Subjektivierungsanalyse am Beispiel der Behindertenpädagogik. In: Susann Fegter, Fabian Kessl, Antje Langner, Marion Ott, Daniela Rothe und Daniel Wrana (Hg.): Erziehungswissenschaftliche Diskursforschung. Empirische Analysen zu Bildungs- und Erziehungsverhältnissen. Wiesbaden: VS, S. 89–106.

Pfahl, Lisa; Traue, Boris (2013): Die Erfahrung des Diskurses. Zur Methode der Subjektivierungsanalyse in der Untersuchung von Bildungsprozessen. In: Reiner Keller und Inga Truschkat (Hg.): Methodologie und Praxis der Wissenssoziologischen Diskursanalyse. Wiesbaden: VS, S. 425–450.

Pilz, Dirk (2007): Krisengeschöpfe. Zur Theorie und Methodologie der Objektiven Hermeneutik. Wiesbaden: Deutscher Universitäts–Verlag.

Popper, Karl R. (1980): Die offene Gesellschaft und ihre Feinde. Der Zauber Platons. Band 1. Bern, München: Francke.

Popper, Karl R. (2003): Das Elend des Historizismus. In: Karl R. Popper: Gesammelte Werke. 4. Band. Tübingen: Mohr Siebeck.

Pörtner, Marlis (2007): Brücken bauen. Menschen mit geistiger Behinderung verstehen und begleiten. Stuttgart: Klett-Cotta.

Pörtner, Marlis (2008): Ernstnehmen, Zutrauen, Verstehen. Personzentrierte Haltung im Umgang mit geistig behinderten und pflegebedürftigen Menschen. Stuttgart: Klett-Cotta.

Reckwitz, Andreas (2008): Subjekt. Bielefeld: transcript.

Reisel, Monika (2015): Biografieforschung in der Erziehungswissenschaft: Historie und Entwicklung. In: Ingeborg Hedderich, Barbara Egloff und Raphael Zahnd (Hg.): Biografie – Partizipation – Behinderung. Theoretische Grundlagen und eine partizipative Forschungsstudie. Bad Heilbrunn: Klinkhardt, S. 64–75.

Richard, Michel P. (1986): Goffman Revisited: Relatives vs. Administrators in Nursing Homes. In: *Qualitative Sociology* 9 (4), S. 321–338.

Richter, Matthias; Hurrelmann, Klaus (2016): Die soziologische Perspektive auf Gesundheit und Krankheit. In: Matthias Richter und Klaus Hurrelmann (Hg.): Soziologie von Gesundheit und Krankheit. Wiesbaden: VS, S. 3–22.

Rohrmann, Eckhard (2003): Mit dreißig ins Altersheim – Zur Lage junger Menschen mit Behinderungen in Einrichtungen der stationären Altenhilfe. In: *Behindertenpädagogik* 42 (1).

Rohrmann, Eckhard (2005): Ambulant oder stationär. Unterstützung behinderter Menschen im Rahmen der Eingliederungshilfe. Vortrag auf der Veranstaltung De-Institutionalisierung von Menschen mit Behinderungen – ein Schlüssel der Disability Studies. Online verfügbar unter http://www.forsea.de/aktuelles/Ambulant%20oder%20stationaer.pdf, zuletzt geprüft am 24.11.2016.

Rohrmann, Eckhard (2006): Zwischen Selbstbestimmung und Menschenrechtsverletzungen. Zur Lage behinderter Menschen in Deutschland im Spannungsfeld zwischen Behinderten- und Sozialpolitik. In: Gisela Hermes und Eckhard Rohrmann (Hg.): Nichts über uns – ohne uns! Disability Studies als neuer Ansatz emanzipatorischer und interdisziplinärer Forschung über Behinderung. Neu–Ulm: AG SPAK Bücher, S. 175–194.

Rosenthal, Gabriele (1995): Erlebte und erzählte Lebensgeschichte. Gestalt und Struktur biographischer Selbstbeschreibungen. Frankfurt am Main: Campus.

Rösner, Hans-Uwe (2014): Behindert sein – behindert werden. Texte zu einer dekonstruktiven Ethik der Anerkennung behinderter Menschen. Bielefeld: transcript.

Sackmann, Reinhold (2013): Lebenslaufanalyse und Biografieforschung. Eine Einführung. Wiesbaden: VS.

Schildmann, Ulrike (2010): Welche Perspektiven eröffnet der Blick auf die gesamte Lebensspanne für das Verständnis von Behinderung? In: Ulrike Schildmann (Hg.): Umgang mit Verschiedenheiten in der Lebensspanne. Behinderung, Geschlecht, kultureller Hintergrund, Alter/ Lebensphasen. Bad Heilbrunn: Klinkhardt, S. 36–47.

Schillmeier, Michael (2007): Zur Politik des Behindert-Werdens. Behinderung als Erfahrung und Ereignis. In: Anne Waldschmidt und Werner Schneider (Hg.): Disability Studies, Kultursoziologie und Soziologie der Behinderung. Erkundungen in einem neuen Forschungsfeld. Bielefeld: transcript, S. 79–102.

Schnabel, Dirk; Haffner, Dieter (2005): Diagnostik und Therapie der Rachitis. In: *Monatsschrift Kinderheilkunde* 153 (1), S. 77–90.

Scholz, Markus (2010): Presse und Behinderung. Eine quantitative und qualitative Untersuchung. Wiesbaden: VS.

Scholz, Markus (2016): Perspektive Inklusion. Inklusionsverständnis und Einstellungen zur integrativen Beschulung bei Studierenden des Grundschul- und Förderschullehramts. In: *Vierteljahresschrift für Heilpädagogik und ihre Nachbargebiete* 85 (1), S. 53–67.

Schroer, Markus; Wilde, Jessica (2016): Gesunde Körper – Kranke Körper. In: Matthias Richter und Klaus Hurrelmann (Hg.): Soziologie von Gesundheit und Krankheit. Wiesbaden: VS, S. 257–272.

Schultebraucks, Meinolf (2006): Behindert leben. Lebensgeschichten körperbehinderter Menschen als Leitmotive subjektverbundener Theologie und Pädagogik. Mit einem Vorwort von Johann Baptist Metz. Berlin: LIT.

Schulze, Theodor (2006): Biographieforschung in der Erziehungswissenschaft – Gegenstandsbereich und Bedeutung. In: Heinz-Hermann Krüger und Winfried Marotzki (Hg.): Handbuch erziehungswissenschaftliche Biographieforschung. Wiesbaden: VS, S. 35–57.

Schuppener, Saskia (2016): Selbstbestimmung. In: Ingeborg Hedderich, Gottfried Biewer, Judith Hollenweger und Reinhard Markowetz (Hg.): Handbuch Inklusion und Sonderpädagogik. Bad Heilbrunn: Klinkhardt, S. 108–112.

Schuppener, Saskia; Buchner, Tobias; Koenig, Oliver (2011): Gemeinsames Forschen mit Menschen mit intellektueller Behinderung. Geschichte, Status quo und Möglichkeiten im Kontext der UN-Behindertenrechtskonvention. In: *Teilhabe* 50 (1), S. 4–10.

Schütze, Fritz (1983): Biographieforschung und narratives Interview. In: *Neue Praxis* 13 (3), S. 283–293.

Schütze, Fritz (1984): Kognitive Figuren des autobiographischen Stegreiferzählens. In: Martin Kohli und Günther Robert (Hg.): Biographie und soziale Wirklichkeit. Stuttgart: Metzler, S. 78–117.

Schütze, Fritz (1987): Das narrative Interview in Interaktionsfeldstudien. Erzähltheoretische Grundlagen. Hagen.

Schwarte, Norbert (2005): Personenzentrierung als Herausforderung für Planungssätze im Hilfesystem für Menschen mit geistiger Behinderung. In: Johannes Schädler, Hanna Weinbach und Laurenz Aselmeier (Hg.): Personenzentrierte Planung – Personenzentrierte Finanzierung. Neue Wege zu hilfreichen Arrangements für Menschen mit geistiger Behinderung. Dokumentation der 3. Europöischen Konferenz zur Qualitätsentwicklung in der Behindertenhilfe an der Universität Siegen. Siegen: Eigendruck, S. 12–18.

Schweppe, Cornelia (2006): Biographieforschung und Altersforschung. In: Heinz-Hermann Krüger und Winfried Marotzki (Hg.): Handbuch erziehungswissenschaftliche Biographieforschung. Wiesbaden: VS, S. 341–359.

Searle, John R. (1971): Sprechakte. Ein sprachphilosophischer Essay. Frankfurt am Main: Suhrkamp.

Seifert, Ruth (2013): Eine Debatte revisited: Exklusion und Inklusion als Themen der Sozialen Arbeit. In: *Inklusion online* 10 (1).

Seligman, Martin E. P. (2004): Erlernte Hilflosigkeit. Weinheim: Beltz.

Silkenbeumer, Mirja; Wernet, Andreas (2010): Biografische Identität und Objektive Hermeneutik: methodologische Überlegungen zum narrativen Interview. In: Birgit Griese (Hg.): Subjekt – Identität – Person? Reflexionen zur Biographieforschung. Wiesbaden: VS, S. 171–196.

Sorge, Nancy (2010): Gespräche mit Menschen, die für „geistig behindert" gehalten werden. Dortmund: Verlag modernes Lernen.

Stinkes, Ursula (2016): Phänomenologische Zugänge. In: Ingeborg Hedderich, Gottfried Biewer, Judith Hollenweger und Reinhard Markowetz (Hg.): Handbuch Inklusion und Sonderpädagogik. Bad Heilbrunn: Klinkhardt, S. 66–70.

Sullivan, Martin (2005): Subjected Bodies. Paraplegia, Rehabilitation, and the Politics of Movement. In: Shelley Tremain (Hg.): Foucault and the Government of Disability. Michigan: The University of Michigan Press, S. 27–44.

Theunissen, Georg (1982): Abgeschoben, isoliert, vergessen. Schwerstgeistigbehinderte und mehrfachbehinderte Erwachsene in Anstalten. Beiträge zur Sozialpsychiatrie, Behindertenpädagogik, ästhetischen Praxis und sozialen Integration. Frankfurt am Main: Fischer.

Theunissen, Georg (1998): Empowerment und Enthospitalisierung. In: Georg Theunissen (Hg.): Enthospitalisierung – ein Etikettenschwindel? Neue Studien, Erkenntnisse und Perspektiven der Behindertenhilfe. Bad Heilbrunn: Klinkhardt, S. 62–93.

Theunissen, Georg (2002): Altenbildung und Behinderung. Impulse für die Arbeit mit Menschen, die als lern- und geistig behindert gelten. Bad Heilbrunn: Klinkhardt.

Theunissen, Georg; Assmann, Milly; Hoffmann, Claudia (2000): Wege aus der Hospitalisierung. Empowerment in der Arbeit mit schwerstbehinderten Menschen. Bonn: Psychatrie–Verlag.

Theunissen, Georg; Plaute, Wolfgang (2002): Handbuch Empowerment und Heilpädagogik. Freiburg im Breisgau: Lambertus.

Tietjen, Daniel (2011): …und ein Martini. In: *TOLL – Magazin für Wundertage* 1 (1), S. 9.

Titchkosky, Tanya (2007): Reading and writing disability differently. The textured life of embodiment. Toronto, Buffalo: University of Toronto Press.

Tremain, Shelley (2005): Foucault, Governmentality, and Critical Disability Theory. An Introduction. In: Shelley Tremain (Hg.): Foucault and the Government of Disability. Michigan: The University of Michigan Press, S. 1–27.

Trescher, Hendrik (2013a): Behinderung als demokratische Konstruktion. Zum objektiven Sinn und ‚cultural impact' der UN-Konvention über die Rechte von Menschen mit Behinderungen. In: *Zeitschrift für Inklusion* 7 (4).

Trescher, Hendrik (2013b): Kontexte des Lebens. Lebenssituation demenziell erkrankter Menschen im Heim. Wiesbaden: VS.

Trescher, Hendrik (2014a): Demenz als Hospitalisierungseffekt? Demenz als sonderpädagogische Herausforderung! In: *Behindertenpädagogik* 53 (1), S. 30–47.

Trescher, Hendrik (2014b): Diskursteilhabebarrieren durchbrechen. Potenziale eines Print- und Online-Magazins von und mit Menschen mit geistigen Behinderungen. In: *Teilhabe* 53 (4), S. 169–175.

Trescher, Hendrik (2015a): Die Würde des Privaten. Zur Diskussion institutionalisierter Lebensbedingungen von Menschen mit kognitiver Beeinträchtigung. In: *Behindertenpädagogik* 54 (2), S. 136–153.

Trescher, Hendrik (2015b): Inklusion. Zur Dekonstruktion von Diskursteilhabebarrieren im Kontext von Freizeit und Behinderung. Wiesbaden: VS.

Trescher, Hendrik (2015c): TOLL – Potenziale eines Magazins von und mit Menschen mit geistiger Behinderung. In: *Gemeinsam leben* 23 (4), S. 245–253.

Trescher, Hendrik (2016a): Anforderungen an professionell handelnde PädagogInnen in stationären Einrichtungen der Behindertenhilfe. In: *Gemeinsam leben* 24 (1), S. 31–38.

Trescher, Hendrik (2016b): Grundlagen der Objektiven Hermeneutik. In: Dieter Katzenbach (Hg.): Qualitative Forschungsmethoden in der Sonderpädagogik. Stuttgart: Kohlhammer, S. 183–193.

Trescher, Hendrik (2016c): Kulturelle Teilhabe von Menschen mit einer Behinderung. Das Pilotprojekt „TOLL". In: *Schweizerische Zeitschrift für Heilpädagogik* 22 (5–6), S. 42–48.

Trescher, Hendrik (2016d): Wahlrechte von Menschen mit Behinderung. In: Deutsches Institut für Menschenrechte (Hg.): Die Umsetzung ausgewählter OSZE-Verpflichtungen zu Menschenrechten und Demokratie in Deutschland. Unabhängiger Evaluierungsbericht anlässlich des deutschen OSZE-Vorsitzes 2016, S. 96–108.

Trescher, Hendrik (2017a): Wider der Versorgungspragmatik. Inklusion als Kritik gouvernementaler Behinderungspraxen. In: Laubenstein, Désirée; Scheer, David (Hrsg.): Sonderpädagogik zwischen Wirksamkeitsforschung und Gesellschaftskritik". Bad Heilbrunn: Klinkhardt, im Erscheinen.

Trescher, Hendrik (2017b): Von behindernden Praxen zu einer Reformulierung des Behinderungsbegriffs. In: *Behindertenpädagogik* 56 (1). Im Erscheinen.

Trescher, Hendrik (2017c): Wohnräume als pädagogische Herausforderung. Lebenslagen institutionalisiert lebender Menschen mit Behinderung. Wiesbaden: VS.

Trescher, Hendrik (2017d): Zur bürokratischen Überformung der Subjekte. Wohnen in der stationären Alten– und Behindertenhilfe. In: Miriam Meuth (Hg.): Wohn-Räume und pädagogische Orte. Wiesbaden: VS. Im Erscheinen.

Trescher, Hendrik; Börner, Michael (2014): Sexualität und Selbstbestimmung bei geistiger Behinderung? Ein Diskurs–Problem! In: *Zeitschrift für Inklusion* 8 (3).

Trescher, Hendrik; Börner, Michael (2016): Repräsentanz und Subjektivität im Kontext geistiger Behinderung. In: *Zeitschrift für Inklusion* 10 (1).

Trescher, Hendrik; Hauck, Teresa (2015a): Ambivalenz und Inklusion. Subjektivierungspraxen in der integrativen Kindertagesstätte. In: *Neue Praxis* 45 (5), S. 488–502.

Trescher, Hendrik; Hauck, Teresa (2015b): Demenz und Diskurs. Reproduktion einer modernen Ordnungskategorie vs. Inklusive Perspektiven pädagogischen Handelns. In: *Der pädagogische Blick* 23 (4), S. 197–208.

Trescher, Hendrik; Hauck, Teresa (2016): Demenz – Anforderungen an eine pädagogische Praxis. In: *Behindertenpädagogik* 55 (3), S. 296–313.

Trescher, Hendrik; Klocke, Janos (2014): Kognitive Beeinträchtigungen mit Butler verstehen – Butler im Kontext kognitiver Beeinträchtigung verstehen. In: *Behindertenpädagogik* 53 (3), S. 285–308.

van Dyk, Silke; Angermüller, Johannes (2010): Diskursanalyse meets Gouvernementalitätsforschung. Zur Einführung. In: Johannes Angermüller und Silke van Dyk (Hg.): Diskursanalyse meets Gouvernementalitätsforschung. Perspektiven auf des Verhältnis von Subjekt, Sprache, Macht und Wissen. Frankfurt am Main: Campus, S. 7–22.

Vernaldi, Matthias (2011): Persönliche Assistenz. In: Markus Dederich und Katrin Grüber (Hg.): Herausforderungen. Mit schwerer Behinderung leben. Frankfurt am Main: Mabuse, S. 133–136.

Völter, Bettina; Dausien, Bettina; Lutz, Helma; Rosenthal, Gabriele (2009): Einleitung. In: Bettina Völter, Bettina Dausien, Helma Lutz und Gabriele Rosenthal (Hg.): Biographieforschung im Diskurs. Wiesbaden: VS, S. 7–20.

von Felden, Heide (2008): Einleitung. Traditionslinien, Konzepte und Stand der theoretischen und methodischen Diskussion in der erziehungswissenschaftlichen Biographieforschung. In: Heide von Felden (Hg.): Perspektiven der erziehungswissenschaftlichen Biographieforschung. Wiesbaden: VS, S. 7–28.

Waldschmidt, Anne (2006): Brauchen die Disability Studies ein „kulturelles Modell“ von Behinderung? In: Gisela Hermes und Eckhard Rohrmann (Hg.): Nichts über uns – ohne uns! Disability Studies als neuer Ansatz emanzipatorischer und interdisziplinärer Forschung über Behinderung. Neu-Ulm: AG SPAK Bücher, S. 83–96.

Waldschmidt, Anne (2007): Macht – Wissen – Körper. Anschlüsse an Michel Foucault in den Disability Studies. In: Anne Waldschmidt und Werner Schneider (Hg.): Disability Studies, Kultursoziologie und Soziologie der Behinderung. Erkundungen in einem neuen Forschungsfeld. Bielefeld: transcript, S. 55–78.

Waldschmidt, Anne (2012): Selbstbestimmung als Konstruktion. Alltagstheorien behinderter Frauen und Männer. Wiesbaden: VS.

Walmsley, Jan; Johnson, Kelley (2003): Inclusive Research with People with Learning Disabilites. Past, Present and Futures. London, New York: Jessica Kingsley.

Wansing, Gudrun (2005): Teilhabe an der Gesellschaft. Menschen mit Behinderung zwischen Inklusion und Exklusion. Wiesbaden: VS.

Wansing, Gudrun; Westphal, Manuela (2014): Behinderung und Migration. Kategorien und theoretische Perspektiven. In: Gudrun Wansing und Manuela Westphal (Hg.): Behinderung und Migration. Inklusion, Diversiät, Intersektionalität. Wiesbaden: VS, S. 17–48.

Watson, Stephanie (2009): Spina Bifida. New York: Rosen.

Weber, Max (1976): Soziologische Grundbegriffe. Tübingen: Mohr.

Wernet, Andreas (2006): Hermeneutik – Kasuistik – Fallverstehen. Eine Einführung. Stuttgart: Kohlhammer.

Wernet, Andreas (2009): Einführung in die Interpretationstechnik der Objektiven Hermeneutik. Wiesbaden: VS.

Wigger, Annegret (2009): Der Aufbau eines Arbeitsbündnisses in Zwangskontexten. Professionstheoretische Überlegungen im Lichte verschiedener Fallstudien. In: Roland Becker-Lenz, Stefan Busse, Gudrun Ehlert und Silke Müller (Hg.): Professionalität in der Sozialen Arbeit. Standpunkte, Kontroversen, Perspektiven. Wiesbaden: VS, S. 143–158.

Wilken, Etta (2014a): Kommunikation und Teilhabe. In: Etta Wilken (Hg.): Unterstützte Kommunikation. Eine Einführung in Theorie und Praxis. Stuttgart: Kohlhammer, S. 7–16.

Wilken, Etta (2014b): Sprachförderung bei Kindern mit Down-Syndrom. Mit ausführlicher Darstellung des GuK–Systems. 12. Auflage. Stuttgart: Kohlhammer.

Wittgenstein, Ludwig (1967): Philosophische Untersuchungen. Frankfurt am Main: Suhrkamp.

Young, Louise; Ashman, Adrian (2004): Deinstitutionalisation in Australia Part II. Results from a long-term study. In: *The British Journal of Developmental Disabilities* 50, S. 29–45.

Zahnd, Raphael; Egloff, Barbara; Hedderich, Ingeborg (2015): Die partizipative Forschungsstudie „Lebensgeschichten". In: Ingeborg Hedderich, Barbara Egloff und Raphael Zahnd (Hg.): Biografie – Partizipation – Behinderung. Theoretische Grundlagen und eine partizipative Forschungsstudie. Bad Heilbrunn: Klinkhardt, S. 97–105.

Ziemen, Kerstin (2008): Familien mit behinderten Kindern und Jugendlichen. In: Susanne Nußbeck, Adrienne Biermann und Heidemarie Adam (Hg.): Sonderpädagogik der geistigen Entwicklung. Göttingen: Hogrefe, S. 398–407.

Ziemen, Kerstin (2009): Unterstützte Kommunikation (nichtelektronische Hilfsmittel). In: Georg Theunissen (Hg.): Zwischen Tradition und Innovation. Methoden und Handlungskonzepte in der Heilpädagogik und Behindertenhilfe. Marburg: Lebenshilfe–Verlag, S. 123–125.

Zima, Peter (2014): Entfremdung. Pathologien der postmodernen Gesellschaft. Tübingen: Francke.

Zola, Irving Kenneth (1972): Medicine as an Institution of Social Control. In: *Sociological Review* 20 (4), S. 487–504.

Danksagung

Das Projekt war gekoppelt an eine zweisemestrige Lehrveranstaltung mit dem Titel „Lebensentwürfe von Menschen mit geistiger Behinderung“, die im Sommersemester 2015 sowie im Wintersemester 2015/2016 an der Goethe-Universität Frankfurt stattgefunden hat. Es ist bereits das dritte Lehrforschungsprojekt, das gemeinsam mit einer Gruppe von engagierten Studierenden durchgeführt wurde. Die Studierenden waren in alle Prozesse des Projektverlaufs eingebunden und hatten maßgeblichen Anteil daran, dass das Projekt so verlaufen ist, wie es im Endeffekt verlaufen ist. Dabei haben sie jedoch nicht nur die Umsetzung mitgestaltet und vorangebracht, sondern konnten – begünstigt durch die Breite der Ergebnisse – eigene Schwerpunkte legen und im Zuge von empirischen Haus-, Bachelor-, Master- und Examensarbeiten weiter verfolgen. Sie haben damit letztlich auch den Rahmen der Untersuchung selbst erweitert – sei es in Bezug auf das Selbstverständnis bzw. die Selbstkonstruktion von MitarbeiterInnen in der stationären Behindertenhilfe (Deneu 2016) oder etwa mit dem Thema ‚Geschwisterschaft im Kontext geistiger Behinderung‘ (Kindl 2016). Weitere Abschlussarbeiten werden noch folgen. Besonders hervorzuheben ist die Masterarbeit von *Tanja Kratzer* mit dem Titel: „Selbstbestimmung und Habitus von Menschen mit geistiger Behinderung im Ambulant Betreuten Wohnen. Eine exemplarische Untersuchung im Kontext von Alltag und Freizeit“ (Kratzer 2016) an der Universität Mainz, die direkt in das Projekt eingebunden war und dieses maßgeblich vorangebracht hat. Mit besonderer Spannung sind die an das Projekt angelehnten Dissertationsvorhaben von Michael Börner zum Thema ‚Lebensverläufe und Lebensperspektiven von älteren Menschen mit geistiger Behinderung‘ und von Teresa Hauck zum Thema ‚Inklusionsverständnisse von MitarbeiterInnen in der stationären Behindertenhilfe‘ zu erwarten.

Ich danke all denjenigen, mir persönlich nicht bekannten Personen, die sich haben interviewen lassen und durch vielfältige Einblicke in ihr Leben das Projekt und letztlich auch diese Schrift erst ermöglicht haben. Weiterhin danke ich den *Praunheimer Werkstätten gGmbH*, allen voran Herrn *Andreas Schadt*, für die freundliche finanzielle Unterstützung des Projekts.

In diesem Zusammenhang danke ich auch Michael Urban für seinen Support, für seinen Einsatz, dass solche Lehrforschungsprojekte an der Goethe-Universität möglich sind und weiter möglich sein werden sowie für seine persönliche und vielfältige Unterstützung auch über das Projekt hinaus.

Weiterhin danke ich der *Arbeitsstelle für Diversität und Unterrichtsentwicklung*, bei der das Projekt angesiedelt war, insbesondere *Silke Adam* für die wie immer exzellente administrative Betreuung!

Ich danke den in das Projekt eingebundenen Studierenden und Hilfskräften für ihre Mitarbeit in Akquise, Erhebung und Auswertung des Projekts. Dank gebührt hier: *Melina Adam, Lena Bauer, Dominique Deneu, Anna Verena Heimsch, Vanessa Kindl, Tanja Kratzer, Anastasia Leipi, Isabell Pries, Rabea Schenk und (wie immer) Stefanie Schneider*.

Weiterhin gilt es, denjenigen zu danken, die (erneut) das ganze Buch korrekturgelesen und letztlich mit all ihren Anmerkungen und Kommentaren vorangebracht haben; vielen Dank an euch, *Sarah Kirsch* und *Sanda Klekovic*!

Das Projekt wäre nicht möglich gewesen ohne den unermüdlichen Einsatz meiner beiden MitarbeiterInnen *Michael Börner* und *Teresa Hauck*, die mich in der Projektleitung und Koordination immer maßgeblich unterstützt haben. Besonderer Dank gilt dir, liebe Teresa, für all deine Mühen rund um das Projekt, vor allem für den wissenschaftlichen Austausch, durch den das Projekt sehr profitiert hat! Größter Dank gebührt schlussendlich dir, lieber Michael, für den Austausch, das Einbringen all deines Fachwissens, welches du nicht nur durch deine an das Projekt angelehnte Dissertation immer wieder gewinnbringend beigesteuert hast, und nicht zuletzt für die Unterstützung beim Abfassen der Schrift!

Frankfurt am Main, im November 2016 Hendrik Trescher

Kulturwissenschaft

Eva Horn, Peter Schnyder (Hg.)
Romantische Klimatologie
Zeitschrift für Kulturwissenschaften, Heft 1/2016

Mai 2016, 152 S., kart., 14,99 € (DE),
ISBN 978-3-8376-3434-1
E-Book: 14,99 € (DE), ISBN 978-3-8394-3434-5

Fatima El-Tayeb
Undeutsch
Die Konstruktion des Anderen
in der postmigrantischen Gesellschaft

September 2016, 256 S., kart., 19,99 € (DE),
ISBN 978-3-8376-3074-9
E-Book: 17,99 € (DE), ISBN 978-3-8394-3074-3

Arianna Ferrari, Klaus Petrus (Hg.)
Lexikon der Mensch-Tier-Beziehungen

2015, 482 S., kart., 29,99 € (DE),
ISBN 978-3-8376-2232-4
E-Book: 26,99 € (DE), ISBN 978-3-8394-2232-8

Kulturwissenschaft

Andreas Langenohl, Ralph Poole, Manfred Weinberg (Hg.)
Transkulturalität
Klassische Texte

2015, 328 S., kart., 24,99 € (DE),
ISBN 978-3-8376-1709-2
E-Book: € (DE), ISBN

María do Mar Castro Varela, Nikita Dhawan
Postkoloniale Theorie
Eine kritische Einführung

2015, 376 S., kart., 24,99 € (DE),
ISBN 978-3-8376-1148-9
E-Book: 21,99 € (DE), ISBN 978-3-8394-1148-3
EPUB: 21,99 € (DE), ISBN 978-3-8394-1148-3

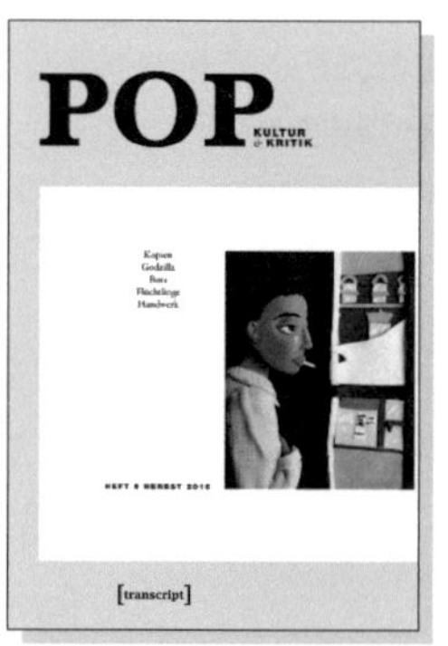

Thomas Hecken, Moritz Baßler, Robin Curtis, Heinz Drügh, Nadja Geer, Mascha Jacobs, Nicolas Pethes, Katja Sabisch (Hg.)
POP
Kultur & Kritik (Jg. 5, 2/2016)

September 2016, 176 S., kart., zahlr. Abb., 16,80 € (DE),
ISBN 978-3-8376-3566-9
E-Book: 16,80 € (DE), ISBN 978-3-8394-3566-3

Leseproben, weitere Informationen und Bestellmöglichkeiten finden Sie unter www.transcript-verlag.de